청춘에게 전해주는 인생 명언 2,000

# 청춘에게 전해주는 인생 명언 2,000

| | |
|---|---|
| **초판 1쇄 인쇄일** | 2026년 2월 20일 |
| **초판 1쇄 발행일** | 2026년 2월 27일 |
| **엮은이** | 김기호 |
| **펴낸이** | 최길주 |
| **펴낸곳** | 도서출판 BG북갤러리 |
| **등록일자** | 2003년 11월 5일(제318-2003-000130호) |
| **주소** | 서울시 영등포구 국회대로72길 6, 405호(여의도동, 아크로폴리스) |
| **전화** | 02)761-7005(代) |
| **팩스** | 02)761-7995 |
| **홈페이지** | http://www.bookgallery.co.kr |
| **E-mail** | cgjpower@hanmail.net |

ⓒ 김기호, 2026

ISBN 978-89-6495-340-2 03190

청춘에게 전해주는

# 인생 명언 2,000

김기호 엮음

북갤러리

## | 명언은 힘이 세다! |

"바꿀 수 없는 것을 잊는 사람은 행복하다."

– 독일 속담

"우리를 피로하게 하는 것은 사랑이나 죄악 때문이 아니라
지나간 일을 돌이켜 보고 탄식하는 데서 온다."

– 앙드레 지드

4

"아무도 삶을 거꾸로 되돌리며 살 수는 없다.
앞을 보아라. 내 미래가 있을 곳은 다가올 앞날이다."

– 앤 랜더스

"어느 누구도 과거로 돌아가서 새롭게 시작할 순 없지만,
지금부터 시작해 새로운 결말을 맺을 순 있다."

– 카를 바르트

이 명언을 읽는 순간 석진 씨(가명)는 지금까지 그를 짓누르고 괴롭혀 왔던 지난날의 오랜 자책과 회한에서 벗어날 수 있었다.

"한 줄의 명언을 읽음으로써 자신의 삶에서 새 시대를 본 사람이 너무나 많다."
"How many a man has dated a new era in his life from the reading of a wise saying."

## |집필 계기|

둔하고 재주가 빈곤하나 스스로를 격려하면서 12권의 책을 출간했다. 하지만 심신이 많이 지쳐 있었고, '책을 써서 무얼 하나?' 하는 체념이 일어났다. 책을 내려는 열정도 깊이 잠자고 있었다. 2020년 8월 21일 《실전 드리블》을 출간한 이후 2024년 9월 14일까지 4년이 지나도록 한 권의 책도 쓰지 못했다. 아니 아예 집필을 시도하지 않았다. 전부터 소설, 책 읽기, 건강 등의 분야의 책을 집필해야겠다는 마음이 일어나곤 했으나 무기력과 열정 빈곤으로 첫 문장도 적지 못했다.

이런 상황에서 반전이 일어났다. 2024년 9월 15일 밤이었다. 평소 페이스북에서 도서 정보, 명언, 상품 정보 등을 읽고 필요한 건 노트에 담아두곤 한다. 이 날 밤 페이스북에서 만난 12권의 책 중 4권이 명언 관련서였다. 두 권에 마음이 끌려 교보문고에 검색하여 책을 둘러보았다. 모두 나름의 특색이 있고 내용도 충실하다.

그런데 모두 3% 정도 부족하다고 느꼈다. 크게 두 가지 점에서 그러했다. 서가에 12권 정도의 명언 관련서가 있다. 이들을 읽고 나서 아쉬웠던 점은 이러했다. 첫째, 책 속의 명언 개수가 적다. 많아야 700여 개에 불과했다. 개수가 석어 활용할 수 있는 폭이 좁았다. 둘째, 명언 중 수준 이하, 함량 미달도 더러 있었다. 엄선한 최고 최적의 명언이 아니어서 적용할 수 있는 깊이도 평범했다.

문득 '나도 이 못지않게 쓸 수 있지 않을까?' 하는 생각이 일어났다. 그리고 나 자신의 잠자고 있는 열정에게 질문했다. '쓸 수 있겠니?' 몇 번이나 질문했다. 대답은 '할 수 있어. 넌 그동안 11권의 축구 전문서를 출간했고 2020년 이전엔 해마다 1권 정도를 출간했어. 네 결단만 흔들리지 않으면 넌 탁월하게 해낼 수 있어.'였다. '그래, 한 번 해보자!' 나는 나 자신과 약속했다. 그리고 첫 문장을 적었다.

## | 명언의 역할과 다양한 활용 방법 |

거인들의 지혜와 통찰이 축약된 명언을 읽으면서 우리는 탄복하곤 한다. 형클어진 실타래처럼 뒤엉켜 뒤죽박죽인 일상을 한 번에 명쾌하게 정리해주곤 한다. 소나 개나 하는 말이 명언의 반열에 오를 수 있는가? 모든 문장에는 생명이 있다. 치열한 경쟁을 통과한, 예사롭지 않은 통찰만이 명언으로 자리한다.

석진 씨의 사례에서 알 수 있듯이 명언은 마음을 치유하는 역할도 한다. 이미 지나간 세월 속에서 자기 자신과 타인에 대한 분노와 회한을, 기대를 저버린 자신의 언행을, 부지불식간에 상대방에게 가한 크고 작은 무수한 폭력을, 약속 불이행으로 서로가 서로를 찌른 상처를, 부모로서 자녀에게 가한 비정한 언행을, 이혼한 부부가 상대방에게 내던진 폭압적이고 가증스러운 말들……. 이런 과거가 떠오를 때마다 많은 사람들이 괴로워한다.

누구에게는 명언이 이러한 상처를 단번에 치유하는 힘을 발휘하기도 한다. 관조와 위로와 평강과 치유와 도약과 관점 전환을 선물하는 명언이 많다. 명언은 올바른 판단과 선택을 하는 데 크게 도움을 주곤 한다. 끊임없이 밀려오는 각종 사안에 개인, 가정, 조직, 기업, 국가가 적확한 결정을 내리는 데 결정적으로 활용되기도 한다.

명언의 유용함은 여기에서 멈추지 않는다. 명언은 방향을 제시한다. 이리 갈까, 저리 갈까, 차라리 돌아갈까? 이때 섬광처럼 떠오른 명언 하나가 가야 할 길을 환하게 밝혀주기도 한다.

"언제, 어디서나, 누구에게나 속도보다 방향이 더 중요하다."는 말을 들어보았을 것이다. 어떤 결정을 하기 전에 기억하고 있는 명언을 떠올리거나 명언 관련 서적을 활용하기를 권유드린다.

명언은 영감과 예지력을 준다. 아주 좋다. 아름답고 독특하다. 명언을 읽어 가면 우리의 인식은 명언의 화자와 대화하고, 이윽고 우주와 교신한다. 이때 우주심이 물밀 듯이 우리 마음에 들어오기 시작한다. 영감이 용솟음치는 순간이 온 것이다. 이때 반드시 기록해두어야 한다. 기록은 영감을 온전히 저장하는 가장 효과적인 방법이다. 이어 영감의 질과 양이 임계치에 이르면 예지력이 솟아난다.

앞날을 예견하는 초감각적인 지각이 활동하기 시작하는 것이다. 이처럼 지혜와 통찰로 가득한 명언은 영감과 예지력을 끌어내는 재료가 된다.

명언은 협상이나 마케팅을 술술 풀리게 하기도 한다. 광고 카피에서 명언의 엄청난 설득력이 시청하는 이의 마음을 움직인다. 시기적절한 명언이 고객의 자발적인 동의와 구매 욕구를 이끌어내는 것이다. 강연이나 개인 간의 대화에서 현저하게 탁월한 명언을 60~70개 정도 외워 두었다 필요할 때 사용하면 무슨 일이 일어날까? 듣는 이는 어떻게 반응할까?

명언은 글을 쓸 때, 수업이나 강의에서도 요긴하게 적용할 수 있다. 카페, 블로그, 홈페이지, 유튜브, 페이스북 등 SNS에서 정보를 전달할 때도 안성맞춤이다. 회사, 관공서, 학교 등의 현관이나 외벽에 또는 화장실에 명언을 배치하여 공유하고 전파할 수도 있다. 이밖에도 여기 저기에 적절하게 사용할 수 있다. 언제, 어디서나, 누구에게나, 어떤 조직에서도 효과적으로 활용할 수 있다.

명언은 의식 수준을 고양한다. 고착된 개개인의 의식 수준을 흔들어 깨워 도약하게 한다. 말에는 에너지가 있는데, 명언은 더없이 강력한 에너지로 읽거나, 듣거나, 전달하는 이의 정신세계를 격려하고 동기 부여하기 때문이다. 즉, 그 명언을 말한 화자의 드높은 정신세계가 읽는 이의 마음에 침투한다. 푸시킨은 "명언이나 격언이라고 하는 것은 잘 이해할 수 없어도 놀랄 정도로 쓸모 있는 것이다."고 했다.

명언은 단순히 듣기 좋은 문구가 아니다. 삶에 적용할 수 있는 교훈이며, 우리가 일상에서 겪는 어려움과 도전 속에서 방향을 제시해준다. 이 명언들을 가장 잘 활용하는 사람은 명언을 마음속 깊이 새기고 생활에서 적용하고 실천하는 사람이다. 이 책 속의 명언들이 독자 여러분의 삶에 비가 되고, 햇볕이 되며, 바람이 되기를 희망한다. 감사하게도 지금까지 수많은 사상가가 보석과 같은 명언을 남겼다. 분주한 현실 속에서 잊고 있었던 지혜를 이끌어 올리고 새로운 세상을 만들어 가기 위한 신선한 통찰을 되찾기를 기대한다.

## | 명언은 생각하며 천천히 읽어야! |

독자는 이 책의 명언을 통해 명언의 주인공들을 만난다. 모두 한 세계에서 일가를 이룬 초절정 고수들이다. 그 경지에 이르러야 그런 통찰을 할 수 있고, 명언을 내놓을 수 있는 것이다. 명언을 깊이 생각하고 다시 숙고하면서 천천히 읽어 가기를 권유드린다. 시(詩)를 성급하게 읽으면 안 되듯이 명언도 빨리 읽으면 안 된다. 고요하게 그리고 천천히 읽어야 한다. 후딱 빨리 읽지 않기를 거듭 당부드린다. 때로는 멈춰 서서 자신과 대화해야 한다. 이미 지나간 과거와 오늘 그리고 다가올 미래와 연결해서 음미하고 해석하고 적용해야 한다. 명언은 속도가 아닌 방향과 목표를 알려 주기 때문이다. 저명한 사상가들이 오랜 세월 속에서 섬광처럼 일어나는 깨달음을 고도로 농축해 놓은 명언은 깊이, 높이, 넓게, 더 많이 사유하며 읽을수록 그 명언의 의도를 더 적확하게, 더 온전하게 소화하여 내 것으로 만들 수 있다.

거듭 부탁드린다. 이 책을 읽을 때 음미하고 되새김질하면서 천천히 읽어주기를 권유드린다. 속독보다 정독해야 한다. 이해하면서 읽어야 한다. 두 번, 또는 그 이상 읽으면 더욱 좋다. 이렇게 읽어 갈 때 독자 자신의 지혜와 책 속의 명언이 화학적으로 결합하여 자기 자신만의 새로운 영감을 생성하게 된다. 기존의 의식과 또 다른 통찰이 연결, 증폭, 확산되어 크고 가치 있으며 대담한 정신세계를 만들어낸다. 깊이 생각하면서 읽는 그만큼 소화시킬 수 있기 때문이다.

하루 중 우리 몸이 가장 많이 에너지를 사용하는 것이 음식물을 소화할 때다. 이는 마라톤 풀 코스를 최소 2 ~3번 이상 달리는 것과 같다고 한다. 지속적이고 일상적인 소화 불량은 질병의 원인 조건이 되기도 한다. 입이 1차 소화기관이다. 충분히 오래 씹어야 침 속의 아밀라아제를 비롯한 여러 소화 효소와 11가지 이상의 결정적이고도 유익한 물질이 음식물과 섞여 완전 소화 흡수를 돕고 건강을 증진시키는 것과 같은 이치다.

## | 기독교적 관점으로 해석한 몇몇 해설 |

읽어 가면서 독자들은 알게 된다. 해설(각 주제별로 있는 맨 앞의 '1. 들어가며' 부분) 중 몇 곳에서 기독교적 관점으로 풀이하고 있다는 것을. 지금 한국의 그리스도교는 반대 여론으로 포위되어 있는 형국이라고 느낄 때가 많다. 각종 SNS와 영화, 연극, 드라마, 뮤지컬 등에서 목사와 교인들이 수시로 조롱거리로 묘사되곤 한다. 예수 믿지 않는 분들의 대화에서도 불신과 적대감이 묻어나곤 한다. '안티 그리스도 세력'이 무척 많다.

이런 현실을 알고 있다. 몇몇 지인들은 책에서 성경 관련 내용을 모두 싣지 말라고 조언하기도 했다. 예비 독자들의 관심이 줄어들고 책 판매에 방해 요소가 된다고. 옳은 지적이다. 필자도 동의한다. 그럼에도 왜 굳이 이렇게 하는가? 목표는 명확하다. 예수님은 "한 영혼이 온 천하보다 귀하다"고 말씀하셨다. 그렇다. 관련 내용을 읽고 성경 말씀에 관심을 가지는 분들이 있기를 바라는 마음에서다. 독자 중 한 명 이상 예수님을 영접하는 놀라운 은혜가 실현되기를 염원하는 마음에서다.

현실은 어떠한가? 편협하고 경도된 일부 정치 편향적인 목사들과 교인들이 지탄을 받고 있다. 필자도 이런 사람들에게 깊은 우려와 안타까움을 가지고 있다. 반면에 묵묵히 이웃 사랑을 실천하는 목사들과 교인들이 이들과 비교할 수 없을 정도로 더 많다. 기독교계의 정치적인 입장도 교인마다 다르다. 세상 사람들이 하나님을 믿든, 믿지 않든 그와는 관계없이 성 삼위일체(성부 여호와 하나님, 성자 예수 그리스도, 성령 보혜사 하나님) 하나님의 속성은 3가지다. 거룩하시다. 사랑 그 자체이시다. 변치 않으신다. 그리스도인의 믿음의 대상은 목사나 교인이 아니라 하나님이시다.

필자는 예수님을 믿는 그리스도인이다. 평소 성경을 읽고 천국과 지옥에 대해 틈틈이 알아보고 있다. 지옥은 실존하는 현실이다. 한마디로 극한의 뜨거움으로 타오르고 있는 거대한 '불못'이다. 필자가 만날 수 있는 사람은 한정되어 있다. 직접 만나거나 필자가 쓴 책을 통한 간접적인 만남이다. 마음을 내고 책을 구입해 이 글을 읽고 있는 독자들에게 깊은 고마움을 전하며 두 가지를 부탁드리고

자 한다. 나와 다른 생각에 대해 무조건 배척하는 게 아니라 '무슨 이야기를 하는 지' 궁금증을 가지고 읽으면서 차분하게 생각해보는 포용력을 발휘해주기를 부탁드린다.

하나는, 책 속에 있는 성경(Bible) 말씀을 열린 마음으로 읽어주기 바란다. 특별한 기술이나 비용이 드는 일이 아니니 관점을 바꾸면 바로 적용할 수 있는 쉬운 일이 아닐까? 또 하나는, '내 생각이 틀리고 성경 말씀이 옳지 않을까?' 하는 의문을 가져주기를 권면한다. 지금까지 생활해오면서 개인적 · 주관적 판단이 객관적 오류를 범한 경우는 여럿 있지 않았는가? 선입견을 내려놓고 사실 여부를 한 번 제대로 알아봐야겠다고 마음먹는다면 더욱 좋다.

## |이 책의 구조|

이 책의 구조는 이러하다. 먼저, 주제를 35가지로 분류했다. 이 주제들은 생활하면서 자주 만나며, 사람들이 보다 많은 관심을 가지고 있는 분야다. 그다음 그 주제에 대한 저자의 견해를 2~5쪽 분량으로 올렸다. 35 주제 중 각 주제에 대한 해설의 성격이다. 그다음 엄선한 관련 명언들을 담았다. 셋째로, 그 주제에 관한 책을 10권 이상 소개했다. 더 자세히 알려고 하는 분들은 이 책을 읽고, 그 주제를 심화 · 증폭 · 확산하면 나쁘지 않다. 혹시라도 시중의 온 · 오프라인 서점에서 구할 수 없는 책은 인터넷 헌책방을 활용하기 바란다. 저자의 경험으로는, '북코아(bookoa.co.kr)'나 '헌책방 알라딘'이 책 보유 수량도 많고 구하기가 수월했다.

명언은 [명언 노트] 9권에 담겨있는 9천여 개의 명언 중에서 고르고 골라 35 주제로 분류하여 배치하였다.

명언 2,000여 개? 더 많은 명언을 채택하려고도 생각해 보았으나 책의 분량이 지금도 많기에 참기로 했다.

결코 적지 않고 많은 분량이다. 그러므로 활용할 수 있는 폭이 넓고 크다. 이 정도의 명언 개수를 담고 있는 명언 서적은 아마 한국에는 없을 것 같다. 서점에 가면 알게 된다. 한글 명언서 중 가장 많은 명언을 담고 있는 책이 아닐까? 엄선하고 다시 엄선한 명언 2,000여 개가 독자들이 저절로 고개를 끄덕이게 하기를 기대한다. '이런 것도 명언이라고 실었나? 괜한 시간 낭비만 했네.' 이 같은 평가를 듣지 않도록 힘써 노력했다. 엄선하고 다시 엄선했다. 이렇게 요긴하게 활용되다니 [명언 노트] 속의 명언들이여, 고맙소!!!

## |이 책의 특장점|

국내 메이저 서점 사이트에서 '명언집'을 검색하면 수십 권이 등장한다. 이 책이 이들과 차별성(우수성)이 없다면 종이 낭비에 지나지 않는다. 이 책이 시중의 명언 관련서와 달라야 하고, 앞서야 하며, 더 탁월해야 한다. 그렇지 않다면 출판할 필요가 없다. 시중의 온·오프라인 서점의 명언 관련서와 비교해보면 바로 우열이 드러난다. 이 책의 특장점이 여럿 있지만 5가지를 제시하면 다음과 같다.

### (1) 많은 숫자의 명언으로 높은 가성비
확인하면 알겠지만, 시중의 어느 명언집보다 명언 개수가 많다. 2,000개 이상이다. 독자들이 선택하고 활용할 수 있는 폭이 그만큼 크다. 시중 서점의 명언 관련서 중 이보다 많은 명언을 담고 있는 책이 있는지 궁금하다. 기존 명언 관련서는 명언의 개수가 100~700개 정도에 불과해 아쉬움이 컸다. 한 문장 또는 한 단락의 명언이 그 주제의 명언 전체를 보여주기에는 한계가 있다. 이 책의 35개 주제마다 수십, 수백 개의 명언이 그 주제에 대한 통찰을 증폭·확산·심화·고양시키고 있다.

### (2) 엄격하게 엄선하고 다시 골라낸 명언
명언의 완성도가 떨어지면 독자가 실망하게 된다. 책의 권위가 추락한다. 필자는 평소 [명언 노트]에 명언을 담고 있다. 현재 대학노트 9권째에 기록하고 있다. 물론 이 노트에는 엄선한 명언만 담는다. 이 중에서 다시 고르고 골라 이 책에 담았다. 누구나 다 아는 그렇고 그런 시간 낭비성 명언은 선택하지 않았다. 독자들이 읽어 가면서 '깨달음의 아~ 하!'와 '자발적 동의'가 저절로 터져 나올 것으로 기대하고 있다. 시중 명언 서적에 가끔 보이는 수준 이하, 함양 미달의 명언은 독자의 시간을 훔치는 것과 같다. 명언의 진수만을 담았다.

### (3) 보다 많은 사람들의 관심사인 '35 주제' 선정

35개의 서랍에 옷을 분류하여 넣어 놓았다. 찾기 쉽다. 사람들의 관심사는 모두 다르지만, 평균적으로 보다 많은 관심을 기울이는 분야가 있다. 이걸 주제별로 나누어 관련 명언을 배치하였으므로 활용하기에 편리하다.

### (4) 명언 서적의 집대성

보다 많은 개수의 명언과 완성도 높은 명언을 선정했기에, 이 책 한 권으로 시중의 이런 저런 명언 관련서를 중복 구입하는 낭비를 해결해준다. 명언 관련서 중에서 태산북두, 군계일학이 되기를 기대한다.

### (5) 주제별 명언을 더욱 깊이 천착할 수 있는 통로 제시

각 주제는 3부분으로 구성되어 있다. 먼저, 주제별로 관련 명언의 성격과 실체를 설명했다(1. 들어가며). 둘째, 주제별 관련 명언을 배치했다(2. 관련 명언). 모두 2,000여 개다. 셋째, 주제 관련 서적 10권 이상을 명시했다(3. 추천 도서). 총 875권이다. 더 알고자 하는 독자들은 이 책들을 읽으면 더 자세히, 더 깊이 알게 된다. 책의 완성도를 높이는 작업이었다. 많고 많은 책 중에서 여기에 소개한 책 1권 1권이 최고 최적의 책이 되기를 기대한다.

## | 명언의 한계와 상충 |

명언은 진리에 가까우나 진리 그 자체는 아닌 경우도 있다. 명언이 진리라면 언제, 어디에서나, 누구에게나 그렇다고 인정받아야 한다. 무엇보다 세월에 영향을 받지 않고 영원해야 한다. 어떤 명언은 이런 조건을 충족시키지 못하기도 한다. 신앙의 영역이 아니어서인지 혼과 육에 대한 명언은 많으나 영(靈)에 대한 언급은 그리 많지 않은 약점도 가지고 있다.

같은 주제에 여러 명언을 배치하면 간혹 서로 충돌하는 명언들도 있다. 얼핏 보면 그렇지만 자세히 읽으면 별문제가 없다. 서로 상황이 조금씩 다르면 명언도 조금씩 간격이 생기는 것이다. 여기에다 나이, 기존의 지식과 경험, 현재 처한 상황은 모두 다르기에 개인적으로 적용될 수밖에 없다. 일례로, '열정'의 경우, 목표가 없고 무기력한 누구에게는 열정이 필요하지만, 과도한 의욕을 가지고 앞뒤 좌우를 살피지 않고 무작정 돌진하는, 또 누구에게는 오히려 무분별한 열정이 독이 될 수 있는 것이다. "작가의 지혜가 끝나는 곳에서 우리의 지혜가 시작된다는 것이 사뭇 사실이라고 느껴진다."(프루스트) 1센티미터(cm)는 1밀리를 열 개 더한 것이다. 그러나 전자 현미경으로 보면 길이를 재는 자마다 1센티의 길이는 모두 다르다. 오차가 전혀 없는 관념상의 1센티미터는 생활 속에서는 존재하지 않는다. 하지만 그 정도의 극미한 차이는 생활에서 아무런 문제도 불편함도 없다. 명언도 그렇다.

## | 감사의 마음을 전한다! |

이 책을 쓰면서 여러분의 도움을 받았다. 먼저, 허술하고 부족하지만, 필자가 지금의 경험과 지식을 가질 수 있도록 해준 모든 분들에게 감사드린다. 책, 사람, 인터넷을 비롯한 SNS 등이다. 지식의 사회성이다. 거듭거듭 고마운 마음을 전한다.

### (1) 이진수 목사님
필자가 출석하고 있는 교회 담임 목사님이다. 적확하고 깊이 있는 성경해석과 재해석은 청중의 감동을 불러일으킨다. 서울의 모 신학대학교 교수로 재직

했다.

필자는 교회에 출석하여 목사님 말씀을 들을 때가 일주일 중 가장 마음이 평온한 시간이다. 믿음을 성장시켜 주시는 목사님에게 고마운 마음을 전한다.

### (2) 심상우 목사님

필자가 출석하는 교회를 섬기다 청빙 받아 다른 교회로 가셨다. 8년 9개월 동안 성경 말씀을 가르쳐 주셨다. 그 인연은 지금도 튼튼하다. 그 가르침이 글쓰기에 두고두고 도움이 되고 있다. 거기에다 필자가 요청한 몇 년간의 설교 말씀을 담아놓은 스크랩북을 빌려주셨다. 여기서 여러 가지 영감과 글 소재를 얻었다. 거기다 틈틈이 카톡으로 명언도 보내주시곤 했다. 그 마음 씀씀이와 성원이 집필에 큰 힘이 되었다. 거듭 감사의 마음을 전한다. 그 교회를 부흥시키고 가정에도 축복이 항상 함께 하기를 축원드린다.

### (3) 김성은 '카페 글로리아' 대표 겸 '미산숲동네도서관' 관장님

미산숲은 고요하다. 아름답고 장엄하다. 한갓지고 호젓하다. 조용하고 독특하다. 8월이면 맥문동 보라색 꽃이 일제히 피어난다. 숲에 이르면 곧바로 위로와 쉼(휴식)과 평강을 향수하게 된다. 미산숲은 미산리 마을 북쪽에 접한 오경천 개울 둑 따라 서 있는 수령 100년 안팎의 나무들이다. 고요히 높이 서서 마치 우주와 대화하는 듯하다. 봄의 눈록색 나뭇잎이 진초록으로 바뀌어 가면서 여름에는 무성한 잎이 수증기를 내보내 주위 공기가 시원하다. 대형 에어컨 수백 대를 가동한 것보다 더 시원하다.

5개의 정자에 앉으면 이 산 저 산 그리고 그 산 너머 푸르고 푸른 하늘이 들어 온다. 저절로 사색하게 된다. 마주 보고 앉는 나무 벤치가 몇 조, 일자형 벤치, 운동 기구 세트, 몇 개의 돌 원탁과 돌의자 세트, 무엇보다 마사토 맨발 걷기 길이 길게 이어져 있다. 오경천 개울 물이 구원한 세월처럼 하염없이 흘러간다.

미산숲에는 이 지역 유일의 커피 전문점 '카페 글로리아'와 이 지역 최초의 민영도서관인 '미산숲동네도서관'이 있다. 필자는 자주 들러 대화를 나눈다. '미산숲동네도서관'에서 책을 읽고, 글을 쓰고, 마음을 가지런히 정리 정돈하며 계획을 세우기도 한다. 마치 나를 위해 개설한 도서관인 것 같다.

오는 손님에게 깊이 있고 맛있는 차를 무한 공급하고, 수시로 구운 고구마와 복숭아, 감자, 옥수수 등을 대접하며, 스마트폰 사용에 문제가 있는 분들이 찾아오면 해결해주곤 한다. 이런 김성은 대표에게 지면을 빌어 고마운 마음을 전한다.

### (4) 이재동 설치예술가님

이분은 무료로 이웃의 어려움을 해결해주는 '친절한 김 군' 그 자체다. 지역 가정집의 이런저런 문제를 무료로 해결해준다. 기쁘고 즐거운 마음으로. 필자도 그 덕을 많이 보고 있다. 필자는 문제가 생기면 이분에게 전화를 건다. 그럼 풀리고 해결된다. 상수도 꼭지 교체, 책장 운반, 열쇠 장석 설치, 형광등 교체 등등 많다.

이웃에 이런 분이 있으면 세상이 더욱 아름다워질 것이다. 서로가 서로에게 힘이 되어줄 것이다. 도움을 주는 그 손길과 가정에 길이길이 행복과 거룩함이 함께 하기를 기원드린다.

### (5) 은파 김유비 선생님

다독가로 수시로 자신의 '카카오 스토리'에서 책을 소개하고 있다. 하나 같이 깊이 있고 특별한 책이다. 필자는 그중에서 관심 가는 책을 골라 구매하여 읽기도 한다. 이렇게 독서의 내공이 조금씩 쌓이면 읽고 쓰기에 도움이 된다. 누구에게나 한정된 시간이기에 어떤 책을 선택하느냐는 독서의 성패를 좌우한다.

그 무엇보다 이분은 필자에게는 세상에서 가장 고마운 분이다. 내 맘대로 고집하며 살던 나에게 예수님을 전해주었다. 부모님은 두 번째로 고마운 분이다. 예수 믿지 않는 분들은 이 말이 이해되지 않을 수도 있다. 어떤 이들은 의아해하기도 할 것이며, 또 누구는 반감이 있을지도 모른다.

이해한다. 예수 믿기 전에는 필자도 그랬으니까. 그러나 당신이 예수님을 믿으면 이런 의문은 눈 녹듯이 사라질 것이다. 사람마다 소금씩 다르겠지만 나는 '예수 믿는 게 우주 최고의 복'이라고 확신하고 있다.

아무것도 아닌, 그 무엇도 없는 필자가 이 만큼의 평강과 감사와 자족을 가지고 살아가는 것은 모두 주님의 은혜다. 그 예수님을 전해주신 은파 선생님에게 거듭거듭 감사의 마음을 전한다. 이제 나도 은파 선생님을 본받아 세상 사람들에게 예수님을 전하고 있다.

### (6) 김하주 반장님

용성면 지역 '친절한 김 군 모임' 회장이다. 평소 이런저런 신세를 많이 지고 있다. 신실한 믿음으로 이웃 사랑을 삶으로, 몸으로 실천하고 있는 분이다. 부지런하며 여러 건축 기능을 소유했다. 이 기능을 주위에 무료로 나눔하고 있으니 참으로 빛과 소금과 같은 분이다. 주위에서 요청하면 고치고, 달아 주고, 교체해 주고, 수리해준다. 염소를 많이 사육하는데, 갓 태어난 염소 새끼가 그렇게 귀엽고 튼튼하다. 인생에서, 염소 사육에서, 신앙에서 더욱 크게 성취하기를 축원드린다.

### (7) 김경숙 '소머리곰탕' 사장님

'소머리곰탕집'은 곰탕만을 고집하는 명소형 음식점이다. 경산시 자인면 옥천리 개고개 아래, 적제지 저수지 바로 옆에 위치하고 있다. 적제지는 저수지 가득 빈틈없이 연잎이 수면을 덮고 있다. 꽃이 피면 장엄한 장관을 연출한다. 봄이면 못 둑 가득 벚꽃이 피고, 그 길을 걸으면 영화의 한 장면에 못지않다.

부지런한 김 사장은 매일 새벽 직접 반찬을 만든다. 신기한 재주를 가지고 있는데, 오는 손님이 말만 하면 맛있는 소머리곰탕을 무한 공급한다.

일반적으로 곰탕 반찬은 조촐하나 이 집은 여러 가지로 풍성하다. 인심은 더욱 좋다. 혼자 사는 손님에게 틈틈이 김치, 얼린 소머리 육수, 멸치 반찬, 양파 절임 등등 반찬을 전해준다.

이런 마음 씀씀이에 감동한 고객들은 수시로 채소나 제철 과일 등을 마구마구 이 음식점에 가져다준다. 그러면 김 사장은 음식점에서 쓸 것 이외는 반찬으로 또는 과일은 그대로 나눔한다. 이런 '호순환'으로 단골 고객이 많다. 사이클 동호인 단체, 각종 계모임, 여러 행사 모임 등 단체 모임도 수시로 열린다.

## (8) '하늘 아래 첫 동네' 김영선 사장님

구룡산 정상 바로 아래 자리한 닭 요리 전문점이다. 해발 600m 이상 되는 음식점 데크에 앉으면 억산, 구만산, 운문산, 가지산 등 끝없이 달려가는 저 청청한 푸른 빛 영남의 알프스산맥이 눈에 들어 온다. 풍광과 경치가 지나치게 아름답고, 음식 맛이 월등하기에 한 번 온 손님 중 곧바로 친구나 소중한 분들을 모셔 오는 경우가 많다.

닭백숙, 닭볶음탕과 함께 주위에서 나는 재료로 직접 담근 동동주도 단연 독보적이다. 술을 못하는 분들도 약으로 몇 잔을 기울이기도 한다. 운전하기에 절제해야 하는 분은 댁에서 마시려고 사가기도 한다. 깊은 산중이나 연중 손님이 끊이지 않는다. 준비한 닭을 다 소진하면 그날 영업을 마무리하니 미리 예약하고 가는 게 서로 편리하다.

또 하나. 바로 옆에 천주교 성지(천주교 대구대교구 용성성당 구룡공소 / 천주교 신앙 유적지)가 있다. 조선 후기 탄압(1815년 을해박해)을 피해 교인들이 이주해 왔다고 한다. 오래된, 유서 깊은 천주교 신앙 유적지다. 지금도 주 1회 미사를 올린다. 성지 순례 오는 분들도 있다. 주위에서 만나기 어려운 종교 유적, 유물이 있고 당시의 건축 양식도 향수할 수 있다. 김 사장은 이곳 구룡공소 관리자이다. 그리고 믿음의 사람으로 나눔도 힘써 실천하고 있다.

## (9) 이재도 사장님

이웃을 잘 만나면 좋은 일이 계속 생긴다. 이분은 1,000평에 가까운 대지에 집이 있고, 텃밭을 가꾼다. 4월부터 12월까지 제철 채소와 감, 은행 등을 주위에 지치지도 않고 나누어 준다. 상추, 부추, 오이, 매실, 감자, 케일, 고추, 호박, 콩, 모과, 무, 배추 등이다. 필자도 수혜자 중의 한 사람이다. 익숙한 솜씨로 정성 들여 기른 채소를 받아 그때마다 먹고, 힘내어 생각하고 글을 쓸 수 있었다.

그는 아마 '키다리 아저씨 부족'인 것 같다.

## (10) 진산 곽종육 선생님

중학교 동기이다. 중학교 졸업 후 서로 만나지 못하다가 문득 2000년 상봉했다. 그 후 틈틈이 만나 식사하고 차 마시며 담소하곤 한다. 같이 여행을 가기도 한다. 진산은 대학에서 서예를 전공했고, 졸업 후에도 한결같이 서예에 천착하여 자기 자신만의 서체를 창조하는 등 서예에서 우뚝 솟은 일가(一家)를 이루었다. 여러 차례 서예 개인전을 열었고, 메이저 서예 대회에서 심사위원으로 활동하고 있다.

후덕한 성품으로 필자와의 관계에서 항상 양보하고 배려하며 손해 보는 등 예사롭지 않은 인품의 소유자다. 이 친구의 격려와 동행은 생각만 해도 든든하다. 변함없이 교제하며 사이좋게 세상을 걸어갈 소중한 친구다.

### (11) 곽철혁 '보경기획' 대표님

'보경기획'은 경산시청 별관 앞 큰 도로 건너편에 있다. 경산의 대표적인 출판사다. 기획, 인쇄, 복사, 제본 등도 활발하게 하고 있다. 각종 문구도 판매한다. 필자는 《실전 드리블》을 여기서 출간했다.

1999년 이후 왕래하고 있다. 가끔 들러서 A4 이면지를 얻어 오곤 한다. 이면지로 글을 쓰고, 1일 계획과 주간 계획을 세우며, 공부하는 연습장으로 사용하는 등 요긴하게 활용하고 있다. 27년째 이런 신세를 지고 있으니 얼마나 고마운 일인가! 곽 대표의 부인 박종희 사무국장과 아들 곽기주 실장은 컴퓨터 운용이 능숙하고, 나는 초보다. 컴퓨터 관련 문제가 생기거나 궁금하면 두 분에게 질문하면 답이 나온다. 누구에게나 친절하고 고마운 분들이다.

### (12) 하윤숙 보험 컨설턴트님

그날 문득 2개의 볼펜을 주셨다. 필기감이 좋고 글이 술술 쓰였다. 다시 요청하여 5개를 받았다. 그 볼펜으로 이 책을 썼다. 매우 요긴하게 활용했다. 고마운 마음을 전한다. 보험설계사다. 나의 보험을 관리해주신다. 미산숲이 그리워 가끔 '카페 글로리아'로 오곤 한다. 곤고한 필자에게 올 때마다 차를 대접하니 그저 감사하다.

### (13) 윤병태 회장님

오래전부터의 인연을 서로 잘 이어 오고 있다. 가끔 만나 바둑을 두는데 승률이 팽팽하다. 차를 마시면서 박학다식하고 박람강기(博覽強記)한 윤 회장님의 이야기를 들으면 마치 세미나에 참석한 것 같다. 등단 시인이다. 시집 상재를 고대하고 있다. '민족문학작가회의' 회장이다. 이 책 출간 계획을 듣고 여러 가지 아이디어를 주고 크게 격려해주셨다.

### (14) 정기선 선배님

아로니아를 주셨다. 그 귀한 매실과 아로니아로 만든 엑기스를 주셨다. 근대를 주셨다. 머위를 주셨다. 안성탕면을 주셨다. 들깻잎도 주셨다. 유기농 채소 살균 살충제도 주셨다. 고구마도 주셨다. '카페 글로리아'에서 수시로 차를 사 주신다. 이 외에도 여러 가지를 틈틈이 주신다. 나는 맛있게 먹고 힘을 내어 이 책을 집필했다. 아무것도 안 한 필자에게 틈만 나면 이것 저것 챙겨주시는 선배님에게 항상 고마운 마음을 전한다.

### (15) 허승욱 '고려의원' 원장님

이분은 한마디로 양반이고 선비다. '국경없는이사회' 회원으로 비우기 힘든 병원을 다른 의사에게 맡기고 의료 부족 국가에 수차례 의료 봉사를 다녀오는 등 이웃을 자세히 바라보며 살아간다. 매달 여러 곳에 기부금을 보내나 본인은 매우 검소하게 생활하고 있다.

차분하고 합리적인 성품이다. 호리호리하고 큰 키로 세상을 기쁘고 즐겁게 걸어가고 있다. 조용히 주위에 선한 영향력을 행사하는 분이다. 그때, 그리고 다시 그때에도 여러 번 필자의 기부 요청을 흔쾌히 들어주어 큰 힘이 된 기억이 새롭다. 원장님에게 평강이 언제나 함께 하기를 기원드린다!

### (16) 엄현주 '행복한 김밥' 사장님

인도 블록과 그 건물의 틈새는 0.2~0.3cm가 될까 말까 하다. 이 틈새로 고추 세 그루가 큰 키로 자라나 열매를 주렁주렁 달고 있었다. 볼 때마다 그렇게 신기하고 신비로웠다. 2025년 용성 농협 도로 건너편 '행복한 김밥' 남쪽 풍경이었다.

2008년부터 영업을 해왔으니 17년이 지났다. 이 세월 동안 한결같이 묵묵히 용성을 지키고 정성으로 만든 음식으로 손님을 섬겼으니 그 공덕이 예사롭지 않다. 대화를 매우 재미나게 풀어나가며, 이분 역시 수시로 1인 가구 지역민들에게 반찬을 나누어 준다. 그 마음 그 손길에 축복이 있기를! "주는 자가 받는 자보다 복이 있도다."라는 말씀 그대로 엄현주 사장님이 평강하고 두루 형통하시기를!

## (17) 김명순 '명성다방' 사장님

'명성다방'은 1971년 개업했다. 54년이 지났다. 건물은 옛날 그대로다. 고졸(古拙)하다. 오래된 다방이기에 더러 사진에 담으려고 찾아오는 사람도 있다.

오늘(2026. 1. 14. 수) 들르니 연탄난로가 따뜻한 분위기를 만들어 내고 있었다. 용성에는 다방은 '명성다방', 카페는 '카페 글로리아', 이 두 곳뿐이다. 일요일엔 모두 문 열지 않아 지역 주민들은 약속 장소를 찾는 데 어려움을 겪는다. 인심 좋고 친절하며 사려 깊은 김명순 사장이 건강을 잘 지켜 용성을 위하여 길이길이 다방을 운영하여 주기를 기원드린다. 용성 주민들도 전보다 몇 배 더 자주 찾아주기를 권유드린다.

## (18) 최길주 '도서출판 북갤러리' 사장님

이번에 원고를 이렇게 충실하고 아름다운 책으로 탄생시켰다. 편집을 담당한 최영민 팀장님과 출판사의 수고하신 분들의 손길에도 깊은 고마움을 전한다. 이 책이 많이 팔려 출판사에 효자 노릇 하기를 기대한다. 바라기는, 이 책을 낸 북갤러리가 수준 높고 독특한 책을 계속 내고, 그중에서 초베스트 셀러를 마구마구 출판하기를 희망한다.

## |감사와 찬양을 올립니다!|

사람에게는 세 가지 생명이 있다고 한다. 셋째가 돈, 둘째가 몸이다. 돈은 몸을 위해 사용된다. 몸이 있기에 세상일을 하지만 인간 수명은 길어야 100년 내외다. 이러하기에 돈과 몸은 지구별에 살아갈 때 사용하는 한시적인 생명이다. 영원한 생명이 아니다. 불멸하는 영혼만이 영원한 생명이다. 몸과 영혼이 분리되는 현상인 사망 이후에는 몸은 흙으로 돌아가고 돈과도 이별하나, 영혼은 어디에선가 거처하게 된다. 천국과 지옥, 둘 중 한 곳이다.

세상에서 가장 위험하고 슬픈 게 영적 무지다. 인생에서는 성공할 수도, 실패할 수도 있다. 그러나 영혼의 세계에서는 반드시 성공해야 한다. 다시 한 번 강조한다. 독자 모두가, 아니 세상 사람 모두가 이걸 이루기를 희망한다. 얼핏 보면 세상은 더없이 매력적이지만 영혼을 파괴해버리는 온갖 유혹들로 가득하다. 강력하고 조금도 지치지 않는 유혹들은 1초도 쉬지 않고 끝없이 사람들을 공격한다. 유혹이 사용하는 무기는 돈, 권력, 쾌락, 명예다. 이걸 가지고자 미친 듯이 달려가다 깊은 낭떠러지로 떨어지는 부질없는 인생들이 너무나 많다. 어둠의 세력 악령의 궤계에 결코 넘어가서는 안 된다.

꽃은 시들고 풀은 마른다. 122년(잔 루이즈 칼망, 세계 기네스북 최고령자)을 살아도 영원한 우주 시간 속에서는 순간보다 짧은, 찰나 같은 나그네 인생이다. 인생에서 가장 중요한 과제가 무엇인가? Memento Mori(죽음을 기억하라. 모두가 반드시 죽는다는 것을 기억하라). 이 세상 살다가 어느 순간 그토록 사랑했던 돈, 권력, 명예, 쾌락 등 지구의 모든 것과 이별한다는 걸 한시도 잊지 말아야 한다.

그다음 불멸하는 영혼이 가야 할 영원한 거처가 기다리고 있다. '죽음' 이후를 생각하며 사는 삶이 가장 건강한 삶이다. 항상 깨어 있고 힘써 노력하여 영혼의 평강을 이루어내어야 한다. 유혹 많은 세상을 살아가는 지구별의 인류 모두가 영적 전쟁에서 반드시 승리하기를 기원드린다.

너무나 부족하고 심히 많은 잘못을 저질러온 저는 자랑할 게 하나도 없습니다.

더없이 연약한 존재이기에 제힘으로 할 수 있는 게 하나도 없다는 걸 알고 있습니다. 우주와 세상의 모든 영광은 오직 하나님 것입니다.

이 책을 누가 썼을까요? 책 표지에 저자라고 표기했지만 저는 저자라기보다는 단지 이 책을 쓰는 도구로 쓰임 받았을 뿐입니다. 하고 많은 사람 중에 책을 쓰고 싶은 마음을 주시고, 힘주시고, 이 책이 세상에 나올 수 있도록 은혜를 베풀어주신 하나님의 사랑에 말로 표현할 수 없는 무한한 감사와 찬양을 올립니다.

2026년 1월
온화하고 고요한 땅 용성에서

# 이 책의 활용 방법

그때 그 학교에 갔다.
교문을 지나서 보니, 중심 건물(교사, 校舍)에 큰 문장 하나가 보였다.

**노력하는 사람**
**반드시 이루리!**

신선한 충격을 잊을 수가 없다. 절창이다. 단연 마루다. 짧고 간결하지만 울림이 컸다. 학생들에게 주는 최고 최적의 말이 아닌가! 누구의 제안으로 이 문장이 거기에 자리했을까?

보고 읽는 학생들의 마음에 의욕이 용솟음칠 것 같다. 하고자 하는 의지를 불러일으키고 동기 부여한다. '그래, 나도 한 번 해보자! 나도 할 수 있어!'라고 결단하게 해주지 않을까? 이것이 명언의 힘이다. 경험해본 사람은 이미 명언의 위력을 알고 있다. 그 학교는 대구광역시에 있는 청구중·고등학교다. 축구 명문으로 박주영 선수의 모교다.

명언은 한 줄 또는 몇 줄의 짧은 문장으로 이루어져 있다. 그만큼 빨리 그리고 별 부담 없이 읽을 수 있다. 그러나 그 임팩트는 강렬하다. 초절정 고수의 수십 년 내공이 시전되어 있기 때문이다. 화자의 높은 의식 수준이 오롯이 함축되어 있다. 이러하기에 명언은 옛날부터 오늘에 이르기까지 적극적으로 활용됐다. 앞으로도 그러할 것이다.

개인뿐만 아니라 대통령에 이르기까지, 가정에서 글로벌 기업까지 어디서나 활용할 수 있다. 현실은 이떠한가? 명언을 의식적으로, 의도적으로 사용하겠다고 생각하고 실천하는 사람들이 그리 많지 않다. 독자들부터 일상에 적극적으로 적용하고 활용하기를 권유드린다.

이 책 속의 명언을 어떻게 활용하면 좋을까? 다양한 방법을 찾아내는 마중물이 되도록 몇 가지를 제시한다. 명언 활용 주체는 크게 두 곳이다. 하나는 사람이고, 또 하나는 건조물(전광판, 광고물 등 포함)이다.

## |사람|

### (1) 부모

"아 다르고 어 다르다."라는 말이 있다. 부모와 자녀의 갈등 원인이 거의 대부분 잘못된 대화에 있다고 한다. 명저《부모와 자녀 사이》(하임 기너트 / 양철북)는 이걸 자세히 보여주고 있다. 이 세상 모든 부모에게 일독을 권한다. 그리고 부모가 자녀에게 상황에 맞는 명언을 들려주면 그 명언을 처음 말한(만들어낸) 사람이 자녀에게 직접 말하는 것과 비슷한 효과를 줄 수 있다. 자녀가 한 번도 들어보지 못한 세계를 만나게 된다.

### (2) 개인

명언을 좌우명으로 정한 사람들이 적지 않다. 가훈으로 하면 어떠할까? 나쁘지 않다. 시선이 자주 가는 집 안 몇 곳(현관, 방문, 냉장고 등)에 명언을 부착하여 삶의 나침반으로 활용해도 좋다. 대화할 때 의도적으로 사용해도 좋다. 엄선하고 다시 엄선한 100여 개의 명언을 암송해두었다 대화할 때 수시로 꺼내 활용하면 말의 품격이 달라진다.

### (3) SNS(페이스북, 유튜브, 블로그, 카페, 인스타그램 등)

많은 분들이 SNS에 명언, 좋은 글귀 등을 올리고 있다. 특히 페이스북의 경우 자주 올라오고 있다. 글을 올릴 때 먼저 명언을 제시하고 본문을 제시하는 경우도 많다. 검증된 명언이 가지고 있는 파급력과 확장성을 전파하여 효과를 얻고 있다. 명언은 문장의 빛과 소금이다.

### (4) 강사 · 강연자

이들은 말하기 전문가다. 대중 연설 전문가다. 강연 도중 최고로 적확한 명언을 골라 전달하면 청중들은 분주한 일상에서 듣지도 생각지도 못한 처음 듣는, 또는 우뚝 솟아 저 멀리까지 보고 있는 명언에, 세대를 뛰어넘는 통찰에 큰 감명을 받을 것이다. 자연스레 강사의 권위가 올라 가고, 강연의 품질이 달라진다. 강연 몰입도가 배가된다.

### (5) 교사 · 교수

주로 말로써 지식과 경험 그리고 태도를 학생들에게 전하는 사람들이다. 가르치는 중간마다 적절한 명언을 활용하면 교수 학습의 효과를 성큼 높일 수 있다. 가라앉아 있는 분위기를 역동적으로 전환시킬 수도 있다. 동시에 학생들의 집중력을 끌어내는 효과는 보너스다.

### (6) 성직자

목사, 신부, 승려 등 성직자 역시 말로써 그 종교의 경전을 교인들에게 가르치고 전달한다. 청중들은 나이, 경험, 학력, 언어 이해력 등이 천차만별이다. 모두가 이해하는 어휘를 선택해야 한다. 짧고 간결하게 말해야 한다. 짧게 말하면 청중은 집중력을 덜 사용해도 이해할 수 있다.

간결하게 말하면 귀에 들어온다. 결코 현학적인 말로 그리고 청중의 정서에 어긋나는 복잡다단한 논리로 경전 내용을 전해서는 안 된다. 알아 듣기 어렵게 되기 때문이다. 특히 성직자가 어휘가 빈곤하거나 부정확하면 듣는 청중은 짜증이 나고 불쾌감을 느끼게 된다. 누구나 알아들을 수 있는 쉬운 어휘로 쉽게 전달해야 한다. 고수는 복잡하지 않다. 단순하고 간결하게 말한다.

설교, 미사, 법회 등은 쌍방향 소통이 아니다. 성직자가 일방적으로 전파하고 청중은 듣기만 한다. 질의응답이 없다. 성직자가 준비를 철저하게 해야 하는 이유다. 해석과 재해석이 이루어지는데, 재해석 단계에서 명언을 활용하면 어려운 걸 쉽게 정리 · 정돈해주는 효과를 가져다준다. 분위기를 환기시킬 수 있다.

### (7) 카피라이터 · 전문집필자

더 말할 필요가 있을까? 촌철살인의 명언은 이들이 만들어 내려는 문장의 모범이다. '명언'을 자주 읽고 활용하다 보면 어느새 명언의 통찰에 가까이 가 있는 자신을 발견하게 된다. 명언의 내공이 카피에 신선한 영감을 제공할 것이다. 이전과는 차원이 다른 카피를 지속적으로 창출할 수 있게 될 것이다.

### (8) 정치인 · 고위 공직자

유권자 앞에서 자신의 어휘로 발언하는 정치인과 거인들의 명언을 활용하는 정치인 간의 대중 연설 수준이 다르다는 것을 경험을 통해 유권자들은 알고 있다. 대통령이 연설 중에 명언을 자연스럽게 말하면 얼마나 멋지고 통쾌한가?!

### (9) 기업의 CEO

회의 주재나 연설을 많이 하게 되어 있는 위치다. 이때 명언을 사용하면 지식이 풍부해 보이고 기업과 인생에 대해 밝게 아는 사람이라는 분위기를 전파한다.

### (10) 자영업자 · 서비스 업체

그 음식점 화이트보드에는 언제나 명언이 적혀 있다. 2~3일마다 다른 명언을 제시한다. 손님은 음식이 나올 때까지 기다리면서 자연스럽게 읽게 된다. 명언이 전파되는 순간이다. 나쁘지 않다. 하나의 고객 서비스다. 비용이 들지 않고 쉽다. 제과점, 커피숍, 이 · 미용실 등등 각종 서비스 업체에서 채택하면 좋을 듯하다. 이 책을 활용하면 따로 명언을 찾지 않아도 된다. 평생 사용하고도 남는다.

### (11) 그 외

이처럼 언제, 어디서나, 누구나 명언을 요긴하게 활용할 수 있다.

## | 건조물(전광판, 광고물 포함) |

이 글 서두에 청구중·고등학교 교사에 있는 '노력하는 사람 반드시 이루리!'라는 문장을 소개했다. 2014년 봄, 광주광역시 계림초등학교 체육관 벽을 바라보다 한 문장을 만났다. 이러했다.

자세히 보아야
예쁘다
오래 보아야
사랑스럽다
너도
그렇다.

깊이 있었다. 멋있었다. 하지만 처음 만나는 문장이었다. 나중에 알고 보니 나태주 시인의 '풀꽃 1'이었다. 이 일을 계기로 나태주 시인을 알게 되었다.

우리가 흔히 만나는 명언을 보여주는 공간은 어디인가?

먼저 회사가 있다. 정문, 현관, 복도, 화장실, 건물 외벽 등 여러 곳에서 명언을 만나곤 한다. 직원들의 의식을 고양시키고 애사심을 갖도록 그렇게 하는가?

그리고 관공서, 교도소, 학교, 국영기업체, 백화점, 종교 단체, 자영업체, 시민 단체 등등 어디서나 명언을 상봉한다. 사람들이 자주 보는 각종 전광판에 수시로 명언을 올려 읽게 하는 것도 좋은 방법의 하나다.

어떤 택시 기사는 앞 좌석 등에 명언을 부착하고 이틀마다 바꾸고 있다. 명언은 읽는 사람으로 하여금 시나브로 의식 수준을 고양시키는 영향력을 행사한다.

# 차례

28

# 1장

# 행복

# 1. 들어가며

"행복한 삶의 비결 중 하나는 소소한 즐거움을 끊임없이 느끼는 것이다."
– 아이리스 머독

생각해 본다.

나는 지금 행복한가?

생활하면서 자주 행복하다고 느끼는가?

나는 언제, 어떤 상황에서 행복감을 향수하는가?

나는 행복을 만들어가는 사람인가, 아니면 수동적으로 운 좋게 주어지는 행복을 느끼는 사람인가?

나는 행복의 실체를 적확하게 알고 있는가?

나는 행복을 전파하는 사람인가?

주위를 둘러보자. 누가 가장 행복한 사람으로 보이는가?

그는 왜 행복할까? 누구나 행복한 삶을 만들고, 그렇게 살려고 노력하고 있다.

몸과 마음의 욕망을 충족시키려고 시간, 돈, 노력을 투자한다.

불행해지려고 하는 사람이 있는가? 아마 한 명도 없을 것이다.

그러면 행복한 사람이 많을까, 행복하지 않다고 여기는 사람이 많을까?

이제 행복은 더 이상 측정할 수 없는 감정 상태가 아니다. 너무나 많은 사람들의 삶의 목적이 되어 있기에 과학의 연구 대상이 되어 수십, 수백만 편의 논문으로 발표되었다. 스위치를 켜면 어두운 공간이 환하게 밝아지듯이 행복에 대해 적확하게 알수록 더 자주, 더 깊이, 더 많이 행복을 만들어갈 수 있다. 행복하려면 행복의 실체를 적확하게 알아야 한다.

올바르게 알아야 한다. 행복에 관한 자신의 태도가 스스로의 행복을 만들어간다. 지금부터 행복에 대해 잠시 알아보기로 하자.

## |행복이란 무엇인가? |

사람마다 다르다. 행복을 느끼는 주체인 개인마다 행복을 조금씩 다르게 정의하고 있다. 그만큼 개인적이고 주관적이다. 다중적이고 애매한 개념이다. 행복에는 감사, 성취, 평화, 충족, 희열 등 여러 감성이 포함되어 있다. 하지만 언제, 어디서나, 누구에게나 그러하다고 공통적으로 적용되는 '행복'의 개념이 있다. 행복의 공통분모, 행복의 교집합이라고 할까? 바로 사전에서 정의하고 있는 '행복(幸福, Happiness)'이다.

행복이란 '희망을 그리는 상태에서의 좋은 감정'으로 심리적인 상태 및 이상적인 경지 또는 자신이 원하는 욕구와 욕망이 충족되어 만족하거나 즐거움과 여유로움을 느끼는 상태, 불안감을 느끼지 않고 안심해야 하는 것이다. 행복이란 생활에서 충분한 만족과 기쁨을 느끼어 흐뭇하거나 또한 그러한 상태이다. 행복이란 몸과 마음의 욕망이 충족되어 부족함이 없는 상태다.

《옥스퍼드사전》에서는 'the state of being happy', 《메리암 웹스터 영영사전》에서는 'the state of wellbeing and contentment'로 정의하고 있다.

아리스토텔레스는 인간의 모든 행위는 '가장 좋은 거(最高善)'을 지향하며, 이것을 이루는 것이 바로 행복이라고 들려준다. 또 다른 사전에서는 '운 좋게 찾아오는 사건이나 조건', '생활의 만족과 삶의 보람을 느끼는 흐뭇한 상태', '유쾌하고 만족스러운 상태'로 규정하고 있다. 대체로 대동소이하다. 행복이 무엇인지 느낌이 오는가?

## |언제 행복을 느끼는가? |

여러분이 행복했던 순간은 언제였나? 행복을 느끼는 상황은 사람마다 다르다. 헤아릴 수 없을 정도로 많다. 그중에서도 이런 경우에 더욱 많은 사람들이 행복을 느낀다고 한다. 맛있는 음식을 먹을 때, 사랑하는 사람과 시간을 보낼 때, 갖고 싶은 것을 가지게 되었을 때, 목표를 성취했을 때, 자기 자신이 자랑스러울 때, 몸이 건강한 상태를 유지할 때, 자녀가 잘 되었을 때 등이다.

인간관계도 행복에 결정적인 영향력을 행사한다. 대부분 스트레스는 타인과의 인간관계로 인해 생겨난다는 것을 상기해보라. 하버드대학 의과대학 정신과 월딩어 교수는 무엇이 사람들을 행복하고 건강하게 하는지 알기 위하여 75년간 남성 724명의 인생을 추적, 연구해 왔다. 그 결과 행복은 부나 성공, 명예 혹은 열심히 노력하는 데 있지 않았다. 바로 '좋은 인간관계'가 건강하고 행복하게 만든다는 결론에 도달했다.

좋은 인간관계는 상대방에 대한 존중과 배려에서 비롯된다. 타인의 입장에서 생각하고, 말하고, 행동하는 역지사지(易地思之), 즉 상대방을 이해하려는 노력, 우주에서 유일한 그 사람에 대한 섬김과 그 사람 마음속에 있는 신성(神性)에 대한 존경, 나와 남이 둘이 아니고 같은 하나라는 동체불이(同體不二)…….

이런 통찰이 있으면 그 누구와도 바람직한 인간관계를 만들어갈 수 있을 것이다. 최근 한 연구에 의하면, 사람들은 누군가를 위해 좋은 행동을 할 때 가장 큰 행복을 느끼고 있다고 한다. '나'라는 자아를 넘어 타인을 섬기고 헌신할 때 자기효능감이 비약적으로 상승하게 된다.

## |행복의 성격|

행복은 어떻게 생겼을까? 만나서 그 얼굴을 보고 싶다. 대화하면서 행복의 실체를 알고 싶다. 배운 후 실천하여 길이길이 행복을 만들어가고 싶다. 그런데 며칠 전에 운 좋게도 행복을 만났다. 행복의 고수들이 알려주는 행복의 성격을 여러분에게 전하고자 한다.

행복은 이런 특징과 성격을 가지고 있다고 한다. 밝게 알아, 보다 자주, 보다 많이, 보다 크게 행복을 만들어가기를. 알아야 면장을 할 수 있다. 알아야 장님을 면할 수 있다. 아는 만큼 행동할 수 있다.

### (1) 부정적이고 비판적인 사람은 행복해질 수 없다.

그 마음속에 행복의 필수 요소인 감사와 평강이 생겨날 수 없기 때문이다.

### (2) 행복은 그냥 주어지는 것이 아니라 스스로 만들어가는 것이다.

가치 있는 삶을 살아가고 행복해지려는 의도적인 노력이 필요하다.

### (3) '감사'는 행복의 시작이요 끝이다.

감사는 행복을 담는 그릇이며 행복을 만들어 내는 공장이다. 주어진 결과와 상황에 관계없이 아무 조건 없이 감사하는 것이다. 누구에게, 무엇에 감사해야 하는지 밝게 알아야 하는 과제가 있다. 하지만 대부분 여기에 무지하다. '감사 노트'를 쓰면 감사 자체가 습관이 된다. 특히 감사는 각종 정신병 예방의 특효약이며 최고의 치료제이다.

### (4) 건강과 행복은 정비례한다.

치매 환자는 처음에는 장소, 두 번째는 관계, 세 번째는 자기 자신을 잃어버린다고 한다. 이때부터 자기 자신의 인생을 살 수 없게 된다. 건강하지 않아도 행복하게 사는 사람도 있다. 그러나 그 숫자는 매우 미미하다. 선상은 행복의 결정적인 요소다.

### (5) 의식 수준이 높을수록 행복해진다.

데이비드 호킨스는 그의 명저 《의식 혁명》에서 인간의 의식 수준은 1부터 1,000 사이에 위치한다고 했다. 이 중 200 이상이 되어야 바람직한 의식 수준에 도달하는 것인데, 100명 중 22명 정도라고 한다. 78명이 그 이하다. 의식 수준이 높을수록 외부 환경과 관계없이 행복을 만들고 그 상태를 유지할 수 있다고 한다. 의식 수준이 600 이상이면 타인을 치유하는 영향력을 행사한다고 한다. 반면에 200 미만의 사람들은 낮고 저열한 의식 수준으로 인해 행복을 만들기도, 계속 유지하기도 어렵다고 한다. 이런 의식 수준의 사람들은 타인과의 관계에서 끊임없이 문제를 일으킨다. 사기꾼이나 범죄자들의 의식 수준은 하나같이 낮고 저열하다.

### (6) 법률과 제도도 행복에 크게 영향을 준다.

한국 청소년 행복 지수는 OECD 국가 중 꼴찌다. 교육 선진국 핀란드 학생들이 한국 학생보다 더 많이, 더 자주 행복하다. 스위스와 탄자니아 국민들이 느끼는 행복 지수는 다르다. 덴마크는 국가별 행복 순위에서 1위에 가장 자주 오르는 국가다. 덴마크는 '인생 학교' 등 덴마크만의 국민 행복 매뉴얼을 가지고 실행하고 있다.

### (7) 소박한 생활을 할수록 행복해진다.

행복의 심리적 · 물질적 · 사회적 조건을 더 빨리, 더 쉽게 충족시킬 수 있기 때문이다. 인생에서 정말 필요한 게 무엇인가? 그리 많지 않다. 잡동사니를 너무 많이 추구하고 있지 않은가? 반면에 탐욕스러울수록 만족을 얻기 어렵다.

### (8) 어떤 관점을 가지고 있느냐에 따라 삶의 질이 달라진다.

행복도 불행도 마음에서 나온다. 자신의 마음 사용 방법이 어떠한지 알아야 한다. 같은 처지에 있어도 누구는 자살로 생을 마감해버리고, 또 누구는 성공의 발판으로 삼는다.

### (9) 행복은 노력하는 사람의 것이다.

행복은 그냥 주어지는 것이 아니라 스스로 만들어가는 것이다. 무언가 좋은 일이 생겨 기분이 좋은 것이 아니라 자발적으로 솟아나는 마음의 상태다. 에너지가 고갈되고 동기가 바닥난 사람이 행복을 만들 수 있을까? 가치 있는 삶을 살아가고, 의미를 발견하고, 힘써 실천하는 노력이 요구된다.

### (10) 특별한 이유가 없어도 삶을 즐길 줄 아는 사람이 행복의 초절정 고수다.

날마다 수십, 수백 가지 이런저런 상황이 발생한다. 그러나 고수는 상황에 속박되지 않고 상황을 관조하고 음미하고 재해석한다. 그 모든 상황을 감사의 대상으로 삼는다. 그리하여 삶을 골칫덩어리가 아니라 유쾌한 농담으로 만들어 버린다.

### (11) 행복한 일을 발견하는 것이 행복의 비결이다.

자신이 언제, 어떻게 행복을 느끼는지 알아야 한다. 아는 만큼 보이고, 보이는 만큼만 실행할 수 있기 때문이다. 행복한 일은 내 주위에 널려 있지만 그것을 발견하는 눈은 내 마음속에 있다.

### (12) 행복을 느끼는 정도는 지속적인 연습에 의해 좌우된다.

반복 연습은 반응 시간을 단축한다. 연습할수록 더 빨리 느끼고, 역량이 높아지고 커지고 넓어진다. 의식적으로 행복을 느끼는 연습을 하라. 이렇게 계속하면 당신은 행복해지고 싶을 때 언제든지 행복해질 수 있고, 매일매일 보다 행복한 기분으로 지낼 수 있다.

### (13) 행복은 상황이 아닌 마음가짐이 결정한다.

자신의 마음 사용 방법을 알아야 한다. 마음의 세계를 이해해야 한다. 긍정적인가, 부정적인가? 자기 주도적인가, 타인 의존적인가? 마음은 언제나 자기 자신의 것이니 언제나 행복할 수 있도록 갈고 다듬어 놓자.

### (14) 행복은 개인 각자의 책임이다.

누구나 행복해지려고 노력하는 만큼 행복해진다.

### (15) 스스로를 매우 좋아하는 사람은 행복하다.

이미 행복의 반을 얻은 것과 같다. 나머지 반은? 주위에 있는 모든 것을 사랑하면 된다.

### (16) 다른 사람을 행복하게 해주면 자신이 행복해진다.

인생은 메아리이다. 행복하려면 이웃을 행복하게 해주면 된다.

### (17) 행복은 의식적인 선택이다.

이걸 깨닫는 순간 행복이 습관으로 바뀌고 몸에 밴 태도가 된다. 많은 사람들이 행복이 외부에서 찾아오는 것이라고 믿고 싶어 한다. 하지만 행복은 자신이 선택한다. 주변에서 어떤 일이 벌어질 때 그것을 보고 기뻐할 것인지, 기뻐하지 않을 것인지는 자신이 선택한다.

### (18) 건전한 쾌락을 추구해야 행복해질 수 있다.

누구나 쾌락을 찾는다. 쾌락지수는 이러하다. 웃음이 15, 감동이 20, 여행이 55. 반면에 도박이 115, 마약이 150으로 단연 최고다. 그렇다고 도박과 마약에 중독되면 그 결국이 어떻게 되겠는가?

### (19) 행복은 철저하게 일상적이다.

'행복의 정의'에 대입해 보면 행복해질 수 있는 조건(상황)은 자신의 주위에 즐비하다.

### (20) 거창한 행복을 추구하는 사람보다 일상의 소소한 행복을 찾는 사람이 더 자주 행복을 느낀다.

행복한 사람은 날마다 자신의 일상을 어떻게 만들어나갈까?

### (21) 행복 자체와 행복의 조건은 서로 다른 것이다.

행복을 느끼는 것이 목적이며, 행복의 조건은 행복을 만들 수 있는 수단(재료)이다.

### (22) 고통에도 뜻이 있다.

고통(고난)을 통해 성숙, 통찰, 관조할 수 있는 능력을 배울 수 있다. 이 경우 고통(고난)은 최고의 스승이다. 의식이 도약할 수 있는 절호의 기회다. 고통(고난)에서 배우지 못하는 사람은 어리석다.

고통(고난) 없는 완벽한 행복이란 관념 속에서만 존재한다. '행복학'에서는 필연적으로 고통과 불행을 연구하지 않을 수 없다.

### (23) 남과 비교하거나 경쟁하지 않을 때 행복을 느낄 개연성이 높아진다.

'비교하는 뇌'는 마음의 평정을 방해한다. 고요히 집중해서 사물을 보기 힘들게 한다. 남과의 비교가 아닌 어제보다 더 성숙한 나, 오늘보다 더 향상된 내일의 나를 지향하자. 결과 지향이 아닌 과정 지향, 목표 지향이 자존감을 튼튼하게 만든다. 이 세상에서 경쟁자는 오직 나 자신뿐이다.

### (24) 잘하는 일보다 좋아하는 일을 할 때 더 행복해진다.

더 자발적으로 할 수 있고, 더 오래 할 수 있다.

### (25) 돈과 권력의 힘보다 인간관계를 중시할수록 행복해진다.

굳이 부정적이고 불평불만이 많은 사람과 계속 교제할 필요가 있을까? 만남을 통해 관계가 형성되고, 잘못된 만남은 스트레스 유발의 가장 큰 원인 조건이다. 삶을 재구성하고 싶으면 만나는 사람을 재구성하면 된다. 좋은 사람을 만나 좋은 시간을 보내자.

### (26) 보다 많이 행복하게 하는 활동에 시간을 투자하자.

운동, 걷기, 독서, 여행, 명상, 고요함 등이다. 행복 중에서도 '핵심 행복'이다.

### (27) 가치 있는 삶, 충실한 삶, 건전한 삶이 행복한 삶을 보장한다.

현재 자신의 삶을 분석, 점검하고 재구성할 필요가 있는가? 삶의 목표가 명확하면 그 목표 밖의 것들을 선택하지 않게 된다.

### (28) 행복한 삶의 기술을 배울 수 있는 가장 효과적인 방법은 행복한 사람들과 행복하지 않은 사람들의 라이프 스타일을 비교해보는 것이다.

100세를 사는 사람들과 단명하는 사람들을 비교하여 장수의 비결을 알아내려는 시도와 같은 이치다.

최인철 교수는《굿 라이프》에서 이렇게 들려준다.

"행복한 사람들의 삶의 기술은 크게 두 그룹으로 나뉜다. 첫 번째 그룹은 '심리
주의자의 기술'이라고 부를 수 있는 것으로서, 어떤 상황에서도 행복을 경험할
수 있는 마음의 기술이다. 명상하거나, 감사한 일을 세어보거나, 부정적인 사건
을 긍정적으로 재해석해보는 것 등이 대표적이다. 두 번째 그룹은 '환경주의자
의 기술'이라고 부를 수 있는 것으로서, 특별한 마음의 기술을 갖고 있지 않더라
도 애초부터 쉽게 행복을 경험할 수 있는 '상황'을 만들어 내는 기술이다. 맛있는
것을 먹거나 행복한 사람들과 시간을 보내는 것이 그 예다. 행복한 사람들은 이
두 가지 기술을 자유자재로 그리고 균형 있게 사용하는 사람들이다. 행복을 만들
고, 행복한 삶을 살고, 행복을 전파하는 행복 전도사들이 이 땅에 마구마구 등장
하기를 학수고대한다."

## 행복을 위한 11가지 활동

① 명상하기

② 운동하기

③ 친절 베풀기

④ 자신에게 중요한 목표 추구하기

⑤ 감사 표현하기

⑥ 낙관적인 마음 갖기

⑦ 삶의 즐거움을 만끽하기

⑧ 행복한 사람처럼 행동하기

⑨ 지금 이 순간을 음미하기

⑩ 스트레스를 이기는 효과적인 전략 사용하기

⑪ 타인과 비교하지 않기

- 출처 :《굿 라이프》/ 최인철 / 21세기북스 / p. 77

## |행복 만들기|

행복에 대해 어제보다 더 많이, 더 깊이 알게 되었는지? 이제 언제, 어떤 상황이라도 행복을 의도적으로 만들 수 있겠는가? 삶은 누구에게는 골칫덩어리고, 또 누구에게는 유쾌한 장난이다. 우리는 어느 쪽을 선택해야 하나? 에이브러햄 링컨이 명쾌하게 알려주고 있다.

"대부분의 사람들은 자신이 마음먹은 만큼만 행복하다."

– 에이브러햄 링컨

## 2. '행복' 관련 명언

### 1) 휴 다운즈

행복한 사람은 어떤 특정한 환경 속에 있는 사람이 아니다.
오히려 어떤 특정한 마음 자세를 갖고 살아가는 사람이다.

### 2) 윌리엄 제임스

우리는 행복하기 때문에 웃는 것이 아니고, 웃기 때문에 행복한 것이다.

### 3) 헨리 데이비드 소로

지금의 내 모습과 가진 것에 감사한다.
나에겐 1년이 매일같이 추수감사절이다.

### 4) 조지 베일런트

고통을 어떻게 바라보는가가 행복을 결정한다.

### 5) 헬렌 켈러

세상에서 가장 아름답고 소중한 것은 보이거나 만져지지 않는다.
단지 가슴으로만 느낄 수 있다.

### 6) 베르길리우스

모든 불행을 극복해낼 수 있는 방법은 인내다.

### 7) 달라이 라마

인생의 목적이 행복해지는 것이라면
그렇게 되기 위한 방법을 제대로 익히는 것에 관심을 가져야 한다.

## 8) 중국 속담

행복은 할 일이 있는 것, 바라볼 희망이 있는 것, 사랑할 사람이 있는 것.
이 세 가지이다.

## 9) 도스토옙스키

인간이 불행한 것은 자기가 행복하다는 것을 모르기 때문이다.
이유는 단지 그것뿐이다. 오직!
그것을 자각하는 사람은 곧 행복해진다. 일순간에!

## 10) 에픽테토스

사람은 세상 때문에 괴로운 것이 아니다.
세상을 바라보는 관점 때문에 괴로운 것이다.

## 11) 헬렌 켈러

들을 수 있다는 게 얼마나 고마운지 아는 사람은 귀머거리뿐입니다.
볼 수 있다는 것만으로도 얼마나 다채로운 축복을 누릴 수 있는지 아는 사람은 소경뿐입니다. 특히 후천적인 이유로 청각이나 시각을 잃어버린 사람이라면 더욱 감각의 소중함을 절실히 깨닫습니다.
하지만 시각이나 청력을 잃어본 적이 없는 사람은 그 능력이 얼마나 축복받은 것인지 제대로 알지 못합니다. 어둠은 볼 수 있다는 게 얼마나 감사한 일인지 일깨워줄 것이며, 정적은 소리를 들을 수 있다는 게 얼마나 기쁜 일인지 알려줄 것입니다.

## 12) 밀턴

마음은 지옥을 천국으로 혹은 천국을 지옥으로 만들 수 있다.

## 13) 에이브러햄 링컨

인간은 자신이 행복해지려고 스스로 결심한 만큼만 행복해질 수 있다.

## 14) 윌리엄 제임스

우리 시대의 가장 위대한 발견은 인간이 자신의 마음 자세를 바꿈으로써
삶을 바꿀 수 있다는 사실을 발견한 것이다.

## 15) 안네 프랑코

오늘 나는 행복한 사람이 될 것을 선택하겠다.
나는 어떤 상황에서도 나의 삶에 감사하겠다.

## 16) 곽종육

인생의 가장 중요한 가치를 돈보다 행복한 생활에 두라.

## 17) 디어도어 루빈

행복은 입맞춤과 같다.
행복을 얻기 위해서는 누군가에게 행복을 주어야 한다.

## 18) 조지 베일런트

행복이란 무엇인가? 지금 이 순간을 즐기는 것이다.

## 19) 아르투어 쇼펜하우어

병든 황제보다 건강한 거지가 더 행복하다.

## 20) 레프 톨스토이

욕망이 줄어들수록 행복이 커진다.

## 21) 임어당

만족의 비결은 가질 수 없는 것에 대한 모든 욕망을 버리고
가진 것을 즐기는 것이다.

**22) 루시 라부틴**

사랑하는 것을 가질 수 없을 때는 가진 것을 사랑하라.

**23) 알베르트 아인슈타인**

삶을 바라보는 인간의 방식은 그의 운명을 결정한다.

**24) 최인철**

좋은 삶이란 좋은 프레임으로 세상을 보는 삶이다.

**25) 헨리 데이비드 소로**

욕망을 줄임으로써 나는 진정한 부자가 될 수 있었다.

**26) 아르투어 쇼펜하우어**

그러므로 가장 좋은 것은 자기 자신에게 줘야 한다.
가장 좋은 것이 많을수록 우리는 행복해진다.
행복은 스스로 만족하는 이의 것이다.

**27) 아르투어 쇼펜하우어**

우리는 다른 사람처럼 되기 위해 자신의 인생 4분의 3을 희생한다.

**28) 레프 톨스토이**

나이가 어리고 생각이 짧을수록 물질적이고
육체적인 삶이 최고라고 여기는 법이며,
나이가 들고 지혜가 자랄수록 정신적인 삶을 최고로 여기는 법이다.

**29) 하워드 가드너**

불행한 사람은 갖지 못한 것을 사모하고,
행복한 사람은 갖고 있는 것을 사랑한다.

## 30) 세네카

탐욕의 편에 서면 만물은 너무나 적다.

## 31) R. W. 에머슨

건강이야말로 최고의 재산이다.

## 32) 독일 속담

바꿀 수 없는 것을 잊는 사람이 행복하다.

## 33) 쇠렌 키르케고르

인간의 행복은 90%가 인간관계에 달려 있다.

## 34) 알프레드 아들러

인생이 힘든 것이 아니라 당신이 인생을 힘들게 만드는 것이다.
인생만큼 단순한 것은 없다.

## 35) 아이리스 머독

행복한 삶의 비결 중 하나는 소소한 즐거움을 끊임없이 느끼는 것이다.

## 36) 앤드류 매튜스

행복의 비밀은 자신이 좋아하는 일을 하는 게 아니라
자신이 하는 일을 좋아하는 것이다.

## 37) 에피쿠로스

행복해지기 위해 어린아이에게 더 기다려라고,
노인에게 이미 지나갔다고,
노예나 매춘부에게 포기하라고 말해선 안 된다.
누구나 지금, 그 자리에서 함께 행복해야 한다.

### 38) 아리스토텔레스

행복은 만족하는 사람을 찾아간다.

### 39) 토머스 칼라일

평생의 일을 찾은 사람은 행복하다. 그는 다른 행복을 찾을 필요가 없다.

### 40) 보에티우스

사람은 신의 생활에 참여하는 것에 의해서만 진정으로 행복해질 수 있다.

### 41) 세네카

만약 누군가를 행복하게 해주고 싶다면,
그의 소유물을 늘려주지 말고 욕망의 양을 줄여 주도록 하라.

### 42) 제러미 벤덤

최대 다수의 최대 행복은 도덕과 입법의 초석이다.

### 43) 빅토르 위고

인생에서 가장 큰 행복은 사랑받고 있다는 확신을 갖는 것이다.

### 44) 이솝

주어진 몫에 만족하라. 사람이 모든 일에 다 최고가 될 수 없다.

### 45) 그레타 팔머

다른 사람을 행복하게 해주려 할 때, 행복은 비로소 나에게 찾아온다.

### 46) 존 크래머

하루를 보내는 가장 좋은 방법은 그날을 즐기는 것이다.
그리고 다른 사람들에게 그날의 즐거움을 퍼뜨리는 것이다.

자, 오늘을 축하하자!

## 47) 에릭 다이어
행복은 내 안에 있고, 외부의 조건에 의해 결정되지 않는다.

## 48) T. 베넷
행복은 현재의 순간에 집중하는 능력이다.

## 49) 발레리 베르티넬리
행복은 선택이다. 행복해지기로 선택할 수 있다.
인생에는 스트레스가 있을 수 있지만,
스트레스를 받을지 여부는 여러분의 선택이다.

## 50) 헬렌 켈러
행복의 한쪽 문이 닫히면 다른 쪽 문이 열린다.
그러나 흔히 우리는 닫혀진 문을 오랫동안 보기 때문에
우리를 위해 열려 있는 문을 보지 못한다.

## 51) H. 잭슨 브라운
가장 행복한 사람들은 행복을 더 많이 가지려는 자가 아니라,
더 많이 주려는 자들이다.

## 52) 플루타아크
자신보다 못한 이에게 자신의 행복을 자랑하지 말라.

## 53) 에밀리 브론테
나누지 않는 행복은 행복이라고 할 수 없다.
거기에는 아무런 고상함도 없기 때문이다.

## 54) 존 드라이든

오늘을 자신의 날이라고 말할 수 있는 사람은 홀로 있어도 행복하다.

## 55) 윌리엄 랄프 인지

가장 행복한 사람은 특별한 이유가 없어도 삶을 즐길 줄 아는 사람이다.

## 56) 베트 데이비스

행복을 잃어버리는 가장 확실한 방법은
모든 걸 희생하면서 단 하나를 원하는 것이다.

## 57) 오스카 와일드

어떤 이들은 가는 곳마다 행복을 만들어내고,
어떤 이들은 떠날 때마다 행복을 만들어낸다.

## 58) 찰스 H. 스파존

사람의 행복은
얼마나 많은 소유품을 가지고 있느냐에 달려 있는 것이 아니라,
그것을 어떻게 잘 즐기느냐에 달려 있다.

## 59) 헨리 데이비드 소로

인간은 자신의 행복의 창조자이다.

## 60) 오프라 윈프리

당신이 느끼는 행복은 당신이 주는 사랑에 정비례한다.

## 61) 헨리 스펜서

모두가 행복할 때까지는 아무도 완전히 행복할 수 없다.

## 62) 에리히 프롬

이제 행복은 보다 새롭고 보다 나은 상품의 소비와
음악, 영화, 잡담, 성, 술과 담배 등을 즐기는 것과 같은 뜻이 되었다.

## 63) 로버트 인젠솔

행복을 즐겨야 할 시간은 지금이다. 행복을 즐겨야 할 장소는 여기다.

## 64) 에픽테토스

만약 당신이 행복하지 않다면
그 불행의 원인은 당신 자신에게 있음을 알지 않으면 안 된다.
왜냐하면, 신은 모든 사람을 행복되게 만드셨기 때문이다.

## 65) 몽테뉴

불행은 태반이 인생에 대한 그릇된 해석 때문이다.

52

## 66) 프랑수아 드 라 로슈푸코

가장 현명한 사람은 큰 불행도 작게 처리하며,
어리석은 사람은 조그마한 불행도 현미경으로 확대하여
스스로 큰 고민 속에 빠진다.

## 67) 세네카

아무것도 바라지 않는 것이 얼마나 큰 즐거움인지
우리는 미처 생각하지 못한다.

## 68) 헝가리 속담

야망이 끝나는 곳에서 행복이 시작된다.

## 69) 윌리엄 버틀러 예이츠

행복은 미덕도 기쁨도, 이것도 저것도 아니라 오로지 성장이다.
우리는 성장할 때 행복하다.

## 70) 데일 카네기

우리는 이 세상의 행복의 총량을 쉽게 증가시킬 수 있다.
어떻게? 외롭고 지친 그 누군가에게
진심어린 호의의 말을 몇 마디 건네는 것이다.
나는 내가 한 친절한 말을 오늘 당장 잊어버릴지 모르지만,
그 말을 들은 사람은 그것을 평생 소중하게 간직할 것이다.

## 71) 브렌 브라운

행복해지고 싶으세요? 완벽하려고 하지 마세요.

## 72) 마더 테레사

당신을 만나는 모든 사람이 당신과 헤어질 때는
더 나아지고 더 행복해질 수 있도록 하라.

## 73) 프랑수아 드 라 로슈푸코

사람은 그 마음속에 정열이 불타고 있을 때 가장 행복하다.
정열이 식으면, 그 사람은 급속도로 퇴보하고 무력하게 돼버린다.

## 74) 발타자르 그라시안

행운을 안고 입장했던 사람들 중
오직 적당한 시기에 물러났던 사람만이 행복을 지킬 수 있었다.

## 75) 헬렌 켈러

나는 눈과 귀와 혀를 빼앗겼지만, 내 영혼을 잃지 않았기에

그 모든 걸 가진 것이나 마찬가지다.


## 76) 장 루이 시아니

한가로움은 행복의 원천이다. 한가로움은 자유를 안겨준다.
한가로움은 치유를 가능하게 해준다.


## 77) 헨리 반 다이크

살아 있음을 기뻐하라.
삶이 있기 때문에 비로소 사랑할 수 있고, 일할 수 있고,
별을 바라볼 수 있기 때문이다.


## 78) 니체

작은 일에도 최대한 기뻐하라.
주변의 모든 사람이 덩달아 기뻐할 정도로 즐겁게 살아라.

## 79) 헨리 데이비드 소로

하루를 축복 속에 보내고 싶다면 아침에 일어나 걸어라.


## 80) 조셉 에디슨

이 세상에서 가장 행복한 사람은
일하는 사람, 사랑하는 사람, 희망이 있는 사람이다.


## 81) 에크하르트 톨레

진정한 행복은 목표를 이루는 데서 오는 것이 아니라,
그 과정을 사랑하고 몰입하는 데서 온다. 지금 이 순간을 충실히 살아라.


## 82) 리처드 플래너건

행복한 사람에게는 과거가 없고, 불행한 사람에게는 과거만 있다.

## 83) 애덤 스미스

삶의 진정한 풍요로움은 외적 성공이 아니라 내적 만족에서 온다.

## 84) 프란치스코 교황

인생은 당신이 행복할 때 좋습니다.

그러나 더 좋은 것은 당신 때문에 다른 사람이 행복할 때입니다.

## 85) 영국 격언

하루만 행복하려면 이발을 하라.

1주일만 행복해지고 싶거든 결혼을 하라.

1개월 정도라면 말을 사고, 1년이라면 새집을 지어라.

평생토록 행복하길 원한다면 정직한 인간이 돼라.

## 86) 랄프 잉거솔

행복한 사람이 되는 길은 다른 사람들을 행복한 사람으로 만드는 것이다.

## 87) 작자 미상

행복은 문을 열고 들어오는 것이 아니라

내 안에서 꽃처럼 피어나는 것이다.

## 88) 윌리엄 뎀프스터 호프

행복은 우리가 가진 것으로 결정되는 것이 아니다.

가진 것을 어떻게 바라보느냐에 좌우된다.

가난해도 행복할 수 있고, 부유해도 비참할 수 있다.

# 3. 추천 도서

1. 《굿 라이프》 / 최인철 / 21세기북스

2. 《행복의 조건》 / 조지 베일런트 / 프런티어

3. 《한국인들의 이상한 행복》 / 안톤 슐츠 / 문학수첩

4. 《무엇이 나를 행복하게 만드는가》 / 리처드 J. 라이더 / 북플레저

5. 《당신이 불행하다는 착각》 / 정재영 / 포르체

6. 《성공과 행복의 7가지 법칙》 / 김병완 / 플랫폼연구소

7. 《무엇을 사랑하고 어떻게 행복할 것인가》 / 유키 소노마 / 북플레저

8. 《행복의 과학》 / 데이비드 해밀턴 / 인카운티

9. 《행복의 특권》 / 숀 아처 / 청림출판

10. 《행복의 기원》 / 서은국 / 21세기북스

11. 《행복의 기술》 / 브라이언 로빈슨 / 현대미디어

12. 《행복의 언어》 / 차피스 브러더스 / 세이코리아

13. 《행복 호르몬》 / 야마구치 하지메 / 동양북스

14. 《행복한 생각》 / 루이스 L. 헤이 / 한문화

15. 《심리학을 만나 행복해졌다》 / 장원청 / 미디어숲

16. 《행복 전환 연습》 / 러스 해리스 / 마인드빌딩

17. 《진정한 행복의 7가지 조건》 / 채정호 / 인플루엔셜

18. 《행복은 전념된다》 / 탈 벤 샤하르 / 위즈덤하우스

19. 《꾸준한 행복》 / 김신회 / 여름사람

20. 《모든 존재는 행복할 권리가 있다》 / 강남순 / 행성B

21. 《행복은 누구나 가질 수 있다》 / 마스다 미리 / 새의노래

22. 《어른의 행복은 조용하다》 / 태수 / 페이지2북스

# 2장

# 독서

# 1. 들어가며

"나는 한 권의 책을 책꽂이에서 뽑아 읽었다.

그리고 그 책을 꽂아 놓았다.

그러나 나는 조금 전의 내가 아니다."

– 앙드레 지드

## | 독서에 대한 몇 가지 질문 |

지금 책을 읽고 있는가? 그 책 이름은 무엇인가?

1년에 몇 권 읽는가? 지난해는?

올해 1월 1일부터 지금까지 몇 권 읽었는가?

당신은 서재가 있는가? 소장 도서 수는?

지난해 그리고 올해 구매한 책은 각각 몇 권인가?

왜 책을 읽는가? 책을 읽지 않는다면 그 이유는?

어떻게 책을 읽고 있는가? 책을 읽고 생활에 적용하고 있는가?

읽기만 하는 바보인가, 아니면 글 쓰고 책도 출간하고 있는가?

혼자서만 읽는가, 주위에 전파하는 독서 전도사인가?

책 읽기에 대해 통합적, 과학적, 구체적, 효과적으로 배운 적이 있는가?

책보다 더 많이, 더 밝게, 더 깊이, 더 높이 알고 있는 사람을 만난 적이 있는가?

평생 교육에서 책, 사람, 인터넷 중 어느 게 가장 효과적이고 강력한가?

문맹이란 글을 읽을 줄 알아도 책을 읽지 않는 상태를 말한다. 동의하는가?

## |AI 시대 독서가 더욱 중요하고 강력해진 이유|

휴대폰 시대다. 점점 책 읽는 사람들이 줄고 있다. 지하철에서 책 읽는 사람을 만나기가 무척 어렵다. 반면에 스마트폰 과다 사용으로 스마트폰 중독, 게임 중독, 불법 도박, 성매매 등이 가파르게 증가하고 있다.

많은 대학생들이 "휴대폰에 다 있는데 왜 책을 읽느냐?"고 반문한다.

교수들이 "리포트 내용이 천편일률적이고 독창성이 실종되었다."고 한탄한다.

한때 독서량이 일본이 세계 최고였다. 지금은 그렇지 않다. 일본의 국가경쟁력이 점점 후퇴하고 있는 건 "책을 읽지 않아서다."라고 지적하는 이들이 많다.

과잉 연결 시대다. 생각하지 않는 사람들이 넘쳐나고 있다. AI의 성능이 빠르게 업그레이드되고, AI를 이용하면 되니 독서가 필요 없다는 사람들이 등장하고 있다.

여러분은 어떻게 생각하는가? 이 분야의 초절정 고수 고영성 선생의 견해를 소개한다.

"그 어떤 시대보다 AI 시대의 독서 중요성은 점점 더 커질 것입니다. 챗GPT 같은 생성형 AI를 쓴다는 건 질문을 한다는 것에서 멈추지 않습니다. 실문을 잘해야 합니다. 질문에 대한 해석을 제대로 해야 합니다. 그렇게 나온 답변을 제대로 활용해야 합니다. 우리가 AI 툴을 이용할 때 필요한 것은 전문성, 비판적 사고, 교양입니다. 이 세 가지가 풍부하게 있으면 AI의 잠재력을 극대화할 수 있습니다. AI의 특징 중 하나가 '모른다.'는 말을 못 하는 것입니다. 무엇이든 답변합니다.

그래서 잘못된 정보를 그럴듯하게 전달합니다. 우리가 간단하게 물어보는 것을 거의 완벽하게 AI 답변을 하기 때문에 쓰다 보면 신뢰도가 높아집니다. 그러면 간단한 질문뿐만 아니라 어려운 질문도 할 수 있습니다. 이런 것을 '환각'이라 부릅니다. 예전보다 오류율이 줄어들었지만, 여전히 존재합니다. AI가 잘못된 답변을 할 수 있던 건 방대한 데이터를 학습했기 때문입니다. 그 데이터는 세상에 나와 있는 개방형 데이터들입니다. 그 데이터가 진실만 있는 것이 아닙니다. 거짓도 같이 있습니다. 그러면 답변이 나왔을 때 그 내용이 진실인지 아닌지를 판단해야 합니다.

AI는 자신이 틀렸는지 모릅니다. 인간이 직접 해야 합니다. AI가 학습한 데이터가 완벽하지 않고 오류가 발생합니다. 오류가 있다는 걸 알아야 활용할 수 있습니다. AI를 그대로 믿고 오류가 있는 내용으로 활용하게 된다면 내가 피해를 입습니다. AI를 제대로 잘 쓰려면 AI가 준 답변에 신뢰도를 평가할 수 있는 능력이 있어야 합니다. 이런 전제를 봤을 때 이런 결과가 나올 수 없는 거라는 비판적 사고가 있을 때 AI가 내놓은 결과물을 잘 판단하고 활용할 수 있습니다.

AI를 잘 활용하려면 질문을 잘해야 합니다. 질문에 따라서 결과의 퀄리티 차이가 많이 납니다. 나만의 업무는 나만의 맥락 안에서 이루어지기 때문에 계속 질문하고 답변하면서 고도화해야 합니다. 더 적합화시켜야 합니다. 내가 직접 평가를 내리고 이것을 기반으로 하여 원하는 답변을 얻을 수 있게끔 정교화시킬 수가 있습니다. 그런 과정을 잘하면 내가 원했던 답변이 나옵니다. AI를 잘 활용하려면 전문성과 높은 상식과 더 많은 지식과 더 높은 수준의 비판적 사고가 필요합니다. 윤리적인 판단도 내려야 합니다. 이 모든 역량을 갖추려면 무조건 독서해야 합니다."

## |책 읽기의 3대 요소|

그것은 '왜', '어떻게', '어떤'이다. 이 중에서 '왜(독서의 목적)'가 가장 중요하다. 누구는 '어떻게(독서 방법)'를 제일 중시하지만, 인생에서도 그러하듯 속도와 방법보다 방향과 목표가 더 중요하다. 어떤 책(책의 선택)을 읽는가도 중시해야 한다. 우주 시간은 영원하지만 인생에게 주어진 시간은 순간(눈을 한 번 감았다 뜨는 시간)보다, 찰나(마주 오는 두 사람의 옷깃이 스치는 극히 짧은 시간)보다 짧기 때문이다. 인생이란 그가 사용한 시간에 다름 아니다.

## | '왜' 책을 읽어야 하니?! |

한국은 해마다 6만 5천여 권 이상의 신간을 출판하는 세계 7위의 출판 대국이다. 이 중 70% 이상이 번역도서(외국도서)다. 반면에 저작권을 수출하는 책은 희귀하다. 저작권 서비스 수지에서 줄기차게 적자를 기록하고 있다. 한국이 응용과학 분야에서 한 명의 노벨상 수상자도 내지 못하고 있는 것과 깊이 연결되어 있는 듯하다.

한국 성인 중 1년에 책 한 권도 읽지 않는 사람이 70% 이상이다. 스마트폰은 매일 3시간 이상 본다. 스마트폰 중독자가 빠르게 양산되고 있다. 갈수록 활자 매체는 찬밥 신세가 되어 가고, 사람들은 영상 매체를 탐닉한다. 언뜻 보면 동영상이나 사진은 재미있어 빠져들게 한다. 현대인은 지루한 걸 참지 못한다. 아니 분노한다. 그 결과로 치르는 대가는 상상 그 이상으로 혹독하다. 무엇인가?

### 먼저, 문해력이 졸렬해진다.

일상에서 사용되는 어휘의 숫자가 매우 적다. 알고 있는 고급 어휘가 적어 스마트폰에 입력하는 문장이 거칠고 비틀거린다. 상대방의 말을 적확하게 알아듣는 능력이 섬차 퇴화된다. 대화가 겉돌게 되고 진정성이 휘발된다. 결국 자신의 생각이나 마음을 온전하게 전하는 데 어려움을 겪게 된다. 말하는 사람이나 듣는 사람 둘 다 서로 다른 행성에서 온 것처럼⋯⋯.

학생은 수업 중 교사의 말을 점점 더 이해하기 어렵게 되며, 학력 결손 학생이 속출하고 있다. '숏 폼' 같은 짧고 자극적인 동영상에 중독되어 있어 독서나 강연, 수업 같은 길게 집중력을 요구하는 상황을 견디지 못하고 있다. 그런 상황을 고문당하는 것처럼 느끼는 학생들도 적지 않다. 학생인 자녀와 갈등 상태를 만드는 가장 신속하고 강력한 방법은 자녀의 스마트폰을 압수하는 것이다. 그러면 곧바로 전쟁이 일어난다. 직장에서, 가정에서의 소통이 점점 더 어려워지고 있다. 상대방의 말을 경청하는 능력이 쇠약해져 가는 것도 소통을 방해하는 큰 원인 중의 하나다.

**둘째, 자기 자신을 바로 보지 못하게 된다.**

이게 가장 큰 문제다. 탈레스가 "너 자신을 알라."고 권면했듯이 실존의 주체인 '나'는 세상을 해석하고 선택하며 만들어간다. 그러나 동영상 매체는 '생각하지 않는 사람들'을 양산한다. 아니, 생각하지 못하도록 만든다. 스마트폰은 생각할 틈을 주지 않는다. 끊임없이 외부 세계에 몰입해 자기 자신을 의식하지 못하게 만든다. 도무지 지루할 틈이 없다. 개인은 점점 더 파편화 · 고립화되고, 우울증 환자와 은둔형 청년 그리고 극단적인 선택을 하는 사람들이 늘어나는 것과 무관하지 않다.

공감 능력도 점점 희미해지고 있다. 자신의 욕망 충족을 최우선으로 삼는 이기적인 삶이 심화되고 있다. 배려, 역지사지, 동체불이(同體不異), 자타불이(自他不異), '네 마음이 내 마음이다.'와 같은 보다 높은 의식 수준으로 나아가기 어렵게 만든다.

선거에서도 엉뚱한 후보를 선택하곤 한다. 글자를 알아도 책을 읽지 않으면 문맹과 다름이 없다. 문해력이 부족한 사람에게 높은 정치의식을 기대할 수 있는가? 인간의 존엄성은 누구나 평등하기에 보다 많은 사람을 이롭게 할 수 있는 후보를 뽑아야 한다. '최대 다수의 최대 행복'은 입법과 도덕과 투표의 초석이다.

어리석은 지도자는 적보다도 더 위험하다. 역사가 생생하게 증명해 왔다.

**셋째, 행복의 양과 질이 점점 더 줄어들게 된다.**

행복을 느끼는 주체는 개인, 조직, 국가, 인류다. 행복은 주관적이고 개인적이지만 스스로 행복을 만들 수 있는 사람만이 행복을 향수할 수 있다. 무지할수록 행복과는 멀어진다. 현대인의 행복 지수가 계속 낮아지는 건 스마트폰 과다 사용과 깊이 관련되어 있다. 뇌는 끊임없이 더 새롭고, 더 자극적인 영상 정보를 찾아다닌다.

뇌가 쉴 틈이 없다. 무언가를 차분하게 생각할 수가 없다. 그 결과로 항상 피곤하다. 어수선하다. 뒤죽박죽이다. 이러하기에 행복을 느끼고 향수하기가 쉬운가? 이외에도 너무나 많이 있지만, 지면이 한정되어 있기에 나머지는 독자 자신이 생각해보는 시간을 갖기를 당부드린다.

다시, 돌아와 '왜 책을 읽어야 하는가?' 독서하지 않는 사람들은 그 이유로 '바빠서' 책 읽을 틈을 내기 어렵다고 말한다. 하지만 책을 읽지 않는, 읽지 못하는 이유는 독서의 '필요성'을 알지 못해서다. 책의 위력을 몰라서다. '하룻강아지 범 무서운 줄 모른다.'는 속담 그대로다. 책이 무엇인지 그들은 모르고 있다. 매일 15페이지씩 읽으면 1년에 25권을 완독할 수 있다. 날마다 1페이지씩 쓰면 1년(365 페이지)에 책 한 권을 출간할 수 있다.

독서의 유익함은 너무도 많다. 독서는 생을 마감하는 그날까지 아주 기쁘고 즐겁게 실행할 수 있는 최고의 취미이며 두뇌 스포츠다. 또한 타인에게 미치는 영향력의 원천이 된다. 나이 들수록 책 읽기와 운동에 부지런해야 한다. 여기에다 외국어를 배우면 금상첨화다.

리더는 책을 읽는 사람이다. 책을 읽는 사람이 리더가 되어야 한다. 그렇지 않으면 조직, 국가, 인류 공동체에 불행을 초래할 개연성이 높다. 거듭 말하지만 어리석은 지도자는 적보다도 더 위험하다. 그의 소속 공동체를 자멸로 이끌기 때문이다. 이미 세계 역사가 증명했다.

거장의 정신이 맥박치는 책은 심원하다. 그 내용이 현저하게 탁월하다. 독자의 의식 세계를 압도한다. '책 속의 밝은 길 읽으면 나의 길'이라는 말처럼 개개인의 문제를 해결해주는 구체적인 방법이나 단서가 책 속에 있다. 책을 읽지 않는 사람은 생각이 좁고 자신이 만든 틀 속에 갇혀 있다. 독서 없이 어떻게 큰일을 도모할 수 있겠는가?

책을 읽어야 한다. 왜 책을 읽어야 하는가? 이유는 너무나 많다. 여러 권의 책에 담아도 모자란다. 구체적일수록 선명하고 설득력이 있다. 가장 중요한 세 가지를 찾아보자.

## 첫째, 독서를 통해 자기 자신을 혁신하기 위해서다.

책을 읽어야 하는 가장 큰 이유가 아닐까? '혁신'이란 가치 있는 것을 추가하는 것이 아니다. 지금 여기에서 무엇을 폐기해야 하는지를 알고 실행(폐기)하는 것이다. 그러면 삶의 내용이 달라진다. 건강한 음식을 섭취해서 몸에 좋은 음식을 먹는 것보다 건강에 해로운 음식을 먹지 않는 게 더 중요하고 시급한 것과 같은 이치다.

**둘째, 독서는 목표 성취의 강력한 도구이다.**

서민들은 자잘한 일상에 매여 평생을 살아간다. 그들의 목표는 조그마하고 자기 자신에게 한정되어 있다. 반면에 크고 가치 있으며 대담한 목표를 가진 사람들이 있다. 이들은 독서를 통해 목표를 이루어 간다. '평범 뇌', '도마뱀 뇌'가 '독서 뇌'로 바뀌기 때문이다.

그가 부정적인 뉘앙스로 말했다. "독서가 밥 먹여주나?" 그렇다. 평생 밥 먹여줄 뿐만 아니라 자자손손 대대로 부를 물려주기도 한다. 30여 년 전 한 조사 연구가 발표되었다. 미국에서 보통 이상의 거대한 성공을 거둔 사람들의 공통된 특징 중의 하나가 초등학교 졸업 전에 1,000권 이상의 책을 읽었다는 것이다. 독서가 습관이 되어 졸업 후에도 한결같이 책을 읽고 있다고 한다. 독서한다고 다 목표를 이루는 건 아니지만 큰 목표를 이룬 사람들의 공통점은 꾸준히 책을 읽고 있다는 것이다.

### 에디슨?

에디슨은 초등학교 입학 후 3개월 만에 퇴학당했다. 어머니는 포기하지 않고 독서를 장려했고, 에디슨은 엄청난 독서량을 쌓았다. 디트로이트 도서관의 책을 모두 읽었다. 20대의 토머스 에디슨은 이미 세계 최고 수준의 연구력, 실험력, 창의력을 가지고 있었다. 1,093개(비공식적으로는 무려 2,332개)의 미국 특허를 등록했다. 해마다 에디슨이 태어난 날이 되면 미국이 세계 최강대국으로 등장하는 데 초석을 놓은 그를 기념하고 있다. GE(General Electric Company)의 모체가 '에디슨 전기회사'이다.

### 빌 게이츠?

그는 이렇게 말했다.

"오늘날의 나를 만들어 준 것은 조국도 아니고 어머니도 아니다.
단지 내가 태어난 작은 마을의 초라한 도서관이다."

- 빌 게이츠


"독서 습관이 하버드대학 졸업장보다 더 중요하고 가치 있다."

- 빌 게이츠


**워런 버핏?**

95세의 워런 버핏은 독서광이다. 책벌레다. '투자의 귀재'로 불리는 그는 사무실에서 오전엔 대부분 시간을 투자 차트를 보는 데 사용하기보다는 책만 읽는다. 월가의 전설적인 주식 투자가 피터 린치는 대학에서 경제학을 전공했다.

그는 주식 투자의 성공 비결을 묻는 기자에게


"나의 주식 투자 성공 비결은 경제, 경영 지식이 아니다. 오히려 역사, 철학, 문학에 있다. 이 분야에서 얻은 통찰과 미래 예측에 있다."


고 답했다. 피터 린치는 충분한 부를 주저했고, 한창 일할 나이에 은퇴해버렸다.

2019년 '버핏과의 점심' 경매는 1,900만 달러(약 246억 원)에 낙찰됐다. 총 21차례 경매에서 약 5,300만 달러를 모금, 빈민 지원 단체 글라이드 재단에 전액을 기부했다.


**손정의?**

26세 때 중증 만성간염으로 3년간 병원에 입원했다. 그 기간 동안 4천 권의 책을 읽었다. 1986년 5월 완치되어 사장직에 복귀했다. 현재 소프트뱅크는 어떤 기업인가? 이걸 가능하게 해준 원동력이 무엇인가?

이 외에도 독서로 독보적인 일가를 이룬 사례는 너무나 많아 다 알리는 것이 불가능할 정도다. 한결같은 독서를 통한 내공이 가고 오는 온갖 문제에 적확한 해결방법을 찾아내는 능력을 길러주기 때문이다. 책 속의 밝은 길, 읽으면 나의 길이 되는 것이다. 사람들은 그 길을 찾지 않는 듯하다. 독서와 스포츠의 가장 강력한 경쟁자는 스마트폰이다. 그리고 스마트폰이 이미 승리했다.

**셋째, 독서는 문제 해결력을 성큼 높여준다.**

> "우리가 갖고 있는 심각한 문제들은 그 문제를 만든 생각과 동일한 수준
> 에서는 해결되지 않는다."
>
> — 알베르트 아인슈타인

암을 수술, 항암제, 방사선 없이 스스로 치료할 수 있는가?

회사의 프로젝트를 탁월하게 수행하고 싶은가?

면 단위의 마을 사람들에게 세계 최고 수준의 삶의 질을 누리게 할 수 있는가?

오래되고 심각한 부부 갈등을 어떻게 치유할 것인가?

한국 축구는 1882년 시작 이래 단 한 명의 월드 클래스도 배출하지 못했는데, 고교 축구선수를 3년 안에 월드 클래스로 육성할 수 있을까?

(손흥민 선수는 유럽 축구 무대에서 만개했다. 고교 시절 3명의 '우수 선수 해외 유학생' 중 한 명이었다. 두 명은 한국으로 돌아왔고, 세계 축구계에서 평범한 선수가 되었다. 손흥민은 한국으로 돌아오지 않았다. 유럽 축구 시스템이 손흥민을 탁월한 선수로 성장시켰다. 만약 두 선수처럼 1년 후 한국으로 돌아왔다면 현재 어떤 모습일까?

숫돌이 이강인이 초등학교 입학 전에 그 가족 모두가 스페인으로 이주했다. 이강인 부모는 왜 그 어린 이강인을 스페인어로 가득하고 스페인 사람들이 사는 그곳에서 축구를 배우게 했을까?)

국가의 자원을 가장 효과적으로 분배하고 활용할 수 없을까?

이런저런 거의 모든 문제에 대한 해답이 지금까지 출판된 수천억 권의 책에 있다. 삶은 끊임없이 이런저런 크고 작은 문제들을 만들어낸다. 개인, 조직, 국가, 인류는 이걸 해결해야 한다. 저자가 혼신의 힘을 다해 자신의 경험과 지식을 쏟

아부어 출간한 책은 이때 문제 해결에 통찰력과 재료와 구체적인 방안을 제공한다. 해결해야 할 문제가 있는가?

그 분야의 탁월한 책 10권을 구매하여 자신의 것으로 만들어라. 그러면 문제는 95% 이상 해결된다. 여러분이 미처 생각지도 못한 온갖 분야의 별의별 책들이 수두룩하다. 책이 알려주지 않는 세계는 없다고 해도 과언이 아니다. 얼마나 많은 사람들이 책 속에서 그리고 책을 읽어 길어 올린 내공으로 문제를 해결하고 새 역사를 일구어내었던가!

초·중·고·대학생의 학력은 독서가 결정짓는다. 초등생의 경우 한결같이 독서하면 공부는 저절로 이루어진다. 공부가 너무 쉬워진다. 가르치는 교사보다 더 앞서 있는 경우도 있다. 독서하지 않는 대부분의 학생이 초등학교에서 중학교로, 다시 고등학교로 진학하면서 성적이 뚝뚝 떨어진다. 교과의 난도가 높아진 데 비해 문해력, 어휘력, 언어 유창성이 정체하거나 퇴보하기 때문이다. 독서가 없으면 뇌의 신경회로의 숫자는 이렇다 할 변화가 일어나지 않는다. 독서 없는 학력 향상, 불가능하다. 치열하게 독서하면 상위 0.1%의 학력도 얼마든지 가능하다. 공부는 결국 문해력이다.

### 돈?

사람들은 돈을 좋아한다. 아니 지극히 사랑한다. 연봉이 많은 직업이 최고의 직업이라 한다. 청년들은 비전 기업(동종업계 세계 1위 기업), 비교기업(동종업계 세계 2위 기업), 대기업, 국영기업체, 공무원 등이 되고 싶어 전력투구하고 있다. 하지만 '사오정·오륙도 신세'를 면하지 못한다.

최고의 평생직장을 구하는 방법이 있다. 대학 시절 최소 3천 권 이상의 책을 읽는 것이다. 이러면 졸업 전에 책을 낼 수 있다. 졸업 후 취업하지 않고 이후에도 평생 책을 읽고 출간하는 것이다. 10만 권 이상 팔리는 베스트셀러를 계속 낼 수 있고, 돈 문제도 저절로 해결된다.

현실은 어떠한가? 이런 학생이 있는가? 이게 정답이다. 자기 자신의 인생을 사는 가장 확실한 방법 중의 하나이다. 평생 해고 없는 1인 기업이다. 이렇게 하기를 강력하게 권장한다.

### 나카타니 아키히로는?

대학 시절 4천 권의 책과 4천 편의 영화를 보았다. 대학 졸업 전에 이미 책을 출간하였다. 현재 그는 소설가, 광고 기획자, 연극배우, 인기 강사, 텔레비전 MC 등의 일을 하고 있다. 19년 동안 800권(2007년 현재, 한 해 평균 60권 안팎, 매주 1권 이상)을 상재했다. 저작권이 세계에 팔리고 있다. 한국에도 많은 책이 번역, 출판되었고 베스트셀러도 여럿 있다.

그는 "평생 3천 권 이상 쓰고 싶다."고 말하고 있다. 수많은 베스트셀러와 스테디셀러를 내었고 해외로 자작권을 수출하고 있다. 돈 문제가 저절로 해결되어 이미 거부가 되었고, 스스로를 평생 고용했다. 해고당할 염려가 조금도 없다. 작가 이외의 다른 직업은 자연스럽게 따라온 것이다.

## | 책, '어떻게' 읽어야 하는가? |

> "대부분의 사람들은 읽는 방법을 배우는 데 오랜 시간이 걸린다는 사실을
> 모른다. 나는 80년이 걸렸고, 지금도 완전하다고 말할 수 없다."
>
> – 괴테

독서 방법 역시 사람마다 다르다. 또 읽어가면서 자신에게 맞는 책 읽는 방법을 찾아내고 적용한다. 하지만 본격적인 독서에 들어가기 전에 책 읽는 방법을 두루 안다면 자신만의 독서 방법을 보다 빠르고 효과적으로 만들어낼 수 있다. 하지만 현실은 어떠한가? 여러분은 먼저 독서 방법을 배우고 독서를 시작했는가? 아래는 글을 쓰면서 방금 떠오른 생각이다.

학교는 지나치게 성급한 면이 여럿 있다. '공부해야 하는 이유와 공부 방법'을 가르쳐 주지 않고 무작정 교과서 수업에 돌입한다. 그냥 진도 나가기 vs 공부 방법을 알려준 후 수업하기. 학력 향상에서 어느 쪽이 효과적일까? 습관의 관성에 빠져 학교는 지난해도, 올해도 그렇게 한다. 내년에도 그럴 것이다. 그리고 대학에 입학하자마자 취업 준비에 들어간다. 원천 학문에 천착할 수 있는 여건이 안

된다. 한국은 지식 경쟁에서 갈수록 세계에 뒤처지고 있다.

"만일 내게 나무를 베기 위해 한 시간만 주어진다면 우선 나는 도끼를 가
는 데 45분을 쓸 것이다."

- 에이브러햄 링컨

독서 방법 역시 다양하고 방대하다. 여기서는 보다 중요한 15가지만 살펴보
자. 이 정도만 해도 충분하다. 아니 이렇게 하는 사람이 매우 드물다. 책을 읽
는 사람은 결국은 가장 적확하고 효과적인 자신만의 독서법을 만들어 내어야 한
다. 이때 비로소 독서에서 자유인이 되는 것이다.

책을 더 깊이, 더 빨리, 더 창발적으로, 더 혁신적으로 읽을 수 있게 된다.

### (1) 정독과 속독

그는 정독을 주장하고, 또 누구는 속독을 권장한다. 일반적으로 정독하면 책
내용을 더 자세히, 더 많이 알게 된다. 속독으로 읽은 후 책 내용이 남아 있는
게 없다면 읽지 않은 것과 같다. 아니 읽지 않는 것보다 못하다. 세상에서 가장
소중한 시간을 낭비했기 때문이다. 정독해도 한 번만 읽으면 시간이 지나면 내
용이 거의 남아 있지 않게 된다. 속독(퀀텀 독서법, 포토 리딩, 광속독법 등)하
면 보다 많은 책을 읽을 수 있지만 일반인은 정독만으로도 충분하다. 문제는 꾸
준함과 지속력이다. 정독해도 책 읽는 속도가 점점 빨라진다. 독서를 통해 선행
지식이 배가하고 어휘력이 증가하며 문장 이해력과 흡수력이 빨라진다. 이미
알고 있는 내용은 그냥 술술 넘어간다. 특히 소설, 시, 수필 등 문학 작품은 속
독해서는 안 된다. 책 내용에 공감하면서 읽어야 하기에 빨리 읽으면 이게 불가
능해진다.

그러나 책을 계속 집필하겠다, 수만 권의 책을 읽겠다는 독서 야심가라면 속
독해야 한다. 매수 2권을 읽으면 1년(52주)에 104권 정도 읽는다. 매일 책을 읽
는 사람이라면 이 정도는 누구나 읽을 수 있다. 70년이면(8세부터 읽는다면 78
세에) 7,140권이다. 반면에 속독법으로 읽으면 3년 안에 1만 권 이상 읽을 수 있

다. 평균적으로 1,000권 이상 읽어야 책을 낼 수 있다.

다작가는 다독자다. 다치바나 다카시는 12만 권 이상 읽었고, 오쇼 라즈니쉬는 58년 동안 9만 권 이상을 독파했다. 한국에서는 장석주, 김병완, 이지성, 한근태, 박종규 등. 이런 분들이 대표적인 다독가다.

### (2) 표시하고 기록하기

반드시 활활 발발하게 책을 읽어야 한다. 적 · 청 · 흑색의 볼펜과 사인펜, 여러 종류의 형광펜을 준비하여 자신만의 독특한 방법으로 줄 치고, 형광펜 칠하고. 떠오르는 영감과 생각을 페이지 상하좌우 여백에 써넣으며, 책 상하좌우에 온갖 기호로 강조하는 것이다. 두 번째 읽을 때는 줄 치고 표시한 부분만 읽으면 된다. 일독하는 데 시간이 대폭 줄어든다.

### (3) 가능한 책을 구매하여 읽기

"낡은 외투를 그냥 입고 새 책을 사라."

– 오스틴 펠프스


"우선 도서관부터 가서 책을 빌리려고 하는 것은 별로 좋지 않다. 독서는 정신적 식사다. 자신이 읽을 책 정도는 스스로 골라 사고 늘 곁에 두면서 원하는 시간에 원하는 방식으로 읽어야 한다."

– 다치바나 다카시


구매해서 읽어야만 진정으로 내가 읽은 책이 된다. 도서관에서 빌려 보지 않고 구입하여 읽어야 한다. 필자의 경우, 도서관이나 타인의 책을 빌려 보지 않는다. 읽기로 한 책은 구입하여 읽고, 서가의 분류에 따라 정해진 위치에 배치한다. 빌려 읽으면 칠하고 써넣는 등 공격적인 책 읽기를 할 수 없다.

### (4) 두 번 읽기와 옮겨 쓰기

책을 읽은 후 바로 다음 책을 읽는 이가 지나치게 많다. 보다 책을 많이 읽고자 하는 조급증이다. 이렇게 하면 일정 시기가 지나면 읽은 책 내용이 거의, 어떤 경우는 하나도 기억나지 않는다. 책 내용이 내 것이 아니다. 인용하거나 활용할 수도 없다. 읽은 책을 다시 구입하는 경우도 흔하다.

읽고 난 후 바로 다시 읽기(연속 두 번 읽기)를 해야 한다. 이때는 줄 친 부분만 읽는다. 이어 '독서 노트'에 중요 내용이나 여백에 써 놓은 것을 다시 엄선하여 옮겨 적는다. 저자의 경험과 지식 그리고 통찰이 내 것이 되는 순간이다. 이렇게 하면 대화할 때나 글쓰기 그리고 문제 해결 등에 책 내용을 응용 · 활용 · 사용할 수 있게 된다.

### (5) 읽은 책 내용을 친구에게 알려 주기

강력한 복습 방법이다. A4 한두 장 분량으로 요약하여 전해주거나 책을 들고 가 친구에게 책 내용을 알려준다. 스포츠에서 반복 연습이 반응 시간을 단축한다는 것과 궤를 같이한다. 복습할수록 장기 기억이 되어 언제든지 꺼내어 활용할 수 있다.

마땅한 대상이 없으면 집에서 거울이나 서가의 책들에게, 밖에서는 정자의 기둥이나 나무에게 들려주어도 좋다. 대화할 때 의도적으로 읽은 책 내용을 이야깃거리로 꺼내 놓는다. 가르치는 사람이 가장 많이 배운다. 가장 좋은 공부법은 남에게 가르칠 것을 예상하면서 공부하는 것이다. 교사는 가르치면서 배운다 (Learning by doing).

### (6) 틈새 시간에 책 읽기

흔히 "바빠서 책 읽을 시간이 없다."고 말하는 사람이 많다. 그(그녀)는 스마트폰은 부지런히 본다. 매일 누구에게나 틈새 시간이 생긴다. 시간이 없는 사람은 오식 한 부류, 숙은 사람뿐이다. 점심시간에, 약속 장소에 20~30분 일찍 도착하여, 출퇴근 시간에, 회사에 미리 출근하여, 출근하지 않는 날 등등. 독서하고 글쓰기 위해 일부러 지하철이나 버스 등 대중교통을 이용하는 사람들도 있다. 이렇게 해 계속 책을 내는 사람들도 적지 않다. 정민 교수가 대표적인 보기이다.

### (7) 주간, 월간, 연간 독서량 정하기

목표를 정하고 실행하는 것이다. 매주 1권이면 1년 52권. 매주 3권이면 1년 156권. 매주 5권이면? 이렇게 시간별, 시기별로 독서량을 정해 두고 실천하여 성취감을 매일, 매주, 매월, 매년 느껴 보자. 목표는 행동을 끌어낸다.

### (8) 다음에 읽을 책을 정해진 곳에 놓아두기

일종의 책 읽기 루틴으로, 1권 독파하면 이 책을 읽는다. 책 선정에 고민하지 않아도 된다. 다음 책을 읽고 싶어 독서 스피드가 빨라진다.

### (9) 신간 정보 알기 및 정기적으로 도서 구매하기

페이스북에 신간 정보, 독서 관련 정보가 계속 올라오고 있다. 활용하지 않을 이유가 없다. 토요일 여러 신문에 신간 안내와 서평 등을 싣고 있다. 그리고 독서는 책을 구입하는 데서부터 시작한다. 주 1회 이상 서점에 가자.

### (10) 항상 책을 가지고 다니기

**"가방에 지갑은 빼고 다녀도 책은 넣고 다녀라."**

— 장병조

책이 있어야 읽을 수 있다. 항상 책을 가지고 다니면서 틈만 나면 읽는 것이다. 책 주머니에 책을 넣어 책을 깨끗한 상태로 보존하면 더욱 좋다. 필기구도 같이 가방에 넣어둔다. 독서할 때 바로 꺼내 활용한다.

### (11) 서가 둘러보기와 책 만져 보기

양치하면서 서가의 책을 살펴보고 어디에 어느 책이 있는지 알고 기억해둔다. 이때 랜턴으로 비춰보면 더 선명하게 책등의 책 이름을 읽을 수 있다. 어디에 어떤 책이 있는지 알면 필요할 때 바로 꺼내 활용할 수 있다.

그리고 틈틈이 책을 만져 본다. 그때 마음이 일어나면 바로 꺼내서 읽을 수 있다. 그 책이 이미 읽은 책이 될 수도 있고, 처음 읽는 책이 될 수도 있다. 둘 다 좋다.

### (12) 책 읽기의 역사 기록하기

책을 구입하면 내지, 즉 책 앞표지 다음에 있는 속지에 바로 성명, 스마트폰 번호, 구입한 곳과 구입 일시(택배로 오면 어디로 도착했는지도 적는다)를 적는다. 책을 읽기 시작하기 전에 언제, 어디에서 읽기 시작했는지, 읽은 후에도 언제 어디에서 1차 읽었는지를 기록한다. 이러면 훗날 이 책의 표지를 넘기면 읽은 날들이 생각난다. 독서하던 그 시절이 떠오른다. 기록으로 책 읽기의 역사를 남기는 것이다.

### (13) 한 권 독파 후 자신에게 크게 칭찬하고 상 주기

한 권 독파, 아주 가치 있는 큰일을 한 것이다. 수고한 자가 자신에게 보상을 주자. 평소 갖고 싶던 만년필을 구입하거나 맛있는 음식을 먹어도 좋다. 가까운 곳으로 기볍게 여행해도 좋다. 평소 고마운 분과 식사하기, 1권 읽을 때마다 일정 금액 기부하기 등 이렇게 자가 충전하여 다시 책 읽기에 기쁘게 도전하는 것이다.

### (14) '명언 노트'와 '어휘 노트' 활용하기

명언과 어휘가 누적되면서 요긴하게 활용할 수 있다. 어휘력은 비유하면 요리에서 식재료와 같다. 셰프가 아무리 뛰어나도 식재료가 부실하면 제대로 된 맛을 낼 수 없다. 필자도 이 책을 쓸 때 도움을 톡톡이 받았다. 현재 대학 노트로 '명언 노트'는 9권째에, '구입 예정 도서 노트'는 5권째에 들어가 있다. 이 둘 외에도 '빼어난 문장', '독서 중 떠오른 영감', '처음 만나는 어휘', '축구에 활용하기' 등을 각각 정해진 노트에 옮겨 적는다.

### (15) 새로운 분야 탐험하기

피터 드러커는 '현대 경영학의 창시자'다. 찰스 핸디도 일조했지만 피터 드러커에 비할 바가 못 된다. 그는 3년마다 분야를 바꾸어 독서에 몰입했다. 삶이 다하는 그 날까지 일평생 이렇게 해왔다. 세월 속에서 전인미답, 전대미문, 전무후무한 세계의 석학이 되었다. 지금도 피터 드러커의 책을 읽는 세계적인 학자들이 그의 통찰력과 혜안에 탄복하곤 한다.

누구나 이렇게 할 수 있다. 가령 '독서' 관련서를 500권 읽겠다는 목표로 세우고 실행하면 독서에 관한 책을 낼 수 있다. 그 분야 전문가가 된다. 강연 연사로 초청받을지도 모른다.

### (16) 그 외

지면 관계상 이 정도로 하고, 나머지는 독자 여러분이 만들어 보기를 권유드린다.

## | '어떤 책'을 읽어야 하나? |

"인생은 짧다. 이 책은 읽을 수 있어도 저 책은 읽을 수 없다."

– 존 러스킨

말을 살 때 천리마를 사겠는가, 백리마를 사겠는가? 금쪽같은 시간 낭비를 초래하는 허접쓰레기 같은 책이 있는 반면, 100권의 책을 능가하는 1권의 책, 1권에 100권 이상의 책이 들어 있는 책이 있다. 너무나 큰 해악을 끼치기에 있어서는 안 되는 책도 있다.

그러면 어떤 책을 읽어야 하나? 책을 선택할 때는 주의 깊고 신중하게 그리고 여러 정보를 알고 구입해야 한다. 주위의 독서 고수의 도움을 받으면 시행착오를 줄일 수 있다. 대형 서점에 가서 직접 꼼꼼히 확인하는 것도 좋은 방법이다. 이외에도 책 정보는 여러 곳에서 구할 수 있다. 미디어(인터넷, 신문, TV, 유튜브, 페이스북 등), 읽는 책 속에서나 책 뒷날개 등에서 만나기도 한다. 책을 읽어가면서 독자는 점점 책을 판별하는 능력이 생겨난다.

## (1) 베스트셀러보다 스테디셀러, 스테디셀러보다 초스테디셀러 선택하기
스테디셀러는 세월 속에서 독자들에 의해 책의 가치가 검증된 책이다.

## (2) 의식 수준이 높은 책 선택하기
책의 수준이 곧 저자의 수준이다. 생명체뿐만 아니라 모든 물질은 고유의 의식 수준(1에서 1,000까지)이 있다. 책도 그렇다.

데이비드 호킨스의 《의식 혁명》에 의하면, 200 이상이 되어야 바람직한 의식 수준에 들어간다고 하였다. 의식 수준이 높은 책이란 관점을 바꿔 주는 책이다. 관점을 바꾸면 삶이 변화한다. 사물과 현상을 보고 해석하며 선택하는 것이 이전과는 차원이 달라지게 되는 것이다. 관점을 바꿔 주는 책이 독자에게 '인생의 책'이다.

서민들은 자잘한 일상에 매여 평생을 살아가고, 사명감을 깨달은 사람은 그 사명을 완수할 때까지 우주는 그를 죽게 하지 않는다. 의식 수준이 높은 책은 그 내용이 독자의 정신에 침투하여 의식 수준을 상승시킨다.

## (3) 평점이 높은 책
'굿리즈'는 책을 밝게 아는 사람들이 책의 평점을 매기는 곳이다. 3.7을 넘기면 좋은 책이다. 4를 넘으면 현저하게 탁월한 책이다. 이런 책을 선택하면 된다.

## (4) 저명한 독서가의 추천서
자신의 양심과 신뢰를 걸고 책을 안내하는 저명한 독서가가 추천하는 책을 선정하면 시행착오를 겪지 않을 것이다. 자기 자신을 속일 수 있지만, 양심은 속일 수 없다.

### (5) 고전

책은 생명체다. 치열한 생존 경쟁 속에서 태어나 곧 죽기도 하고, 장수하기도 하며, 드물게 세대를 뛰어넘어 전해지고 읽혀지는 책도 있다.

고전이 그렇다. 하지만 고전도 그 수량이 너무 많으므로 전략적으로 선정해 읽을 필요가 있다.

### (6) 과학 기술 분야는 가능한 신간 선택하기

갈수록 지식의 주기가 짧아지고 있기 때문이다. 신간을 통해 현재의 트렌드를 읽고, 주류학계의 흐름을 알 수 있다. 신간은 갓 태어난 따끈따끈한 최신 정보를 소유하고 있다.

### (7) 실용적인 목적으로 읽을 때는 대형 서점에서 여러 권 비교 확인하기

책의 우수성과 충실도를 바로 비교할 수 있다. 이때 나의 경험처럼 확실한 것은 없다. 어떤 책을 구매해야 할지 알게 된다.

### (8) 시간 속에서 검증된 책 선택하기

출판 후 1년이 지난 책만 구입하는 사람도 있다. 신간의 운명은 이러하다. 처음 서점의 매대에 자리하다 판매가 부진하면 서가로 이동한다. 여기서도 고객들이 찾지 않으면 반품되거나 창고에 저장된다. 그리고 점점 독자들로부터 잊혀가기 시작한다.

그 후 세월 속에서 절판되거나 품절된다.

# 2. '독서' 관련 명언

## |책의 가치||

### 1) 찰스 다윈
비망록은 위대한 책이다.

### 2) 쿠르티우스
세상과 자연이 책이라는 생각은 가톨릭교회의 수사학에서 비롯되어
중세 초기의 신비주의 철학자들로 이어졌다가
마침내 보편적인 것이 되었다.

### 3) 볼테르
책은 무지와 잘 정비된 경찰국가의 감시인과 호위를 사라지게 만든다.

### 4) 프랭클린 루스벨트
선박 없이 해전에서 이길 수 없는 것 이상으로,
책 없이 세상과의 전쟁에서 이길 수 없다.

### 5) 프레드릭 케년
아리스토텔레스 대에 이르러 고대 그리스 세계가 구어 교육에서
독서의 습관으로 넘어갔다고 해도 과언이 아니다.

### 6) 제임스 캐럴
독서는 순전한 내면성의 행위다. 그 목표는 단순한 정보의 소비가 아니다.
독서는 자아와의 만남의 기회다.

책은 지금껏 인간이 만들어 낸 것 중 최고의 것이다.

### 7) 프랑스 속담

말은 사라지고, 책은 남는다.

### 8) 볼테르

당신은 책을 좋아하지 않을지도 모른다.

또한 당신의 생활은 부질없는 야심과 쾌락을 추구하는 데 바쁠지도 모른다.

그러나 세상은 당신이 생각하는 것보다 훨씬 광범위하다.

그 세계는 책에 의해 움직이고 있다.

### 9) 프란츠 카프카

책은 네 마음속의 언 바다를 깨는 도끼와 같다.

### 10) 프란츠 카프카

책이란 무릇 우리 안에 있는 꽁꽁 얼어버린 바다를 깨뜨려 버리는
도끼가 안되면 안되는 거야.

### 11) 매리언 울프

독서는 인류 역사상 최고의 발명품이며,

역사의 기록은 그 발명의 결과 중 하나라고 할 수 있다.

### 12) 마크 트웨인

당신에게 가장 필요한 책은

당신으로 하여금 가장 많이 생각하게 하는 책이다.

### 13) 버트란드 러셀

내게 좋은 책을 알려주는 사람이 있었다면,

이렇게 오랜 시간에 걸쳐 시행착오를 하지 않았을 텐데…….

## 14) 키케로
책이 없는 방은 영혼이 없는 육체와 같다.

## 15) 호르헤 루이스 보르헤스
인간이 상용하는 여러 가지 도구들 가운데 가장 놀랄만한 것은
의심할 여지 없이 책이다.
다른 것들은 신체의 확장이다.
현미경과 망원경은 시각을 확장한 것이고, 전화는 목소리의 확장이고,
칼과 쟁기는 팔의 확장이다.
그러나 책은 다른 것이다. 즉 책은 기억의 확장이며 상상력의 확장이다.

## 16) 프랭클린 루스벨트
책은 불로 죽일 수 없다. 사람은 죽지만 책은 결코 죽지 않는다.
어떤 사람과 힘도 기억을 제거할 수는 없다.
우리 모두가 알듯이 삶이라는 선생에서, 책은 무기이다.

## 17) 빌 게이츠
오늘날의 나를 만들어준 것은 조국도 아니고 어머니도 아니다.
단지 내가 태어난 작은 마을의 초라한 도서관이다.
문자 텍스트는 여전히 세부적인 내용을 전달하는 최선의 방법이다.
나는 평일에는 매일 밤 1시간, 주말에는 3~4시간 독서하려고 노력한다.
이런 독서가 나의 안목을 넓혀 준다.

## 18) 정하나
자녀에게 주는 최고의 선물은 독서 교육입니다.

### 19) 칼라일

책 속에 과거의 모든 영혼이 잠잔다.

오늘의 참다운 대학은 도서관이다.


### 20) 바슐라르

책은 꿈꾸는 것을 가르쳐 주는 진짜 선생이다.


### 21) 필립 체스터필드

가장 훌륭한 벗은 가장 좋은 책이다.


### 22) 파브르

누구에게나 정신에 획을 그어주는 책이 있다.


### 23) 에이미 로웰

책은 책 이상이다. 차라리 그것은 삶 자체다.


### 24) 움베르토 에코

책은 수저나 망치 바퀴, 또는 가위 같은 것입니다.

일단 한번 발명되고 나면

더 나은 것을 발명할 수 없는 그런 물건들 말이에요.


### 25) 앤드류 파이프

나는 책이 없는 세상을 상상할 수는 있다.

그러나 읽기가 없는 세상은 상상할 수가 없다.


### 26) 벤저민 프랭클린

이 세상에서 가장 불쌍한 사람은 비 오는 날

혼자 외로이 앉아서 글도 읽을 줄 모르는 사람이다.

## 27) 키케로

늙어서 한가하고 조용한 여생을 보낼 때,

독서보다 차분한 기쁨과 행복을 가져다주는 것은 없으리라.

## 28) 로버트 브라우닝

책은 남달리 키가 큰 사람이요,

다가오는 세대가 들을 수 있도록 소리 높여 외치는 유일한 사람이다.

## 29) 몽테뉴

가장 싼 값으로 가장 오랫동안 즐거움을 누릴 수 있는 것, 바로 책이다.

## 30) 데 빌로

절대로 배반하지 않는 친구를 사귀고 싶은가?

그렇다면 책과 사귀어라.

## 31) 빌 게이츠

인문 고전이 없었다면 마이크로 소프트는 없었다.

## 32) 작자 미상

책은 두뇌의 식단이고, 독서는 두뇌의 식사다.

## 33) 찰스 존스

두 가지에서 영향받지 않는다면

우리 인생은 5년이 지나도 지금과 똑같을 것이다.

그 두 가지란 우리가 만나는 사람과 책이다.

## 34) 에리카 종

나는 책 표지의 저자 사진에 입을 맞추곤 했다.

시간적 공간적으로 멀리 떨어져 있는 저자들을 사랑할 수 있다는 사실,
이처럼 놀라운 사실도 없다.


### 35) 작자 미상

한 나라의 과거를 알고 싶으면 박물관으로 가라.

현재를 알고 싶으면 시장을 가라. 미래를 알고 싶다면 도서관으로 가라.


### 36) 이어령

독서란 한마디로 산소입니다.

독서를 안 하는 사람은 숨을 안 쉬겠다고 주장하는 것과 같습니다.


### 37) 벤 카슨

우리가 독서를 통해 지식을 늘려나간다면,

우리의 무한한 가능성을 가로막을 사람은 아무도 없다.

### 38) 스티브 잡스

만약에 내가 소크라테스와 점심을 같이 할 수 있다면

우리 회사가 가지고 있는 모든 기술을 소크라테스의 철학과 바꾸겠다.

애플은 인문학과 기술의 교차점에 있기 때문이다.


### 39) 해리 트루먼

모든 독서가가 다 지도자가 되는 것은 아니다.

그러나 모든 지도자는 반드시 독서가가 되어야 한다.


### 40) 오르한 파묵

어느 날 한 권의 책을 읽었다. 그리고 나의 인생은 송두리째 바뀌었다.

## 41) 버지니아 울프

나는 가끔 생각한다.

마음 놓고 책을 읽을 수 있는 장소가 천국이라고…….

## 42) 제임스 보즈웰

인간은 한 권의 책을 쓰기 위해 도서관을 절반 이상 뒤진다.

## 43) 작자 미상

한 권의 책은 천 명의 스승이며, 독서는 완전한 사람을 만든다.

## 44) 디즈레일리

단 한 권의 책밖에 읽은 적이 없는 인간을 경계하라.

## 45) 줄리어스 시저

약으로써 병을 고치듯이 독서로써 마음을 다스린다.

## 46) 서머셋 모음

독서 습관은 닥쳐올 인생의 여러 가지 불행으로부터

당신의 몸을 보호하는 하나의 피난처가 되기도 한다.

## 47) 빌 게이츠

컴퓨터가 결코 책의 역할을 대신하지는 못할 것이다.

## 48) 세종대왕

휴가를 줄 터이니 책만 읽도록 하라.

## 49) 스티브 시볼드

부자들의 집에 들어가면서 가장 먼저 눈에 띄는 것은

온갖 책들이 가득한 서재였고,

그들은 성공하기 위해 늘 책을 읽고 있었다.


## 50) 토머스 에디슨

책은 위대한 천재가 인류에게 남겨주는 유산이며,

그것은 아직 태어나지 않은

자손들에게 한 세대에서 다른 세대로 전달되는 선물이다.


## 51) 찰스 W. 엘리엇

책은 가장 조용하고 변함없는 벗이다.

책은 가장 쉽게 다가갈 수 있고 가장 현명한 상담자이자,

가장 인내심 있는 교사이다.

## 52) 정병조

가방에 지갑은 빼고 다녀도 책은 넣고 다녀라.


## 53) 미야자키 하야오

꿈이 무엇이든 손에서 책을 놓지 말라.


## 54) A. 프랜스

내가 인생을 알게 된 것은 사람과 접촉해서가 아니라

책과 접하였기 때문이다.


## 55) 레닌

책은 거대한 힘이다.


## 56) 김기호

나는 타인의 가정을 방문할 때 서재 유무를 유심히 살펴본다.

인류의 지혜와 경험이 집적되어 있는 서재가
가정의 가장 중요한 핵심 공간이기 때문이다.

## 57) 괴문철

책을 한 권 읽으면 한 권의 이익이 있고,
책을 하루 읽으면 하루의 이익이 있다.

## 58) 순자

독서한 사람은 비록 걱정이 있으되 뜻이 상하지 않는다.

## 59) T. 풀러

언제고 괴로운 환상을 위로하고자 한다면, 너의 책으로 달려가라.
책은 언제나 변함없는 친절로 너를 대한다.

## 60) B. 리튼

독서같이 값싸게 주어지는 영속적인 쾌락은 또 없다.

## 61) 몽테롤랑

생애에서 몇 번이고 되풀이해 읽을 수 있는
한 권의 책을 가진 사람은 행복한 사람이다.
더욱이 여러 권의 책을 가진 사람은 행복을 다한 사람이다.

## 62) 아놀드

기록을 살펴보면 사람이 늙어가며 겪는 생활의 가치는
그 사람이 사는 동안에 얼마나 책을 읽었느냐에 따라 달라진다.

## 63) 1971년 미국 미시간주 트로이 공공도서관 개관에 즈음하여

도서관은 먼 우주로 당신을 데리고 갈 우주선이자 과거와 미래로 데려다

줄 타임머신이며, 누구보다 더 많이 알고 있는 선생님이자 당신을 즐겁게
해주거나 위로해줄 수 있는 친구이기도 합니다.

무엇보다도 도서관은 더 나은 행복과 보람된 삶을 위한 관문입니다.

## 64) 토마스 바트린

책이 없다면 신도 침묵을 지키고, 정의는 잠자며,
자연과학은 정지되고, 철학도 문학도 말이 없을 것이다.

## 65) 윈스턴 처칠

책 제목만 봐도 한 사람의 인생이 바뀐다.

## 66) 작자 미상

좋은 책 한 권이 대학 교육에 필적한다.

## 67) 페넬로프 피츠제럴드

사람은 인생에서 모두에게 인정받았음을 깨닫는 때가 두 번 있다.
첫 번째는 걸음마를 배운 순간이고, 두 번째는 독서를 배운 순간이다.

## 68) 발터 벤야민

책을 획득하는 방법 중에서도 책을 직접 쓰는 것이야말로
가장 칭송할 만한 방법으로 평가받을 수 있다.

## 69) 아리스토텔레스

책은 영혼의 음식이다.

## 70) 레이 브레드버리

책을 불태우는 것보다 더 질이 나쁜 행동이 있다.
그것은 바로 그 책을 읽지 않는 것이다.

## 71) 이탈로 칼비노

고전이란,

우리가 누구이며 우리가 어디에서 왔는지를 이해할 수 있게 도와준다.

## 72) 월트 디즈니

보물섬에 있는 해적의 전리품보다 책에 더 많은 보물이 있다.

## 73) 추사 김정희

가슴속에 만 권의 책이 있어야 그것이 흘러넘쳐 그림과 글씨가 된다.

## 74) 존 밀턴

책은 인류에게 불멸의 정신이다.

## 75) 존 밀턴

전기는 거장의 정신이 맥박치는 혈액이다.

## 76) 아담 스미스

나는 내가 쓴 책 외에는 멋진 데가 하나도 없다.

## 77) 그 당시의 영국인들

셰익스피어를 인도와도 바꾸지 않겠다.

## 78) 김종훈

서재는 삶이 재창조되는 곳이다.

## 79) 임마누엘

그대의 돈을 책을 사는 데 써라.

그 대신에 황금과 지성을 얻을 것이다.

### 80) 막심 고리키

책은 인류의 진보를 위한 사다리다.

### 81) 유성룡

전쟁 때도 책을 놓지 마라.

### 82) 이덕무

세상의 모든 책을 다 읽겠다.

### 83) 니콜 라피에르

당신의 서재를 보여 달라. 그러면 당신이 누구인지 말해주겠다.

### 84) 톰 켈리

한 권의 책은 한 사람의 멘토와 같다.

### 85) 헨리 워드 비처

서점만큼 인간의 심성이 그토록 약해지는 곳이 어디 있는가?

### 86) 작자 미상

정상에 가장 빨리 도달하고 가장 오래 머무르는 방법, 책 속에 있다.

### 87) 에밀리 디킨슨

책은 끝없는 여행을 위한 티켓이다.

### 88) 랄프 왈도 에머슨

좋은 책을 읽노라면 삼천 년도 더 사는 듯한 느낌이 든다.

## 89) 오프라 윈프리

좋은 책 한 권은 세상을 바꿀 수 있는 힘을 가지고 있다.

## 90) G. 도슨

큰 도서관은 인류의 일기장과 같다.

## 91) 제임스 브라이스

책의 가치는 그것으로부터 무엇을 배울 수 있는가에 달려 있다.

## 92) 스티븐 킹

책은 들고 다닐 수 있는 유일한 마법이다.

## 93) 호르헤 루이스 보르헤스

나의 우주, 사람들은 이것을 도서관이라고 부른다.
도서관은 영원히 지속되리라.
불을 밝히고, 고독하고, 무한하고, 부동적이고, 고귀한 책들로 무장하고,
부식하지 않고, 비밀스러운 모습으로.

## 94) A. 조월

책은 책 이상이다. 책은 생명이다.
지난 시절의 심장과 핵심이요,
인간이 왜 살고, 일하고, 죽었는가의 이유이며, 생애의 본질과 정수다.

## | 독서의 목적 |

## 95) 매리언 울프

독서는 우리의 삶을 바꾼다. 한편으로는 삶이 독서를 바꾸기도 한다.

### 96) 알베르토 망구엘

우리 존재는 읽은 만큼 성장한다.

### 97) 르네 데카르트

좋은 책을 읽는다는 것은
과거의 가장 훌륭한 사람들과 대화하는 것이다.

### 98) 서양 속담

독서는 앉아서 하는 여행이고, 여행은 서서 하는 독서다.

### 99) 키케로

책은 청년에게 음식이 되고, 노인에게는 오락이 된다.
부자일 때는 지식이 되고, 고통스러울 때는 위안이 된다.

### 100) 신용호

사람은 책을 만들고, 책은 사람을 만든다.

### 101) 작자 미상

1,000권의 책을 읽으면 인생이 바뀐다.

### 102) 메난데르(기원전 4세기)

글을 읽을 수 있는 자는 사물을 보는 능력이 두 배 뛰어나다.

### 103) 장 폴 사르트르

거기 그렇게 침대에 걸터앉아 책을 읽는 척했다.
내 눈이 까만 기호들을 하나도 빠짐없이 따라갔고
모든 음절을 꼼꼼하게 발음하며 이야기 하나를 큰 소리로 읽었다.
그러다가 들켜서 - 일부러 그렇게 만들어서 - 한바탕 야단법석이 났다.

가족들이 나에게 알파벳을 가르쳐야 할 시기라고 판단했다.

나는 교리 문답을 배우는 사람처럼 열광적으로 임했다.

심지어 나 스스로 개인 교습까지 시켰다.

엑토르 말로의《집 없는 아이들》을 들고 침대로 기어 올라갔다.

줄줄 외우고 있는 그 책을 절반은 암송하고 절반은 해독하면서

한 페이지, 한 페이지 읽어 나갔다.

마지막 페이지를 덮는 순간, 나는 글을 읽을 수 있다는 사실을 알았다.

미치도록 기뻤다.

## 104) 주자

사람이 날마다 할 일이 없다면,

반나절은 고요히 앉아 있고, 반나절은 책을 읽어야 한다.

이렇게 1, 2년만 하면 어찌 발전하지 않음을 근심하겠는가?

## 105) 헤럴드 블룸

사랑을 제외하고 인간이 '속세를 초월'할 수 있는 수단은 읽기뿐이다.

## 106) 키토

한 민족의 정신을 가장 직접적으로 표현하는 것은

그 정신이 만들어 낸 다른 어떤 것이 아니라 바로 언어의 구조다.

## 107) 매리언 울프

독서는 뇌가 새로운 것을 배워 스스로를 재편성하는 과정에서 탄생한,

인류의 기적적인 발명이다.

## 108) 도스토옙스키

한 인간의 존재를 결정짓는 것은 그가 읽은 책과 그가 쓴 글이다.

### 109) 앙드레 지드

나는 한 권의 책을 책꽂이에서 뽑아 읽었다.

그리고 그 책을 꽂아 놓았다. 그러나 나는 조금 전의 내가 아니다.

### 110) 정약용

사람이 세상에 태어나서 책도 읽지 않고(공부를 하지 않고)

무슨 일을 도모하겠는가?

### 111) 헨리 데이비드 소로

얼마나 많은 사람들이 한 권의 책을 읽고

자기 인생의 새로운 기원을 마련했던가.

우리의 기적들을 설명해주고 새로운 기적들을 계시해 줄 책이

어쩌면 우리를 위하여 존재할 가능성이 크다.

### 112) 스티브 레빈

책을 잘 읽고 산다는 것은, 경이로운 세상에 눈을 뜨고

매일매일 세상과 나 자신의 잠재력에 대해 새로운 것을 배우며

정신적으로 한 차원 높은 삶을 살아가는 것이다.

### 113) 왕안석

독서에는 비용이 들지 않지만 만 배의 이익이 있다.

### 114) 김병완

인생을 바꾸는 것은 재능이 아니라 독서다.

### 115) 앨빈 토플러

21세기 문맹자는 글을 읽을 줄 모르는 사람이 아니라

학습하고, 교정하고, 재학습하는 능력이 없는 사람이다.

### 116) 몽테스키외

독학은 세상의 모든 불쾌함을 떨쳐버리는 특효약이었다.
한 시간 동안 책을 읽는 것만으로도
나는 모든 근심 걱정을 깨끗이 잊을 수 있었다.

### 117) 왕안석

가난한 사람은 책으로 부자가 되고, 부자는 독서로 귀하게 된다.

### 118) 랄프 왈도 에머슨

가장 발전한 문명사회에서도 책은 최고의 기쁨을 준다.
독서의 기쁨을 아는 자는 재난에 맞설 방편을 얻은 것이다.

### 119) 헬렌 켈러

한 권의 좋은 책은 한 척의 배와 같아서
우리를 편협한 곳에서부터 넓고 광활한 바다로 인도한다.

### 120) 양우성

그냥 읽었다. 그저 읽었다. 아주 천천히 조금씩 나는 바뀌었다.

### 121) 칼라일

책 속에 과거의 모든 마음이 잠자고 있다.
오늘의 참다운 대학의 목적은 잠자고 있는 책을 일깨우는 데에 있다.

### 122) 이웃의 한 소령이 신문 배달하는 카네기에게

네가 책을 읽지 않으면 평생 배달만 해야 한다.
그러니까 틈날 때마다 우리 서재에 와서 책을 읽어라.

### 123) 승효상

독서 없는 프로페셔널? 생각조차 할 수 없다.

### 124) 토머스 에디슨

뭔가를 발견해내고 싶을 때면 먼저 책을 찾아 읽습니다.
과거에 누군가가 쓴 모든 것을 샅샅이 뒤지는 거죠.

### 125) 오프라 윈프리

책이 오늘의 나를 만들었다.
책을 통해 나는 미시시피의 농장 너머에는
정복해야 할 큰 세상이 있다는 것을 알게 되었다.

### 126) 리콴유

나는 독서가 제공하는 상상력으로 지금의 싱가포르를 만들었습니다.
지금의 싱가포르는
나의 독서 상상이 하나의 실체로 나타난 것일 뿐입니다.

### 127) 박찬욱(영화감독)

독서는 제 영화의 자양분입니다.
사실 영화를 보면서 보내는 시간보다는
책을 읽으면서 보내는 시간이 더욱 깁니다.

### 128) 문용린

교육 선진국 핀란드에서는 책을 읽지 않는 것을
개인의 선택적 결과로 보지 않는다.
어떤 심각한 문제가 있는 것으로 보고 국가가 나서서 적극적으로 돕는다.

### 129) 룰리아 알바레스

땅속에 씨를 뿌리거나, 누군가의 머릿속에 이야기를 넣어주거나,

누군가의 손에 책을 들려주는 사람.

그런 사람들만이 세상을 구할 수 있습니다.


### 130) 요한 볼프강 폰 괴테

내가 인생의 법칙을 배운 것은

어머니가 들려준 동화를 통해서였다.


### 131) 스콧 터로

작가들은 평생에 걸쳐 게걸스럽게 먹어 치웠던

한 권 한 권의 책들 덕분에 지금의 그들이 있다.


### 132) 다니엘 페나크

책을 읽는 시간은 사랑하는 시간이 그렇듯 삶의 시간을 확장시킨다.

### 133) 시드니 저라드

독서를 통한 간접 체험은

사람의 본질까지 재구성하여 전혀 딴 사람으로 바꾸어 놓는다.

직접 체험과 다를 것이 하나도 없다.

체험이란 피만큼이나 침투력이 높은 모양이다.


### 134) 중국 속담

책을 읽어라. 그렇지 않으면 멍청한 후손들이 대를 잇게 될 것이다.


### 135) 제임스 캐럴

독서는 순전한 내면성의 행위다.

그 목표는 단순한 정보의 소비가 아니다.

독서는 자아와의 만남의 기회이다.
책은 지금껏 인간이 만들어 낸 것 중 최고의 것이다.

## 136) 소동파
공자 이래 성인들의 학문은 반드시 책을 보고 읽는 것으로 시작되었다.

## 137) 김승호
다르게 볼 줄 알아야 한다. 다르게 보려면 책을 많이 읽어야 한다.

## 138) 피터 드러커
21세기 문맹은 읽고 쓸 줄 모르는 이가 아니라
학습할 줄도, 학습한 것을 망각할 줄도, 재학습할 줄도 모르는 이들이다.

## 139) 빌 게이츠
독서 습관은 100억 원보다 더 가치 있는 유산이다.

## 140) 폴 오스터
나는 두뇌에 불이라도 붙은 듯,
책을 읽지 않으면 목숨이 꺼지기라도 할 듯, 필사적으로 책을 읽었다.

## 141) 니나 상코비치
책은 삶을, 내 삶을 거울처럼 반영한다.

## 142) 앙드레 지드
내게 독서란 단순히 작가의 생각을 취하는 것이 아니라
그와 함께 온 세상을 여행하는 행위다.

### 143) 파디먼

다시 말해, 고전은 내가 알고 있는 줄도 몰랐던 사실을 깨닫게 해준다.

### 144) 아스 밀러

지금 무슨 책을 읽고 있는가를 보면 그를 알 수 있다.

3년 후, 10년 후 어떤 사람이 될지는 지금 어떤 책을 읽느냐로 결정된다.

### 145) 벤저민 프랭클린

지식에 투자하는 것이 가장 이윤이 높다.

### 146) 반칠환

머리는 서울역에 있고, 꼬리는 부산역에 닿는 긴 기차.

아무 데도 가지 않았는데 모든 곳에 닿아 있는 그 기차처럼

독서는 한 발짝도 움직이지 않고도 천하를 여행하게 해준다.

### 147) 스트릭랜드 길리어

넌 부자야. 보석 상자와 금궤.

그래, 넌 나보다 훨씬 부자야. 그렇지만 난 네가 부럽지 않아.

우리 엄마는 내게 책을 읽어주시니까 말이야.

### 148) 토머스 에디슨

나의 피난처는 디트로이트 도서관이었습니다.

책을 왼쪽 아랫줄부터 오른쪽 맨 윗줄까지 차례로 읽었습니다.

종류도 문집, 역사, 사전 등 가리지 않았습니다.

### 149) 앨빈 토플러

저는 딱 두 가지만 했습니다.

첫째, '책 읽는 기계'라고 불릴 만큼 미친 듯이 읽었습니다.

둘째, 길에서 모든 것을 배웠습니다.
각 나라를 다니며 그 나라의 문화를 열심히 공부했습니다.

### 150) 플라톤
사람들이 읽기와 쓰기를 멀리한다면 기억의 종말을 초래할 것이다.

### 151) 토머스 홉스
만약 내가 다른 사람들과 같은 정도로 독서를 했더라면
다른 사람들과 같은 정도밖에 몰랐을 것이다.

### 152) 호러스 맨
독서란 자신의 머릿속에 무한한 문장을 심어주는 것이다.

### 153) 엠마 톰슨
책은 마침내 필요한 순간에 인생에 나타난다.

### 154) 김수연
읽는다는 것은 생각하는 것이다.
생각하는 것은 내가 살아 있다는 것이다.
그러므로 살아 있는 한 책을 읽어야 한다.

### 155) 사무엘 스마일스
읽은 책으로 그 사람의 품격을 알 수 있다.
사귀는 친구로 그 품격을 알 수 있는 것처럼.

### 156) 앨런 제이콥스
인간의 역사에서 자신의 시대만 아는 사람들은
아무것도 모르는 것이나 다름없다.

## 157) 프랭클린

내가 사람들에게 도움이 되고 명성을 얻은 것도
이 책(《선을 하기 위한 수상집》 / 마더 코튼)을 만난 덕분이다.

## 158) 중국 속담

3일간 책을 읽지 않으면 대화에서 향기가 없어진다.

## 159) 찰스 존스

나이가 들수록 젊어지기 위해 책을 읽으라.

## 160) 로버트 허친스(前 시카고대학교 총장)

내가 지정하는 책 100권을 달달 외울 정도로 읽지 않은 학생은
졸업시키지 않겠다.

## 161) 정약용이 아들에게 쓴 편지 중에서

너희가 독시하지 않는다면,
나는 앞으로 마음의 눈을 닫고 흙으로 빚은 사람처럼 될 뿐 아니라,
열흘이 못 가서 병이 날 것이고,
이 병을 고칠 수 있는 약도 없을 것인즉
너희들이 독서하는 것은 내 목숨을 살려주는 것이다.

## 162) 헬렌 켈러

내가 책에 얼마나 많은 신세를 졌는지는 이루 다 말할 수 없습니다.
기쁨이나 지혜뿐만 아니라,
일반 사람들이 눈이나 귀로 얻는 지식까지도 나는 책에서 얻었습니다.
그만큼 나의 배움에서
책은 보통 사람보다 훨씬 큰 의의를 지니고 있습니다.
내가 처음으로 책을 읽은 것은 1887년 5월이었으며,

그때 내 나이는 7살이었습니다.

그 후로 오늘에 이르기까지 손가락 끝에 닿는 책은 모조리 읽었습니다.

처음에 나는 몇 권의 점자책밖에 갖고 있지 않았지만,

그 책들의 점자가

거의 닳아서 읽을 수 없을 지경이 될 때까지 반복해서 읽었습니다.

내 마음에 드는 책을 몇 번이고 계속해서 읽는 재미가

얼마나 좋았는지 모릅니다.

## 163) 워런 버핏

당신은 결코 독서보다 더 좋은 방법을 찾을 수 없을 것이다.

## 164) 존 스튜어트 밀

《입법론》의 마지막 페이지를 덮었을 때,

나는 전혀 다른 사람으로 변해 있었다.

## 165) 왕안석의 '권학문' 중에서

독서에는 큰 비용이 들지 않고

독서를 하면 만 배의 이익이 생긴다.

책은 관리들에게 재주를 더해 주고,

책은 군자에게 지혜를 더해 준다.

돈이 생기면 곧 서재를 짓고,

돈이 없으면 도서관에 가서 책을 읽어라.

가난한 사람은 책으로 인해 부유해지고,

부유한 자는 책으로 인해 귀해진다.

어리석은 사람은 책을 얻어 현명해지고,

현명한 자는 책으로 인하여 이로워진다.

책 읽어 영화를 누리는 것은 보았어도

책 읽어 실패한 사람은 보지 못했다.

황금을 팔아 책을 사서 읽어라.
책을 읽으면 더 많은 황금을 쉽게 살 수 있다.

## 166) 밀란 쿤데라

책을 읽지 않는 사람은 한 번의 인생을 살지만,
책을 읽는 사람은 여러 번의 인생을 산다.

## 167) 에이브러햄 링컨

책 한 권 읽은 사람은 두 권 읽은 사람의 지도를 받게 되어 있다.

## 168) 사이토 다카시

매일 한 권의 책을 읽는 것만이
평범한 우리가 경쟁력을 쌓을 수 있는 유일한 방법이다.

## 169) 클리프턴 패디먼

고전을 다시 읽게 되면 당신은 그 책 속에서 전보다 더 많은 내용을
발견하지는 않는다. 단지 전보다 더 많이 당신 자신을 발견한다.

## 170) 워런 버핏

최고의 투자는 자기 자신에게 하는 투자이고,
나 자신을 최고의 자산으로 만들어야 부자가 될 수 있다.
자신에게 하는 투자 중 최고는 책 읽기다.

## 171) 손웅정(손흥민 선수 아버지)

리더에게는 큰 서재가 필요하고, 패배자의 손에는 큰 리모컨이 남는다.
검색하지 말고 사색해야 한다.

**172) 벨 훅스**

나는 삶을 변화시키는 아이디어를 항상 책에서 얻었다.

**173) 비트겐슈타인**

내 언어의 한계가 내 세계의 한계다.

**174) 이탁오**

내 마음은 책을 열면 곧 거기에 있다.
책을 읽으면 그 사람이 보일 것이요,
정신은 또 천만 배나 잘 알게 될 것이다.
그러면 나 이탁오를 하루 종일 면대하는 것과 마찬가지다.

**175) 임어당**

평소에 독서하지 않는 사람은 시간적으로나 공간적으로나
자기 하나만의 세계에 감금되어 있다.

**176) 찰스 핸디**

새로운 통찰과 새로운 아이디어를 얻으려면
자신의 전문지식 분야에서 과감히 탈피해야 한다.

**177) 워런 버핏**

당신의 인생에서
가장 짧은 시간에 가장 위대하게 바꿔 줄 방법은 무엇인가?
만약 당신이 독서보다 더 좋은 방법을 알고 있다면
그 방법을 따르기 바란다.
그러나 인류가 지금까지 발견한 방법 가운데서만 찾는다면
당신은 결코 독서보다 나은 방법을 찾을 수 없을 것이다.

### 178) 다치바나 다카시
독서가 인류의 뇌를 진화시켰다.

### 179) 김대중 前 대통령
감옥이야말로 나의 대학이었다…….
지금도 빨리 읽고 보고 싶은 책을 만나면,
'교도소에서는 금방 다 읽을 수 있을 텐데.'라는 생각을 합니다.

### 180) 클리포드 나스
멀티태스커들은 쓸데없는 정보를 빨아 먹는 유령 같았다.
불필요한 정보를 걸러 내야 문제를 풀 수 있는데 그들은 외부적인 것이든
마음속이든 간에 떠오르는 것 모두에 신경을 쓰느라 무엇 하나도 제대로
하지 못하는 산만한 사람이었다.

### 181) 나발 라비칸트
위대한 책을 쓰고 싶다면 자신이 먼저 그 책이 되어야 한다.

### 182) 헬렌 R. 리켓
부모가 가족의 끈을 더 강하게 만들고, 동시에 아이들에게 건전한 도덕
원칙을 가르치는 가장 좋은 방법 중 하나는 아이들에게 책을 읽어주는 것
그리고 함께 책을 읽는 것이다.

### 183) 칼릴 지브란
책은 시간과 공간을 초월해 사람을 만나는 통로다.

### 184) 빅토르 위고
책은 인간이 자신의 업적을 지속시키는 가장 확실한 방법이다.

### 185) 한서

자손에게 만금을 물려준다 해도
그것은 한 권의 경전을 주는 것만 못하다.

### 186) 조지 마틴

책을 읽은 사람은 죽기 전에 천 년을 산 사람이고,
책을 읽지 않은 사람은 하루만 살다 간 사람이다.

### 187) 마오쩌둥

밥은 하루 안 먹어도 괜찮고, 잠은 하루 안 자도 되지만
책은 단 하루도 안 읽으면 안 된다.

### 188) 워런 버핏

한 분야의 전문가가 되려면 다른 사람보다 다섯 배 더 읽어라.

### 189) 안중근(1910. 3. 26, 여순 감옥에서 사형 집행 직전)

5분만 시간을 주십시오. 책을 다 읽지 못했습니다.

### 190) 칼 세이건

책을 힐끗 쳐다보면 다른 사람의 목소리가 들린다.
어쩌면 죽은 지 1,000년이 된 사람일 수도 있다.
읽는다는 것은 시간을 여행하는 것이다.

### 191) 프레드릭 더글라스

일단 읽는 법을 배우면 영원히 자유로워질 것이다.

### 192) 버락 오바마

독서는 중요하다. 읽을 줄 알면 온 세상이 열린다.

## 193) 로버트슨 데이비스

훌륭한 건축물을 아침 햇살에 비춰보고,
정오에 보고, 달빛에도 비춰보아야 하듯이
진정으로 훌륭한 책은 유년기에 보고,
청년기에 다시 읽고, 노년기에 또다시 읽어야 한다.

## 194) 독서 / 문정희

# 독서

문정희

내가 세상을 안다고 생각할 때
얼마나 모르고 있는지
그때 나는 별을 바라본다
별은 그저 멀리서 꿈틀거리는 벌레이거나
아무 의도도 없이 나를 가로막는 돌처럼
나의 운명과는 상관도 없지만
별을 나는 좋아한다
별이라고 말하며 흔들린다 아무래도
나는 사물보다 말을 더 좋아하는가 보다
혼자 차를 마시면서도
차를 마시고 싶다라는 말을 하고 싶고
여행보다 여행 떠나고 싶다라는 말을
정작 연애보다는
사랑한다는 말을 나는 좋아한다
어쩌면 별도 사막일지 몰라
결국 지상에는 없는 불타는 지점
하지만 나는 별을 좋아한다
나의 조국은 별 같은 말들이 모여서 세운

시의 나라

나를 키운 고향은 책인지도 몰라.


## |독서 방법|


### 195) 마쓰오카 세이고

책은 두 번 읽지 않으면 독서가 아니다.


### 196) 아르투르 쇼펜하우어

읽은 것을 모두 기억하기를 바라는 것은

먹은 것을 모두 몸에 지니고 다니기를 바라는 것과 같다.


### 197) 로버트 프루스트

작가의 지혜가 끝나는 곳에서

우리의 지혜가 시작된다는 것이 사뭇 사실이라고 느껴진다.


### 198) 앨런 실리토

훌륭한 이야기를 읽기에 가장 좋은 시간은

사실 혼자서 기차를 타고 여행할 때이다.

주위에는 온통 낯선 데다가 참으로 낯선 풍경들이 흐르면 책 속에 펼쳐지

는 복잡한 삶은 특별하고 강렬한 인상으로 독자의 마음에 각인된다.


### 199) 괴테

대부분의 사람들은

읽는 방법을 배우는 데 오랜 시간이 걸린다는 사실을 모른다.

나는 80년이 걸렸고, 지금도 완전하다고 말할 수 없다.

## 200) 페트라르카

만약 '신성한 진실'이라는 빛이 독서가의 머리 위를 비추면서
어떤 것은 읽고 어떤 것은 피해야 하는지를 가르쳐 주지 않는다면
독서는 좀처럼 위험을 면하지 못하게 된다.

## 201) 바슐라르

한 페이지 읽고 한 시간 몽상해야 한다.

## 202) 쇼펜하우어

독서란 자기의 머리가 남의 머리로 생각하는 일이다.

## 203) 호러스 맨

한 문장이라도 매일 조금씩 읽기로 결심하라.
하루 15분씩 시간을 내면 연말에는 변화가 느껴질 것이다.

## 204) 이덕무

어린이에게 절대로 많은 것을 가르치려고 해서는 안 된다.
그보다는 하나라도 정확하게 가르쳐야 한다.
타고난 능력을 헤아려 200자를 배울 만한 아이에게는
100자만 가르쳐 더 할 수 있는 여지를 남겨 둬야 한다.
그러면 책 읽기에 싫증을 느끼지 않을 것이고,
스스로 깨달아 좋은 결과를 얻을 수 있다.

## 205) 홀브룩 잭슨

기회를 기다리는 것은 바보짓이다.
독서 시간이라는 것은 지금 이 시간이지 결코 이제부터가 아니다.
오늘 읽을 수 있는 책을 내일로 넘기지 말라.

### 206) 헨리 데이비드 소로

책을 읽을 때는 그 책을 쓴 작가의 마음이 되어
조심스럽고 신중하게 읽어야 한다.


### 207) 에드먼드 버크

생각하지 않고 읽는 것은 씹지 않고 식사하는 것과 같다.


### 208) 볼테르

아무리 유익한 책이라도 그 반은 독자가 만든다.


### 209) 김현

책 읽기가 고통스러운 것은
책 읽기처럼 세계를 살 수 없기 때문이다.

### 210) 앙드레 지드

내게 독서란 단순히 작가의 생각을 취하는 것이 아니라
그와 함께 온 세상을 여행하는 것이다.


### 211) 오에 겐자부로

롤랑바르트는 모든 진지한 독서는 '다시 읽는 것'이라 말한다.
이것은 꼭 두 번 읽는 것을 의미하는 것은 아니다.
그보다는 구조 전체를 시야에 넣고 읽는 것을 의미하는 것이다.
말의 미로를 헤매는 것이 아니라, 방향을 갖고 탐구하는 것이다.


### 212) 모티머 아들러

얼마만큼 적극적으로 읽고 노력하는가에 따라 독서의 질이 결정된다.

### 213) 앨버트 허버드

나는 책을 읽지 않고 작가와 대화를 나눈다.

### 214) 찰스 F. 리처드슨

우리가 무엇을 어떻게 읽는가는 중요하지 않다.
중요한 것은 우리가 무엇을 어떻게 생각하느냐이며
독서의 위대한 비결은 이 속에 있다.

### 215) 앙드레 지드

나는 책을 읽을 때 타인들이 내 책을 그렇게
읽어주기를 바라는 것처럼 매우 천천히 읽는다.

### 216) 카트리네 맨스필드

같은 책을 읽은 사람들과 어울릴 때, 책 읽기의 기쁨은 두 배가 된다.

### 217) 공병호

바빠서 책을 읽을 수 없다고 하는데,
오히려 솔직한 이유는 바쁘다기보다 책 읽기가
생활의 우선순위에 들어 있지 않기 때문이다.

### 218) 오즈월드 에이버리

책 읽기에도 방법이 있다. 수동적인 독서법은 효과가 작다.
읽은 것을 눈앞에 그려 보도록 해야 한다.

### 219) 브라이언 트레이시

책을 빨리 읽을수록 더 많은 정보를 얻는다.
빨리 읽을수록 정신은 더 집중하도록 압박을 받는데,
이렇게 긴장된 뇌는 당신을 더 총명하게 만들어준다.

### 220) 권일한

책을 몇 권 읽고, 독서 감상문을 몇 개씩 쓰고, 독서 관련 학원에
다니는 부담스러운 방법으로는 아이를 책벌레로 만들지 못합니다.
부담을 주지 않는 가장 좋은 방법은 '모범'입니다.

### 221) 에르네스트 뎅네

세상에서 가장 좋은 독서 방법은
정말 궁금해서 책을 손에 쥐었을 때다.

### 222) 노희경

책은 읽고 끝내는 것이 아니라
이야기하고, 기록하고, 주위 사람들에게 건네야 한다.

### 223) 매리언 울프

독서는 엄마의 무릎 위에서 시작된다.

### 224) 톰 파커

이 세상 최고의 SAT 준비는 아이가 어릴 때부터
침대 머리맡에서 책을 읽어주는 것이다.
아이가 행복을 느끼면, 스스로 책을 읽기 시작할 것이기 때문이다.

### 225) 데이비드 피어슨

책 읽어주기는 아이들이 책에 흥미를 갖게 하고,
어휘나 문장을 배울 수 있는 기회를 주며,
언어에 대한 경험과 지식을 확장시킨다.

### 226) 오빌 프레스콧

저절로 책을 좋아하게 되는 아이는 거의 없다.

누군가는 아이를 매혹적인 세계로 끌어들여야 한다.

누군가는 아이에게 그 길을 가르쳐주어야 한다.


## 227) 에라스뮈스

밤낮으로 손에 들고 그래서 때가 끼고 책장의 귀들이 접혀지고,

손상되며, 빽빽하게 주석을 달아 놓은 자만이

책을 제대로 사랑하는 사람이다.


## 228) 마오쩌둥

붓을 들지 않는 독서는 독서가 아니다.


## 229) 김창옥

음식을 먹고 움직이지 않으면 지방이 쌓이듯

좋은 책과 강연을 듣고도 실천하지 않으면 독이 될 수 있다.


## 230) 덜린 도머스

내가 받은 교육이란 오로지 관심 있는 책을

마음껏 읽을 수 있었던 자유 단 하나였다.

나는 두 눈을 열심히 굴리며 닥치는 대로 읽었다.


## 231) 프랭크 스미스

아이들은 오로지 책을 읽는 것을 통해 읽기를 배운다.

따라서 읽기 능력을 향상시키는 유일한 방법은 쉬운 책을 읽히는 것이다.


## 232) 주희

독서 삼도(讀書三到) : 책 읽는 요령은 눈으로 보고(眼到),

입으로 소리 내어 읽고(口到), 마음에서 얻는 것(心到)이다.

이 중에서 제일 중요한 것이 심도이다.

### 233) 팀 샌더스

30분 이상 책을 읽었다면 읽기를 멈춘 후 눈을 감고
몇 분 동안 마음속에 떠오르는 생각을 정리한다.
그리고 그러한 생각이나 아이디어가 연결되도록 하라.

### 234) 와이즈 멘토

독서 습관을 몸에 들이지 못하면,
이는 독서하지 않는 습관을 몸에 들인 것과도 같다.

### 235) 스티븐 핑거

소리에 관한 한 아이들은 이미 선에 연결된 상태이지만,
문자는 고생스럽게 추가 조립해야 하는 액세서리다.

### 236) 홀브룩 잭슨

책 읽기 좋은 때는 아무 때나.

### 237) 알랭 드 보통

모든 독자는 자기가 읽은 책의 저자다.

### 238) 존 위더스푼

단순히 읽기 시작했다는 이유만으로 결코 책을 끝까지 읽지 말라.

### 239) 중국번

진정으로 책을 읽고 싶다면,
사막에서나 사람의 왕래가 잦은 거리에서도 할 수 있고,
나무꾼이나 목동이 되어서도 할 수 있다.

## 240) 프랜시스 베이컨

어떤 책들은 맛보기용이고, 어떤 책들은 삼키기용이며,
몇몇 책들은 씹고 소화시키기용이다. 즉, 어떤 책들은 일부만
읽으면 되고, 어떤 책들은 다 읽되 호기심을 가질 필요는 없으며,
몇몇 책들은 완전하고 충실하고 주의 깊게 읽어야 한다.

## 241) 위량

책을 백 번 읽으면 그 뜻이 저절로 통해진다.

## 242) 데이비드 피어슨

책 읽어주기는 아이들이 책에 흥미를 갖게 하고, 어휘나 문장을
배울 수 있는 기회를 주며, 언어에 대한 경험과 지식을 확장시킨다.

## 243) 헤럴드 블룸

어떤 책을 읽느냐보다 어떻게 읽느냐가 더 중요하다.

## 244) 지그 지글러

움직일 때는 듣고, 앉아 있을 때에는 읽는다.
책을 빌리거나 빌려주지 말라. 가능한 한 책을 사라.
그리고 앞으로 참고하기 위해서
그것들을 보관할 개인적인 서재를 마련하라.
당신의 집에서 전략적인 장소에 책을 꽂아두어라.

## 245) 율곡 이이

무릇 책을 읽는 사람은 반드시 단정히 앉아 삼가 공경하여 책을 대하며,
마음을 오로지 하고 뜻을 극진히 하여 글의 의미를 정밀하게 이해하고
깊이 생각할 것이며, 구절마다 반드시 실천할 방법을 찾아야 한다.
만일 입으로만 읽어서 마음으로 체득하지 못하고 몸으로 실행하지

못한다면, 책은 책이고 나는 나니 무슨 이로움이 있겠는가?

### 246) 윈스턴 처칠
책을 읽어볼 시간이 없다면 책을 만져 보기라도 하라.

### 247) 윌리엄 글래드스턴
나는 뜻밖에 얻어지는 1분의 시간을 헛되이 보내지 않도록,
언제나 작은 책을 주머니에 넣고 다니는 것을 잊지 않는다.

### 248) 김영하
읽을 책을 사는 것이 아니라, 산 책 중에서 읽는 것이다.

### 249) 이동진
분류가 제대로 되어 있지 않은 책들은 없는 것과 같다.

### 250) 마크 트웨인
책을 읽지 않는 사람은 책을 읽을 수 없는 사람과 다를 바 없다.

### 251) E. A. 베네트
무엇이든지 좋으니 책을 사라.
사서 방에 쌓아두면 독서 분위기가 조성된다.
외면적이지만 이것이 중요하다.

### 252) 피터 드러커
저술 활동과 강의 등 일 외에 나는 매년 새로운 주제를 발굴하여
3개월간 집중적으로 공부하고 있다.
그 외에는 3년마다 계획을 세우고 있다.
예를 들면 '셰익스피어 전집을 천천히 읽는 것' 같은 일이다.

이는 몇 년 전에 끝마친 일인데, 나는 셰익스피어 다음으로 발자크의 대표작인 《인간 희극》 시리즈에 몰두했다.

## |어떤 책을 읽어야 하나?|

### 253) 영화 '허리케인 카터' 중에서
사람이 책을 고르는 게 아니라 책이 사람을 고른다.

### 254) 애트우드 타운센드
재미없는 책을 읽으려고 애쓰지 마라.
세상에는 좋은 책이 너무나 많으니,
즐겁지 않은 책을 읽느라 시간을 낭비하는 사람은 어리석다.

### 255) 마크 트웨인
좋은 책을 읽지 않는다면, 책을 읽는다고 해도
문맹인 사람보다 나을 것이라고는 하나도 없다.

### 256) 존 러스킨
모든 책은 일시적인 것과 영구적인 것, 두 종류가 있다.

### 257) 에드먼드 버크
인생은 짧다. 더구나 조용한 시간은 너무나 짧다.
한 시간이라도 너절한 책을 읽어 인생을 낭비하지 말라.

### 258) 존 러스킨
인생은 짧다. 이 책을 읽으면 저 책은 읽을 수 없다.

### 259) 톰 피터스

대부분의 경영학 서적들은 답을 제시한다.

반면에 대부분의 소설들은 위대한 질문을 던져준다.

그것이 내가 가르침을 얻기 위해 소설을 즐겨 읽는 이유다.

### 260) 정희진

오래도록 쓰라린 책, 면역력이 생기지 않는 책, 나를 다른 사람으로 만드는 자극적인 책, 그것이 내가 생각하는 좋은 책이다.

### 261) 니체

모든 책 중 나는 사람이 그 자신의 피로 쓴 것만 좋아한다.

### 262) A. B. 올컷

기대를 하고 책장을 열고, 수확을 얻고, 책뚜껑을 덮는 책.

이런 책이 진실로 양서다.

### 263) 리턴

과학에서는 최신의 연구서를 읽으라.

문학에서는 최고(最古)의 책을 읽으라. 고전은 항상 새로운 것이다.

### 264) 쇼펜하우어

나쁜 책을 읽지 않는 것은 좋은 책을 읽기 위한 조건이다.

인생은 짧고 시간과 능력에는 한계가 있다.

### 265) 칼 힐터

악서는 지적인 독약으로서 정신을 독살한다.

## 266) 구스타브 플로베르

어떤 책이 좋은지 판단하는 기준은, 그 책이
얼마나 강한 펀치를 당신에게 날리는가 하는 점이다.

## 267) 로랑스 코세

우리는 꼭 필요한 책, 장례식 다음 날에도 읽을 수 있는 책을 원한다.

## 268) 존 러스킨

읽을 가치가 있는 책은 사둘 만하다.

## 269) 볼테르

책도 사람과 마찬가지다.
소수가 큰 역할을 하고 그 나머지는 대부분 패배한다.

## 270) A. S. W. 로오른 백

책을 수집하는 일은
모든 오락 중에서 가장 기분을 상쾌하게 하는 오락이다.

## 271) 세네카

마음만을 즐겁게 하는 평범한 책들은 지천으로 깔려 있다.
따라서 의심할 바 없이 정신을 살찌우는 책만을 읽어야 한다.

## 272) 랄프 왈도 에머슨

출간되고 나서 1년 이상이 지나지 않은 책은 절대로 읽지 마라.

## 273) 존 러스킨

모든 책은 두 가지 종류로 분류될 수 있다.
'한 시간짜리' 책과 '항상'인 책.

### 274) 쇼펜하우어

인생을 살다 보면
어느 쪽으로 가도 속된 무리를 만나게 되는 것처럼,
책에 있어서도 항상 악서(나쁜 책)를 만나게 된다.
악서는 좋은 새싹을 망쳐버리는 깜부기와 같은 것들이다.
악서는 무익할 뿐만 아니라 유독한 것이기도 하다.
악서는 정신에 독이 되고 머리를 둔하게 한다.
그럼에도 불구하고 대중들은 시대의 양서를 읽지 않고
그저 현대의 저속한 작품만을 읽고 있다.

### 275) 마덴

잡서의 난독은 시간과 정력의 낭비에 불과한 것이다.

### 276) 헨리 데이비드 소로

먼저 유익하고 좋은 책을 읽어라.
그렇지 않으면 나중에 그 책을 읽을 시간이 없을지도 모른다.

### 277) 랄프 왈도 에머슨

보기 드문 지식인을 만났을 때는 그가 어떤 책을 읽는가를 물어야 한다.

### 278) 볼테르

유익한 책이란
독자에게 포착(捕捉)을 요구하지 않고 못 배기게 하는 책이다.

### 279) 베버

두 번 읽을 가치가 없는 책은 한 번 읽을 가치도 없다.

## 280) 말라르메

육체는 슬프다. 아아, 나는 만 권의 책을 읽지 못한다.

## 281) 조앤 K. 롤링

당신이 독서를 좋아하지 않는다면,
아직 좋은 책을 발견하지 못한 것이다.

## 282) 도로우

우선 제1급의 책을 읽어라.
그렇지 않으면 그것을 읽을 기회를 전혀 갖지 못하게 될지도 모른다.

## 283) 존슨

진실로 읽고 싶다는 소망과 호기심이 있는 책을 읽어라.

## 284) 볼테르

어리석은 사람은 이름난 직가의 책이라면 무엇이든지 찬미한다.
나는 오직 나를 위해서만 읽는다.

## 285) 팩스튼 후드

사귀는 친구만큼 읽는 책에도 주의하라.
습관과 성격은 친구만큼이나 책에서도 영향을 받을 것이기 때문이다.

## | 고전이란? |

## 286) 모티머 J. 아들러

명저들은 빛바랜 영광이 아니며,
학자들이 탐구하는 먼지투성이의 유물도 아니다.

그것들은 없어진 운명에 대한 기록도 아니며,

오히려 명저들은 오늘날의 세계를 문명화시키는 가장 유력한 힘이다.

### 287) 공진석

책을 내어도 헌책방에 남아 있을 수 있는 책을 내야 한다.

좋은 책이라야만 헌책방에 꽂힐 수 있다.

### 288) 이탈로 칼비노

고전이란,

우리가 누구이며 우리가 어디에서 왔는지를 이해할 수 있게 도와준다.

### 289) 파디먼

다시 말해, 고전은 내가 알고 있는 줄도 몰랐던 사실을 깨닫게 해준다.

### 290) 마크 트웨인

고전이란 누구나 읽은 것으로 자부하려 들지만,

실은 누구나 읽고 싶어 하지 않는 책이다.

## |책, 얼마나 읽어야 하나?|

### 291) 소동파

만 권의 책을 읽고 만 리 길의 여행을 떠나라.

### 292) 워런 버핏

나는 여전히 하루에 5~6시간은 독서한다. 매일 500페이지씩 읽으라.

## 293) 에디슨

나는 책을 읽지 않았다. 도서관을 통째로 읽었다.

## 294) 이용

100권을 읽어야 비로소 제대로 된 질문을 할 수 있고,
1,000권을 읽으면 세상을 알게 된다.

## |책 구입에 대해|

## 295) 노만 루이스

읽으려던 책을 실제로 사서 수중에 넣을 때,
심리적으로 어떤 동기가 부여되는지 알면 아마 놀라게 될 것이다.

## 296) 에라스뮈스

약간의 돈이 생길 때마다 나는 책을 산다.
그렇게 하고 남는 돈이 있을 때, 비로소 나는 먹을 것과 입을 것을 산다.

## 297) 오스틴 펠프스

낡고 오래된 코트를 입을지언정, 새 책을 사는 데 게을리하지 말라.

## 298) 다치바나 다카시

우선 도서관부터 가서 책을 빌리려고 하는 것은 별로 좋지 않다.
독서는 정신적 식사다.
자신이 읽을 책 정도는 스스로 골라 스스로 사고 늘 곁에 두면서
원하는 시간에 원하는 방식으로 읽어야 한다.

**299) 찰스 램**

나는 산책하지 않으면 책을 읽는다.

그저 앉아서 생각만 하는 것은 어렵다. 책은 내 생각을 대신해준다.

**300) 제임스 카메론**(영화감독, '타이태닉', '아바타' 등 제작)

저는 어린 시절 내내 공상과학소설에 빠져 지냈습니다.

고등학교 시절에는 버스로 통학을 했는데 매일 왕복 두 시간씩 걸렸죠.

그때마다 저는 독서삼매경에 빠졌습니다.

공상 과학 소설이었는데, 저를 전혀 다른 세상으로 데려가는

그 책들이 멈출 줄 모르는 저의 호기심을 채워 주곤 했습니다.

# 3. 추천 도서

1. 《48분 기적의 독서법》 / 김병완 / 미다스북스

2. 《초의식 독서법》 / 김병완 / 아템포

3. 《완벽한 독서법》 / 김병완 / 글라이더

4. 《행복한 서재》 / 김갑수 외 / 출판저널

5. 《지식인의 서재》 / 조국 외 / 행성B

6. 《리딩으로 리드하라》 / 이지성 / 문학동네

7. 《독서는 어떻게 삶의 무기가 되는가》 / 허필선 / 프로방스

8. 《나는 읽는 대로 만들어진다》 / 이희석 / 고즈원

9. 《독서 천재가 된 홍대리 1,2》 / 이지성 외 / 다산라이프

10. 《1시간에 1권 퀀텀 독서법》 / 김병완 / 청림출판

11. 《왜 책을 읽는가》 / 샤를 단치 / 이루

12. 《책만 읽어도 된다》 / 조혜경 / 좋은습관연구소

13. 《영혼을 깨우는 책 읽기》 / 이현경 / 교양인

14. 《슬로 리딩》 / 하시모토 다케시 / 조선북스

15. 《슬로 리딩》 / 이선희 외 / 글누림

16. 《우리 아이 낭독 혁명》 / 고영성 외 / 마트북스

17. 《하루 15분 책 읽어주기의 힘》 / 짐 트렐리즈 / 북라인

18. 《하루 15분 그림책 읽어주기의 힘》 / 김영훈 / 라이온북스

19. 《디지털 치매》 / 만프레드 슈피처 / 북로드

20. 《생각하지 않는 사람들》 / 니콜라스 카 / 청림출판

21. 《도둑맞은 집중력》 / 요한 하리 / 어크로스

22. 《과잉 연결시대》 / 윌리엄 데이비도우 / 수이북스

# 3장

## 말, 경청, 소통, 칭찬

# 1. 들어가며

어제 누구와 만나 어떤 말을 나누었는가? 즐겁고 유익했는가?

동식물처럼 인간에게 언어가 없다면 무엇으로 소통할까? 말과 글은 인류가 선물 받은 매우 특별하고 소중하며 고마운 도구이다.

누구나 어머니로부터 처음 말을 배우기 시작하고 친구들과 어울리며 어휘력을 늘려 간다. 제도 교육에서 고급 어휘를 만나기 시작한다.

세상에는 말을 거의 하지 않는 '언어의 변비증 환자'도 있고, 수다쟁이도 있다. 사람들은 '듣기'보다 '말하기'를 더 좋아한다. 아마 자기 존재를 드러내고 싶어 하는 마음이 강해서가 아닐까? 필자 주위에도 지나치게 말을 많이 하고, 말을 아예 독점해버리는 사람이 셋 있다. 그중에서 최악은 단연 '용수(가명) 씨'다. 대화 시 말을 독차지한다. 상대방에게 말할 기회를 주는 걸 수치로 여기고 있는 듯하다. 심지어 그는 혼자 있을 때도 쉬지 않고 중얼거린다. 이쯤 되면 정상이 아니라 정신병 상태에 든 게 아닌가? 사람들은 그가 오면 설설 피해 버린다. 그의 궤변과 넋두리를 듣고 있는 게 고통스럽기 때문이다. 그는 점점 더 외로워지고 있다. 세상에는 대화의 기초 기본도 안 되어 있는 이런 사람들이 너무나 많다.

이창현 선생이 이렇게 들려준다. 정말 그런 것 같다. 말이 거친 사람은 화가 많은 사람이고, 남을 욕하는 사람은 제 삶이 초라한 탓이다. 부정적인 말을 자주 하는 사람은 불안함이 많은 사람이고, 허세가 가득한 사람은 본인이 별 볼 일 없는 사람이기 때문이다. 반면 주변 사람에게 칭찬과 박수를 보내는 사람은 제 삶이 행복하기 때문이고, 부드럽고 긍정적으로 말하는 사람은 마음의 안정감이 있기 때문이다. 말이 곧 인성이고, 인성이 곧 그 사람의 하루를 만들어낸다.

**"그가 바보인지 지혜로운지 어떻게 알 수 있는가?**
**그의 입을 보면 알 수 있다. 바보는 쉴 새 없이 지껄인다."**

– 탈무드

대화할 때 여러분은 말하기와 듣기 중 어느 쪽을 많이 하는가? 하수는 말하고, 고수는 듣는다. 어느 인디언 부족은 추장이 '스틱 토크(Stick Talk)'를 가지고 있다. 사람들이 중구난방 말하는 게 아니라 이 스틱 토크를 추장으로부터 받아야만 발언할 수 있다. 재미있는 방법이다.

듣기 고수들은 어떻게 들을까? 이들은 듣기의 놀라운 가치를 알고 있다. 경청한 후에 말한다. 경청한 후에 상대방을 이해시킨다. 상대방이 말할 때 끼어들지 않는다. 메모하면서 듣는다. 궁금한 게 있으면 질문하면서 듣는다.

그리하여 부채꼴로 이야기를 확장시켜 나간다. 깊은 관심을 가지고 듣고 있다는 걸 화자에게 확인시켜 주는 것이다. 화자의 눈에 시야를 맞추고 듣는다. 도중에 "와 ~~. 굉장하네요.", "어쩜 그런 일이……" 등 추임새를 넣으면서 듣는다. 온몸으로 듣는다. 머리가 점점 더 화자 쪽으로 다가가기도 한다. 화자는 '세상에 내 이야기를 이렇게 열심히 들어 주다니!' 하면서 더 신명 나게 말한다. 둘 사이가 가까워질 수밖에 없다. 집중해서 들으니 기억에 많이 남게 되고, 다음에 만났을 때는 그가 한 이야기를 되돌려 주어 감탄을 이끌어낸다.

고수는 어떻게 말하는가? 듣는 사람 입장에 서서 말한다. 간결하게, 쉽게 말한다. 문어체가 아니라 구어체로 말한다. 질문하면서 말한다. 질문받은 사람에게 말할 기회를 주는 것이다. 하여 일방적인 전달이 아니라 쌍방향으로 대화하면서 말하는 것이다. 지식을 뽐내려는 듯 현학적으로 말하지 않는다. 전문 용어를 사용하면서 쉬운 것도 어렵게 말하는 사람은 지식 열등감 환자일 개연성이 높다.

고수는 평소 어휘력을 높이려고 노력한다. 의사 전달이나 문해력은 결국 어휘력의 문제이기 때문이다. '일물 일어'라는 말 그대로 최적의 단어를 선택하려고 노력한다. 듣는 이가 알아듣고 있는지 점검하면서 말한다. 온유한 표정으로 차분하게 말한다. 청자가 알아듣지 못하면 생각하도록 잠시 기다려 주거나 다시 쉽게 풀어서 들려준다. 큰 목소리로 말하지 않는다.

적정한 크기로 말한다. 비속어를 사용하거나 욕을 하지 않는다. 결코 손아랫사람에게 하대하지 않고 높임말을 쓴다. 화자의 높은 의식 수준을 침투시켜 청자를 동기 부여한다. 하수는 지적을 하고, 고수는 칭찬을 한다. 칭찬 거리를 발견하면 즉시 칭찬한다. 평소에 칭찬하는 연습을 하곤 한다. 반복 연습으로 칭찬 습관을 가지고 있다. 여러분은 어떻게 말하고 있는가?

상대방의 말을 듣는 게 직업인 사람들이 있다. 정신과 의사, 심리 상담사가 대표적이다. 이들은 진지하게 들어준다. 세상에선 아무도 자기 말에 집중하지 않았는데 이렇게 들어 주니 환자나 내담자는 속에 있는 말을 다 한다. 원인이 드러나고 처방도 나오기 시작하는 것이다. 상대방의 말을 들어 주는 게 직업인 사람도 있다. 외로운 독거노인 댁에 방문, 그 할아버지·할머니의 말에 고개를 끄덕이며 들어 주는 것이 일이다.

듣는 자가 말하는 자보다 훨씬 고수다. 친구의 말을 들어 주자. 부인이 맘껏 말하게 하여 가슴속에 응어리가 하나도 없도록 하자. 자녀가 자유자재로 말하게 하여 환하게 성장하도록 하자. 노력하면 우리는 할 수 있다. 이건 어렵지 않다.

말하기와 듣기가 원활하면 소통이 잘 이루어진다. 일반적으로 정보의 교환이 너무 많아서 문제가 일어나는 경우는 매우 적고, 정보 교환이 적을 때 이런저런 문제가 훨씬 더 많이 발생한다고 한다. 특히 위험 정보나 큰 손실이 예상되는 정보는 반드시 공유해야 한다. 직장에서 억압적인 상사는 자유로운 정보 교환을 방해하므로 회사에 지속적으로 손실을 끼치고 있다.

중국 춘추 전국시대 일화다. 소진과 함께 대표적인 유세객이었던 장의는 초나라 재상 소양의 식객으로 있었다. 하루는 보물 중의 보물 '화씨의 옥'을 분실하자 가난하고 힘없는 장의를 도둑으로 몰아 내쫓았다. 졸지에 죽도록 얻어맞은 장의는 자리에 누워 끙끙 앓았다. 두 사람의 대화다.

장의 : "여보, 아직 내 혀가 제대로 붙어 있는지 살펴보시오."
장의의 부인 : "혀가 붙어 있으니까 말을 하는 게 아니에요?"
장의 : "후후, 혀만 붙어 있으면 나는 얼마든지 출세할 수 있소."

아주 재미있는 대화가 아닌가? 후에 장의는 소진의 합종책을 깨뜨리며 진나라의 중국 일통에 크게 기여한다. 말 한마디로 천 냥 빚을 갚는가? 죽고 사는 것이 혀의 권세에 달렸는가? 협상은 말로 하는가? 그렇다. 말은 힘이 세다. 말한 대로 이루어지는 경우가 허다하다. 자기 예언적 말은 운명을 바꾸는 힘이 있다. 어제보다 오늘, 오늘보다 내일……. 날마다 말, 경청, 소통, 칭찬에서 성공하는 나날을 만들어 가기를…….

## 2. '말, 경청, 소통, 칭찬' 관련 명언

### |말|

#### 1) 탈무드
남의 입에서 나오는 말보다도 자기의 입에서 나오는 말을 잘 들어라.

#### 2) 히포크라테스
의사에게는 세 가지 무기가 있다.
그 첫째는 말이고, 둘째는 메스고, 셋째는 약이다.

#### 3) 스튜어트 체이스
사회를 하나로 묶어주는 언어가 없다면, 인류란 존재할 수 없다.

#### 4) 주시경
말이 오르면 나라가 오르고, 말이 내리면 나라가 내린다.

#### 5) 키토
한 민족의 정신을 가장 직접 표현하는 것은
그 정신이 만들어 낸 다른 어떤 것이 아니라 바로 언어의 구조다.

#### 6) 키플링
말은 인류에 의해 사용된 가장 강력한 약품이다.

#### 7) 프란체스코 알베로니
실패한 사람들은 80%가 부정적이다.

## 8) 모로코 속담

말이 입힌 상처는 칼이 입힌 상처보다 깊다.

## 9) 미드라시

험담은 세 사람을 죽인다.

말하는 사람, 험담의 대상이 되는 사람, 듣는 사람.

## 10) 잠언 18 : 21

죽고 사는 것이 혀의 힘에 달렸나니

혀를 쓰기 좋아하는 자는 혀의 열매를 먹으리라

## 11) 고타마 싯다르타

말은 파괴하거나 치유하는 힘을 갖는다.

진실하고 친절한 말은 세상을 변화시킬 수 있다.

## 12) 보헤미아 속담

언어가 살아 있는 한 민족은 죽지 않는다.

## 13) 마크 트웨인

나는 칭찬 한마디를 들으면 그것으로 2개월을 살 수 있다.

## 14) 중국 속담

친절한 말 한마디가 겨울 석 달을 따뜻하게 한다.

## 15) 유대 격언

인간은 말하는 것은 태어나면서 바로 배우는데,

침묵하는 것은 여간해서 배우지를 못한다.

16) **탓페**

시기에 적절한 침묵은 말보다는 훨씬 강한 힘을 갖고 있는 웅변이다.

17) **애나 커민스**

친구들에게 죽을 때까지 애정이 담긴 말을 아끼지 마라.

아껴서 친구들의 비석에 적지 말고 차라리 지금 들려줘라.

18) **니체**

언어가 인생의 3분의 2를 차지한다.

19) **하이데거**

언어는 존재의 집이다.

20) **니콜라스 카**

미디어는 생각을 전달할 뿐만 아니라, 생각의 과정도 형성한다.

21) **로버트 기요사키**

부자와 가난한 사람의 차이는 그들이 사용하는 말에 있다.

22) **히브리어**

아브라카다브라(말하는 대로 된다).

23) **에이미 커디**

우리 몸의 언어가 우리의 마음을 변화시키고,

우리의 마음은 행동을 변화시키며, 행동은 결과를 변화시킨다.

24) **잠언 21 : 6**

속이는 말로 재물을 모으는 것은 죽음을 구하는 것이라

### 25) 벤저민 프랭클린

말 잘하는 것보다 잘 행하는 것이 낫다.

### 26) 로터

거짓말은 눈사람 같아서 오래 굴리면 그만큼 더 커진다.

### 27) 켄 블랜차드

말하지 않은 좋은 생각은 좋은 생각이 아니다.

### 28) 인디언 속담

당신이 생각하고 있는 말을 만 번 이상 반복하면,
당신은 그런 사람들이 된다.

### 29) 퀸틸리아누스

재주 없는 사람은 다 말해버리고, 재주 있는 사람은 말을 고르고 아낀다.

### 30) 르즈 헐파다

고민을 가볍게 하는 가장 훌륭한 치료법은
믿는 사람에게 자기의 고민을 이야기하는 것이다.

### 31) 비트겐슈타인

말로 할 수 있는 것은 명료하게 말하고,
말로 할 수 없는 것은 침묵해야 한다.

### 32) 누가복음 6 : 45

선한 사람은 마음에 쌓은 선에서 선을 내고
악한 자는 그 쌓은 악에서 악을 내나니

이는 마음에 가득한 것을 입으로 말함이니라

### 33) 영국 속담

어떤 사람은 자기 이빨로 자기 무덤을 판다.

### 34) 몽테스키외

인간이란 생각하는 것이 적으면 적을수록 많이 지껄인다.

### 35) 토머스 칼라일

웅변은 은이고, 침묵은 금이다.

### 36) 풀러

훌륭한 말은 훌륭한 무기이다.

### 37) 필 파커

'부탁드립니다.', '고맙습니다.'는 마법의 말이다.
만일 당신이 좋은 일이 생기기를 바란다면 그 말을 하면 된다.

### 38) 한국 속담

말 한마디에 천 냥 빚 갚는다.

### 39) 한국 속담

가는 말이 고와야 오는 말도 곱다.

### 40) 조셉 캠벨

모든 것은 이야기로부터 시작된다.

### 41) 플라톤

현명한 사람은 반드시 해야 할 말이 있기 때문에 말한다.

바보는 뭔가 말을 해야 하기 때문에 말한다.


### 42) 스코틀랜드 속담

현명함은 열 가지로 만들어진다.

그중 아홉 가지는 침묵이다.

그리고 나머지 한 가지는 간결한 말이다.


### 43) 데일 카네기

어떤 바보라도 비판하고, 비난하고 불평할 수 있다.

그리고 대부분의 바보가 그렇게 한다.


### 44) 게리 채프먼

많은 커플이, 말로 서로를 단단하게 맺어주는

엄청난 능력을 배우지 못했다.


### 45) 스페인 속담

네 앞에서 남 말하는 사람은

다른 사람 앞에서도 당신에 대해 말할 것이다.


### 46) 탈무드

물고기는 언제나 입 때문에 낚인다. 인간도 역시 입 때문에 걸려든다.


### 47) 유대 속담

말이 입안에 있을 때에는 네가 말을 지배하지만

입 밖에 나오면 말이 너를 지배할 것이다.

**48) 롱펠로**

내뱉은 말은 상대방의 가슴속에 수십 년 동안 화살처럼 꽂혀 있다.

**49) 맹자**

그 말이 가벼운 사람은 책임을 지지 않는다.

말이 쉬운 것은 결국 그 말에 대한 책임을 생각하지 않기 때문이다.

**50) 공자**

군자는 말이 행함보다 앞서는 것을 부끄러워한다.

**51) 노자**

아는 자는 말하지 않고, 말하는 자는 알지 못한다.

**52) 존 아라사프**

자신에게 말하는 것에 매우 조심하라.

아주 중요한 사람이 듣고 있으니까. 바로 당신이다.

**53) 한국 속담**

낮말은 새가 듣고 밤말은 쥐가 듣는다.

**54) 랄프 왈도 에머슨**

언어는 내면의 창으로, 세계를 내·외면에 전달한다.

**55) 유재석**

칭찬에 '발'이 달렸다면, 험담에는 '날개'가 달려 있다.

나의 말은 반드시 전달된다. 허물은 덮어주고 칭찬은 자주 해라.

## 56) 발타자르 그라시안

하늘의 일은 하늘이 처리하기 때문에 어쩔 수 없지만,
지상에서 벌어지는 일은 언제나 말로부터 시작된다.

## 57) 로버트 퀄런

토론은 지식의 교환이다. 말싸움은 무지의 교환이다.

# |경청|

## 58) 존 파웰

진정한 경청은 언어의 이면을 꿰뚫어 언어 속에 숨은 뜻을 이해하고,
그 언어를 통해 자신을 드러내는 상대방을 발견하는 것이다.

## 59) 딕 카벳

자신이 듣고 싶지 않은 것을 듣고 싶어 하는 사람은 드물다.

## 60) 올리버 웬들 홈스

말하는 것은 지식의 영역이고, 듣는 것은 지혜의 특권이다.

## 61) 탈무드

귀는 친구를 만들고, 입은 적을 만든다.

## 62) 아리스티포스

우리는 한숨을 여기하는 배우의 대사는 기꺼이 들어주면서도,
정말로 어려운 상태에 놓여 있는 사람의 한숨에는
귀를 잘 기울이려 하지 않는다.

### 63) 토머스 제퍼슨

배우고 싶으면 들어라. 발전하고 싶다면 시도하라.

### 64) 데이비드 슈워츠

크게 생각하는 사람은 듣기를 독점하고,
작게 생각하는 사람은 말하기를 독점한다.

### 65) 폴 틸리히

사랑의 첫 번째 의무는 듣는 것이다.

### 66) 벤저민 디즈레일리

어떤 사람에게 그 자신에 대해 말하면 수 시간 동안 경청할 것이다.

140

## |소통|

### 67) 《동의보감》 중에서

소통되면 안 아프고, 소통이 안 되면 아프다.
통즉불통 불통즉통(通卽不痛 不通卽痛)

### 68) 피터 드러커

인간에게 가장 중요한 능력은 자기 표현력이며,
현대의 경영이나 관리는 커뮤니케이션에 의해 좌우된다.
리더십은 곧 커뮤니케이션이다.

### 69) 데일 카네기

논쟁에서 이기는 방법은 논쟁을 피하는 것이다. 논쟁에서 이길 수는 없다.
논쟁은 지면 지는 것이고 이겨도 지는 것이기 때문이다.

## 70) 마셜 맥루언

훌륭한 커뮤니케이터는 상대의 언어를 사용한다.

## 71) 버지니아 새터

사람이 태어나서 어떤 사람을 만나고 어떤 일을 겪는지는
주로 의사소통을 어떻게 하느냐에 달려 있다.

## 72) 아나톨 프랑스

이해가 부족한 사람이 오해가 많은 사람보다 낫다.


## |칭찬|

## 73) 데일 카네기

칭찬은 사람의 행동을 변화시키는 가장 효과적인 방법이다.

## 74) 로버트 오벤

칭찬은 말로 이루어진 태양 빛이다.

## 75) 도로시 놀트

칭찬 속에서 자란 아이는 감사할 줄 안다.

## 76) 켄 블랜차드

칭찬은 고래도 춤추게 한다.

## 77) 발타자르 그라시안

칭찬은 가장 적은 비용으로 가장 많은 호의를 이끌어내는 방법이다.

## 78) 정약용

겸손은 사람을 머물게 하고, 칭찬은 사람을 가깝게 하고,

넓음은 사람을 따르게 하나니

## 79) 앤드류 매튜스

상대의 장점을 먼저 칭찬하고 그다음 단점을 지적하라.

## 80) 러시아 격언

나는 큰 소리로 칭찬하고 작은 소리로 비난한다.

## 81) 탈무드

남에게 자기를 칭찬하게 해도 좋으나, 자기 입으로 자기를 칭찬하지 말라.

## 82) 벤저민 프랭클린

칭찬받을만한 자격이 없는 사람에게 안겨주는 칭찬은

이를 데 없는 조롱이다.

## 83) 샤론 르벨

절대 다른 사람의 칭찬에 의지하지 마십시오.

거기에서는 얻을 것이 없습니다.

자신의 가치를 바깥에서 찾을 수는 없는 일이지요.

# 3. 추천 도서

1. 《말은 임팩트다》 / 한근태 / 올림

2. 《부모와 아이 사이》 / 하임 기너트 / 양철북

3. 《이렇게 소통하면 다 내 편이 된다》 / 한창욱 / 다연

4. 《천금 말씨》 / 차동엽 / 교보문고

5. 《대화의 힘》 / 찰스 두히그 / 갤리온

6. 《말하는 법 1%만 바꿔도 인생이 달라진다》 / 데일 카네기 / 생각의숲

7. 《언어의 온도》 / 이기주 / 말글터

8. 《어른의 대화법》 / 임정민 / 서사원

9. 《너에게 들려주는 단단한 말》 / 김종원 / 퍼스트펭귄

10. 《말의 힘》 / 윤석금 / 리더스북

11. 《비울수록 사람을 더 채우는 말 그릇》 / 김윤나 / 오아시스

12. 《내 말은 왜 오해를 부를까》 / 김윤나 / 나무의마음

13. 《나는 왜 네 말이 힘들까》 / 박재연 / 한빛라이프

14. 《말을 못 하면 들으면 된다》 / 나카무라 아츠히코 / 마인드빌딩

15. 《말을 잘하는 사람보다 대화를 잘하는 사람이 좋다》 / 윤수빈 / 포레스트북스

16. 《어른의 어휘력》 / 유선경 / 앤의서재

17. 《나를 일으킨 말들》 / D. K. 야마시로 / 아름다운사람들

18. 《말투만 바꿨을 뿐인데》 / 심민싱 / PROFILER BOOKS

19. 《인생은 당신의 말로 결정된다》 / 니시 다케유키 / 알에이치코리아

20. 《부모의 말이 아이의 인생이 된다》 / 박수현 / 심야책방

144

# 공부, 평생교육

# 1. 들어가며

## |지금은 인공지능(AI) 시대|

지식 정보와 경험(특히 간접 경험)이 범람하는 시대다. 매일 지구별에서 쏟아지는 지식의 총량이 지나치게 많기에 전문 연구자도 자신의 영역 분야의 새 지식을 주체할 수 없을 정도다. 이러하기에 자료를 모두 찾아보고 글을 쓰겠다고 생각하고 있다면 첫 문장도 적을 수 없을 것이다. 이전과는 상황이 완전히 바뀌었다.

그리고 인공지능(AI)이 등장했다. 인공지능은 정보 검색 스피드, 정보 처리량, 정보 해결력, 정보 생성력, 정보 적용력, 정보 연결력 등에서 완전히 다른 세계를 보여주고 있다. 국가, 기업, 조직, 개인이 인공지능 분야에서 경쟁 우위, 아니 압도적인 1위를 하고자 전력투구하고 있다. 2025년 7월 16일 현재 'AI 민간 투자'는 미국이 151조 원, 한국은 1조 8천억 원이다. '주목할만한 AI'는 미국이 40개, 한국은 1개다. 아는 그대로 미국과 중국이 AI 패권 경쟁에 들어가 있고 다른 나라는 아예 경쟁 상대조차 되지 못하고 있는 형국이다.

2025년 7월 초, 엔비디아 주식 시가 총액이 사상 최초로 4억 달러(5,500조 원)를 돌파했다. 한국의 코스피 시가총액(3,200조 원)을 성큼 넘어서고 있다. 한국 국가(정부) 전체가 8년 이상 살림살이 할 수 있는(2025년 한국 예산 673조 원) 천문학적인 돈이다.

## |인공지능이 다 해결해주는가?|

알고 있는 그대로다. 그렇지 않다. 인공지능이 모든 걸 해결해준다는 믿음을 전폭적으로 의존하는 사람들이 늘어나고 있다. 근거 없는 믿음이요, 위험한 발상이다. 인공지능 시대일수록 독서를 더욱 많이 해야 한다. 그 이유 몇 가지만

들어보자.

첫째, 인공지능을 사용할 수 없는 조건이 올 수도 있다.

둘째, 인공지능이 제공하는 정보를 해석하고, 선택하며 적용하는 주체는 사람이다. 기업에서는 여전히 최종 결정은 사람이 한다. 국가도 그렇다. 이런 능력이 부족하면 인공지능에 휘둘리고, 그 결과는 엄혹할 수도 있다. 생성형 인공지능이 거짓말도 한다는 게 이미 여러 번 드러났다. 앞으로 더 할 것이다.

셋째, 개인의 창발력을 제한하고 구속한다. 인공지능에만 의존하다 서로 연결하고, 순서를 바꾸고, 양과 질을 달리하며, 통합하거나 세분화하는 등 이런 창의적인 능력을 잃어버릴 수 있다. 인공지능에 창의력을 위임해주고 넘겨버리면 우주 생명체 중 최고의 독창력을 가진 인간의 이런 기능이 빠르게 퇴화해버릴 것이다. 갈매기에게 먹이를 주자 어느 순간 갈매기들이 스스로 사냥하는 능력을 잃어버린 것처럼. 인간에서 동물로 전락하는 시점이 될지도 모른다.

넷째, 인류 멸절을 앞당기게 될 개연성이 적지 않다. 고도의 사유 능력에 인간의 행동력을 능가하는 활동 능력을 장착한 인공지능 로봇이 어느 시점에 인간보다 우위에 서게 된다. 이 시점을 '특이점'이라 부른다. 이때 인공지능 로봇이 가장 방해되는 존재인 인류를 멸절시킬 수 있다고 여러 과학자들이 예견하고 있다. 특이점에 대한 시점은 과학자들마다 다르나 인공지능 기술이 향상될수록 빨라진다고 한다. 6년, 4년, 또 누구는 3년이라고 주장하고 있다.

다섯째, 엄청난 전기를 새로 생산해야 한다. 대규모 데이터센터가 여기저기 들어서고, AI 및 여러 종류의 반도체 제품 생산 공장이 가동되면 그 많은 전기를 생산, 제공할 수 없다는 게 중론이다. 현재 장거리 전력 수송도 난관에 부딪혀 있다. 개인이나 기업도 고급 인공지능 활용 시 사용료를 내어야 한다.

## | 교육이란? |

'인간 행동의 의도적인(긍정적인 방향으로) 변화'다. 그런데 지금은 교육을 통해서도 별로 변화하지 않는 듯하다. 잘못 가르치고 잘못 받아들여서다. 초·

147
· 4장 · 공부 · 평생 교육

중 · 고 · 대학생도, 성인도, 노인도 그렇다. 사람은 사람, 인쇄 매체(책이 대표적), 인터넷과 SNS, 자연에게 배울 수 있다. 지금은 언제, 어디서나 배울 수 있다. 하지만 제도 교육을 졸업하면 배움과 결별해버리는 건 아닌지? 1년에 책 1권도 읽지 않는 한국 성인이 70% 이상이다. 매일 3시간 이상 스마트폰을 하고, 스마트폰 중독자는 나날이 늘어나고 있다.

교육은 실로 중요하다. '백년대계' 그 이상이다. 배움은 이전에는 절대로 할 수 없었던 것을 가능하게 해준다. 개인과 국가 성장의 원동력이다. 인식을 성큼성큼 확장시킨다. 사회 구성원들이 배워서 밝게 알수록 사회가 아름답고 행복해진다. 행복 지수가 압도적으로 높은 덴마크, 핀란드가 생생한 실례다.

건강에도 아주 좋다. 뇌의 신경 회로가 증가하고 연결 횟수와 연결망이 많아지고 튼튼해진다. 치매나 각종 정신 질환에 대한 방어력이 향상된다. 거기다 교육(공부)은 평생의 취미가 된다. 공부하지 않는 사람의 세계는 좁다. 공부하지 않는 그 순간부터 인간은 늙기 시작한다. 이 외에도 공부의 유익함은 너무나 많다.

148

## |평생 교육(생애 교육, Lifelong Education)|

여러 교육 중에서도 '평생 교육'이 단연 최고의 교육이다. 자발적으로 하는 공부다. 평생 교육은 자신에게 하는 최고의 투자 중 하나다. 공부할수록 나는 나답게 된다. 정체성이 선명해진다. 공부를 하다 운 좋으면 '소명 의식'이나 '자신에게 주어진 사명'을 깨닫기도 한다. 공부 내공이 축적되면 책을 출간하는 건 보너스고 강연, 컨설팅, 자문 등의 요청이 들어오는 건 자연스러운 일이다.

요즘 사람들은 인문학에 열광한다. 인문학은 문학, 역사, 철학을 근간으로 한다. 사람들은 인문학에 약하면 '무식하다.'고 평하고, 밝으면 석학이라고 칭송한다. 그러나 인문학에는 결정적이고도 치명적인 약점이 있다. 그게 무엇일까? 안타깝게도 시중에서 인기 최고의 인문학 연사들도 대부분 이걸 모르고 있는 것 같다. 인문학은 중요하지만, 이 한계를 극복할 때 비로소 온전해지는 것이다.

평생 교육의 대가들에게 공부는 매우 즐겁고 흥미진진하며, 세상에서 가장 재미있는 놀이다.

피터 드러커(1909. 11. 19~2005. 11. 11)는 삶이 다하는 그 날까지 읽고, 쓰고, 가르치고, 출간했다. '현대경영학의 창시자'다. 내는 책마다 세계에서 베스트셀러가 되었다. 그의 앞선 인식과 통찰에 세계의 석학들이 지금도 탄복하곤 한다.

파블로 카잘스(1876. 12. 29~1973. 10. 22)는 20세기 전반의 가장 뛰어난 첼리스트이자 역사상 가장 위대한 첼리스트 중 한 명으로 평가받는다. 90세 이후에도 하루 6시간 이상 연습했다고 한다.

기자 : "그 연세에 왜 그렇게 연습하시나요?"

카잘스 : "연습하면 더 좋아지니까."

그 인간은 대학 시절 4년 동안 4천 권의 책과 4천 편의 영화를 섭렵했다. 대학 시절 이미 여러 권의 베스트셀러를 출간했고, 취업할 필요성을 조금도 느끼지 못했다. 졸업 후 19년 동안 800여 권의 책을 내었다. 한 해 42권 정도의 책을 상재했다. 느낌이 별로 오지 않는가? 여러분은 책을 몇 권 내었는가? 매달 3.5권의 책을 내었으니, 그것도 19년 동안. 놀라워라! 세계 각국에서 출간되고 있고, "평생 3천 권 이상의 책을 쓰고 싶다."고 했다. 그는 일본의 나카타니 아키히로다.

다산 정약용 선생은 이미 여러분이 알고 있는 그대로다.

공병호 박사는 새벽 3시에 일어나 책상에 앉는다. 1년에 300회 이상의 강연을 한다. 그는 정년퇴직한 전직 대학교수였다. 매일 저녁 7시에 취침하고 23시 59분에 일어나 읽고 쓴다. 수십 권의 책을 상재했다.

## | 가르치고 배우는 사람의 자세 |

거의 대부분의 경우 태도는 재능보다 중요하다. 가르치고 배우는 과정에서도 그러하다. 이 가르치는, 또 배우는 사람의 자세는 어떠해야 하는가? 결코 졸렬해서는 안 된다. 최고로 크게 생각해야 한다. 스승은 제자에게 "부지런히 공부해서 하루 속히 나를 뛰어 넘어라."라고 권면해야 한다. 이게 이루어질 때 참으로 아름답다. 둘 사이를 연결하고 있는 세상의 학문이 한 단계 도약하는 순간이다. 제자를 자신의 울타리 안에 가두어 두려는 스승은 나약하다. 어처구니없다. 제자는 가능한 한 빠르게 스승을 능가하는 게 스승의 은혜에 보답하는 길이라고 확신해야 한다. 스승을 넘어서지 못하는 제자는 무슨 말을 하든 결국 '어중이떠중이'에 지나지 않는다.

불가(佛家)에서 말하는 "조사를 만나면 조사를 죽이고 부처를 만나면 부처를 죽이라."는 자세로 용맹정진해야 한다. 그 스승에게 다 배워, 그 스승을 극복하고 다시 새로운 스승을 찾아 나서야 한다. 이게 제자의 길이다. 하루속히 '이 세상에서 경쟁자는 오직 자기 자신뿐이다.'라고 확정해야 한다.

"너희가 언제나 제자인 대로 있다면 스승의 은혜를 저버리는 것이다."

– 프리드리히 니체

150

"이제 제자는 스승의 무릎 아래에서 고개를 조아리는 것이 아니라
스승의 어깨 위에 서서 멀리 바라봐야 한다."

– 아잔 브람

"청출어람"

– 순자

"똑똑한 학생들을 받아 일류 학생으로 못 키우면 크리미널(Criminal, 범죄)이다.
학자는 다른 사람이 아닌 역사와 경쟁해야 한다."

– 서남표

## |이 나이에도 공부할 수 있나요?|

당연하다. 사람은 삶이 다하는 그 날까지 배우고 익혀야 한다. 늦어서, 나이 많아서 배울 수 없는 경우는 없다고 해도 틀리지 않을 것이다. 우리의 뇌는 60, 70대 그 이상의 나이에도 정상적으로 작동한다.

공부하면 뇌는 스스로 가소성을 작동하기 시작한다. 그래서 배울 수 있는 것이다. 앞서 말했듯이 피터 드러커와 파블로 카잘스 사례는 우리에게 희망을 준다. 70대의 나이에 야학에서 한글을 깨치고 새롭게 공부를 시작한 할머니의 이야기는 통쾌하다.

〈선샤인〉지 기사를 보면, 세계 역사상 최대 업적의 약 35%를 60~70세 노인들이, 23%를 70~80세 노인들이 성취했다고 한다. 우리는 언제든지 시작할 수 있다. 더구나 지금은 평생 교육의 기회가 여기저기에 넘쳐난다. 경로당의 고스톱 인생으로 끝날 것인가, 평생 공부하는 청춘으로 살 것인가? 나의 자유 의지(Free Will)는 무엇을 선택해야 하나?

## 2. '공부, 평생 교육' 관련 명언

### | 공부(학습)의 가치 |

**1) 루소**

우리는 두 번 태어난다.
한 번은 존재하기 위해서, 두 번째는 살기 위해서.

**2) 피터 센게**

진정한 배움은 인간적이라는 말이 가지는 뜻의 핵심이다.
우리는 배움을 통해 자신을 재창조한다.
배움을 통해 우리는 전에는 절대 할 수 없었던 것을 할 수 있다.
배움을 통해 우리는 창조하는 능력,
삶의 생산적인 프로세서의 일부가 되는 능력을 확대시킨다.
우리 각자에게는 이런 유형의 배움에 대한 깊은 갈망이 있다.

**3) 조지 J. 댄튼**

국민에게 빵 다음으로 중요한 것은 교육이다.

**4) 세종대왕**

민족과 나라와 후손을 위해 공부하다 죽읍시다.

**5) 앨빈 토플러**

지식은 사용하더라도 줄지 않으며,
사용할수록 더 많은 지식을 만들어 낼 가능성이 커진다.

## 6) 벨기에 축구 유스 육성 기본 철학

선수의 가장 중요한 지도자는 선수 자신이다.

## 7) 김병완

공부를 한다는 것은 모든 것을 잃어도
다시 일어설 수 있는 위대한 힘을 얻게 되는 것과 같다.

## 8) 세네카

우리는 학교를 위해서가 아니라, 인생을 위해 공부하지 않으면 안 된다.

## 9) 공자

배우고 생각하지 아니하면 어두우며, 생각하고 배우지 아니하면 위태롭다.

## 10) 중국 속담

배움은 그 소유자가 가는 곳이면 어디든지 따라가는 보물이다.

## 11) 성민

공부하지 않은 날은 살지 않은 날과 같은 공친 날이다.

## 12) 윌리엄 셰익스피어

배움을 포기하는 순간, 우리는 늙기 시작한다.

## 13) 프랜시스 베이컨

아는 것이 힘이다.

## 14) 벤저민 프랭클린

공부는 미래를 위한 가장 확실한 투자다.

### 15) 넬슨 만델라
교육은 세상을 바꿀 수 있는 가장 강력한 무기다.

### 16) 알베르트 아인슈타인
나는 특별한 재능이 없다. 단지 열렬히 호기심이 있을 뿐이다.

### 17) 알베르트 아인슈타인
교육은 모든 것들이 잊힌 후에 남아 있는 것이다.


## | 교수학습방법 |

### 18) 월터 스콧
모든 교육에서 가장 좋은 것은 자기 자신에게 가르치는 것이다.

### 19) 요셉 쥐베르
가르치는 것은 두 번 배우는 것이다.

### 20) 작자 미상
교육의 질은 교사의 질을 능가할 수 없다.

### 21) 토드 휘태커
학교를 획기적으로 발전시킬 수 있는 두 가지 방법이 있다.
더 나은 교사를 확보하라. 기존 교사를 개선하라.

### 22) 존 갤브레이스
세상에는 '모르는 사람'과 '모르는 것을 모르는' 두 종류의 사람이 있다.

## 23) 올더스 헉슬리

경험은 배울 줄 아는 사람만 가르친다.

## 24) 뉴턴

내가 아는 것은 바닷가에서 조가비 하나를 주운 것에 불과하다.

## 25) 벤저민 프랭클린

엉터리로 배운 이는 배우지 않은 이보다 더 못하다.

## 26) 피터 센게

학습은 많은 정보를 획득한다는 의미가 아니라,
삶에서 진정으로 원하는 결과를 만들어 내는 능력을 키운다는 것이다.

## 27) 장 피아제

교육의 주요 목표는 다른 세대가 했던 것을
그대로 반복할 수 있는 인간을 만드는 것이 아니라,
새로운 것을 할 수 있는 인간을 창조하는 깃이이야 한다.

## 28) 예기

배운 연후에 부족함을 알고, 가르쳐 본 연후에 어려움을 안다.

## 29) 레슬리 뉴비긴

지식에 이르는 길은 믿음이 아니라 의심이다.
근대의 일반 언어에서 '정직한 의심'은 '맹목적인 믿음'과 뚜렷이 대조된다.

## 30) 작자 미상

무언가를 기억하는 가장 좋은 방법은 감동을 받는 것이다.

### 31) 마크 고울스톤

당신이 '이미 알고 있다고 생각하는 것'이,
당신이 '꼭 알아야 하는 것'을 가리고 있다.

### 32) 루이스 터먼

지능과 성취도 사이에는 어떤 상관관계도 없다.

### 33) 찰스 스펄전

지혜를 얻는 길은 우리의 무지를 아는 것이다.

### 34) 아이스킬로스

나이를 먹었다 해도 배울 수 있을 만큼 충분히 젊다.

### 35) 생텍쥐페리

누구나 처음엔 아이였다. 그러나 그것을 잊지 않고 있는 어른은 없다.

### 36) 페리

교사로부터 배우는 것은 그다지 중요하지 않고,
스스로 발견하는 것이야말로 그에게는 정말로 값진 것이다.

### 37) 아미엘

어떻게 가르치느냐를 아는 것은 교육의 위대한 기술이다.

### 38) 알베르트 아인슈타인

독창적인 표현과 지식의 기쁨을 환기시키는 것이 교사의 최고의 기술이다.

### 39) 알베르트 아인슈타인

교육은 학교에서 배운 것을 모두 잊은 뒤에 남는 것이다.

### 40) 세네카

우리는 학교에서 배우는 것이 아니라 인생에서 배운다.

### 41) 회남자

공부할 시간이 없다는 사람은 시간이 남아도 공부할 수 없다.

### 42) 토머스 칼라일

하나의 모범은 천 마디의 논쟁보다 더 가치 있는 것이다.

### 43) P. B. 셸리

배우면 배울수록 그만큼 더 무지함을 알게 된다.

### 44) 러시아 속담

늙을 때까지가 아니라 죽을 때까지 배운다.

### 45) 알베르트 아인슈타인

간단하게 설명할 수 없으면 제대로 이해하지 못하는 것이다.

### 46) 벤저민 프랭클린

말해주면 잊고, 가르쳐주면 기억하고, 참여하면 배운다.

## | 가르치는 사람의 자세 |

### 47) 아우구스틴

가장 많이 사랑하는 사람이 가장 잘 가르친다.

### 48) 박남기

가장 아름다운 스승의 모습은 '영원한 학생'이다.

### 49) 탈무드

자식에게 물고기를 잡아 먹이지 말고,
물고기 잡는 방법을 가르쳐주라.

### 50) 슈바프

교사의 역할은 학생에게 학습하는 방법을 가르쳐 주는 데 있다.
교사는 학생들에 대해
자기 자신을 가르칠 수 있는 기능을 가르쳐줄 책임이 있다.

### 51) 게일 고드윈

훌륭한 가르침은
4분의 1이 준비 과정에서, 4분의 3은 현장에서 이루어진다.

### 52) 박남기

더 이상 배우지 않는 사람에게서 가르침을 받는 것은
고여 썩은 물을 마시는 것과 같다.

### 53) 조제 모리뉴

축구에 대해서만 아는 축구 지도자는 최악의 지도자다.

### 54) 토드 휘태커

교사가 희망을 갖는 것은 학생을 위한,
그리고 교사 자신을 위한 훌륭한 투자이다.

## 55) 토드 휘태커

유치원에서 대학에 이르기까지 학교의 질을 결정하는 것은
바로 교사의 질이다.


## | 배우는 사람의 자세 |

## 56) 마하트마 간디

내일 죽을 것처럼 살아라. 영원히 살 것처럼 배워라.


## 57) 프리드리히 니체

너희가 언제나 제자인 채로 있다면 스승의 은혜를 저버리는 것이다.


## 58) 순자

청출어람,
푸른색은 쪽빛에서 나왔다는 뜻으로
스승보다 제자의 실력이 뛰어난 것을 말한다.
출남(出藍)이라고도 한다.
본래 '남(藍)'이란 검은 청색 빛깔의 염색 재료로서
이것을 찧어 독에 물을 넣고 저으면
거품이 생기는데 이것을 남수(藍水)라고 한다.
여기에 실이나 헝겊을 담그면 선명한 초록빛으로 물이 든다.
전국시대의 유명한 사상가였던 순자는 이렇게 말했다.
"군자가 말하기를, '배움'이란 그만둘 수 없는 것이다.
청색은 그것을 쪽빛에서 취하였지만, 쪽빛보다도 푸르고,
얼음은 물이 그렇게 된 것이지만 물보다 차다."

출처 : 《고사성어백과사전》 / 김원중 편저 / 을유문화사 / P.625

159
·
4장
·
공
부
·
평
생
교
육

### 59) 서양 속담

주는 것을 그만두면 받는 것도 끝나며,
배우기를 그만두면 성장도 끝난다.

### 60) 루트비히 판 베토벤

매일 새벽 5시부터 아침 식사 때까지 공부할 것!

### 61) 공자

삼인행 필유아사(三人行 必有我師),
세 사람이 길을 가면 반드시 스승으로 받들 사람이 있다.

### 62) 안드레스 이니에스타

자신에게 주어진 '자유 시간'에 무엇을 하느냐의 차이가
천재적인 선수와 일반적인 축구 선수로 나뉜다.

### 63) 로즈 케네디

이해도 학습도 불안의 분위기에서는 일어나지 않는다.


## |아동 교육|

### 64) 닐

문제 아동이란 절대로 없다. 있는 것은 문제가 있는 부모다.

### 65) 탈무드

아이에게 무언가를 약속하면 반드시 지켜라.
지키지 않으면 당신은 아이에게 거짓말하는 것을 가르치는 것이다.

## 66) 니키친부처

어머니가 아이를 거부하는 것만큼 아이에게 심한 벌은 없다.

## 67) 아들러

교사가 해야 할 가장 중요한 역할이면서도 수행하기 어려운 것이
아이들에게 삶의 목표를 갖게 하는 것이다.
이를 위해 교사가 할 수 있는 가장 훌륭한 가르침 중의 하나는
학생들이 인생의 목적을 찾아가는 길을 발견하도록 돕는 것이다.

## 68) 루소

인내심은 아이가 깨달아야 하는 첫 번째 교훈이다.
앞으로 살아가면서
깨달을 필요를 절실하게 느낄 것이 분명하기 때문이다.

## 69) 존 로크

어린이는 백지와 같아서 어떤 인간으로든 만들 수 있다.

## 70) 레이첼 카슨

어린이의 마음속에
선천적으로 타고난 경이감이 죽지 않고 살아 있게 하려면
우리가 사는 세상의 신비, 환희 그리고 즐거움을 재발견하며
그 경이감을 함께 느껴 줄 어른이
최소한 한 명은 늘 곁에 있어 주어야 한다.

# 3. 추천 도서

1. 《공부의 기쁨이란 무엇인가》 / 김병완 / 다산에듀

2. 《공부하는 힘》 / 황농문 / 위즈덤하우스

3. 《생각의 시대》 / 김용규 / 살림

4. 《학습의 재발견》 / 스콧 영 / 비즈니스북스

5. 《배움의 발견》 / 타라 웨스트오버 / 열린책들

6. 《공부의 즐거움》 / 김열규 외 / 위즈덤하우스

7. 《조벽 교수의 인재 혁명》 / 조벽 / 해냄

8. 《혼자 공부하는 시간의 힘》 / 책 읽는 원숭이 / 웅진지식하우스

9. 《공부에 미친 사람들》 / 김병완 / 다산북스

10. 《지식의 반감기》 / 새뮤얼 아브스만 / 책읽는수요일

11. 《교사 역할 훈련》 / 토마스 고든 / 양철북

12. 《교사는 어떻게 아이의 삶을 바꾸는가》 / 해나 비치 / 한문화

13. 《최고의 교수법》 / 박남기 / 쌤앤파커스

14. 《조벽 교수의 명강의 노하우 & 노와이》 / 조벽 / 해냄

15. 《훌륭한 교사는 무엇이 다른가》 / 토드 휘태커 / 지식의날개

16. 《최고의 교사는 어떻게 가르치는가》 / 더그 레모브 / 해냄

17. 《훌륭한 교사는 이렇게 가르친다》 / 배너 외 / 다봄교육

18. 《30대, 다시 공부에 미쳐라》 / 니시야마 아키히코 / 예문

19. 《1년만 미쳐라》 / 강상구 / 좋은책만들기

20. 《공부 추진력》 / 박철범 / 바다출판사

21. 《잠 못 드는 초등 부모를 위하여》 / 구본창 외 / 시사인북

22. 《최강 1학년》 / 이서윤 / 월북주니어

# 5장

# 질문

# 1. 들어가며

## | 포스트잇, 어떻게 만들어졌나? |

아서 프라이는 성가대원들이 찬송가에 표시를 해두는 종잇조각이 책장을 넘길 때마다 떨어지는 것을 보고 자신에게 물었다. '책갈피에 종이를 붙여두었다가 찢어내지 않고 다른 페이지에 다시 붙일 수 있는 방법이 없을까?'라는 질문으로부터 발명이 시작되었다. 모든 발명이나 발견은 질문이 사고를 자극한 결과라고 해도 과언이 아니다.

－《질문의 7가지 힘》/ 도로시 리즈 / 더난출판사 / P.53

## | 어른들은 왜 질문하지 않는가? |

이 글을 읽고 있는 분은 어제 몇 번이나 질문했는가? 헤아려 보자.

그리 많지 않을 듯……. 질문을 두려워하고 질문을 잊어버린 어른들이 점점 많아지고 있는 추세다. 스마트폰은 심심할 틈을 주지 않고, 생각하지 않는 어른들이 여기저기에 즐비하다. 나도 그렇다. 당신도 여기에 속하는가?

어린아이들은 하루에 300번 정도 질문하고, 대학 졸업자는 20번 정도 질문한다고 한다. 왜 아이들은 질문을 많이 할까? 아이들은 처음 만나는 세상에 대한 호기심이 왕성하다. 반면에 지식과 경험이 부족하다. 주변 세계에 대해 아는 것이 별로 없다. 그래서 질문하는 것이다. 종종 자세히 대답해주어도 같은 질문을 하는 경우도 있다. 그 이유는 불안과 걱정을 잠재우기 위해 질문하기 때문이라고 한다. 안정을 얻고자 질문하기에, 이걸 알고 부모(또는 질문받는 사람)는 참을성 있게 그때마다 친절하고 자세히 답해 안심시켜 줘야 한다.

반면에 어른들은 왜 질문에 인색할까? 여러 이유가 있을 것이다.

첫째, 권위에 도전하기가 겁나 질문하지 않는 경우가 많다. 회사나 정부조직에서 고위직에 있는 사람 앞에서 두렵고 불편해하는 이들이 적지 않다. 권력과 직위에 눌려 질문하지 못한다. 괜히 질문하여 미운털 박히기 싫은 것이다.

둘째, 질문하면 허점이 드러나서 불리한 위치에 놓일 것이라고 생각하기 때문이다.

셋째, 상대가 질문받는 걸 싫어할 경우도 있다.

석진(가명 / 중2 축구선수)이가 감독에게 난도가 조금 높은 질문을 하면 감독이 매우 불쾌해한다. 대답을 못 하면 선수들에게 자신의 무지와 무식이 폭로되니 그러하다. 이 팀 선수 그 누구도 감독 코치에게 질문을 하지 못한다. 거의 대부분의 감독, 코치들이 책 읽기를 힘들어한다. 독서는 평소 습관이 되어 있지 않으면 불가능하다. 선수 시절 수업도 제대로 못 받았는데 독서 습관은 더더구나.

넷째, 질문할 필요성을 느끼지 못하기 때문이다. 현실에 적당히 타협해 사는 사람은 굳이 질문할 이유가 없다. 질문 내용을 생각하고, 질문하는 과정이 귀찮고 번거로울 뿐이다.

다섯째, 질문하지 않는 삶이 습관이 되어버렸기 때문이다. 질문하려면 연습과 용기가 필요하다. 지금까지 질문하는 방법을 배운 적 있는가?

여섯째, 자신의 관점이 올바르며(확증 편향), 그걸로 충분하다고 생각하기 때문이다. 이런 사람은 의논하지 않는다. 혼자 판단하고 선택한다. 번번이 실패하지만, 자신의 방법을 끈질기게 고수한다. 이 외에도 여럿 있다.

## |질문의 7가지 힘|

도로시 리즈는 '질문의 7가지 힘'이 무엇인지 들려준다. 이걸 알면 좀 더 질문에 흥미를 가지지 않을까? 누구나 인식하지 않는, 인식하지 못하는 것은 없는 거나 마찬가지다. 인식하지 못하는 것에는 그 어떤 관심도 가질 수 없기 때문이다.

### (1) 질문을 하면 답이 나온다.

질문을 받으면 대답을 하지 않을 수 없다. 일종의 '응답 반사'다.

### (2) 질문은 생각을 자극한다.

질문은 질문을 하는 사람과 질문을 받는 사람의 사고를 자극한다.

### (3) 질문을 하면 정보를 얻는다.

적절한 질문을 하면 원하고 필요로 하는 정보를 얻을 수 있다.

### (4) 질문을 하면 통제가 된다.

질문은 대답을 요구하므로 질문하는 사람이 유리한 입장에 서게 된다.

### (5) 질문은 마음을 열게 한다.

질문하는 것은 상대방과 그의 이야기에 관심을 보여 주는 것이므로 질문을 받으면 우쭐해진다.

### (6) 질문은 귀를 기울이게 한다.

적절하게 질문을 하는 능력을 향상시키면 보다 적절하고 분명한 대답을 듣게 된다.

### (7) 질문에 답하면 스스로 설득이 된다.

사람들은 누가 해주는 말보다 자기가 하는 말을 믿는다. 자신이 생각해낸 것을 좀 더 쉽게 믿으며, 질문을 요령 있게 하면 사람들의 마음을 특정한 방향으로 움직일 수 있다.

## |질문의 얼굴|

질문은 어떤 모습을 하고 있을까?

- 거의 모든 사람들은 가정, 학교, 사회에서 질문하는 방법을 제대로 배운 적이 없다.
- 질문은 기술이다. 배우지 않으면 수준 높은 질문을 할 수 없다.
- 질문 대상은 두 곳 있다. 자기 자신과 상대방이다. 자기 자신에게 하는 질문이 더욱 중요하다. 약속도 그렇다. 자신에게 하는 질문은 개인적인 성숙을 위해 반드시 필요하다. 결정적이고 대체 불가능한 질문은 이것이다. '나는 무엇을 위해 사는가? 나에게 주어진 사명은 무엇인가?'
- 질문에서 묻는 주제는 주로 다음과 같다. 차이, 상식, 애매함, 근거, 모순, 경험, 방법, 가정, 이론(異論)이다.
- 질문은 사고의 출발점이다. 질문은 사고와 동기, 응용을 자극하는 촉매이다.
- 대화의 내용은 오직 두 가지다. 설명(서술)하느냐, 질문하느냐?
- 동물은 질문을 하지 않는다. 질문을 하지 않을수록 생존에만 급급해하는 동물 수준으로 내려갈 뿐이다.
- 정신병 환자들은 심리치료사나 상담사들을 좋아한다. 그들이 자신의 말을 그 누구보다 최고로 경청해주기 때문이다. 이 전문가들은 틈틈이 질문을 할 뿐이다. 그러면서 환자의 상태를 적확하게 파악한다. 유능한 의사는 환자에게 질문을 많이 하는 의사다. 질문을 통해 치유 방법을 찾아낸다.
- 질문은 문제를 인식하거나 발견 또는 자각해 의식적으로 해결하려는 기회를 제공한다.
- 질문 기술의 기본은 '경청과 질문'이다. 무의미한 질문은 시간 낭비에 불과하다.
- 개방적, 입체적(구조적 또는 다각적) 질문이 바람직하다. 그래야 더 많은, 더 질 좋은, 더 적확한 답을 얻을 수 있다. 폐쇄형 질문은 질문자나 응답자의 사고를 자극하지 않는다. 대화가 계속 이어지기도 어렵다.
- 대화 도중 이해하지 못하면 '확인 질문'을 해 화자의 의도를 알아야 한다.

- 끊임없이 할 일을 지시하는 상사는 직원들의 생각하는 능력을 가로막고 있다.
- 탁월한 질문이란 상대방이 좀 더 창의적으로 생각할 수 있도록 도와주기 위해 하는 질문이다.
- 질문하기를 부끄러워하는 사람은 뒤떨어진다.
- 질문은 '발명의 어머니'이다. 인류 역사가 항상 그래 왔다. 필요는 발명의 어머니이다.
- 일반적인 질문으로 시작해서 구체적인 질문으로 옮겨 가는 것이 효과적이다.
- 우리가 듣는 대답은 질문의 내용뿐만 아니라 질문하는 방식, 질문의 타이밍, 질문 속도, 질문 시간 등에 따라 달라질 수 있다.
- 사람들의 마음을 얻는 가장 쉬운 방법은 그들에 대해 질문하는 것이다. 질문하는 것은 관심을 보여 주는 것이다.
- 질문을 한 후에는 잠시 기다려야 한다. 대답하기 위해 생각을 끌어내고 정리할 시간을 주어야 한다.

- 교감은 질문하기와 듣기 과정을 통해 형성된다. 질문 후 들을 때의 가장 큰 혜택 중의 하나는 감정 이입이다.
- 질문은 조직을 변화시킨다. 질문의 힘은 어떤 조직이라도 변화시킬 수 있다. 조직을 설명하기 문화에서 질문하기 문화로 바꿀 수 있다. 질문을 으뜸가는 대화 도구로 사용하게 하면 된다.
- 조사에 의하면, 성공한 영업사원들은 다른 사람들보다 58%나 많은 질문을 한다.
- 질문의 힘은 조직의 지도력으로 확대된다.
- 설득이란 상대방을 자기의 생각과 같은 방향으로 생각하게 만드는 것이다.
- 질문은 교훈을 가르쳐 주기보다는 스스로 깨닫게 한다.
- 질문은 어떤 계획을 세울 때 매우 중요한 역할을 한다. 새로운 실험을 할 때 필수적인 구성 요소가 질문이다. 무엇보다 먼저, 과연 이 일을 할 필요가 있는지 객관적으로 증명해야 한다.

- 질문은 대화에 생명을 불어넣는다. 질문하면 대화가 지속된다. 질문하면 지식, 경험, 정보가 공유된다.
- 정확하고 구조적인 질문을 하면 그 해답을 거의 찾은 거나 마찬가지다.
- 질문은 가장 효과적으로, 가장 빠르게 배울 수 있는 방법이다.


## | 두 어머니의 질문 |

하교 후 귀가한 초등 아들에게 어머니가 질문했다.

＃ 한국의 어머니 : "오늘 학교에서 뭘 배웠니?"

＃ 이스라엘 어머니 : "오늘 학교에서 어떤 질문을 했니?"

신생아가 태어나 처음 만나는 사람은 부모, 그중에서도 어머니다.

제도 교육에 입학하기 전에 가장 많이, 가장 오랜 시간을 보내는 사람도 어머니다. 그만큼 아이에게 결정적이고도 확고한 영향력을 행사하고 있다. 아이에게 단연 최고로 중요한 환경이다. 유대 민족은 어머니가 가장 먼저 교육을 담당한다.

질문도 그렇다. 자녀에게 질문하는 습관을 길러 주는 가장 좋은 방법은 부모가 모범을 보이는 것이다. 자녀에게 질문하는 습관을 길러 줄 수 있는 것이다. 부모가 질문을 하지 않으면 아이도 질문을 하지 않는다. 부모가 아이에게 해결책을 제시하면 아이들은 성장하지 못한다. 질문하면 문제 해결력이 향상되면서 성장한다.

무엇보다 아이가 질문을 하면 무조건 칭찬해야 한다. 활짝 웃으면서. 질문하면 어머니가 그토록 기뻐한다는 신호를 계속 주는 것이다.

아이의 대답을 칭찬해 주고, 아이의 질문하는 능력을 살려준다. 아이가 왜 질문을 하는가를 생각하며, 진심으로 대답을 원하는 질문을 한다. 아이에게 귀를 기울이며 모든 질문에는 목적이 있다는 걸 기억한다. 다른 사람에게도 질문하여 아이들도 따라 하도록 환경을 조성한다. 유대인 어머니들은 이렇게 하고 있다. 제도 교육에서도 한국과 다르다. 끊임없이 생각하고 질문하도록 교육한다. 논리력과 비판적인 사고력을 키우는 데 집중한다. 토론과 논쟁을 통해 지식을 심화, 확산, 증폭시키면서 주어지는 문제 해결력을 높이는 데 집중한다. 교실에서 학생들이 서로 가르치고, 토론하면서 공부한다. 다양한 관점을 경험하게 된다. 이른바 '하브루타 교육법'이다. 여러분도 이미 많이 들은 이야기다.

대학생 숫자 대비 창업을 가장 많이 하는 나라가 이스라엘이다. 1% 인재들이 앞다투어 의대로 몰리는 한국과는 극명하게 대비된다. 학원과 과외는 이스라엘엔 발을 붙이지 못한다. 선행 학습도 규제한다. 독일의 경우 선행 학습을 하지 못하도록 법으로 제한하고 있다.

한국은 어떤가? 2024년 한국 초·중·고등학생의 사교육비 총액은 29조 원으로, 이는 시가총액 11위(2025. 5. 9 현재)의 네이버와 맞먹는 금액이다. 학생 수는 줄어들고 있지만 2023년 대비 2조 원(7.7%) 증가한 수치다. 알고 있는 한 가정은 두 자녀의 한 달 학원비가 290만 원 정도다. 그러나 성적은 점점 곤두박질치고 있다. 남들이 모두 가니 불안해서, 부모가 이렇다 할 방법이 없기에 따라서 보내고 있는 것이다.

유대인은 약 1,500만 명 정도로 지구촌 인구의 0.2% 정도다. 그렇지만 노벨상을 가장 많이 받은(23% 수상) 민족이다. 세계의 금융을 움직이고 있고, 미국은 유대인에게 점령당한 지 오래되었다.

지금 세계는 핀란드로 향하는 사람들이 많다. 앞서 있는 핀란드 교육을 배우기 위해서다. 그리고 핀란드 교육을 알면 알수록 한국 교육이 얼마나 깊이 병들어 있는지를 깨닫게 된다. 한국의 학부모들 중 일부는 책을 읽지 않는다. 책을 읽지 않는 학부모는 무지하고 무식하다. 그러면서도 그들 자신은 현명하고 똑똑하며 항상 올바른 선택을 한다고 믿고 있다. 지독한 '확증 편향'이다. 과정 목표보다 결과 목표에 집착한다. 교육, 철학, 교육학 이런 건 공부하지 않고 어떻게 하면 학력을 높여 내신 1등급을 받아 소위 명문대학에 입학시킬지에 몰두하고 있다. 책을 읽지 않는 학부모들은 조급하고, 무지하며, 졸렬하다. 깊은 한숨이 나온다.

어쩌다 미국 아이비리그에 입학하면 현수막 걸고 잔치를 여는 등 난리가 난다. 그러나 학생 당사자는 미국 대학의 개방적인 강의에 적응하지 못해 휴학하거나 심지어 과외(공부 방법 과외)를 받는다. 이런 학생들이 많다. 도중에 그만두는 학생들도 부지기수다. 심지어 적응하지 못해 자살해버리는 경우도 적지 않다.

'잠들어 있는 질문'을 깨울 수 없을까? 질문의 가치는 무궁무진하다. 유익함이 크고도 크다. 질문은 힘이 세다.

3M은 '실패 파티'를 연다. 매일 근무 시간의 15%를 누구나 자유롭게 사용할 수 있다. 아니 적극적으로 권장한다.

IBM은 프로젝트를 맡게 되면 팀원들이 모여 치열하게 토론을 벌인다. 그 결과로 시행착오가 많이 줄어든다고 한다.

이스라엘은 농산물 수출을 많이 하여 농업 무역 수지에서 흑자를 내고 있다.

이들의 공통점은 '질문 선수들'이라는 것이다.

한국 학생들은 국제 지능지수 테스트에서 항상 최상위권을 차지하고 있다. 좋다. 여기에다 질문하는 습관을 장착하면 세계적인 인재들이 속출하지 않을까?

하지만 한국 학부모는 여전히 철학도, 방법도 없다. 학교와 교사는 변화가 너무나 느려 변화가 없는 거나 마찬가지다. 50년 전에도, 30년 전에도 그리고 지금도 혁신이 없다. 구태의연하다.

누구 없소?

## 2. '질문' 관련 명언

### 1) 우르술라 K. 르긴
가장 중요한 것은 자기 자신에게 하는 질문이다.

### 2) 오스카 와일드
내 자신에게 어떤 질문을 던지느냐에 따라 내 인생이 결정된다.

### 3) 아리스토텔레스
최고의 질문은 혁명을 일으킨다.

### 4) 소크라테스
인간이 지닌 최고의 탁월함은 자기 자신과 타인에게 질문하는 능력이다.

### 5) 니슈 이노지
새로운 질문을 던지면 새로운 세계를 발견할 수 있다.

### 6) 윌리엄 제임스
나는 무언가를 철저하게 이해하고 싶을 때마다 질문을 한다.
다른 사람이 아니라 나 자신에게.
질문은 단순한 말보다 깊은 곳까지 파헤친다.
말보다 열 배쯤 더 많은 생각을 이끌어낸다.

### 7) 알베르트 아인슈타인
어제를 통해 배우고, 오늘을 통해 살아가고, 내일을 통해 희망을 품으세요.
중요한 것은 질문을 멈추지 않는 것입니다.

## 8) 다이안 라비치
'어떻게'를 아는 사람은 반드시 일을 찾을 것이다.
'왜'를 아는 사람은 반드시 성공할 것이다.

## 9) 닐 포스트맨
우리가 듣는 대답은 모두 질문에 대한 답변이다.

## 10) 아돌프 히틀러
사람들이 생각하기를 좋아하지 않는다는 것이
그들을 관리하는 정부에게는 얼마나 행운인가?

## 11) 찰스 스타인메츠
질문을 중지하기 전에는 아무도 바보가 되지 않는다.

## 12) 미하이 칙센트미하이
단 하나의 질문이 당신의 인생을 바꿔 놓을 수도 있다.

## 13) 토머스 제퍼슨
의견 차이가 있으면 묻게 되고, 물어보면 진실을 찾게 된다.

## 14) 래리 윌슨
네 살배기 아이는 보통 하루에 300번 질문을 한다.
대학 졸업자는 보통 20번 질문한다.

## 15) 스티브 잡스
우리는 질문을 던짐으로써 무한한 혁신의 문을 열 수 있다.

### 16) 소크라테스

모든 지식의 시작은 질문이다.


### 17) 스페인 산티아고 순례길을 걸으며

(제주 올레길의 모티브를 찾은 서명숙 이사장이 자신에게 한 질문)

사람들은 왜 이 길을 좋아할까?

만약 내 고향 제주도에도 이런 길이 있다면

많은 사람들이 거닐며 위안을 얻지 않을까?

제주도에는 왜 안돼?


### 18) 알베르트 아인슈타인

질문은 정답보다 중요하다.

만약 곧 죽을 상황에 처했고,

목숨을 구할 방법을 단 1시간 안에 찾아야만 한다면,

1시간 중 55분을 올바른 질문을 찾는 데 사용하겠다.

올바른 질문을 찾고 나면 정답을 찾는 데는 5분도 걸리지 않을 것이다.


### 19) 제임스 L. 퍼거슨

질문은 어떤 계획을 세울 때 매우 중요한 역할을 한다.

새로운 실험을 위한 필수적인 구성 요소가 질문이다.


### 20) 루 홀츠

이야기를 해서는 아무것도 배우지 못한다.

질문을 해야 배울 수 있다.


### 21) 앤서니 라빈스

질문은

우리가 상상하는 것 이상으로 강력한 도미노 효과를 유발한다.

우리가 부딪히는 한계에 대해 제기하는 질문은
삶의 장벽들(비즈니스, 대인관계, 국가 간의 장벽)을 무너뜨린다.
나는 인간의 모든 진보가 새로운 질문에서 비롯된다고 믿는다.

## 22) 볼테르
사람을 판단하려면 그의 대답이 아니라 질문을 보라.

## 23) 팀 페리스
의문은 '삶의 수준'을 결정하고, 질문은 '삶 자체'를 바꾼다.

## 24) 중국 속담
질문을 하는 사람은 5분 바보이고,
질문을 하지 않는 사람은 영원한 바보다.

## 25) 탈무드
질문하기를 부끄러워 하는 사람은 결코 배우지 못한다.

## 26) 래리 윌슨
대뇌의 신피질은 불과 2,000년 전 생겨난, 뇌에서 가장 새로운 부분이다.
우리가 뇌의 5%만 사용하고 있다고 말할 때,
바로 그 부분을 일컫는 것이다.
수백만 년 전에 생겨난 오래된 뇌의 부분은 본능이 지배하고 있다.
이 부분은 동물도 갖고 있다.
그러나 동물은 질문을 하지 않는다.
인간의 '새로운 뇌'가 하는 일은 오래된 뇌를 통제하고 지배하는 것인데,
그 방법은 질문하는 것이다.

### 27) 베르핏

이해가 더 필요한 때는 더 깊게 질문하라.

### 28) 토빈 웹스터

정확한 답을 찾으려면 우선 정확한 질문을 해야 한다.

### 29) 레오 슈타인

현명한 사람은 자신의 지식에 의문을 품기 때문에

다른 사람의 지식에 의문을 품지만,

어리석은 사람은

자신의 지식과 다르기 때문에 다른 사람의 지식에 의문을 품는다.

### 30) 인디언 속담

가슴으로 물어라!

그러면 가슴에서 나오는 대답을 들을 것이다.

### 31) 알베르트 아인슈타인

가장 중요한 것은 질문을 멈추지 않는 것이다.

호기심은 그 자체만으로도 존재 이유가 있다.

영원성, 생명, 현실의 놀라운 구조를 숙고하는 사람은

경외감을 느끼게 된다.

매일 이러한 비밀의 실타래를 한 가닥씩 푸는 것으로 족하다.

신성한 호기심을 절대 잃지 말라.

### 32) 소크라테스

의문을 갖지 않는 것은 진정한 학습의 종말을 의미한다.

## 33) 나기브 마푸즈

어떤 사람이 하는 대답을 통해 그가 현명한지 아닌지를 알 수 있다.

한편 어떤 사람이 하는 질문을 통해 그가 지혜로운지 아닌지를 알 수 있다.

## 34) 프랜시스 베이컨

현명한 질문은 지혜의 절반이라고 말할 수 있다.

## 35) 영원의 수호자

태양이 하늘에서 불타기 전부터, 인류가 태어나기 전부터,

나는 어떤 '질문'을 기다려 왔노라.

## 36) 케빈 켈리

기계는 답을 위해 존재하고, 인간은 질문을 하기 위해 존재한다.

## 37) 이탈리아 속담

급하게 질문을 받더라도 대답은 천천히 하라.

## 38) 이바 에즈라

질문하기를 부끄러워하는 사람은 뒤떨어진다.

## 39) 클로드 레비스트로스

현명한 사람은 올바른 대답을 주기보다 올바른 질문을 던진다.

## 40) 토니 로빈스

질문을 바꿔라. 그러면 인생이 바뀔 것이다.

## 41) 아리스토텔레스

최고의 질문은 혁명을 일으킨다.

## 42) 닐 디그래스 타이슨

모든 위대한 발견은 단 하나의 질문에서 시작되었다.

## 43) 제임스 서로위키

우리는 대답을 찾으려 노력하지만,

진정 중요한 건 더 나은 질문을 던지는 것이다.

## 44) W. 클레멘트 스톤

물어봄으로써 뭔가를 얻을 수 있다.

잃을 게 없다면 반드시 물어보라!

# 3. 추천 도서

1. 《질문의 7가지 힘》 / 도로시 리즈 / 더난출판

2. 《부모의 질문력》 / 김종원 / 다산북스

3. 《질문하는 힘》 / 권귀헌 / 스마트북스

4. 《질문의 격》 / 유선경 / 앤의서재

5. 《질문에 관한 질문들》 / 백희정 / 노르웨이의숲

6. 《리더의 질문법》 / 에드거 샤인 외 / 심심

7. 《문제가 술술 풀리는 질문 기술들》 / 기무라 다카시 외 / 영진닷컴

8. 《삶을 바꾸는 질문 기술》 / 엘커 비스 / 동양북스

9. 《생각의 주도권을 디자인하라》 / 박용후 / 경이로움

10. 《소크라테스는 왜 질문만 했을까》 / 시노하라 마코트 / 더페이지

11. 《시선 너머의 세계》 / 윤수용 / 북플레저

12. 《똑똑한 사람은 어떻게 생각하고 질문하는가》 / 이시하 / 북플레저

13. 《세상을 바꾼 질문들》 / 김경민 / 을유문화사

14. 《질문 있는 사람》 / 이승희 / 북스톤

15. 《능력 있는 사람은 질문법이 다르다》 / 히오다 마사토 외 / 쌤앤파커스

# 6장

## 실패, 실수

# 1. 들어가며

"나는 농구를 시작한 이후로 9,000번 이상 슛을 놓쳤고 300번의 패배를 했다. 승패를 결정하는 슛을 놓친 경우도 26번이나 된다. 나는 인생에서 수없이 반복해서 실패를 거듭했고 바로 그것이 내가 성공한 이유이다."

– 마이클 조던

## | 인생에서 크게 실패했던 사람들 |

### (1) 알베르트 아인슈타인

4살 때까지 말을 못 했고, 선생들은 말했다.
"이런 아이는 절대 잘될 리 없다."

### (2) 스티브 잡스

그는 서른 살의 나이에 지독한 좌절을 겪고 우울증에 시달렸다. 자신이 창업한 회사에서 무참히 쫓겨난 채.

### (3) 마이클 조던

고등학교 농구팀에서 퇴출된 후 방 안으로 들어간 소년은 방문을 걸어 잠근 채 펑펑 울었다.

### (4) 월트 디즈니

신문사에서 해고당했다. 상상력이 부족하고 독창적인 아이디어를 내지 못한다는 이유로.

### (5) 조앤 K. 롤링

짧디짧았던 결혼 생활은 파탄이 났고 저는 무직, 싱글맘 그리고 노숙자를 제외하곤 현대 영국 사회에서 가장 궁핍한 처지에 놓였습니다.

### (6) 메시

11살에 성장 호르몬 결핍증을 진단받은 뒤 축구팀에서 떠나야 했던 그 아이는 또래들보다 유난히 키가 작았다.

### (7) 에이브러햄 링컨

약혼녀가 죽었고, 사업은 실패했다. 신경 쇠약에 걸렸고, 8번의 선거에서 낙선했다.

### (8) 에디슨

초등학교 입학 후 3개월 만에 퇴학당했다.

인지 능력에서 한국의 대부분의 아이들은 알베르트 아인슈타인이나 에디슨에 비해 성큼 앞서 있나. 그러나 그 결과로 이 둘을 능가하는 업적을 낸 한국의 아이들은 아직 없다. 축구에서 메시보다 뛰어난 신체적인 조건을 가진 한국의 초등 축구선수는 즐비하다. 그러나 '유럽 최우수 선수상'이나 '올해의 축구 선수상'을 수상한 한국의 축구선수는 아직 없다. 아니 그럴 기미조차 보이지 않고 있다.

## | 기업의 혁신 사례 |

세계에는 비전 기업(동종업계 세계 1위)과 비교기업(동종업계 세계 2위)이 있다. 세계 2위? 쉬운 일인가? 엄청난, 매우 어려운, 어쩌면 대부분의 기업들이 꿈도 꾸지 못하는 위치가 아닐까? 그러나 이 둘은 기업 이념과 기업 문화에서 서로 크게 다르다. 3M은 비전 기업이고, 노턴(Norton)은 비교기업이다. 월트 디즈니는 비전 기업이고, 컬럼비아는 비교기업이다. 보잉은 비전 기업이고, 맥도넬 더 글라스는 비교기업이다. 그 후 더글라스는 보잉에 합병당했고, 지금은 보잉과 에어 버스가 경쟁하고 있다.

이처럼 기업은 창업, 유지, 발전, 파산 등을 반복한다. 비전 기업 중 이미 해체된 기업도 여럿이다. 항상 생존을 강요당하기에 세계 경쟁에서 살아남기 위해 총력을 기울인다. 기업이 그 어떤 단체나 국가보다 혁신에 신속하고 치열한 이유다. 실패를 바라보고, 해석하며, 적용하는 방법도 여느 조직과는 다르다. 단연 앞서 있다. 몇 가지 사례를 찾아보자.

### 실패 축하 파티(Don't Punish Failure Principle)!
실패를 축하하다니? 우리의 정서와 크게 동떨어진 선택이다. 비전 기업 3M 은 그에 걸맞는 독특하고 창발적인 기업 문화들이 여럿 있다. 그중의 하나가 '실패 축하 파티'다. 그 방법으로는 가능하지 않다는 걸 알려 주었고(시행착오 예방), 빠른 실패를 통해 더 큰 손실을 미리 방지하였으니 당연히 축하해주어야 한다는 것이다. 이 외에도 매일 근무 시간의 15%를 자유롭게 사용하라는 '15% Policy'(구글은 이걸 차용하여 20%를 적용하고 있다), '당장 실험하라'(실험실이 회사 곳곳에 있다) 등 독창적인 기업 문화를 전파하고 있다.

일본 자동차 기업 혼다도 이걸 채택하고 있다. 한 해 동안 가장 큰 실패를 한 연구원에게 '올해의 실패왕'이라는 상을 수여하고 많은 상금도 준다.

세계적인 제약회사 일라이 릴리(Eli Lilly)도 창의적이고 수준 높은 실험을 격려하는 '실패 축하 파티'를 채택하여 실패 사례를 긍정적으로 공유하도록 적극적으로 권장하고 있다.

반면에 그 어느 나라보다 부지런히 일하는 한국 기업에서 세계를 선도하는 제품과 서비스가 희귀한 이유는 무엇일까? 실패를 두려워하고 실패를 벌하는 기업 문화 때문이 아닐까? 비유하면, 물고기가 건강하게 살 수 없는 물속 환경이다. 해외로 인재 유출이 계속되고(특히 중국으로), 한국 글로벌 기업의 세계 시장 점유율이 서서히 하락하고 있다. 원천 기술이 빈약하고 연구 개발 투자는 미국, 중국, 독일 등에 비교조차 되지 않는다. 서비스 수지는 적자 행진을 계속하고 있다.

## |실패(실수)의 성격|

### (1) '실패는 성공의 어머니'다.

실패할 때마다 배운다면 더 많이, 더 크게, 더 빠르게 성공한다.

"가장 빠른 길은 가장 빨리 실패하는 것이다."

– 정두환

### (2) 실패에서 배우지 못하면 완전한 실패가 된다.

많은 사람들이 실패의 충격에서 벗어나지 못하거나 실패에서 배우지 못하고 있다.

### (3) 실패만이 성공으로 가는 지름길이다.

실패의 경험 없이 크게 성공하는 건 매우 위태로운 일이다.

경험과 지식이 일천하여 그 성공을 지키거나 발전시킬 수 있는 역량이 없기 때문이다. 문제 해결력은 실패를 통해 길러진다.

### (4) 실패의 경험을 분석해 성공을 위한 지식, 정보, 경험으로 활용해야 한다.

결코 실패를 두려워하거나 부끄러워해서는 안 된다. 실패의 경험을 어떻게 개선하느냐가 중요하다. 세계에서 스타트업을 하기가 가장 좋다는 미국 '실리콘 밸리'에서의 사업 성공률은 1%도 안 된다. 그러나 거기에서 오늘도 창업이 왕성하게 일어나고 있다.

### (5) 한 번의 실패가 인생과 기업을 실패로 이끌거나 실패자로 규정할 수 없다.

"인생의 80%는 실패의 연속이며, 실패를 묻어두면 계속 실패하고,
실패에서 배우면 성공한다."

– 하타무라 요타로

**(6) 실패해도, 실패를 계속해도 성공할 것이라는 확신을 갖는 게 정말 중요하다.**

사람들은 성공을 숭상하고 실패를 경원한다. 그러나 이런 생각은 틀렸다. 실패가 성공으로 가는 지름길이다. 이러하기에 실패에 의해 흔들리지 않고 이미 해버린 실패를 기쁘고 즐겁게 받아들여야 한다.

**(7) 실패를 성공의 원천으로 활용해야 한다.**

정두환 칼럼니스트는 이렇게 들려준다. 실패를 할 때 꼭 이렇게 되뇌자.

**"나는 성공을 향해 이렇게 한 발짝 앞으로 나갔다."고.**

## | 실패를 극복하는 5가지 방법 |

데일 카네기는 그 방법으로 이렇게 일러 주고 있다. 생활하면서 적용하기를 권유드린다. 강력하고 유용하다.

**(1) 실패는 금방 지나가 버린다.**

실패에 항복하지만 않는다면 실패는 금방 지나가 버린다. 실패를 성공으로 가는 이정표쯤으로 생각하자. 실패를 어떻게 극복하느냐는 철저히 자신의 태도에 달려 있다.

**(2) 실패는 소중한 스승이다.**

실패하면서 성장하며 성공으로 끝을 맺는다.

**(3) 실패는 약점을 가르쳐준다.**

만약 그 약점을 직시하지 못한다면 실패는 늘 당신을 찾아올 것이다. 실패는 경거망동해진 우리의 귓가에 울리는 일종의 경고다.

### (4) 수시로 노력의 방향을 수정하라.

늘 한 곳으로만 노력하면 끊임없이 실패를 되풀이하게 된다. 융통성을 가지고 여러 가지 방법을 시도해 보자.

### (5) 실패에도 굴복하지 않는 마음가짐이 중요하다.

역경에 부딪혔을 때 가져야 할 가장 중요한 조건은 실패에도 굴복하지 않는 마음가짐이며, 그다음 실패를 극복하는 방법이다.

## | '나의 실패'를 기쁘게 바라보기 |

실패·실수는 마치 그림자 같아서 결코 떨쳐 버릴 수 없다. 아무리 큰 성공을 거두어도 그 후에 다시 실패·실수가 찾아온다. 한 끼 든든하게 먹어도 4시간이 지나기 전에 배고픔이 오는 것과 같다.

문제(핵심)는 실패를 어떻게 해석하고, 받아들이며, 재구성하고, 혁신하여 상황을 재창조하는가이다.

앞에서 거인들이 실패·실수를 어떻게 규정했는지 읽어서 알고 있다. 실패 없이는 성공 없다. 실패해야 그 성공을 오래 지킬 수 있다. 그러니 이제부터 실패에 주눅 들지 말자. 실패에 져버리지 말자. 실패에 주저 앉지 말자. 인생에서 성공과 실패는 매번 있는 일이다. 모든 것을 기쁘게, 감사하게 받아들이고 최고 최상을 기대하면서 세상을 걸어가자. 우주는 우리에게 시시각각 무한한 에너지를 보내 주고 있다.

## 2. '실패 · 실수' 관련 명언

### 1) 펄 다니엘스

눈부신 실패에는 포상을 내린다. 그러나 평범한 성공은 벌한다.

### 2) 마이클 조던

나는 농구를 시작한 이후로
9,000번 이상 슛을 놓쳤고 300번의 패배를 했다.
승패를 결정하는 슛을 놓친 경우도 26번이나 된다.
나는 인생에서 수없이 반복해서 실패를 거듭했고 바로 그것이
내가 성공한 이유이다.

190

### 3) 윈스턴 처칠

성공은 실패를 겪지 않고서는 얻을 수 없다.

### 4) 사무엘 스마일스

우리들은 성공에서보다는 실패에서 더 많은 지혜를 배운다.
하지 말아야 할 것을 발견함으로 해야 할 것을 발견하게 된다.

### 5) 요한 크루이프

재능 있는 젊은 선수일수록 좌절을 경험시켜야 한다.
좌절은 그 선수를 성장시키는 가장 좋은 약이다.

### 6) 탈룰라 뱅크헤드

다시 인생을 살 기회가 주어진다면
똑같은 실수를 저지르되 좀 더 일찍 저지를 것이다.

### 7) 크리스티 매슈슨

승리라는 것에서는 아주 조금 배울 수 있다.

패배에서는 모든 것을 배울 수 있다.

### 8) 토머스 에디슨

실패하지 않는 유일한 길은 아무것도 시도하지 않는 것이다.

### 9) 전옥표

숱한 실패가 모여 하나의 성공을 이룬다. 실패는 성공을 위한 퇴비다.

### 10) 토머스 에디슨

실패는 영감의 원천이다.

### 11) 제프리 초서

젊어서 어리석은 행동이 없으면, 나이 들어 바보짓 한다.

### 12) 엘리너 루스벨트

많은 사람들은 패배보다는 승리 때문에 파멸한다.

### 13) 토머스 에디슨

전구를 발명하기 위해 나는 9,999번의 실험을 했으나 잘되지 않았다.

그러자 친구는 실패를 1만 번째 되풀이할 셈이냐고 물었다.

그러나 나는 실패한 게 아니고,

다만 전구가 안 되는 이치를 발견했을 뿐이다.

### 14) 사무엘 베케트

또 실패했는가?

괜찮다. 다시 실행하라. 그리고 더 나은 실패를 하라.

### 15) 스티브 맥라렌

준비를 게을리하는 것은 실패를 준비하는 것이다.

### 16) 손자

지피지기 백전불태(知彼知己 百戰不殆),
적을 알고 나를 알면 백 번 싸워도 위태롭지 않다.
적을 알지 못하고 나를 알면 한 번 이기고 한 번 진다.
적도 모르고 나도 모르면 싸울 때마다 반드시 위태롭다.

### 17) 정주영

시련일 뿐이지 실패는 아니다.
내가 실패라고 생각하지 않는 한 이것은 실패일 수 없다.

### 18) 하버트 개서

실패는 잊어라. 그러나 그것이 준 교훈은 절대 잊으면 안 된다.

### 19) 랜디 포시

실패란
내가 그 일을 얼마나 간절하게 원하는지를 테스트해보는 것이다.

### 20) 한국 속담

실패는 성공의 어머니이다.

### 21) 윌리엄 제임스

인간이 실패하는 이유는 단 하나,
자기 자신에 대한 진정한 믿음이 부족하기 때문이다.

## 22) 키케로

어리석은 자의 특징은 잘못을 반복하고 후회는 짧다는 점이다.

## 23) 조 루비노

실패자는 어쩌다 한 번의 기회를 꿈꾸지만,
성공자는 하루하루를 삶의 기회로 삼는다.

## 24) 나폴레옹 힐

모든 역경, 모든 실패, 모든 시련은
그만큼의, 혹은 그보다 더 큰 결실의 씨앗을 가지고 있다.

## 25) 사이토 시게타

많이 넘어져 본 사람일수록 쉽게 일어난다.
반대로 넘어지지 않는 방법만 배우면
결국 일어서는 방법을 모르게 된다.

## 26) 조지 산타야나

과거를 기억하지 못하는 이들은, 과거를 반복하기 마련이다.

## 27) 카네기

실패로부터 성공을 발전시켜라.
좌절과 실패는 성공으로 가는 두 가지 가장 확실한 디딤돌이다.

## 28) 마크 맥파든

일을 망치고 아무것도 배우지 않았다면 당신은 실수를 한 것이다.
일을 망치고 무언가를 배웠다면 당신은 경험을 한 것이다.

### 29) 델 크로스워드

성공은 영원하지 않으며 실패 역시 그러하다.

### 30) 토머스 에디슨

인생의 실패자들은 포기할 때
자신이 성공에 얼마나 가까이 있었는지 모른다.

### 31) 나폴레온 힐

성공과 실패는 모두 자신의 마음속에 있다.
성공하지 못하는 사람들은 공통적으로 하나의 두드러진 특징이 있다.
그들은 실패의 이유를 속속들이 알고 있으며,
실패에 대한 완벽한 변명거리를 만들고 있다.

### 32) 앤드류 매튜스

성공하는 비결은 실패율을 두 배로 높이는 것이다.

### 33) 혼다 소이치로

나의 현재가 성공이라면
그것은 과거의 실패를 토대로 하여 이루어진 것이다.
모든 성공은 실패의 연속선상에 있다.

### 34) 존 우든

실패는 치명적이지 않지만 변화에 실패하는 것은 치명적일 수 있다.

### 35) 나폴레온 힐

대부분의 큰 성취를 거둔 사람들은
가장 큰 실패 뒤에 가장 큰 성공을 거두었다.

## 36) 넬슨 만델라

나의 성공으로 나를 평가하지 마라.
그 대신에 내가 몇 번이나 넘어졌다가 다시 일어났는지로
나를 평가해 줘라.

## 37) 루 홀츠

실패했다고 주저앉지 말라.
베이브 루스는 1,300번이나 스트라이크 아웃을 당했다.

## 38) 릭 페티노

실패는 좋은 것이다. 거름이 되기 때문이다.
코칭에 대해 내가 배운 모든 것은 실수를 통해 배운 것이다.

# 3. 추천 도서

1. 《더 빠르게 실패하기》 / 존 크럼볼츠 / 스노우폭스북스

2. 《잘 실패하는 법》 / 장석정 / 국학자료원

3. 《실패를 딛고 일어서는 써먹는 실패학》 / 하타무라 요타르 / 북스힐

4. 《성공을 만드는 실패의 과학》 / 매슈 사이드 / 에이지21

5. 《실패학 개론》 / 이영제 / 미다스북스

6. 《좌절을 딛고 일어선 거장들의 실패학 수업》 / 발검무적 / 파람북

7. 《실패를 통과하는 일》 / 박소령 / 북스톤

8. 《성공의 조건 실패의 쓸모》 / 곽한영 / 프런티어

9. 《옳은 실패》 / 에이미 에드먼슨 / 시공사

10. 《실패 빼앗는 사회》 / 안혜정 / 위즈덤하우스

11. 《실패 축하 파티》 / 권은혜 / 왕가의 아이들

12. 《물러나다》 / 노엄 촘스키 / 시대의 창

13. 《하버마스》 / 이시윤 / 파이돈

14. 《돈, 역사의 지배자》 / 윤형돈 / 지식공장장

15. 《그래도 경제학이다》 / 대니 로드릭 / 생각의힘

16. 《자제력 수업》 / 피터 홀린스 / 포레스트북스

17. 《국가는 왜 실패하는가》 / 대런 애쓰모글루 외 / 시공사

18. 《학교 개혁은 왜 실패하는가》 / 마이클 폴란 / 교육을 바꾸는 사람들

19. 《절대 실패하지 않는 작은 학교 운영 백서》 / 정영은 / 시대인

20. 《위대한 패배자》 / 볼프 슈나이더 / 을유문화사

# 7장

# 고난

# 고난에서 배우다

김성은

초록 잎사귀가 무성한 미산숲, 숨어있던 그들의 길이 열리고 들고양이 한 마리가 섰다. 미동도 없는 야윈 몸 끝자락에 총총 매달려 나오는 새끼 다섯 마리, 바짝 긴장한 어미의 몸을 감아 도는 철부지 새끼들은 놀랍도록 천진난만하다. 날선 경계로 멈춰버린 눈동자를 빼고는 온 세상이 파릇파릇, 아름다운 여름날의 싱그러운 한 컷이다.

새끼 다섯을 달고, 제집도 없이, 들로 산으로 돌아다녀야 하는 피곤한 삶은 어미 고양이의 얼굴에 하악질을 그려놓았다. 낮게 깔린 꼬리에 겁먹은 어미의 무거운 언어가 애처롭다. 갑작스럽고 우연한 만남이 불러올리는 내 청춘의 한 귀퉁이, 어미 고양이의 얼굴을 닮은 그 고달픈 여정의 비밀을 나누고자 한다.

뜨거운 햇살, 습한 공기에 눌려서 내 청춘이 녹고 있다고 생각했다. '파라과이의 숨 막히는 열기에 잎은커녕 뿌리도 내지 못한 채 타국땅에서 조용히 시들어 없어지는 게 아닌가?' 하는 불안이 있었다. 낯선 땅도, 낯선 사람도, 어느 한 가지 호락호락한 것은 없었다. 겁 없이 만만하게 본 세상으로부터 호되게 매질을 당한 기분, 무식해서 용감했던 어리석음에 코웃음이 나올 정도다.

나는 도망자였다. 쫓는 이가 없는데도 자꾸만 쫓겨 달아나는 도망자. 어딜 가도 불안과 긴장으로 편한 숨을 들이켜지도 내쉬지도 못하는 불쌍한 객이었다. 그 와중에도 훌륭한 대자연이 보였고, 눈물 어린 사랑을 깨달았으며, 마음에 일어나는 지진과 함께 한 걸음씩 여행은 멈추지 않았다.

첫째 딸이 태어나고, 어디서 왔는지 모를 에너지로 딸과 함께 아르헨티나를 돌아다녔다. 갓 난 둘째 딸을 안고는, 뭔지도 모를 힘이 차올라 상파울루를 누볐다. 계획이야 많았겠지만, 계획대로 된 것은 적었고, 뜻밖의 일들로 골머리를 앓은 일들이 수두룩했다. 뜻하지 않게 맞닥뜨린 일들은 어김없이 생채기를 남겼고, 불안과 긴장은 다시 어디론가 나를 밀쳐내곤 했다. 그래서 머물지 못하고, 준비 없이 새로운 칸에 탑승하며 인생의 오류를 쌓아갔다. 지금 생각하면 감사로 남는 대목이다. 많은 실수가 형편에 맞는 배움을 남겼다. 내일을 알지 못한다는 것, 무엇이 있을지 모르지만 가장 좋은 것이 기다린다고 믿겠다던 앤 셜리의 당찬 말을, 나는 아주 늦게 깨달았다.

깊은 생각이 어디서 오는가 헤아려볼 때, 그것은 아마도 우리 속 무한한 우주로부터 정확한 번지수로 배달되는 것, 내게 오는 명확한 뜻에 감탄하며 삶의 기수를 바로잡을 때, 비로소 여행을 이해하고 균형을 이루는 것이다.


마흔 후반, 색다른 고개를 넘는 중에 도망자는 별을 보았고, 빛나는 이해의 숨을 내쉬었다. 누가 옳고 그르고, 누가 좋고 나쁘고를 가를 수 없는 이 인간 세상의 험악함을 가슴 아프게 안아 들이게 되었다.

노방사로 피곤한 여정을 이어가던 물길 위로, 이제 속 깊은 샘물이 터졌다는 말이다. 차곡차곡 진흙처럼 쌓여오던 세상 둑은 쓸려 내려갔다. 더 이상 도망자는 없다.

고달픈 인생의 다양한 모습들은 특별한 인생 수업이 되어 그 여정의 참맛을 알게 했다. '고난이 유익이다.'라는 말이 있다. 인생행로에서 만난 갖가지 수고들이 내 속에 선한 씨앗이 되었음을 고백한다. 지난날의 고달픔은 우리를 성장시키는 호르몬이요, 우리를 보호하는 백신인 것이다. 고난을 선한 배움으로 살아내는 지혜로운 삶은 큰 축복이다. 우리 인생 여행은 아직 진행 중이고, 내일은 새로운 날이 지 않은가! 사는 재미, 반할 시간, 누구도 뺏지 못하는 기대감은 우리에게 주어진 선물이다. 어떠한 삶의 진개라도 감사로 받을 수밖에 없는 값진 인생임을 기억하자.

들고양이가 물어다 놓은 예기치 않은 한 여름날의 멈춤이, 잘 비벼진 젊은 날의 기억을 끄집어 올렸다. 미산숲에 바람을 가두고 정자 아래에서 가벼운 입담을 들이킨다. 용성면 미산숲의 여름날이 말간 분홍빛으로 익어가듯, 우리의 인생도 옹골차게 익어간다.

이 글을 쓴 김성은은 어떤 사람인가?
낮과 밤 그리고 겨울과 여름이 정반대인 한국의 대척점인 파라과이에서 12년을 지내면서 한국인 교포 아이들을 가르쳤다. 그 시절을 못 잊어, 수시로 시퍼렇게 되살아나 파라과이 여행을 준비 중이다. 스페인어와 영어에 능통하다.

이곳에서 도서관을 운영하고 있다. 이 지역 최초 유일의 민영도서관이다. 100년 안팎의 나무들이 우뚝 솟아 우주와 교신하고 있는 미산숲이 도서관 바로 앞에 있다. 여름이면 무성한 이파리가 층층이 그늘을 만들고 있다.

커피 전문점 '카페 글로리아' 대표다. 도서관과 같은 공간인데 반은 커피숍이고, 나머지 반은 도서관이다. 날마다 주문하는 고객에게 차를 무한 공급하는 요술을 시전하고 있다. 경북 경산시의 한 면 지역에 자리하고 있다. 이 책을 읽는

분들 중 가까이에 사시는 분은 찾아오셔도 좋다.

부탁한 협찬의 글을 써주셔서 감사드린다. 글이 예사롭지 않다.

이걸 알기에 필자는 김성은 도서관장에게 책을 쓰라고 부추기고 있다.

소설도 좋고, 수필도 좋을 듯……. 시작이 반이라고 했으니, 첫 문장을 적으면 이미 반 이상 완성한 게 아닐까?

## 2. '고난' 관련 명언

### 1) 맹자

하늘이 장차 어떤 이에게 큰일을 맡기려 할 때는
반드시 먼저 그의 마음을 괴롭게 하고, 뜻을 흔들어 고통스럽게 하고,
그 몸을 지치게 하며, 육신을 굶주리게 한다.
또한 생활을 곤궁하게 해서 하는 일마다 뜻대로 되지 않게 한다.
그런 이유는 이로써 그 마음의 참을성을 담금질하여
비로소 하늘의 사명을 능히 감당할 만하도록 역량을 키워
전에는 이룰 수 없던 바를 이룰 수 있도록 하기 위함이니라.

### 2) 세네카

불은 금을 시험하고, 역경은 강한 인간을 시험한다.

### 3) 워싱턴 어빙

소인배는 불운에 길들여지고 눌린다.
그러나 위대한 사람은 불운 위로 올라선다.

### 4) 칭기즈칸

집안이 나쁘다고 탓하지 말라.
나는 아홉 살 때 아버지를 잃고 마을에서 쫓겨나기도 했다.
가난하다고 말하지 말라.
나는 들쥐를 잡아먹으며 연명했고,
목숨을 건 전쟁이 내 식업이었고, 내 일이었다.
작은 나라에 태어났다고 말하지 말라.
나는 그림자 말고 친구도 없었고, 병사로만 십만,

백성은 어린애, 노인까지 합쳐 이백만도 되지 않았다.

배운 게 없다고, 힘이 없다고 탓하지 말라.

나는 내 이름도 쓸 줄 몰랐다.

다만 남의 말에 귀 기울이면서 현명해지는 법을 배웠을 뿐이다.

너무 막막하다고, 그래서 포기해야겠다고 말하지 말라.

나는 목에 칼을 쓰고도 탈출해 왔고,

뺨에 화살을 맞고 죽었다 살아나기도 했었다.

적은 밖에 있는 것이 아니라 내 안에 있다.

나는 내게 거추장스러운 것은 깡그리 쓸어버렸다.

나를 극복하는 그 순간 나는 칭기즈칸이 되었다.

## 5) 빅토르 위고

궁핍은 영혼과 정신을 낳고, 불행은 위대한 인물을 낳는다.

## 6) 독일의 한 철학자

악마는 한 사람을 파멸시키기 전에 뜨거운 권력을 맛보게 한다.

## 7) 브라이언 트레이시

신이 인간에게 선물을 줄 때, 시련이라는 포장지에 싸서 준다.

작은 선물에는 작은 포장지를, 큰 선물에는 큰 포장지를 싸서 준다.

혹시라도 자신이 인생에 큰 시련을 만나거든

신이 주기 위한 큰 선물의 포장지를 뜯고 있는 것은 아닌지 되돌아보아라.

## 8) 존 F. 케네디

한자로 위기는 두 글자로 되어 있다.

하나는 위험을, 다른 하나는 기회를 의미한다.

## 9) 리처드 J. 라이더

길을 잃어야 새로운 길을 발견할 수 있다.

## 10) 에드거 앨런 포

시련이 없다는 것은 축복받은 적이 없다는 것이다.

## 11) 발자크

고통은 인간의 위대한 스승이다.
그러므로 그 스승의 말 한마디나 손짓조차도
인간의 넋을 슬기롭게 해준다.
불행은 일단 우리의 앞을 막으면서, 새길을 열어주고 있다.

## 12) 괴테

고난이 있을 때마다
그것이 참된 인간이 되어 가는 과정임을 기억해야 한다.

## 13) W. 해슬릿

재산은 훌륭한 선생이지만, 역경은 더 훌륭한 선생이다.

## 14) B. 존슨

역경을 겪지 못한 자는 자신의 역량을 알지 못한다.

## 15) 플루타르크

사람의 척도는 그가 불행을 얼마나 잘 이겨내는지에 달려 있다.

## 16) 아우구스티누스

당신을 괴롭히고 실패하게 하는 일들은
더 큰 일을 하기 위한 하나의 시련이라고 생각하라.

### 17) 아그네스 고바르츠

자기가 깊은 고통을 겪지 않고는 남의 아픈 것을 이해하지 못한다.

### 18) 빅토르 위고

가장 어두운 밤을 지나야 가장 밝은 아침이 온다.

### 19) 헬렌 켈러

세상에는 고통으로 가득하지만 그것을 극복하는 사람들로도 가득하다.

### 20) 헬렌 켈러

인간은 편안하고 고요한 환경에서 성장하지 않는다.
시행착오와 고통을 통해서만
영혼이 강해지고 패기가 생기며 성공할 수 있다.

### 21) 루쉰

청춘 시대에 명암을 경험하지 못한 사람은
중년이 되어서도 아무런 힘도 갖지 못할 것이다.

### 22) 필리스 바텀스

역경에 대처하는 방법은 두 가지다.
역경을 변화시키거나 역경에 맞설 수 있도록 당신 자신을 바꾸는 것이다.

### 23) 스콧 펙

고난은 잠자고 있던 용기와 지혜를 깨운다.
우리는 오직 고난을 통해 성숙할 수 있다.

### 24) 알렉스 퍼거슨

포기하지 않는 것도 실력이다.

25) **윌리엄 아서 우드**

역경 앞에서 누군가는 무너지지만,
다른 누군가는 새로운 기록을 세운다.

26) **장 자크 루소**

인내는 쓰다. 그러나 그 열매는 달다.

27) **토마제로**

고난으로 교육받지 않은 인간은 언제나 어린아이다.

28) **칼빈**

이 세상에 고통이 많은 것은
천국을 사모하는 마음을 가지기 위해서다.

29) **영국 속담**

고난은 가면을 쓴 커다란 행운이다.

30) **에머슨**

눈물 젖은 빵을 먹어보지 못한 사람과는 말하지 말라.
눈에 눈물이 없으면 영혼의 무지개도 없다.
대부분의 생의 응달(고난)은 우리 자신이 햇빛에 서 있기 때문에 생긴다.

31) **볼테르**

세 가지 곤란한 일은
비밀을 지키는 힘, 고난을 견디는 일, 여가를 이용하는 일이다.

32) **유대 격언**

가장 큰 고통은 남에게 말할 수 없는 고통이다.

### 33) 도스토옙스키

괴로움이야말로 인생이다.

인생이 괴로움이 없다면 무엇으로써 또한 만족을 얻을 것인가?

### 34) 쇼펜하우어

나를 고뇌하게 만드는 것이 전혀 없다는 것,

그것이 바로 나를 고뇌하게 만든다.

### 35) 에머슨

역경은 청년에게 있어서 빛나는 기회이다.

젊은 시절 고생은 발전의 밑거름이다.

## 3. 추천 도서

1. 《고난이 선물이다》 / 조정민 / 두란노서원

2. 《고난이 꽃이 되고 별이 되게 하소서》 / 한재욱 / 규장

3. 《결국 회복하는 힘》 / 조지 A. 보나노 / 더퀘스트

4. 《회복력의 7가지 기술》 / 캐런 레이비치 / 물푸레

5. 《역경에서 찾는 인생의 나침반》 / 심중식 / 북랩

6. 《역경에 약한 사람, 역경에 강한 사람》 / 가토 다이조 / 나무생각

7. 《무의미의 의미(내 안에 빛나는 삶의 의미를 찾아서)》 / 빅터 프랭클 / 엠31

8. 《리빌더》 / 세라 테이트 외 / 알에이치코리아

9. 《고난이라는 가능성》 / 홍영철 / 유노라이프

10. 《위기의 음악가들》 / 장옥님 / 형설미래교육원

11. 《친절의 위력》 / 브래드 애런슨 / 북스토리

12. 《단 한 번밖에 살 수 없다면 인문고전을 읽어라》 / 김부건 / 밀리언서재

13. 《마지막 질문》 / 김종원 / 포르체

14. 《애도 수업》 / 캐시 피터슨 / 샘솟는기쁨

15. 《마흔에 읽는 사기 인문학》 / 한정주 / 다산초당

16. 《나는 고발한다》 / 에밀 졸라 / 책세상

17. 《홍익희의 유대인 경제사 2》 / 홍익희 / 한스미디어

18. 《암이 내게 행복을 주었다》 / 가와다케 후미오 / 정신세계사

19. 《말기 암 진단 10년, 건강하게 잘 살고 있습니다》 / 주마니아 / 에디터

20. 《병의 90%는 걷기만 해도 낫는다》 / 나가오 가즈히로 / 북라이프

# 8장

# 성공

# 1. 들어가며

## |성공의 두 얼굴|

큰 성공을 담은 책은 베스트셀러가 되곤 한다. 성공 사례 발표장에는 사람들이 몰려든다. 많은 위인전이 스테디셀러 반열에 들어가 있다.

에고(자아)는 최고가, 1등이 되라고 속삭인다. 자기 자신을 세상에 드러내고 증명하라고 부추긴다. 보다 많은 사람들이 성공을 추구한다. 성공은 두 얼굴을 하고 있다. 하나는 순기능이다. 성공은 자기 효능성을 높이고 인식 세계를 확장한다. 자신감을 심어 주고 동기 부여하여 또 다른 일에 도전하게 하는 추진력을 제공한다. 조직을 단결시키고 성공 에너지를 축적한다. 또 하나는 역기능이다. 자만심이 가장 큰 적이다.

코닥은 압도적인 세계 1위였지만 지금은 없다. 노키아는 휴대폰 업계의 최강자였지만 지금 어디에 있는가? 소년 등과는 위험하고, 바둑에서 초반에 거대한 80집을 내면 패배할 가능성이 높다는 것과 맥락을 같이 한다. 개인도 그렇다. 성공에 안주하면 곧바로 내리막길이 기다리고 있다.

"하나의 성공은 언제나 그 성공을 성취할 수 있게 해준 것들을 진부하게 만들어 버리는 습성이 있다. 성공은 언제나 새로운 현실들을 창조한다. 무엇보다 성공은 그 자신으로부터 비롯된 문제들과 완전히 다른 새로운 문제들을 만들어낸다. '그들은 그 후로도 오랫동안 행복하게 살았다.'라는 식은 오직 동화의 세계에만 가능한 일이다. 현실 세계에서는 한 번의 성공이 오래도록 유지되는 일이 매우 드문 법이다. 정상에 서 있는 사람에게는 쉬운 길만 남아 있다. 즉 내려가는 일 말이다. 정상을 지키는 일은 정상을 오르는 것에 비해 수 배의 노력과 기술을 필요로 한다."

– 짐 콜린스

## | 무엇이 성공인가? |

일반적으로 '경제적 부'와 '안정된 사회적 지위'를 기준으로 삼는 경향이 강하다. 사람의 생명은 3가지가 있다. 돈, 몸 그리고 영혼이다.

돈은 태어나기 전의 세계와 세상 떠난 후의 세계에는 없다. 빈손으로 왔다가 빈손으로 간다. 돈은 주로 몸을 위해 사용된다.

여러분은 돈을 어디에 사용하는가? 무엇 하려고 돈을 버는가?

성공이란 무엇인가? 각자의 세계관에 따라 모두 다르다. 주로 돈(세계 부자 순위 1~3위를 다투는 엄청난 부자), 권력(최고 강대국 미국 대통령), 명예(노벨상 수상), 자식의 출세(특히 어머니들이 더하다), 학문적 업적이나 성취(압도적인 AI 기술 창출 등) 등을 들 수 있다. 세상에서 이런 것도 중요하다.

그러나 한계가 있다. 이런 것들은 잠시 있다가 사라지는 한시적인 것들이다. 영원하지 않다. 1년 잘 먹고 잘 사는 것보다 122년(기네스북 세계 최장수 기록) 잘 먹고 잘사는 게 훨씬 더 중요하다. 그리고 지구별에서 122년 잘 살다 죽은 후 그곳에서 영원히 고통받으면 무슨 소용인가? 122년은 영원에 비하면 순간도, 찰나도 되지 않는 극히 짧은 시간 아니던가? 나에게 성공이란 무엇인가? 여기에 대한 밝고 명쾌한 해답을 기지고 세상을 걸어가야 한다.

## | 60세 이상 나이에서의 성공 |

젊은 나이에 큰 성공을 거둔 사람도 있지만, 나이 든 것을 비관할 필요는 없습니다. 〈선샤인〉지 기사를 보면, 세계 역사상 최대 업적의 약 35%를 60~70세 노인들이, 23%를 70~80세 노인들이 성취했다고 합니다. 즉 역사적 업적의 64%를 60세 이상의 사람들이 이룬 것입니다.

코넬리어스 밴더빌트는 70세에 '위대한 철도왕' 이름을 얻었고, 파스퇴르는 60세 때 광견병 치료법을 발견했습니다. 볼테르, 뉴턴, 스펜서, 제퍼슨 등은 80세 이후에도 활발히 활동해 인류의 지성이 되었습니다. '할머니 모제스(Grandma

Moses)'라는 별칭으로 유명한 화가 안나 메리 로버트슨은 90세가 지나서 명성과 성공을 거머쥐었습니다. 스탠리 존스는 70세 생일 축사에서 "여러분에게 내 생애에서 가장 중요하고 아름다운 10년간을 선사하려 합니다."라고 말했습니다.

가장 중요한 시기는 오늘입니다. 어떤 인생도 이미 늦어 버리진 않았습니다. 마음만 먹으면 그 누구의 인생에도 은퇴란 없습니다.

**"'믿음의 삶'은 나이를 넘어서는 것입니다. 지금 시작하십시오.**
**늦지 않았습니다."**

– 강준민,《믿음의 삶》중에서


## |진정한 성공|

우리가 이 세상을 살아갈 때 여러 가지가 필요하다. 돈은 소중하다. 돈이 생계 수단이다. 돈으로 생필품 등 생활에 필요한 물품을 사고 용역을 구입한다. 돈이 있어야 최소한의 품격을 유지할 수 있다. 그리고 돈은 양날의 칼날이다. 잘못 사용하면 패가망신하기 십상이다. 무엇보다 세상 떠난 후 우주에서 가장 소중한 자기 자신의 영혼을 그 끝없는 무저갱으로 추락하게 만든다. 이보다 더 슬픈 일은 없다.

돈을 이웃 사랑에 쓸 때 비로소 돈이 그 사명을 실천하게 된다. 명예도, 권력도, 자녀도, 건강도, 이 외 모든 것이 돈과 비슷한 성격을 가지고 있다. 사람들은 보이는 것만 보고, 생각하고, 사랑하며 집중하는 경향이 강하다. 하지만 보이지 않는 세계가 비교할 수 없이 더 크고 더 가치 있다. 무엇보다 영원하다. 이 세상 100년(실제로 100년 사는 인생은 드물다)을 즐겁게 살겠다고 그 후의 영원을 잊어버리고 사는 인생은 너무나 무지하다. 위험하기 짝이 없다.

세상에는 온갖 종교와 철학이 있다. 파리는 모든 곳에 앉을 수 있지만, 오직 한 곳에는 착륙할 수 없다. 타오르는 불길이다. 이 '불길'이란 '영원한 진리'를 의미한다. 거짓은 결코 진리를 이길 수 없다.

지구에서의 그 모든 것은 영원하지 않다. 이 지구도 물질이기에 언젠가는 소멸되어 없어진다. 지구에 있는 모든 것은, 지구별에서 우리가 소유하고 활용하는 그 모든 것은 필요하고 중요하지만, 영원한 우주 시간에서 보면 해가 뜨면 곧 사라지는 이슬 같은 것이다. 그런데도 이것에만 집착하는, 여기에서 벗어나지 못하는 인생의 말로는 끔찍하고 비참하다.

인생에서의 최우선 순위를 가지고 살아가야 한다. 그것은 '영원'을 향한 추구와 사모여야 한다. 인생 '최우선 순위'라는 화살이 과녁을 벗어날 때, 그것은 가증스러운 악에 지나지 않는다. 이 우주에서 가장 소중한 것? 그건 '자기 자신의 영혼'이다. 그리고 세상 떠날 때 남는 것은 오직 하나, '이웃 사랑의 실천'뿐이다. 얼마나 더 많이, 더 오래, 더 기쁘게 이웃을 사랑했느냐가 인생에서의 성공 여부를 결정하는 단 하나의 기준이다.

## |한시적이고 일시적인 성공 vs 영원한 성공|

어느 게 중요한가? 말할 필요조차 없다. 영원한 성공이 진정한 성공이다. '유일한 성공'이다. 이걸 어떻게 이룰 수 있는가? 이걸 이루지 못하면 세상에서의 돈, 권력, 명예, 자식 농사, 성취 등은 조금도 소용없다.

눈에 보이는 이런 것만 추구하면 장차 자신을 영원한 절망으로 몰아넣을 확실한 티켓이 된다. '진정한 성공'은 우리 모두에게 주어진 최고 최대의 과제이다. 인생의 성패가 여기에 달려 있다. 진정한 성공이 무엇인가? 나는 이걸 어떻게 이루어 낼 수 있는가?

## 2. '성공' 관련 명언

### 1) 마태복음 14 : 44~46

천국은 마치 밭에 감추인 보화와 같으니

사람들이 이를 발견하고 숨겨둔 후 기뻐하며 돌아가서

자기의 소유를 다 팔아 그 밭을 사느니라

또 천국은 마치 좋은 진주를 구하는 장사와 같으니

극히 값진 진주 하나를 발견하매

가서 자기의 소유를 다 팔아 그 진주를 사느니라

### 마태복음 18 : 8~9

만일 네 손이나 발이 범죄하게 하거든 찍어 버리라

장애인이나 다리 저는 자로 영생에 들어가는 것이

두 손과 두 발을 가지고

영원한 불에 던져지는 것보다 나으니라

만일 네 눈이 너를 범죄하게 하거든 빼어 내버리라

한 눈으로 영생에 들어가는 것이

두 눈을 가지고 지옥 불에 던져지는 것보다 나으니라

### 2) 웰즈

누가 뭐래도 성공의 척도는 재산, 명성, 지위 그리고 권력이 아니다.

유일하고 참된 성공의 척도는

우리가 일생 동안 번 것을 어떻게 사용했는지에 달려 있다.

### 3) 윈스턴 처칠

성공이란 열정을 잃지 않고 실패를 거듭할 수 있는 능력이다.

### 4) 헨리 포드

세상이 당신에게 준 것보다
더 많이 세상에 주는 것, 그것이 바로 성공이다.

### 5) 핸드릭 반 룬

역사에서와 마찬가지로 인생에서도 성공은 중요하다.

### 6) 버크 헤지스

어떤 사람은 다른 사람이
전 생애를 통해 성취한 것보다 많은 것을 일 년 안에 성취한다.

### 7) 토머스 칼라일

세계의 역사는 위인들의 전기에 불과하다.

### 8) 마쓰시타 고노스케(마쓰시타전기공업 창업자)

나는 하느님이 주신 세 가지 은혜 때문에 성공할 수 있었다.
첫째는 집이 몹시 가난해서 어린 적부터 구두닦이, 신문팔이 등
온갖 고생을 하였고,
이를 통해서 세상 살아가는 데 필요한 경험을 많이 얻었다.
둘째는 태어날 때부터 몸이 몹시 약해서 항상 운동에 힘썼으므로
늙어서도 건강하게 지낼 수 있게 되었다.
셋째는 초등학교도 못 다녔기 때문에 세상의 모든 사람들을 스승 삼아
열심히 배우는 일을 게을리하지 않았다.

### 9) 존 크럼볼츠

어떤 일을 무사히 끝맺었다면 잠시 틈을 내서
그 작은 성공을 자축하라. 세상에 나가 성취의 즐거움을 만끽하라.
자축의 시간이 끝났다면 그다음 작은 성공을 목표로 전진하라.

**10) 말콤 글래드웰**

1만 시간은 위대함을 낳는 매직 넘버이다.

**11) 클리크 무어맨**

여러분, 우리는 오늘 여기 매우 진지한 일로 모였습니다.

우리는 '할 수 없다.'를 매장하려고 합니다.

**12) 나폴레온 힐**

머리로 생각할 수 있는 것이라면 무엇이든지,

가슴으로 믿을 수 있는 것이라면 무엇이든지 여러분은 달성할 수 있다.

**13) 레스 브라운**

이전에 한 번도 성취한 적이 없는 것을 성취하려면

이전에 한 번도 되어본 적이 없는 사람이 되어야 한다.

**14) 토머스 에디슨**

천재는 99%의 땀과 1%의 영감으로 만들어진다.

**15) 손정의**

내가 가진 것이라곤 꿈과 그리고 아무 근거도 없는 자신감뿐이다.

그리고 거기서 모든 것이 시작되었다.

**16) 시오노 나나미**

로마인은 좋다 싶으면 그것이 적의 것이라 해도

거부하기보다는 모방하는 쪽을 선택했다.

**17) 짐 콜린스**

한 번의 큰 성공보다 일관성 있는 작은 행동이 위대함을 결정한다.

**18) 조정래**

최선을 다했다는 말을 함부로 쓰지 마라.

최선이란 스스로의 노력이

자신을 감동시킬 수 있을 때 비로소 쓸 수 있는 말이다.

**19) 루이스 월턴**

진정한 천재란, 비범한 일을 수행하는 능력을 가진 자가 아니라

평범한 일을 비범하게 수행하는 능력을 가진 자를 말한다.

**20) 에드워드 W. 스미스**

경기, 시험, 계획은 기나긴 준비 과정의 끝이며,

그 결과는 준비 단계에서 결정이 난다.

**21) 앙드레 드뷔**

재능은 싸구려다. 중요한 건 훈련이다.

**22) 랄프 왈도 에머슨**

기회가 없음을 두려워하지 말고, 준비되어 있지 않음을 두려워하라.

**23) 사무엘 스마일스**

하늘은 스스로 돕는 자를 돕는다.

**24) 헬렌 헤이즈**

어떤 분야의 전문가라도 한때는 초보자였다.

**25) 조 루비노**

실패자는 어쩌다 한 번의 기회를 꿈꾸지만,

성공자는 하루하루를 삶의 기회로 삼는다.

## 26) 대런 로열

행운이란 준비가 기회를 만날 때 생겨나는 것이다.

## 27) 루 홀츠

능력은 무언가를 할 수 있음을 뜻하고,

동기는 무엇을 하는지를 정해주며,

태도는 그것을 얼마나 잘하는지를 결정짓는다.

## 28) 플라톤

장인(匠人)은 어떤 일이든 대충 일하기를 거부하고

최고의 경지를 향해 달려가는 사람이다.

## 29) 스포츠 격언

실전처럼 연습하면 연습했던 대로 실전에 임하게 될 것이다.

## 30) 박진영

스타는 재능으로 가능하지만,

슈퍼스타는 재능에 끈기가 더해져야 가능하다.

## 31) 앨런 케이

미래를 예측하는 가장 좋은 방법은 미래를 창조하는 것이다.

## 32) 알버트 센트 디외르디

발견은 준비된 사람이 맞닥뜨린 우연이다.

## 33) 롤프 메르쿨레

천재는 노력하는 사람을 이길 수 없고,

노력하는 사람은 즐기는 사람을 이길 수 없다.

**34) J. P. 모건의 친구**

성공 방정식 = 매일 아침 해야 할 일의 목록을 적어라.

그리고 그 목록대로 실천하라.


**35) 앤드류 매튜스**

중요한 일(20%)을 먼저 처리하면

나머지 일(80%)은 거의 완성된 것이나 마찬가지다.


**36) 피카소**

나는 어린애처럼 그릴 수 있게 되는 데 50년이 걸렸다.


**37) 괴테**

목표가 가까워질수록 고난과 시련은 더 심화된다.


**38) S. 앤더슨**

끈기란 열아홉 번 실패해도 스무 번째 성공하는 것이다.


**39) 데일 카네기**

작은 성공부터 시작하라.

성공에 익숙해지면 무슨 목표이든 할 수 있다는 자신감이 생긴다.


**40) 청구고등학교(대구) 교사 건물에 있는 문장**

노력하는 사람 반드시 이루리!


**41) 짐 콜린스**

하나의 성공은 언제나 그 성공을 성취할 수 있게 해준 것들을

진부하게 만들어 버리는 습성이 있다.

성공은 언제나 그 자신으로부터 비롯된 문제들과

완전히 다른 새로운 문제들을 만들어낸다.
'그들은 그 후로도 행복하게 살았다.'라는 식은
오직 동화의 세계에서만 가능한 일이다.

## 42) 데이비드 슈바르츠
크게 생각할수록 크게 이룬다.

## 43) 존 반브로
마지막에 웃는 자가 가장 잘 웃는 자이다.

## 44) 괴테
가장 중요한 것이 가장 하찮은 것에 의해 좌우되어서는 안 된다.

## 45) 말콤 글래드웰
성취 공식은 '재능 더하기 연습'이다.
문제는 심리학자들이 재능 있는 이들의 경력을 관찰하면 할수록
타고난 재능의 역할은 줄어들고 연습의 역할은 커진다는 데 있다.

## 46) 워런 버핏
어떤 분야에서든 최고 전문가를 주시하고 그 사람의 행동을 모방하라.

## 47) 지그 지글러
다른 사람이 원하는 것을 얻을 수 있도록 그를 도와줘라.
그러면 당신은 인생에서 원하는 모든 것을 얻을 수 있다.

## 48) 토머스 에디슨
나는 평생 하루라도 일을 하지 않았다. 그것은 모두 재미있는 놀이였다.

**49) 지그 지글러**

희생은 더 나은 것을 위해 좋은 것을 포기하는 것이다.

**50) 크리스티 매슈슨**

중요한 것은 당신이 어떻게 시작했는지가 아니라,
어떻게 끝내는가이다.

**51) 윌리엄 제임스**

어려운 일을 시작할 때 태도가 그 무엇보다 성패에 큰 영향을 미친다.

**52) 조치훈**

나는 바둑 한 수 한 수에 목숨을 건다.

**53) 헨리 어드 비처**

어떤 분야에서든 유능해지고 성공하기 위해선 세 가지가 필요하다.
타고난 천성, 공부 그리고 부단한 노력.

**54) 앤드류 카네기**

평균적인 사람은 자신의 일에
자신이 가진 에너지와 능력의 25%를 투자한다.
세상은 능력의 50%를 일에 쏟아붓는 사람들에게 경의를 표하고
100%를 투자하는 극히 드문 사람들에게 머리를 조아린다.

**55) 로이 베나비데스**

포기하는 자는 절대 이길 수 없고, 이기는 자는 절대 포기하지 않는다.

**56) 어니스트 헤밍웨이**

자기 불신은 우리가 실패하는 대부분의 원인이다.

## 57) 조수미

성공의 비밀은 자신감이며, 자신감의 비밀은 엄청난 준비다.


## 58) 이나모리 가즈오

높은 목표를 달성하려면

간절한 바람이 잠재의식에까지 미칠 정도로 곧고 강해야 한다.

주위의 시선에 우왕좌왕하지 말아야 한다.

하고 싶다면, 하고자 한다면

무슨 일이 있어도 그 길을 가겠다고 굳게 다짐하라.

그리고 반드시 이룰 수 있다고 굳게 믿으라.

그런 간절함이 없다면 처음부터 꿈도 꾸지 마라.


## 59) 스티브 잡스

매일을 인생의 마지막 날인 것처럼 살아간다면 어느 날 매우 분명하게

올바른 길에 서 있는 당신 자신을 만날 수 있을 것입니다.


## 60) 브리이언 트레이시

성공한 사람은 더욱 더 성공하는 경향이 있다.

항상 성공을 생각하기 때문이다.


## 61) 에디 캔터

'자고 일어나니 거둔 성공'을 이루는 데는

20년의 시간이 걸리는 법이다.

# 3. 추천 도서

1. 《성공을 만드는 실패의 과학》 / 매슈 사이드 / 에이지21

2. 《당신은 다른 사람의 성공에 기여한 적이 있는가?》 / 이소영 / 퍼블리온

3. 《리더란 무엇인가》 / 한근태 / 샘터

4. 《의도의 힘》 / 웨인 다이어 / 빌리버튼

5. 《인성이 실력이다》 / 조벽 / 해냄출판사

6. 《노잉》 / 안도 미후유 / 오월구일

7. 《메타필링》 / 송오현 / 한국경제신문

8. 《밥 프록터 부의 확신》 / 밥 프록터 / 비즈니스북스

9. 《히든 포텐셜》 / 애덤 그랜트 / 한국경제신문

10. 《워런 버핏 삶의 원칙》 / 구와바라 데루야 / 필름

11. 《성공하는 학원의 절대 원칙》 / 이희수 / 새로운 제안

12. 《1인 학원 성공 경영 부스터》 / 유경숙 외 / 더메이커

13. 《피드백》 / 김경민 외 / 가인지북스

14. 《생각하라 그리고 부자가 되어라》 / 나폴레온 힐 / 넥스웍

15. 《10배의 원칙》 / 그랜트 카돈 / 부키

16. 《큇》 / 애니 듀크 / 세종서적

17. 《인간의 품격》 / 데이비드 브룩스 / 부키

18. 《사업의 철학》 / 마이클 거버 / 라이팅하우스

19. 《성공은 당신 것》 / 데이비드 호킨스 / 판미동

# 9장

# 꿈, 희망

# 1. 들어가며

꿈이란 무엇인가? 국어사전을 찾아본다.

먼저, 잠자는 동안 일어나는 심리적 현상의 연속이다.

둘째, 실현시키고 싶은 희망이나 이상(理想)이다.

셋째, 실현될 가능성이 아주 적거나 전혀 없는 허무한 기대나 생각(몽상)을 말한다.

'꿈'은 고유명사의 성격을 가지고 있다. 구체적이고 현실적인 꿈(가수, 요리사, 축구선수, 국회의원 등)은 도달하고자 하는 지향점이 있기 때문이다.

희망은 추상명사다. 존재하는 실체가 없다. 희망은 과정이다. 꿈에 이르는 과정이다. 꿈이 크고 선명해질수록 희망은 더 밝고 강렬해진다. 희망은 꿈을 성취하게 하는 에너지이다. 이 에너지가 고갈되지 않도록 수시로 점검하고 보살피고 충전해야 한다.

일찍 그리고 성급하게 꿈을 정할 필요가 있을까? 자신의 진정한 재능을 알고, 가슴속에 항상 살아 있는 그 열정을 감지하고, 자신의 주위(이웃, 지역, 국가, 인류)에 무엇이 필요한지도 알고 꿈을 정해도 늦지 않다. 아니, 필생의 꿈은 이렇게 정해야 한다. 그 후에 그 꿈을 성취하고자 한결같이 달려가는 것이다.

너무나 당연한 이야기이지만 꿈은 올바르고 정당한 것이어야 한다. 현실은 그렇지 못한 경우도 적지 않다. SNS를 통한 불법 스포츠 토토에 빠져 있는 중고생 중에 꿈이 '토사장(불법 스포츠 토토 운영자)'이라는 학생들도 있다. 돈을 많이, 쉽게 벌 수 있기 때문이라고 한다. 부자가 될 수 있다면 지옥이라도, 감옥이라도 가겠다는 건가? 이런 발상은 영적 무지의 극치를 보여 준다. 위험하기 짝이 없는 생각이다.

꿈은 거룩해야 한다. 아름다워야 한다. 밝고 따뜻해야 한다. 꿈이 이루고자 하는 목표, 과정, 결과 모두가 건강해야 한다. 그 꿈이 크든 작든 간에. 더러운 꿈은 꿈이 아니다. 부질없는 욕망에 지나지 않는다.

그러면 나의 꿈과 희망을 발견하는 방법이 있는가? 정답은 없지만 이걸 고려해야 한다. 나는 무엇에 흥미를 느끼는가, 언제 즐거운가, 내가 존경하는 사람은 누구이며, 그 이유는 무엇인가? 전부터 계속해보고 싶은 일이 있는가? 사람들로부터 어디에 재능이 있다고 칭찬 듣는가? 어떤 일을 한 후 크게 가슴 뿌듯한 적은 있었는가?

꿈은 절대 불변하는 게 아니다. 도중에 얼마든지 바뀔 수 있다. 인식과 그 한계를 가진 사람이기에 자연스러운 일이다. 심사숙고 후 '아니다' 싶으면 바꿔야 한다. 잘못된 방향으로 계속 걸어가야 하는가? 한 입 먹었다고 변질되고 상한 음식을 계속 먹어야 하는가? 사람도 기업도 방향을 전환하여 더 큰 성취를 이룬 사례는 너무나 많다.


## | 꿈과 희망이 있으면 좋은 점 |

꿈과 희망을 향한 열정은 목표를 제공하고 동기를 부여한다. 꿈이 주는 목표는 삶의 나침반 역할을 한다. 꿈과 희망은 삶의 의미를 발견하게 해준다. 사회 속에서의 꿈과 희망이기에 세상과 튼튼하게 연결시켜 준다. 이걸 달성하기 위해 노력하는 과정에서 자기 자신이 성장한다. 이웃과 사회에 공헌한다. 이 외에도 아주 많다. 크고 가치 있으며 대담한 꿈을 혼을 던져 성취한 사례는 우리들 마음에 잊혀지지 않는 감동을 준다.


## | 삶이 다하는 그 날까지 꿈이 있어야 한다! |

"노인은 추억에 살고 청년은 미래에 산다."는 말이 있다. 그런 것 같다. 더 정확하게는 노인이든 청년이든 그 누구는 모두가 꿈과 희망으로 살아간다. 이 둘은 삶을 만들어 가는 강력한 동기가 된다. 한결같은 추진력이다. 꿈이 있다는 건 해야 할 일이 있다는 것이다. 더 이상 꿈이 없는 노인은 죽음만을 기다린다. 더 이상 꿈이 없는 청년은 이미 늙어 버려 더 이상 청년이 아니다.

지자체 공무원으로 있다 정년퇴직한 A는 요즘 무료해서 미치겠다고 말한다. 하는 일이라곤 아침에 운동하고, 공인중개사 친구 사무실에 모여 술 내기 화투판 후 한잔하고 귀가하는 게 하루 일과다. 이런 일상에서 벗어나고자 지금 아르바이트 찾아 여기저기 수소문하고 다니는 중이다.

그는 평생 취미인 독서나 글쓰기, 이런 건 아예 없다. 사회봉사와도 거리가 멀다. '친절한 김 군' 같은 이웃 돕기에도 관심이 없다. 그는 은퇴하는 그 순간까지 그리고 지금도 자기 이익만을 위해 살아온 사람이다. 조그마한 이익에 갇혀 있는 소인배다. 이런 사람들, 세상에 너무너무 많다. 그는 평생 승진과 월급 인상을 목표로 살아온 필부다.

그때 그 할머니는 "지읍어서(지루해서) 못 살겠어. 빨리 죽었으면 좋겠어."라고 말했다.

가슴 뛰는 꿈과 희망을 소유해야 한다. 조그마해도 좋다. 노인이 되어도 할 수 있는 만큼의 꿈과 희망을 가지고 이웃을 위해 실천하면 된다. 돈이 없어도 꿈과 희망은 있어야 한다. 언제나, 어디서나, 어떤 상황에서도 꿈과 희망을 가지고 살다가 자연스럽게 삶을 마감해야 한다. 꿈을 이루지 못할 때도 있다. 그러나 그 과정에서 얻는 자기효능감과 추억과 자기 긍정은 충분히 가치 있다. 뒤돌아보면 자기 자신에게 손뼉 치고, 흐뭇하게 웃어줄 수 있는 것이다.

여러분은 무슨 꿈과 희망을 가지고 있는가? 이 둘을 이루기 위해 어떻게 살고 있는가? 꿈과 희망이 없다고? 지금부터 꿈과 희망을 만들면 된다.

어렵지 않다. 가슴에서, 머리에서 일어나는 에너지가 어디로 향하고 있는가?

그것이 여러분이 꿈과 희망일 가능성이 매우 높다. 고요히 혼자 앉아 차 한잔하면서 자신의 꿈과 희망을 찾아보자. 없다면 만들어 내자. 그 꿈과 희망으로 언제나 청년으로 살자.

## 2. '꿈, 희망' 관련 명언

### 1) 심상우

결정 난 것에는 감사하고, 결정되지 않은 것에는 최상의 것을 기대하라.

### 2) 조지 버나드 쇼

희망을 가져본 적이 없는 자는 절망할 자격도 없다.

### 3) 벤저민 프랭클린

어떤 사람들은 25세에 이미 죽어버리는데, 장례식은 75세에 치른다.

### 4) 시몬 페레스

희망 없는 상황은 없다. 희망 없는 사람만 있을 뿐이다.

### 5) 빅터 프랭클《죽음의 수용소에서》중에서)

왜 살아야 하는지를 아는 사람은 그 어떤 상황에서도 견뎌낼 수 있다.

### 6) 롱펠로

평범한 사람의 가장 큰 비극은
자신의 노래를 다 불러보지도 못하고 죽는다는 것이다.

### 7) 칭기즈칸

한 사람의 꿈은 꿈으로 남지만, 만인의 꿈은 현실이 된다.

### 8) 괴테

무언가 큰일을 성취하려고 한다면,

나이를 먹어도 청년이 되지 않으면 안 된다.

## 9) 찰스 슐츠

오늘 세상이 끝날 것처럼 걱정하지 말라.
지구 어딘가는 이미 내일이 시작되었으니까.
인생이란, 매일 잠자리에 들며
내일은 분명 좋은 하루가 시작되길 바라는 것이다.

## 10) 베네딕트 스피노자

내일 지구가 멸망할지라도 나는 여전히 사과나무를 심겠다.

## 11) J. 베리모어

꿈 대신 후회가 자리를 차지하는 순간 인간은 늙기 시작한다.

## 12) 존 업다이크

꿈은 반드시 실현된다.
꿈이 실현될 가능성이 없다면 우리의 본성이
우리에게 꿈을 가지라고 부추기지도 않았을 것이다.

## 13) 조셉 텔루슈킨

내일의 당신이 오늘의 당신보다 나은 사람이 되지 못한다면
당신에게 내일이 있을 필요가 어디 있겠는가?

## 14) 허버트

희망은 가난한 자의 빵이다.

## 15) 루쉰

희망이란, 본래 있다고도 할 수 없고, 없다고도 할 수 없다.

그것은 땅 위의 길과 같다. 본래 땅 위에는 길이 없었다.
걸어가는 사람이 많아지면 그것이 곧 길이 되는 것이다.

## 16) 하버드대학교 도서관 명문
지금 잠을 자면 꿈을 꾸지만, 지금 공부하면 꿈을 이룬다.

## 17) 세르반테스
생명이 있는 한 희망은 있다.

## 18) 앙드레 지드
오랫동안 꿈을 그리는 사람은 마침내 그 꿈을 닮아간다.

## 19) 프랑스 격언
젊은이는 희망에 살고, 노인은 추억에 산다.

## 20) 오그 만디노
꿈이 크고 선명하면 현실의 어려움은 아무 문제가 되지 않는다.

## 21) 페기 보거스
이 세상에서 가장 가난한 사람은
현재 돈이 없는 사람이 아니라 '더 이상 꿈이 없는 사람'이다.

## 22) 메난드로스
모든 역경은 희망에 의해서 극복된다.

## 23) 보브나르그
인내는 희망을 갖기 위한 기술이다.

## 24) 청남

희망에 사는 사람은 항상 젊다.

## 25) 차동엽

희망은 공짜다. 절망은 만들어진 속임수다.
그래서? 그게 어쨌는데?
하늘은 스스로 돕는 자를 돕는다고 했지 않는가.

## 26) J. R. R. 톨킨

하나의 꿈이 천 개의 현실보다 더 강력하다.

## 27) 조지 와인버그

희망은 결코 당신을 버리지 않는다.
당신이 희망을 버릴 뿐이다.

## 28) 푸시킨

삶이 그대를 속일지라도 슬퍼하거나 노하지 말라.
슬픈 날에 참고 견디라. 즐거운 날은 오고야 말리니
바라느니 현재는 한없이 우울한 것
모든 건 하염없이 사라지나니 버리고 그리움이 되리니.

## 29) 괴테

희망은 불행한 사람의 제2의 영혼이다.

## 30) 그레그 S. 레이드

꿈을 날짜와 함께 적어 놓으면 목표가 되고,
목표를 잘게 나누면 계획이 되며,
그 계획을 실행에 옮기면 꿈이 실현된다.

## 31) 토마스 J. 빌로드

꿈을 꿀 수 있다면 행동할 수 있고,

행동할 수 있다면 원하는 대로 될 수 있다.

## 32) 빅토르 위고

미래를 창조하는 데는 꿈만 한 것이 없다.

오늘의 유토피아가 내일의 실체가 된다.

## 33) 윈스턴 처칠

비관론자는 어떤 기회가 와도 역경만을 보고,

낙관론자는 어떤 난관이 와도 기회를 본다.

## 34) 나폴레온 힐

우리는 마음속에 품은 꿈의 크기만큼 성장한다.

## 35) 어니스트 헤밍웨이

태양은 결코 이 세상을 어둠이 지배하도록 놔두지 않는다.

태양은 밝음을 주고 생명을 주고 따스함을 준다.

태양이 있는 한 절망하지 않아도 된다. 희망이 곧 태양이다.

## 36) 가브리엘 가르시아 마르케스

늙어서 꿈을 저버리는 것이 아니다.

꿈을 저버리기 때문에 늙는 것이다.

## 37) 랄프 왈도 에머슨

당신이 무언가를 간절히 소망하고 원하면

온 우주가 그 일이 일어나도록 도와준다.

## 38) 마크 빅터 한센

원하는 사람이 되기 위한 첫걸음은
꿈과 목표를 종이에 기록하는 것이다.

## 39) 잭슨 브라운

어떤 사람의 희망을 빼앗지 말라.
그는 희망 말고는 가진 게 없는지 모른다.

## 40) 헬렌 켈러

희망은 보이지 않는 것을 보고, 만질 수 없는 것을 느끼며,
불가능한 것을 성취한다.

## 41) 로버트 기요사키

부자 아빠는 이렇게 말했다.
"위대한 사람들은 위대한 꿈을 가지고 있고,
평범한 사람은 평범한 꿈을 가지고 있지.
만일 네 자신을 변화시키고 싶다면
꿈의 크기를 바꾸는 일부터 시작하거라."

## 42) 폴 J. 마이어

생생하게 상상하라.
간절하게 소망하라.
진정으로 믿으라. 그리고 열정적으로 실천하라.
그리하면 무엇이든지 반드시 이루어질 것이다.
모든 것을 실현하고 달성하는 열쇠는 목표 설정이다.
내 성공의 75%는 목표 설정에서 비롯되었다.
목표를 명확하게 설정하면 그 목표는 신비한 힘을 발휘한다.

## 43) 나짐 히크메트

가장 훌륭한 시는 아직 쓰이지 않았다.

가장 아름다운 노래는 아직 불리지 않았다.

최고의 날들은 아직 살지 않은 날들이며,

가장 넓은 바다는 아직 항해 되지 않았고,

가장 먼 여행은 아직 끝나지 않았다.

불멸의 춤은 아직 추어지지 않았으며

가장 빛나는 별은 아직 발견되지 않은 별.


## 44) 페이스북의 '어떤 하루' 중에서

'코이'라는 잉어는 어항에서 키우면 6cm까지 자라지만

연못에 넣어두면 30cm까지 자라며

강물에 풀어주면 100cm까지 자란다고 합니다.

당신은 지금 어항에 있나요?

당신은 지금 연못에 있나요?

당신은 지금 강물에 있나요?

당신의 꿈을 가두지 마세요.

꿈을 크게 가진 만큼 당신 또한 자라납니다.


## 45) 빅토르 위고

램프를 만들어 낸 것은 어둠이었고,

나침반을 만들어 낸 것은 안개였고,

탐험하게 만든 것은 배고픔이었다.

그리고 일의 진정한 가치를 깨닫기 위해서는

의기소침한 나날들이 필요했다.


## 46) 고도원

그렇습니다.

희망은 처음부터 있었던 것이 아닙니다.

아무것도 없는 곳에서도 생겨나는 것이 희망입니다.

희망은 희망을 갖는 사람에게만 존재합니다.

희망이 있다고 믿는 사람에게는 희망이 있고

희망 같은 건 없다고 생각하는 사람에게는 실제로도 희망은 없습니다.

### 47) 헨리 데이비드 소로

인생은 스스로 찾아내는 것이다. 가슴을 두드리는 삶을 살아라.

### 48) 하비 맥케이

꿈은 단지 꿈일 뿐이다. 목표란 계획과 마감 시한을 가진 꿈이다.

### 49) 조너선 스위프트

꿈을 꾸는 젊은이에게

가장 먼저 불을 지피는 성공의 첫 번째 요소는

'위대한 꿈을 꾸는 것'이라고 들었다.

비전이란 보이지 않는 것을 보는 기술이다.

### 50) 빅토르 위고

작은 꿈은 꾸지도 말라. 그것은 인간의 영혼을 움직이지 못한다.

# 3. 추천 도서

1. 《꿈꾸는 다락방 1·2》 / 이지성 / 차이정원

2. 《가장 절망적일 때 가장 큰 희망이 온다》 / 잭 캔필드 / 이레

3. 《꿈이 있는 한 나이는 없다》 / 조미하 / 삶과지식

4. 《언제까지나, 꿈이 있는 아내는 늙지 않는다》 / 김미경 / 어웨이크

5. 《그 꿈이 있어 여기까지 왔다》 / 이재명 / 아시아

6. 《누구나 처음엔 걷지도 못했다》 / 고영성 / 스마트북스

7. 《압축 소멸 사회》 / 이관후 / 한겨레출판사

8. 《꿈이 나를 뛰게 한다》 / 민학수 / 민음인

9. 《희망찬 회의론자》 / 자밀 자키 / 푸른숲

10. 《이렇게 살아가도 괜찮은가》 / 피터 싱어 / 시대의창

11. 《10대를 위한 세계 분쟁지역 이야기》 / 프란체스카 만노키 / 롤러코스트

12. 《아주 가까이 죽음을 마주했을 때》 / 엘리자베스 퀴블로 로스 / 샘솟는기쁨

13. 《긍정 효과》 / 댄 토마술로 / 힘찬북스

14. 《세계 생태마을 네트워크》 / 코샤 쥬베르트 외 / 열매하나

15. 《희망, 그 빛깔 있는 삶의 몸부림》 / 고진하 외 / 삶과지식

16. 《축복》 / 장영희 / 비채

17. 《꿈, 일, 그리고 삶, 멘토를 만나라》 / 김원배 외 / 행복에너지

# 시간

# 1. 들어가며

## | 유한한 시간의 중요성 |

모든 사람은 시간 속에서 살고 있다. 시간의 법칙을 거스를 수 없다.

누구나 시간의 지배를 받는다. 태어난 때부터 세상 떠나기까지가 그 사람이 지구별에서 사용한 시간이다. 그의 인생이다. 호적 등본에 생몰 연월일이 기록으로 남는다. 이처럼 각자에게 주어진 시간은 한정되어 있다. 그 누구도 자신에게 주어진 시간이 얼마나 남아 있는지 알 수 없다. 한 번 죽는 것은 정해진 이치이고, 죽음은 지상에서의 그 모든 시간과의 결별이다. 우주 시간은 영원하지만, 사람의 시간은 유한하다. 지구도 영원하지 않다. 지구는 물질이기에 언젠가는 사라진다. 인생에서 시간은 생명과 같다. 이러하기에 시간 낭비는 곧 생명 낭비다. 시간은 더없이 중요하다. 왜냐? 지구에서의 짧은 인생 시간이 사후에 영원을 천국, 지옥 중 어디서 보낼 것인가가 결정되기 때문이다.

## | 세상에서 가장 중요한 지원, 시간 |

세상에는 많고 많은 자원이 있지만, 시간만큼 중요한 자원은 없다. 가장 소중한 자원이다. 대체 불가능한 자원이다. 시간이 없으면 아무것도 할 수 없다. 그 어떤 일을 하든 시간이 있어야 가능하다. 첫째 조건이요, 절대 조건이다. 모든 일은 시간 속에서 일어나고, 모든 일은 시간을 소비한다.

시간 소요란 일의 시작(행동)과 일의 마무리(반응) 사이의 거리이다. 목표를 달성하는 지식근로자와 그렇지 않은 사람은 시간 사용에서 확연하게 다르다. 각 개인마다 매겨진 시간 값은 다르다. 노숙자의 시간과 글로벌 CEO의 시간 값이 같은가?

240

각기 다른 장소에서 동시에 상대방을 만날 수 없다. 도착 시간에 늦으면 기차를 놓친다. 어두운 밤이 오면 농부는 하던 일을 멈추고 내일을 기약해야 한다. 축구 경기, 연장전이 지나 추가 시간이 다하면(점수 차가 있는 경우) 경기는 종료된다. 어제 죽은 그녀는 지상에서 사용할 수 있는 시간을 다 써버렸다. 이혼한 부부는 지나간 결혼 상태로 시간을 되돌릴 수 없다. 어제 죽은 그 사람은 오늘을 살 수 없다.

> "모든 일에는 시간이 필요하다.
> 시간이야말로 단 하나의 참다운 보편적인 조건이다."
>
> – 피터 드러커

한때 '청년'이었던 적이 없는 할아버지가 있는가? 한 때 '아가씨'였던 적이 없는 할머니가 있는가? 돌아다 보니 청춘은 순간에 지나갔고, 그는 지금 노인이 되어 세상을 걸어가고 있다. 시간 속에서 전나무처럼 튼튼했던 몸은 쇠약해지고, 운명은 어긋났고, 기억이 퇴색되고 있다.

누구에게나 하루는 24시간(1,440분, 86,400초)이다. 자고 나면 매일 하루라는 시각이 지갑에 촘촘히 들어 있다. 우리는 날마다 이 시간을 사용한다. 누구는 가치 있고 충실하게, 또 누구는 헛되고 부질없이 낭비해버린다. 나는 어느 쪽일까? 나는 어제를 어떻게 보내었는가? 오늘은 무엇에 시간을 사용하고 있는가? 많은 날은 왜 가는가?

## |지금, 여기에서!|

사람이 쓸 수 있는 시간은 오직 하나, '지금(只今)'뿐이다. 과거와 미래의 경계가 되는 바로 이 시간, 즉 '지금'뿐이다. 현재요, 시방이다. 옛날에 대하여 현재를 포함한 오늘날, 즉 '지금'뿐이다. 우리가 느끼고, 만지고, 생각하고, 선택하고, 판단하고, 행동할 수 있는 시간은 '지금'뿐이다. 시간 중에서 가장 가치 있고 소중한 것은 지나가 버린 과거도 아니고, 아직 오지 않은 미래도 아니고, '지금'이다. 바로 '지금'이다. 세상에서 가장 귀한 것은 '지금'이고, 가장 잃기 쉬운 것도 '지금'이다.

이미 저 멀리 가버린 과거, 지금 현재, 아직 오지 않은 미래. 이 세 가지 중에서 최고 최선의 시간은 소금도, 황금도 아닌 바로 '지금'이다. 바로 '지금'이지, 다른 시절은 없다. 지금 이 순간을 잡지 못하면, 지금 이 순간을 살지 않으면 내일도 없다. '지금'을 잘 살아야 인생이 행복해진다. '지금'을 잘 살아야 인생이 거룩해진다.

**"과거와 미래는 존재하는 것이 아니라, 존재했던 것이다.**
**지금 존재하는 것은 현재뿐이다."**

– 크류시포스

시간 사용 방법은 조금씩 다르다. 피터 드러커의 시간과 알코올 중독자의 시간 사용은 다르다. 장기려의 시간과 그 사기꾼의 시간은 천양지차로 가치가 다르다. 사명자의 시간과 자잘한 일상에 매여 평생을 살아가는 필부의 시간은 다르다.

석진(가명)이는 61세이고, 매일 술로 하루를 보낸다. "세상은 넓고 할 일은 없고, 그래서 나는 술을 마신다."고 말하면서 자신을 변호한다. 2차, 3차, 4차 등 차수를 바꾸어 가며 마시는 술자리에서 낮이 가고 밤이 온다. 거의 날마다 명정하게 취해 귀가한다. 그는 상대에게 술을 따르는 일 외엔 그 어떤 일도 하지 않고, 누구를 돕지도 않는다. 부질없는 인생을 만들고, 날마다 그렇게 마냥 시간을, 생명을 낭비하고 있다.

병태(가명)는 65세이고 혼자 산다. 방에서 거의 나오지 않는다. TV를 하루 종일 켜놓고 막걸리를 마시다 졸리면 잠을 잔다. 그의 별명은 '막걸리 오빠'다. 잠이 깨면 다시 막걸리를 마시면서 담배에 불을 붙인다. 1년 가도 목욕을 한 번도 하지 않아 가까이 가면 악취가 풀풀 날린다. 술로 위장이 위축되어 밥을 거의 먹지 못한다. 최근에는 건강 악화로 자전거를 못 타 막걸리와 담배를 사러 가지 못해, 심부름시켜 배달받는다.

병태는 생일이 1년에 12번, 아니 13번이다. 매달 20일은 병태의 생일날이다. 기초생활 보장 수급자로 이날 생계급여 76만 원(2025년 현재)이 입금된다. 이 돈으로 한 달 동안 술 마시고 담배를 산다. 오직 술 마시고 담배 피우는 일 외에는 아무것도 하지 않는다. 마당엔 풀이 밀림을 이루고 있지만 그대로 두고 있다. 무기력의 극치를 보여 준다. 무위도식 무대에서 적수를 찾기 힘든 초절정고수다.

이 둘은 알코올 중독자다. 악령에 사로잡혀 살아가고, 언젠가 악령에 먹혀 버릴 것이다. 악령은 이 둘에게 술을 보내었고, 그들은 술에 굴복당했다. 이들은 이런 영계의 질서를 전혀 모르고 있다. 아마 죽을 때까지 알 수 없을 것 같다. 알코올 중독자는 이 땅 어디에나 즐비하고, 그들은 오늘도 죽어가고 있다.

마약, 도박, 알코올, 게임, 스마트폰 중독 등 모든 중독의 배후에는 악령이 있다는 걸 사람들이 모르고 있는 것 같다. 오히려 이런 말을 어처구니없다고 생각한다. 영계의 질서를 모르기 때문이다. 악령(사탄과 마귀)은 졸지도, 지치지도, 쉬지도 않고 삼킬 자를 찾아 맹렬하게 쏘다니고 있다. 마치 굶주린 사자가 먹이를 찾아 헤매듯이……

지금은 초여름, 계절이 모여 인생이 된다. 이 초여름을 그는, 그녀는 앞으로 몇 번이나 더 향수할 수 있을까? 지나간 시간을 불러올 수 없다. 그때로 되돌아가서 다시 살 수도 없다. 사용할 수 있는 시간은 지금뿐이다. 현재는 쏜살같이 지나가고, 과거는 기억으로만 존재한다. 내일은 아직 무엇을 할지 알 수도 없고 손에 잡히지도 않는다. 미래는 문득 다가와 순식간에 흘러가 버릴 것이다. 윤회는 없다. 인생은 오직 한 번뿐이다. 122년(세계 기네스북 최고령 나이)을 살아도 영원한 우주 시간 속에서는 순간조차, 찰나조차 되지 않는다.

순간(瞬間) : 눈 깜짝할 사이의 매우 짧은 동안. 눈을 한 번 감았다 뜨는 시간
찰나(刹那) : 어떤 일이나 현상이 이루어지는 바로 그때. 마주 오던 두 사람의 옷
이 부딪혀 스쳐 지나는 그 짧은 시간

내가 사용하고 있는 시간은 내 것인가, 우주의 것인가? 우주의 것이다.

나는 우주의 한 부분이며 구성원이다. 우주와 긴밀하게 영향을 주고 받는다. 우주를 초월하여 독립적으로 존재할 수 없다. 시간을 소중하게 다루어 충실하게 적재적소에 흘려보내야 한다.

식사는 왜 하는가? 맛있는 걸 먹어 행복을 누리기 위해선가? 이런 면도 있지만, 표면적인 이유다. 궁극적으로는 자신에게 주어진 '사명'을 수행하기 위해서다. 육식이든 채식이든 그 생명을 죽여 그 생명 값을 섭취하는 식사이기에 식사는 더없이 장엄하다. 시간도 그렇다. 우주가 우리에게 시간을 준 것은 사명을 실천하라고 독려하고 있는 것이다. 시간을 낭비해버린 사람은 세상 떠난 후 혹독한 벌을 면치 못하게 될 것이다. 그러면 당신은 당신에게 주어진 사명을 알고 있는가?

오늘 하루를 어떻게 사용했는가? 기상 후 취침 전까지 무엇에 얼마의 시간을 활용했는지 기록해보면 바로 알 수 있다. 나는 매일 시간을 효과적으로 그리고 충실하게 보내고 있는가? 당신의 시간은 고가인가, 싸구려인가? 내 시간이 비싸다고 생각하면 가치 없는 일에 시간을 사용하지 않는다. 할인 몇 푼 받으려고 몇 시간 넘게 줄을 서 있는가? 돈을 주고(다른 사람을 고용하여 일을 위임해 주어) 시간을 사는가? 아니면 직접 오래도록 시간을 사용하여 그 일을 하는가?

**| 스마트폰, 최고의 시간 도둑! |**

"한 아동이 TV 앞에서 보내는 시간이
대학을 졸업할 때까지 학교 교실에서 공부하는 시간보다 더 길다."

− 이상희

"과학 기술이 인간 사이의 소통을 뛰어넘을 그 날이 두렵다.
세상은 천치들의 시대가 될 것이다."

− 알베르트 아인슈타인

지금은 스마트폰 시대다. 스마트폰 보는 데 지나치게 많은 시간을 사용하고 있다. 최소 하루 3시간 이상이다. 스마트폰 중독, 게임 중독, 스마트폰 도박 중독자가 속출하고 있다. 초연결 시대, 사람들은 도무지 심심할 틈이 없다. 아니, 심심하면 미쳐 버릴 것이다. 스마트폰과 라면만 있으면 무인도에서 얼마든지 혼자 잘 살 수 있다고 말하는 청년들도 있다. 스마트폰 과사용으로 세상은 생각하지 않는 사람들로 가득하다. 집중력을 도둑맞은 지는 오래다. 디지털 치매 환자가 넘쳐나고 있다. 스마트폰에 사람들의 영혼이 먹혀 버린 듯한 모양새다. 아이 키드, 디지털 세상이 아이를 아프게 한다. 과잉 연결시대, 스마트폰이 갈수록 개개인의 시간을 점점 더 많이 잡아먹는다. 마치 스마트폰에 점령당한 것 같은 모양새다. 스마트폰은 반드시 필요하다. 하지만 통제할 수 있어야 요긴하게 그리고 가치 있게 사용할 수 있다. 그런데 이게 안 된다. 중독으로 가고 있다. 왜 이렇게 스마트폰에 빠져들고 있는가? 해결 방법은 없는가?

스마트폰 뒤에는 여러분이 모르는 존재인 그가 있고, 스마트폰을 틈만 나면, 아니 틈을 만들어 미친 듯이 사용하라고 부추기고 있다. 자녀와 불화(不和)하는 가장 확실하고 빠른 방법은 자녀의 스마트폰을 압수하는 것이다. 그러면 가정에서 바로 사건·사고가 일어나곤 한다. 지하철, 기차, 버스 등 대중교통 수단의 승객들은 스마트폰에 심취해 있다. 책 읽는 사람 만나기가 너무나 어렵다. 심지어 연인끼리 만나도 각자 스마트폰에 열중해 있는 경우도 너무 많다. 그 스마트폰 안에 무슨 내용이 있기에?

## |효과적인 시간 활용 방법 한 가지|

그건 계획을 세워 시간을 사용하는 것이다. 누구나 아는 것이지만 이렇게 하는 사람보다 그렇지 못한 사람이 훨씬 더 많다. 그 누구의 말처럼 "계획 없는 하루는 잃어버린 하루다." 계획이란 자기 자신과의 약속이며, 결단이다. 타인과의 약속도 중요하지만, 자신과의 약속이 더욱 소중하다. 우리는 모두 자기 자신의 삶을 살아가야 하기 때문이다.

이때 계획에는 일간 계획, 주간 계획, 연간 계획, 인생 계획(단기, 중기, 장기 계획)이 있다. 임시 업무 계획도 있다. 그 방법은 자신에게 편리한 대로 하면 된다. 장기 계획에서 핵심은 사명의 실천이다. 서툴고 허술하지만 필자가 세우는 일간 계획과 주간 계획을 공개한다. 구체적일수록 쉽게 적용할 수 있기에. 참고가 될 수 있을까?

'일간 계획'은 이렇게 수립한다. 500페이지 이상의 대학노트에 기록한다. A는 하루 중 가장 중요한 계획이며 반드시 실천해야 할 계획이다. 많아도 2, 3가지를 넘기지 않는다. 그 외 일간 계획은 오전, 오후, 밤으로 나누며, 70% 이상 실천하면 성공적이라고 평가한다. 나이 들어가면서 조금 유연해진 것 같다. 하루 계획이 무엇인지 꼭 기억해 두어야 잊지 않고 실행할 수 있다.

지나치게 많은 계획 꼭지 수를 가지지 않는다. 실천할 수 있을 만큼만 계획에 넣는다. 욕심이 앞서 많은 계획과 적은 실행이 반복되면 자기 효능감이 약해지고 계획의 권위가 흔들린다. 오늘 실천하지 못한 계획은 내일 계획에 반영한다. 뭐 별로 새로운 게 없네.

246

**"나는 내년에 많은 일을 할 것이다. 그러나 오늘은 무엇을 했던가?"**

– 버크 헤지스

'주간 계획'은 중요하다. 일주일간 해야 할 일들의 우선순위를 명쾌하게 제시하기 때문이다. 즉 그 주에 어디로 가야 할지 방향을 일러준다. 무엇을 해야 하고, 무엇을 하지 않아야 하는지를 알려준다. 시간, 자원, 노력 투자의 방향과 수량을 알려준다. 1년은 52주이고, 매주 주간 계획을 충실하게 실행하면 그 해를 성공적으로 보낸 것이다.

주간 계획은 A4 용지를 가로로 길게 하여 기록 후 '주간 계획 설치판'에 압핀으로 고정한다. 눈에 잘 띄는 곳에 설치, 수시로 확인할 수 있어야 한다. 많아야 7~10가지를 넘지 않아야 하며, 매주 토요일 밤에 수립한다. 주간 계획 기간은 일요일부터 토요일까지다. 주간 계획 역시 일간 계획처럼 머리로 항상 기억해야 한다. 드나들면서 수시로 읽어 알고 있어야 한다.

## |일간 계획 예시 |

### 2025년 6월 3일 / 화

A     1. 투표(대통령 선거) : 오전 / 20분 소요

         2. 텃밭에 농약하기(진딧물 약) : 오후 / 50분 소요

오전   1. 독서 완성(읽고 있는 책 / 70분)

       2. 투표 : A1

       3. 약속 : 카페 글로리아 / 80분

       4. 통화 : 3곳(정석#, 김민$, 정기*)

오후   1. 독서 시작 : 《굿라이프》 / 50분

       2. 운동 : 60분(자전거 타기 30분, 유연 체조와 웨이트 트레이닝 30분)

       3. 채소 확보 및 나눔 : 3곳(김성~, 천종&, 김병^)

       4. 텃밭에 농약하기 : A2

       5. 시간이 나면 : 산책, 그 외

밤    1. 집필 : 60~120분

       2. QT : 20분

       3. 오늘 하루 점검 및 반성 : 15분

       4. 오늘 실행 점검 및 내일 계획 수립 : 35분

## |주간 계획 예시 |

① 일요일 : 생활 점검 및 혁신 방안 찾기

② 월요일 : 병원 동행(전일#)

③ 화요일 : 기부금 송금(라이프오브더칠드런), 기부금 송금 문자 발송

④ 수요일 : 대신대학교 강연(독서에 대해)

⑤ 목요일 : 점심 식사 교제(김하&, 권오*, 신현$)

⑥ 금요일 : '틈새 운동' 방법 알려주기(김성~ / 유연 체조, 체중부하 운동)

⑦ 토요일 : 산책하기(90~120분) / 주간 계획 수립


## | 효과적인 시간 관리의 비밀 : 시간을 더 효율적으로 활용하는 9가지 방법 |

① 시간 분석과 우선순위 설정

② 일일 계획 / 주간 계획 수립

③ 디지털 도구 활용

④ 집중과 휴식 균형

⑤ 우선순위에 따른 업무 분배

⑥ 타임 블록 기술의 활용

⑦ 효과적인 회의 관리

⑧ 스트레스 관리와 휴가 활용

⑨ 지속적인 개선과 피드백

– 슈퍼 매버릭 / 네이버 / 2024. 1. 20

여러 시간 관리의 방법, 인터넷 페이스북 등에 많으니 참고 바람.


## | 시간을 창조할 수 있는가? |

그렇다. 시간 낭비를 하지 않는 것이 시간을 창조하는 결과를 낳는다.

효과적인 시간 활용 비법을 실천하는 것도 시간을 창조하는 한 방법이다.

같은 1시간이라도 스마트폰 보는 데, 고스톱 치는 데 사용하는 것과 운동하거나 독서하는 것은 시간의 품질이 하늘과 땅 차이다.

아침에 눈을 뜨자마자 꾸물거리지 않고 벌떡 일어나면 하루에 20~50분을 창

조한다. 가재도구를 잘 정리 정돈해두면 시간을 벌 수 있다. 찾는 데 시간을 낭비하지 않기 때문이다. 약속 장소에 가기 전에 만나는 도중 일어나고자 하는 시간에 스마트폰 알람을 맞추어 두어도 좋다. 필요한 물건을 기록해 두었다 한꺼번에 구입하는 것도 시간 절약의 한 방법이다. 시간이 오래 걸리는 일은 아르바이트 주는 것도 효과적이다. 돈으로 시간을 사는 방법이다. 이처럼 시간을 창조하는 방법은 많다. 우리는 시간을 창조할 수도 있고, 낭비할 수도 있다. 매일 1시간씩 시간을 창조한다면 1주일에 7시간, 1년이면 365시간, 즉 45일(하루 일하는 시간이 8시간이라 가정)에 해당하는 시간을 창조하는 것이다. 45일이면 책을 1권 출간할 수도 있고, 능숙하게 기타를 연주하는 기능을 배울 수도 있다. 여러 컴퓨터 기능을 마스터할 수도 있다. 이게 시간 창조의 힘이요 위력이다.

## | 고마운 시간, 최고로 활용하지! |

하루하루는 인생의 귀하고 귀한 자원이다. 하루가 모여 한 달이 되고, 한 달이 모여 계절이 되며, 계절이 더해져 1년이 된다. 1년, 1년 또 다시 1년⋯⋯.

이렇게 인생이 흘러간다. 어릴수록 시간이 무한하게 있는 것처럼 생각하는 경우가 많다. 이는 시간이 무엇인지 무지해서 그러하다.

자고 나면 주어지는 24시간, 날마다 맞이하는 하루하루는 '열어 보지 않은 선물'이다. 하루를 어떻게 만들어 갈 것인가? 오늘 나의 '자유 의지(Free Will)'는 무엇을 선택할 것인가? 언제, 어디서나, 누구에게나 지금 이 순간에서 최고 최선의 선택을 해야 한다. 지금, 이 순간, 오늘, 자신에게 주어진 사명을 실천하는 방법을 배우고 실행에 전력투구하자.

인생은 유한하지만, 우리에게는 사용할 수 있는 시간이 있다. 그리고 나의 자유 의지에 따라 활용할 수 있다. 더러 "시간이 없다.", "시간이 안 되어 그 일을 할 수 없다."고 말하는 이들이 있다. 누구에게나 시간은 있다. 시간이 없는 한 부류의 사람이 있는데, 그건 이미 죽은 사람뿐이다. 살아 있는 사람은 누구나 시간이 있다. 무엇을 할 수 있는 시간이 있다는 건 얼마나 큰 축복인가?

질문 하나 드린다. 당신의 시간을 최고로 활용하는 방법이 무엇인가? 그 전략 전술을 가지고 있는가? 그건 '내 이웃을 내 몸처럼 사랑하는 것이다.' 이보다 큰, 이보다 거룩한 격언도, 명언도 없다. 돈, 명예, 권력, 건강, 성취 등은 잠시 있다 세상 떠나면 모두 사라지지만, 영원한 우주 시간 속에서 영원히 남는 건 이웃 사랑의 실천뿐이다.

지금 내 이웃을 둘러 보자. 어떻게 살아가고 있나? 가까이 가서 손을 잡자. 어려움이 무엇인지 알고 돕자. 먼저 인사하자. 이웃의 말을 경청하자. 이웃에게 동기부여가 되자. 이웃에게 언제나 양보하고 손해 보자. 이웃에게 밥이 되고 호구가 되자. 이러면? 정말이지 엄청나게 남는 장사다. 특히 갚을 수 없는 이웃에게 자선을 베푸는 것은 천국에 복을 쌓아두는 것과 같다. 이후에 몇 곱절로 돌려받는다. 너무너무 많이 남는 장사 아닌가?! 양보하며 살자. 손해 보면서 살자!

## 2. '시간' 관련 명언

### 1) 하쿠나 마타타
내가 헛되이 보낸 오늘은 어제 죽은 이가 그토록 그리던 내일이다.

### 2) 조지 버나드 쇼(자신이 쓴 묘비명)
우물쭈물 살다가 내 끝내 이렇게 될 줄 알았지.

### 3) 레프 톨스토이
모든 전사 중 가장 강한 전사는 이 두 가지, 시간과 인내다.

### 4) 프리드리히 쉴러
시간의 걸음은 세 가지다.
미래는 머뭇거리며 오고,
현재는 화살처럼 날아가고, 과거는 영원히 정지해 있다.

### 5) 나폴레옹
오늘 나의 불행은 언젠가 내가 잘못 보낸 시간의 보복이다.

### 6) 피터 드러커
시간은 가장 희소한 자원이며
잘 다뤄지지 않는 한 그 밖의 어떤 것도 잘 다뤄질 수 없다.

### 7) 잭슨 브라운
시간이 충분치 않다고 말하지 말라.
당신은 매일 헬렌 켈러, 파스퇴르, 테레사 수녀, 레오나르도 다빈치,

토머스 제퍼슨, 아인슈타인과 같은 시간을 얻는다.

## 8) 조지 버나드 쇼

젊음은 젊은이에게 주기에 너무 아깝다.

## 9) 코리타 켄트

순간을 사랑하라.
그러면 순간의 에너지가 모든 경계를 넘어 퍼져나갈 것이다.

## 10) 앤서니 라빈스

보통 사람들은 1년에 할 수 있는 일을 과대평가하고,
10년에 할 수 있는 일을 과소평가한다.

## 11) 헤라클레이토스

같은 강물에 두 번 발을 담글 수 없다.
강물은 흐르고, 사람은 변하기 때문이다.

## 12) S. 존슨

무의미하고 짧은 인생은 시간 낭비에 의해 더욱 짧아진다.

## 13) 피터 드러커

계획이란 미래에 관한 현재의 결정이고
시간에 생명을 불어넣는 일이다.

## 14) 토머스 에디슨

변명 중에서도 가장 어리석고 못난 변명은
'시간이 없어서'라는 변명이다.

### 15) J. 하비스

승자는 시간을 관리하며 살고, 패자는 시간에 끌려 산다.

### 16) 록펠러

하루 종일 일하는 사람은 돈 벌 시간이 전혀 없다.

### 17) 오츠 슈이치

인생은 '앗!'하는 순간에 지나간다.

### 18) 허레이쇼 넬슨

내가 성공한 것은
무슨 일이든지 정각 15분 앞서서 시작한 덕이다.

### 19) 고(故) 박승현(2013년 23세로 사망한 프로게이머)

딱 서른 살까지만 살고 싶어요.

### 20) 레프 톨스토이

시간이란 없다. 있는 것은 일순간뿐이다.
그리고 그곳, 일순간에 우리의 전 생활이 있다.
그러므로 이 순간에 있어서 우리는 모든 힘을 발휘해야 한다.

### 21) 불케

시간을 죽이는 것은 천천히 자살하는 것과 같다.

### 22) 벤저민 프랭클린

당신이 인생을 사랑한다면 시간을 낭비하지 말라.
인생은 시간으로 만들어져 있으니까.

### 23) 고타마 싯다르타

반드시 깨어 있어야만 하는 유일한 시간은 바로 지금이다.

### 24) 켄트

삶은 순간들의 연속이다.
한 순간, 한 순간을 사는 것이 성공하는 것이다.

### 25) 영국 속담

시간을 이용할 줄 아는 사람은 하루를 사흘로 통용한다.

### 26) 헨리 워즈워스 롱펠로

청춘은 인생에 단 한 번밖에 오지 않는다.

### 27) 아일랜드 속담

인생은 인생이 무엇인가를 알기 전에 절반이 소비된다.

### 28) 키팅 선생(영화 '죽은 시인의 사회' 중에서)

까르페 디엠(Carpe Diem), 이 순간에 최선을 다하라.

### 29) 초관리 경영을 하는 어느 회사의 책임자

1년의 가치를 알고 싶다면 재수하는 학생에게 물어보라.
한 달의 가치를 알고 싶다면 주간 신문 편집자들에게 물어보라.
한 시간의 가치를 알고 싶다면
사랑하는 이를 기다리는 사람에게 물어보라.
1분의 가치는 기차를 아깝게 놓친 사람에게 물어보라.
1초의 가치는 아찔한 사고를 순간적으로 피한 사람에게 물어보라.

### 30) 스티브 잡스

당신의 인생은 총량이 있다. 남의 인생을 사는 데 낭비하지 마라.

### 31) 루이 엑토르 베를리오즈

시간은 훌륭한 선생님이지만, 불행히도 모든 제자를 죽인다.

### 32) 앤 브래드스트리트

아, 시간은 필멸할 것들의 죽음을 가져온다.

### 33) 윌리엄 셰익스피어

내가 시간을 낭비했더니, 이제는 시간이 나를 낭비하는구나.

### 34) 블레즈 파스칼

시간은 슬픔도 다툼도 가라앉힌다.
왜냐하면,
우리는 같은 인간으로 머물지 않고 끊임없이 변화하기 때문이다.

### 35) 존 웨인

내일은 인생에서 가장 소중한 것이다.
자정이 되면 내일은 매우 깨끗한 상태로 우리에게 다가온다.
매우 완벽한 모습으로 우리 곁으로 와 우리 손으로 들어온다.
내일은 우리가 어제에서 뭔가 배웠기를 희망한다.

### 36) 딜런 토마스

삶은 늘 두 번째 기회를 준다.
그리고 우리는 그 기회를 내일이라 부른다.

## 37) 작자 미상

시간은 공평하게 주어진다.

2024년 11월은? 30일 / 720시간 / 43,200분 / 2,592,000초

## 38) 요한 볼프강 폰 괴테

언제나 순간을 놓치지 말라.

어떤 상황이든 어떤 순간이든

그 하나하나가 영원의 표시로 무한한 가치가 있다.

## 39) 앤드류 매튜스

시간이란 실재로 존재하지 않는다.

현재만이 우리가 가진 유일한 시간이다.

## 40) 체스터필드

분(分) 단위로 일을 처리하면 시간들은 스스로 처리된다.

## 41) 윤동주

# 무서운 시간

윤동주

거 나를 부르는 것이 누구요

가랑잎 이파리 푸르러 나오는 그늘인데

나 아직 여기 호흡이 남아 있소

한 번도 손들어 보지 못한 나를

손들어 표할 하늘도 없는 나를

어디에 내 한 몸 둘 하늘이 있어

나를 부르는 것이오
일을 마치고 내 죽는 날 아침에는
서럽지도 않은 가랑잎이 떨어질 텐데……
나를 부르지 마오.

42) **김애란《바깥은 여름》 중에서)**

그리고 그렇게 사소하고 시시한 하루가 쌓여 계절이 되고,
계절이 쌓여 인생이 된다는 걸 배웠다.

43) **앨리너 루스벨트**

내일이 곧 지금이다.

44) **로버트 H. 슐러**

또 다른 지금은 없는 법이니, 오늘을 최대한 활용하라.
또 다른 나는 없는 법이니, 나를 최대한 활용하라.

## 3. 추천 도서

1. 《내 시간 설계의 기술》 / 캐시 홈스 / 청림출판

2. 《시간 관리의 정석》 / 오스기 준 / 동양북스

3. 《하루의 가능성》 / 비비안 리시 / 유노북스

4. 《위대한 12주》 / 브라이언 P. 모런 외 / 클랩북스

5. 《나는 도둑맞은 시간들을 되찾기로 했다》 / 사소 쿠니타케 / 북플라자

6. 《롱 뷰》 / 리처드 피셔 / 상상스퀘어

7. 《참 놀라운 시간 이야기》 / 클라이브 기포드 / 진선아이

8. 《잘못된 습관을 바꾸는 소소한 시간 혁명》 / 이영직 / 스마트비즈니스

9. 《인생의 짧음에 대하여》 / 루키우스 안나이우스 세네카 / 현대지성

10. 《1만 시간의 재발견》 / 안데르스 에릭센 외 / 비즈니스북스

11. 《퇴근 후 3시간》 / 니시무라 아키라 / 해바라기

12. 《잠자기 전 30분》 / 다카시마 데쓰지 / 티즈맵

13. 《나는 언제나 늙기를 기다려왔다》 / 안드레아 칼라일 / 웅진지식하우스

14. 《어떤 죽음이 삶에게 말했다》 / 김범석 / 흐름출판

15. 《죽음을 배우는 시간》 / 김현아 / 창작과 비평사

16. 《나의 하루는 4시 30분에 시작된다》 / 김유진 / 토네이도

# 11장

# 오늘

# 1. 들어가며

## 지금

이정하

해마다 피는 꽃이라도
같은 모습은 아니다
그 꽃을 바라보는 나도 같지 않다

모든 것은 흐르고 변한다
한번 지나가면 그뿐 흐르고 흘러
제자리로 돌아올 수 있는 것은 없다
지금 이 순간, 지금 이 자리로
돌아올 길은 영영 없다

그러니 어찌 소중하지 않으랴
어찌 간절하지 않으랴
지금 나를 스치고 지나가는 것들
내 눈빛에 담기는 모든 것들이

언제부터 오늘이 시작되는가? 아침(새벽)에 눈을 뜨고 난 이후부터다. 그리고 잠자리에 들기 전까지 계속된다. 오늘 하루 우리는 이 시간에 활동한다.

"나는 내년에 많은 일을 하겠지만 오늘은 무엇을 했던가?"

– 버크 헤지스

그렇다. 우리는 이 시간에 산다. 우리 모두는 오늘에 산다. 어제(과거)가 아니고 내일(미래)이 아니다. 어제는 지나가 버렸고, 내일은 아직 오지 않았다. 우리가 어떻게 할 수 없는 시간이다. 오직 오늘을 살아야 하고, 오늘을 잘 사는 방법은 오늘의 시간 활용을 극대화하는 것이 아닐까? 자신에게 주어진 오늘의 시간을 혁신하는 것이다. 그 방법 중 하나가 자신에게 3번 질문하는 것이다.

**'이 일을 반드시 해야 하는 이유는 무엇인가?'**
**'이 일을 하지 않으면 어떤 일이 발생하는가?'**

그때 '하지 않아도 된다.'는 답이 나오면 과감하게 실행 목록에서 버리는 것이다. 반드시 해야 할 일만 하는 것이다. 일종의 '가지치기'다. 선택과 집중이다. 시간 혁신, 시간 창조의 기술이기도 하다.

하루 지나고, 그 전날 했던 일의 목록을 적어 보자. 실소가 떠오르지 않는가? 하지 않아도 될 일, 해서 소모적인 일들, 해서는 안 될 일도 있었을 것이다. 이런 걸 줄여나가는 게 시간 활용 극대화의 비결이다. 해야 할 일을 하는 것보다 하지 않을 일을 하지 않는 게 시간 관리에서 훨씬 더 중요하다.

장기적으로 볼 때 인생에서 이루어야 할 확고한 '사명'을 가지면 시간 낭비를 줄일 수 있다. 주어진 사명 실현에 충실해야 하기에 사명과는 거리가 먼 시간 소모적인 일을 하지 않는 것이다. 시간을 물 쓰듯 낭비하는 사람들의 공통된 특징 중의 하나가 필생의 '사명'이 없다는 것이다. 이들은 시간이 생명이라는 걸 모르고 있다. 시간을 낭비한 죄가 얼마나 큰지 알지 못하고 있다. 당신은 필생의 '사명'이 있는가? 있다면 이 시각 이후 처음 만나는 사람에게 선포하라. 그리하여 그와 공유하라. 사명이 없는 사람의 삶은 이 지구별에 태어난 의미를 모르는 필부의 삶에 지나지 않는다.

매일매일 하루를 충실하게 활용하는 방법 중 하나가 '최우선 실행 목표'를 정하는 것이다. 그 개수는 1~2개가 적당하다. 많아도 3개를 넘겨서는 안 된다. 목표는 방향과 집중을 알려준다. 목표가 분산되면 추진력이 그만큼 낮아진다. 그리고 그걸 실행하는 것이다. 《소중한 것을 먼저 하라》(스티븐 코비 / 김영사)는 책

이름처럼 최우선 실행 목표는 하루의 '핵심 목표'다. 매일 이렇게 하면 놀라운 변화가 일어난다. 삶이 깔끔하게 정리 정돈되고, 세월 속에서 예사롭지 않은 업적도 이룰 수 있다.

오늘을 충실히 살아 이루고자 하는 미래를 준비하려고 한다. 많은 사람들이 이 방법을 사용하고 있다. 하지만 이런 방법도 있다. 순서를 바꾸는 것이다. 장차 되고자 하는 자신을 지금 현재 이미 성취했다고 상상하고(상상의 이미지로 그림), 그렇게 생각하고, 말하고, 행동하는 것이다. 이미 성공한, 목표를 이룬 사람으로서 생활하는 것이다. 미래에서 오늘로 오는 방법이다. 이 방법이 기존의 방법보다 더욱 효과 있다고 한다. 책《퓨처 셀프》에서 자세히 알려주고 있다.

자고 나면 누구에게나 24시간이 주어진다. 우리는 아무 공로가 없다. 창조주의 값 없는 선물이다. 그리고 우리는 선택하고 실천할 수 있는 자유 의지(Free Will)가 있다. 오늘을 기회로 삼아 어제보다 더 나은 내일을 만들어나가는 데 집중해야 한다. 오늘을 최선을 다해 살아가야 한다. 우리가 마음먹은 일을 할 수 있는 '오늘'이 있다는 건 얼마나 큰 축복인가? 하루하루 행복과 거룩함을 만들어가는 삶을 만들고, 오늘을 기쁘고 충실하게 살아가자. 그리고 기적 같은 내일을 기다리자.

## 2. '오늘' 관련 명언

### 1) 토머스 칼라일

오늘을 사랑하라.

어제의 미련을 버려라. 오지도 않을 내일을 걱정하지 마라.

우리의 삶은 오늘의 연속이다.

오늘이 30번 모여 한 달이 되고, 오늘이 365번 모여 일 년이 되고,

오늘이 3만 번 모여 일생이 된다.

### 2) 체스터 필드

오늘 할 수 있는 일을 내일까지 미루지 말라.

### 3) E. 허버드

내일의 일을 훌륭히 하기 위한 최선의 준비는

오늘 일을 훌륭히 하는 것이다.

### 4) 밥 호프

내일이 없다고 생각하고 오늘을 살아라. 오늘이 내일이다.

### 5) 카를 바르트

과거로 돌아가서 시작을 바꿀 수는 없다.

하지만 지금부터 시작하여 미래의 결과를 바꿀 수는 있다.

### 6) 나태주

오늘 하루 좋았다. 아름다웠다.

우리는 앞으로 얼마 동안 이런 날 이런 저녁을 함께 할 것인가!

### 7) F. 퀄스

오늘 하루는 두 개의 내일과 같은 가치가 있다.

### 8) 롱펠로

미래를 신뢰하지 마라. 죽은 과거는 묻어버려라.
그리고 살아있는 현재에 행동하라.

### 9) 에드워드 W. 스미스

인생은 현재로 가득 채워진 선물이다.

### 10) 오르페우스

어제는 역사고, 내일은 비밀이고, 오늘은 선물이다.

### 11) 작자 미상

하루가 평생입니다.

### 12) 노자

우울한 사람은 과거에 살고,
불안한 사람은 미래에 살고, 편안한 사람은 현재에 산다.

### 13) 마르티알리스

모든 날은 저마다 선물을 지니고 있다.

### 14) 자콥 보바트

어떤 가치 있는 행동을 아니 한 날, 그날은 잃은 날이다.

### 15) 랄프 왈도 에머슨

그날그날이 일 년 중 최선의 날이다.

## 16) 호라티우스

오늘을 잡아라!

## 17) 작자 미상

오늘은 남은 여생을 시작하는 첫날이다.

## 18) L. 론허바드

절대 어제를 후회하지 마라.
인생은 어제의 나 안에 있고 내일은 스스로 만드는 것이다.

## 19) 마더 테레사

어제는 지나갔고, 내일은 아직 오지 않았습니다.
우리에게는 오늘만 있습니다.
자, 시작해봅시다.

## 20) 단테

오늘이라는 날은 두 번 다시 오지 않는다는 것을 잊지 말라.

## 21) 말콤 엑스

과거를 바꿀 수는 없지만, 미래는 우리가 만들 수 있다.

## 22) 로버트 슐러

하루를 살아가는 비결은 잘 계획된 오늘에 있다.

## 23) 에스키모 속담

어제는 재, 내일은 나무다. 불이 환하게 타는 것은 오늘뿐이다.

### 24) 마르티알리스

내일의 삶은 너무 늦다. 오늘을 살아라.

### 25) 오쇼 라즈니쉬

과거에 대해 생각하지 말라. 미래에 대해 생각하지 말라.

단지 현재에 살라.

그러면 모든 과거도 모든 미래도 그대의 것이 될 터이니.

### 26) 프란츠 카프카

시작하는 데 나쁜 시기란 없다.

### 27) 괴테

오늘 시작하지 않은 일은 내일 결코 끝낼 수 없다.

266

### 28) 짐 로언

하루를 어떻게 마무리하느냐가 내일을 어떻게 시작하느냐를 결정한다.

### 29) 토니 로빈스

오늘이 어제와 같지 않도록 만들어라. 그러면 내일은 달라질 것이다.

### 30) 알베르트 아인슈타인

어제를 통해 배우고, 오늘을 살며, 내일을 소망하라.

중요한 것은 끊임없이 의문을 제기하는 것이다.

### 31) 히비 스콥

오늘은 어제보다 나은 내일을 만들기 위한 가장 좋은 시간이다.

32) **월트 디즈니**

오늘이 나의 최고의 날이다.

33) **윌리엄 제임스**

미래를 바꾸고 싶다면 오늘 한 가지를 바꿔라.

34) **잭슨 브라운 주니어**

내일을 향한 최고의 준비는 오늘 최선을 다하는 것이다.

35) **서양 속담**

오늘은 오직 한 번뿐 다시 오지 않는다.

36) **고타마 싯다르타**

생의 마지막 날인 것처럼 오늘을 살아라.

## 3. 추천 도서

1. 《오늘 하루가 선물이다》 / 오주현 / 미다스북스

2. 《지금 이 순간 있는 그대로 받아들임》 / 타라 브렉 / 불광출판사

3. 《지금 이 순간만 살 수 있다면》 / 류 시노하라 / 빌리버튼

4. 《지금 이 순간을 살아라》 / 에크하르트 톨레 / 양문출판사

5. 《오늘을 남기는 기록, 스마트폰 사진 촬영 & 보정》 / 민썸 / 이지스퍼블리싱

6. 《지금 하지 않으면 언제 하겠는가》 / 팀 페리스 / 토네이도

7. 《가장 젊은 날의 철학》 / 이충녕 / 북스톤

8. 《내일보다 오늘, 다음보다 지금》 / 다다 / 스튜디오오드리

9. 《21세기를 위한 21가지 제언》 / 유발 하라리 / 김영사

10. 《아주 세속적인 철학》 / 시라토리 하루히코 외 / 포레스트북스

# 12장

# 사랑

# 1. 들어가며

우리가 자주 사용하는 말, 사랑이란 무엇인가? 사전을 찾아본다. 다른 사람을 애틋하게 그리워하고 열렬히 좋아하는 마음, 또는 그런 관계나 사람을 말한다. 다른 사람을 아끼고 위하며 소중히 여기는 마음, 또는 그런 마음을 베푸는 일을 이르기도 한다. 한국어 '사랑'은 중세어 '사량(思量, 깊이 생각하며 헤아림)'에서 유래했으며, 16세기 이후 신의 사랑을 의미하는 기독교적 개념으로 확장되었다.

## | 사랑의 종류 |

고대 그리스 철학자들은 사랑의 종류를 8가지로 나누고, 각각의 특성과 유형을 정리했다.

**에로스(Eros)** : 육체적이고 열정적인 사랑

**아가페(Agape)** : 무조건적인 헌신과 희생의 사랑, 이타적인 사랑

**필리아(Philia)** : 우정

**스토르게(Storge)** : 우정을 토대로 한 사랑, 가족 내에서 주로 발생하는 사랑

**루두스(Ludus)** : 한 번 잠깐 즐기는 유희적 사랑

**매니아(Mania)** : 독점적이고 의존적인 사랑

**프라그마(Pragma)** : 성숙한 사랑

**필로티아(Philautia)** : 자기 자신에 대한 사랑

# |숭고한 사랑의 가치|

세상의 온갖 가치 있는 덕목 중에서 사랑보다 더 소중한 게 있을까? 없다. 단연 최고다. 비교할 대상이 없다. 모두의 인생에서 가장 고귀하고 아름다운 것이 사랑이다. 사랑은 그 무엇과도 비교할 수 없는 가치이다. 돈이나 그 무엇으로도 환산이 불가능하다. 진정한 사랑은 협박이나 물리적인 힘으로 깨뜨릴 수 없다. 사랑은 존재에 생기를 침투시키는 생명의 태양이다.

사랑은 연민, 공감, 이해심을 동반하여 친절하고, 관대하며, 이타적인 마음으로 행동하도록 개인을 고무시킨다. 사랑은 삶에 기쁨, 의미, 목적을 가져다주는 변화의 힘이다. 사랑은 개인의 성장과 발전을 촉진하고 자신과 세상을 바라보는 시각에 깊은 변화를 일으킨다.

사랑은 강력하다. 힘이 엄청나게 세다. 사랑을 받으면 사람은 감동하고 변화한다. 언제, 어디서나, 누구에게나 가장 효과적이며 지속적인 만병통치약이 사랑이다. 심신의 온갖 질병과 정신병을 치유한다. 기적은 사랑을 통해 일어난다. 사랑은 경계선이 없는 무조건적인 마음가짐이다. 사랑이 필요하지 않은 사람은 아무도 없다. 사랑받고자 하는 것보다 더 큰 인간의 욕구는 없다. 사랑을 받아야 사람은 성장할 수 있다. 음식보다 훨씬 더 중요하다. 사랑을 나누어 줄 수 없는 사람은 한 명도 없다. 화수분처럼 나눌수록, 줄수록 커지는 게 사랑이다. 사랑은 우주의 근본이며 우주의 중심이다. 우주심 그 자체다. 사랑은 그 어떤 문자로 표현할 수 있는 그 이상이다.

자기 자신도 사랑해야 한다. 자기 자신을 사랑할 수 있어야 한다.

자기 자신을 사랑하는 방법을 배워 알아야 한다. 자기 자신을 사랑하지 않으면 자기 자신처럼 남을 사랑하지 못한다. 자신을 사랑하지 못하면 남을 사랑할 수 없고, 삶 전체가 어두워진다. 자신의 생각, 감정, 욕구를 인정하고 세밀하게 가꾸며 보살펴야 한다. 자기에 대한 이해와 공감도 요구된다. 이걸 통해 과거의 상처를 치유하고 지금의 자신을 따뜻하게 바라볼 수 있다. 자기 사랑은 더 큰 사랑으로 나아가는 터전이요 보루다. 자책, 후회, 자기 비하, 자기 부정 등 소모적인 에너지와 결별해야 한다. 관점 전환으로 누구나 이렇게 할 수 있다. 자기 자신을 파괴해버리는 극단적인 선택(자살)은 영적 무지에서 비롯된다. 세상에서 영적 무지만큼 위험하고 슬픈 것은 없다. 어떤 상황의 삶도 의미가 있다. 살기 위해, 살아가라고 태어난 인생 아닌가? 그리고 사랑은 자기 사랑에서 이웃 사랑으로 나아가야 한다. 이런 변화가 빠르고 클수록 좋다.

## |지고지순한 최고의 사랑은 무엇인가?|

여러분은 무엇이라고 생각하는가? 인간에 대한 예수님의 사랑이다. 이보다 큰, 이보다 위대한 사랑을 들은 적이 있는가? 본 적이 있는가? 아직 예수님을 모르는 분들은 이해하기 어려울지도 모르겠다. 그러나 예수님 사랑을 아는 사람들은 하나 같이 동의한다. 예수님은 인간의 상상을 초월한 사랑과 용서의 깊이를 보여주셨다. 자신의 목숨을 내어 주시면서까지 아낌없이 우리를 사랑하셨고, 지극히 높은 분이심에도 불구하고 겸손함으로 우리를 섬기셨다. 복음을 전하고, 병자를 고치시고, 굶주린 자를 먹이시고, 죽은 자를 살리시고, 죄인을 용서하시고, 제자를 기르시고, 모든 사람들에게 긍휼을 베푸셨다.

김진 종교인평화봉사단 이사장은 이렇게 들려준다(2024. 4. 9).

"예수 그리스도의 십자가 보혈로 인류가 구원받을 수 있는 길을 열어주셨다. 성경에 따르면, 사랑의 최고의 표현은 인류의 죄를 위해 목숨을 바친 예수 그리스도의 삶과 죽음, 그리고 부활에서 나타난다. 이 사랑의 행위는 이타심의 궁극적인 모범이며, 희생적인 사랑을 의미하는 그리스어인 '아가페 사랑'으로 불리기도 한다.

또한 기독교에서는 사랑이 하나님과의 관계의 중심이며, 모든 인간관계의 지침이 되어야 한다고 가르친다. 예수님 자신도 제자들에게 자신이 사랑한 것처럼 서로 사랑하고, 이웃을 내 몸과 같이 사랑하라고 말씀하셨다. 사랑은 기독교 신앙과 실천의 기본 토대이며 모든 선한 행위와 행동의 원동력이다."

### (1) 네 이웃을 네 몸과 같이 사랑하라

"네 이웃을 네 몸과 같이 사랑하라"(마가복음 12 : 31)라고 말씀하셨다. 이는 우리가 자신에 대해 바라는 것과 같은 관심과 배려로 다른 사람을 대하라는 뜻이다.

### (2) 네 원수를 사랑하라

"너희 원수를 사랑하고 너희를 핍박하는 자를 위하여 기도하라"(마태복음 5 : 44)라고 말씀하셨다. 즉, 우리를 부당하게 대하는 사람에 대해 원망과 분노를 품지 말고, 오히려 사랑과 용서를 베풀어야 한다는 것이다.

### (3) 무엇보다도 하나님을 사랑하라

"네 마음을 다하고 목숨을 다하고 뜻을 다하여 주 너의 하나님 여호와를 사랑하라"(마태복음 22 : 37)라고 말씀하셨다. 이는 하나님과의 관계를 삶의 중심에 두고 온몸과 마음을 다해 하나님을 사랑하라는 말씀이다.

생각해보자. 이웃을 내 몸같이 사랑할 수 있는가? 불가능하다. 원수를 사랑하고 기도할 수 있는가? 여러분은 가능한가? 이 역시 불가능하다. 그렇지만 힘써 그렇게 하기 위해 최선을 다하라고 말씀하셨다. 하나님은 기난한 자에게 '반드시' 도움을 주라고 명하셨다. 반드시!

하나님을 향한 그리스도인의 사랑은 이웃 사랑을 통해 증명되어야 한다. 성도는 가난한 이웃을 위해 나눔을 일평생 실천해야 한다. 하나님은 지극히 작은 자에게 행한 선한 일을 그분께 한 것으로 여겨 주신다. 언약 백성의 삶에서 구제는 선택이 아닌 필수다.

하나님이 주신 최고의 계명은 서로 사랑하라는 것이다. 우리가 경계해야 할 진짜 우상은 '나를 위해 살겠다.'는 마음이다. 주어진 하루는 누군가에게 기여해야 할 절대적인 의미를 지닌 시간이다. 이해가 아닌 사랑으로 주위를 돕고 섬기는 작은 예수가 되어야 한다. 오늘 주어진 일과 지금 만나는 사람들 속에 내 사명이 있다.

## |이웃을 사랑하는 사람들의 2가지 행동 특성 |

사랑은 명사가 아니라 동사다. 사랑은 과거 완료형이 아니라 언제나 현재 진행형이다. 지금 여기에서. 마음으로만 있고 행동하지 않는 건 진정한 사랑이 아니다. 어려움에 처한 이웃의 문제를 해결할 수도 없다. 성경에서는 "영혼 없는 몸이 죽은 것 같이 행함이 없는 믿음은 죽은 것이니라"(야고브서 2 : 26)라고 가르치고 있다.

이웃 사랑을 실천하는 사람들에게는 여러 가지 행동 특성이 있다. 그 중에서도 가장 대표적인 것이 나눔과 봉사다. 이 둘은 사랑의 가장 고귀한 표현이다. 가진 자가 가난한 이를 위해, 힘 있는 이가 약한 사람을 위해, 아는 사람이 모르는 사람을 위해 자신이 가진 것으로 기꺼이 내어 주는 행동이다. 또 하나는 자발적으로 나의 물질과 시간, 마음과 능력을 타인을 위해 드리는 것이다.

말하기는 쉽다. 실천하려면 마음과 노력과 용기가 필요하다. 그래서 쉽지 않다. 그 사람이 인격자라면 자신의 말과 행동에 책임을 져야 한다. 그 사람이 이웃 사랑을 실천하고 있는가? 입이 아니라 손을 보면 바로 알 수 있다. 그러면 나는 어떤가? 어제는 이웃을 위해 무엇을 했던가? 의식 수준이 높은 사람은 타인에게 불친절할 필요성을 전혀 느끼지 못한다. 기쁘고 즐겁게 이웃을 돕는다.

## |이웃 사랑의 구체적인 방법 |

모르면 행할 수 없다. 알면 실행하기가 더 쉽다. 밝게 깊이 알면 자발적으로 실천하지 않을 수 없다. 아래는 성심한의원에서 2025년 1월 18일(토) '네 이웃을 사랑하라 실천 방법'이라는 제목으로 페이스북에 올려준 글이다. 알기 쉽고 명쾌하다. 마음에 명심했다가 자발적으로 그리고 그런 상황을 만나면 적극적으로 실천하기를 권유드린다.

## (1) 작은 친절을 실천하기

길에서 만나는 사람에게 미소 짓기나 인사하기

도움이 필요한 사람에게 먼저 다가가 돕기

물건을 떨어뜨린 사람을 도와주거나 무거운 짐을 들어주는 작은 행동 실천

주위 사람들에게 감사 인사 전하기

## (2) 경청과 공감하기

상대방의 이야기를 진심으로 들어주기

판단이나 충고보다는 공감하는 태도로 대하기

'그랬구나', '힘들었겠다'와 같은 따뜻한 표현 사용하기

## (3) 나눔을 실천하기

경제적 여유가 있다면 기부하거나 어려운 이웃을 돕기

필요하지 않은 물건을 정리해 나눔을 통해 필요한 사람들에게 전달하기

시간을 나누어 봉사활동에 참여하기

## (4) 이해와 용서하기

실수한 사람에게 화를 내기보다 이해하려고 노력하기

갈등 상황에서 먼저 사과하거나 용서 구하기

상대방의 입장을 생각하며 너그럽게 받아들이기

## (5) 공동체에 기여하기

지역사회 활동에 참여해 긍정적인 변화를 이끄는 데 힘쓰기

이웃들과 친목을 도모하거나 소통하기 위한 모임 주최

공공장소를 깨끗이 사용하고, 환경보호를 실천하기

### (6) 칭찬과 격려하기

주위 사람의 장점이나 성취를 진심으로 칭찬하기

누군가 좌절했을 때 따뜻한 말로 격려하기

가족, 친구, 동료들에게 '고마워.', '잘했어.'와 같은 긍정적인 메시지 전하기

### (7) 선행을 비밀스럽게 하기

도움을 주었을 때 과시하지 않고 조용히 행동하기

상대방에게 조건 없이 선물을 하거나 도와주기

주위 사람들에게 무언가를 베풀 때 상대방이 부담을 느끼지 않도록 배려하기

## |나의 선택|

사람은 왜 태어났는가? 즉 창조주는 왜 인간을 만들었는가? 서로 사랑하라고 만들었다. 서로 사랑하면서 살라고 만들었다. 하나님 자신이 사랑 그 자체이기 때문이다. 하나님은 자신의 형상대로 피조물인 인간을 만들었다. 인생에서의 성공은 무엇으로 판정 나는가? 돈, 권력, 명예, 업적인가? 세상 사람들은 이런 걸로 판정한다. 그러나 아니다.

이런 것들은 모두 잠시 있다 사라지는 것이다. 영원하지 않다. 순간이다. 꽃은 마르고 풀은 시든다. 지상에서의 인생은 유한하다. 해가 뜨면 곧 사라지는 이슬 같은 존재다. 영원하지 않기에 진정한 생명도, 불멸의 가치도 아니다. 이 세상 살면서 잠시 소유했다가 내려놓아야 할 세상 것들이다. 태어나기 전에도, 세상 떠난 후에도 누구에게도 이런 것들은 없었다. 몸과 함께 있다 몸이 죽으면 완전하게 이별해야 하는 한시적인 세상의 가치. 세상 떠나면 부질없는(헛되고 쓸모가 없는) 것이 되고 만다.

물론 이런 것들도 세상을 살아갈 때 중요하고 필요하다. 하지만 여기에서 더 나아가지 못하면 어리석다. 더 중요한 것이 있기 때문이다. 인생에서의 성공은 '그 사람이 이웃을 얼마나 사랑했는가?'로 판정 난다. 이보다 더 중요한 게 있

는가? 돈은 세상에서 실로 소중하지만 이웃 사랑과 돈이 충돌할 때 우리는 무엇을 선택해야 하는가? 여러분 주위에 이웃 사랑을 한결같이 실천하고 있는 사람이 있는가? 지금의 나는 어떠한가? 부디 '이웃 사랑'에서 승리하는 삶을 만들어 가기를 축원 드린다!

## 2. '사랑' 관련 명언

1) **고린도전서** 13 : 4~7 / 13
사랑은 오래 참고
사랑은 온유하며 시기하지 아니하며
사랑은 자랑하지 아니하며 교만하지 아니하며
무례히 행하지 아니하며 자기의 유익을 구하지 아니하며
성내지 아니하며 악한 것을 생각하지 아니하며
불의를 기뻐하지 아니하며 진리와 함께 기뻐하고
모든 것을 참으며 모든 것을 믿으며 모든 것을 바라며
모든 것을 견디느니라
그런즉 믿음, 소망, 사랑, 이 세 가지는 항상 있을 것인데
그 중의 제일은 사랑이라

2) **마태복음** 22 : 39
네 이웃을 네 자신 같이 사랑하라 하셨으니

3) **마태복음** 7 : 12
그러므로 무엇이든지 남에게 대접을 받고자 하는 대로
너희도 남을 대접하라 이것이 율법이요 선지자니라

4) **마태복음** 5 : 39~42
나는 너희에게 이르노니 악한 자를 대적하지 말라
누구든지 네 오른편 뺨을 치거든 왼편도 돌려대며
또 너를 고발하여 속옷을 가지고자 하는 자에게
겉옷까지도 가지게 하며

또 누구든지 너를 억지로 오 리를 가게 하거든

그 사람과 십 리를 동행하고

네게 구하는 자에게 주며

네게 꾸고자 하는 자에게 거절하지 말라

5) **마태복음** 25 : 4

내가 진실로 너희에게 이르노니

너희가 네 형제 중에 지극히 작은 자 하나에게

한 것이 곧 내게 한 것이니라

6) **에픽테토스**

인간의 가치는 얼마나 사랑을 받았느냐가 아니라,

얼마나 주위 사람들에게 사랑을 베풀었느냐에 달려있다.

7) **마하트마 간디**

만일 한 사람이 최고의 사랑을 성취할 수 있다면

그것은 수백 만의 사람들의 미움을 해소시키는 데 충분하다.

8) **오스카 와일드**

사랑받는 이들 중에서 불행한 사람이 있는가?

9) **무니 햄**

말로 하는 사랑은 쉽게 외면할 수 있으나

행동으로 보여주는 사랑은 저항할 수가 없다.

10) **메닝거**

사랑은 사람들을 치료한다.

사랑을 받는 사람, 사랑을 주는 사람 할 것 없이.

## 11) 레프 톨스토이

죽음의 공포보다 강한 것은 사랑의 감정이다.

수영을 못하는 아버지가 물에 빠진 자식을 건지기 위해서 물속에

뛰어드는 것은 사랑의 감정이 시킨 것이다.

사랑은 나 이외의 사람에 대한 행복을 위해서 발이 되는 것이다.

인생에는 수많은 모습이 있지만, 그것을 해결하는 길은

오직 사랑뿐이다.

사랑은 나 자신을 위해서는 약하고 남을 위해서는 강한 것이다.


## 12) 레프 톨스토이

다만 사랑하는 자만이 살아있는 것이다.


## 13) 레프 톨스토이

280

모든 인간들은

자신들의 행복을 위한 생각으로 살아가는 것이 아니라

그들 속에 존재하고 있는 사랑으로 살아가는 것이다.


## 14) 레프 톨스토이

호감이 가지 않거나 심지어 미워하는 사람일지라도

사랑으로 대해야 한다.

진정으로 사람을 사랑하는가 하는 것은

미워하는 사람을 사랑하는 것으로 알 수 있기 때문이다.


## 15) 레프 톨스토이

이 세상에 하나님을 본 사람은 한 명도 없다.

그러나 만일 우리가 서로 사랑한다면,

하나님은 우리의 가슴속에 머무를 것이다.

**16) 레프 톨스토이**

자기 식구를 먹여 살릴 정도 이상의 많은 땅을 가진 사람은
수많은 가난한 사람을 만든 죄인이다.

**17) 레프 톨스토이**

미래의 사랑이란 있을 수 없다.
사랑은 오직 현재의 활동일 뿐이다.
지금 사랑을 표현하지 않는 사람은 사랑을 갖고 있지 않는 사람이다.

**18) 수운 최제우**

사람이 곧 하늘이다.

**19) 안드레이 타르코프스키**

마음속에 사랑이 샘솟지 않는 자의 삶에는
아무런 일도 일어나지 않는다. 그는 다만 서서히 죽어갈 뿐이다.

**20) 조지 엘리엇**

서로의 짐을 덜어주는 것이 아니라면, 우리는 무엇을 위해 사는가?

**21) 마틴 루터 킹 주니어**

사랑은 적을 친구로 만들 수 있는 유일한 힘이다.

**22) 어니스트 헤밍웨이**

세상에 큰 영향을 주고 싶다면, 먼저 누군가를 사랑하라.

**23) 오스카 해머스타인**

종은 누가 그걸 울리기 전에는 종이 아니다.
노래는 누가 그걸 부르기 전에는 노래가 아니다.

당신의 마음속에 있는 사랑도 한쪽으로 치워 놓아선 안 된다.
사랑은 주기 전에는 사랑이 아니니까.

## 24) 요한 볼프강 폰 괴테
우리는 어디서 태어났는가? 사랑에서.
우리는 어떻게 멸망하는가? 사랑이 없으면.
우리는 무엇으로 자기를 극복하는가? 사랑에 의해서.
우리를 울리는 것은 무엇인가? 사랑.
우리를 항상 결합하는 것은 무엇인가? 사랑.

## 25) 닉 리처드슨
어떤 관계에서 이기심을 전부 덜어내면 사랑이 남는다.

## 26) 한국 속담
미운 놈 떡 하나 더 준다.

## 27) 마더 테레사
사랑은 우리의 상처를 치유하는 유일한 약이다.

## 28) 버트런드 러셀
사랑의 적은 무관심이다.

## 29) 소피아 브러크
사랑은 우주의 영원한 빛이다.

## 30) 소포클레스
낱말 하나가 삶의 모든 무게와 고통에서 우리를 해방시킨다.
그 말은 바로 '사랑'이다.

## 31) 아리스토텔레스

사랑은 두 개의 육체에 깃들어 있는 하나의 영혼으로 이루어져 있다.

## 32) 라빈드라나트 타고르

사랑이란 세상에서 가장 거룩한 감정이다.

## 33) 콰메 앤서니 아피아

우리는 모두 하나의 인종에 속한다.

## 34) 에밋 폭스

넘치도록 사랑을 줄 수 있다면
세상에서 가장 능력 있는 사람이 될 수 있다.

## 35) 아이리스 머독

우리는 오로지 사랑을 함으로써 사랑을 배울 수 있다.

## 36) 러브 하스 히스

사랑을 하지 않은 사람은 삶의 반을 잃은 사람이다.

## 37) 마하트마 간디

죄를 미워하되, 죄인은 사랑하라.

## 38) 마더 테레사

가장 끔찍한 빈곤은 외로움과 사랑받지 못한다는 느낌이다.

## 39) 입센

한 사람도 사랑해보지 않았던 사람이 인류를 사랑하기란 불가능한 일이다.

## 40) 레프 톨스토이

사랑이란 자기희생이다. 이것은 우연에 의존하지 않는 유일한 행복이다.

## 41) 아리스토텔레스

누군가를 사랑한다는 것은 자신을 그와 동일시하는 것이다.

## 42) 미겔 데 우나무노

사랑받지 못함은 슬프다. 그러나 사랑할 수 없음은 더 슬프다.

## 43) 괴테

여성을 소중히 지킬 수 없는 남자는 여성의 사랑을 받을 자격이 없다.

## 44) 마더 테레사

나는 대중을 위해서라면 행동하지 않겠지만,
한 사람을 위해서라면 발 벗고 나설 것이다.

## 45) 마더 테레사

나는 큰일을 하지 않는다. 작은 일을 큰 사랑으로 한다.

## 46) 모세스 이븐 에즈라

사랑은 우리가 실수를 보지 못하게 하고,
증오는 우리가 선행을 보지 못하게 한다.

## 47) 칼릴 지브란

거지의 사랑을 받게 된 사람이야말로 군주 중의 군주다.

# 3. 추천 도서

1. 《사랑의 기술》 / 에리히 프롬 / 문예출판사

2. 《사랑 수업》 / 윤홍균 / 심플라이프

3. 《삶에 사랑이 없다면, 그 무엇이 의미 있으랴》 / 에리히 프롬 / 모티브

4. 《40세 정신과 영수증》 / 정신 / 이야기장수

5. 《우리는 여전히 삶을 사랑하는가》 / 라이너 풍크 / 김영사

6. 《그들이 그렇게 연애하는 까닭》 / 아미르 레빈 / 알에이치코리아

7. 《화성에서 온 남자 금성에서 온 여자》 / 존 그레이 / 친구

8. 《사랑을 느낄 때 던져야 할 질문들》 / 양창순 / 청년사

9. 《가족의 두 얼굴》 / 최광현 / 부키

10. 《결혼하는 마음》 / 한슬기 / 구름이 머무는 동안

11. 《네 가지 사랑》 / C. S. 루이스 / 홍성사

12. 《견딜 수 없음을 견디기》 / 조엔 차카토레 / 에트로

13. 《사랑하기 전에 알았더라면 좋았을 것들》 / 김달 / 비피시

14. 《온전한 사랑의 이해》 / 다니엘 / 사운드인사이트

15. 《사랑하라, 그리고 나를 잃지 않도록》 / 돈 미겔 루이스 / 스노우폭스북스

16. 《너를 미워할 시간에 나를 사랑하기로 했다》 / 윤서진 / 스몰빅라이프

17. 《사랑에 대해 내가 아는 모든 것》 / 돌리 앨더튼 / 윌북

18. 《사랑에 관한 거의 모든 기술》 / 김달 / 빅피시

19. 《5가지 사랑의 언어》 / 게리 채프먼 / 생명의말씀사

20. 《자존감 수업》 / 윤홍균 / 심플라이프

21. 《사랑하라 한번도 상처받지 않은 것처럼》 / 류시화 / 오래된 미래

22. 《다시, 가슴 뛰는 삶을 살아라》 / 다릴 앙카 / 알에이치코리아

# 13장

# 감사

# 1. 들어가며

## | '감사'에 대한 몇 가지 질문 |

언제 감사하는가?

나는 감사하는 사람인가, 불평하는 사람인가?

나는 누구에게 감사하는가?

당연한 일, 불행한 일, 나쁜 일, 잘못된 일에도 감사하는가?

감사에 대해 밝게, 깊게, 높게 알고 있는가?

오늘 몇 번 감사했는가?

주위에 감사의 고수(달인)가 있는가?

## | 사람은 언제, 어떤 상황에서 '감사하는 마음'을 가질까? |

여러분은 어떠한가? 일이 잘 풀릴 때, 문제를 해결했을 때, 근심ㆍ걱정 어려움에서 벗어났을 때, 뜻밖의 행운(횡재)이 생겼을 때, 소중한 사람들이 잘 될 때 등 이처럼 자신에게 유익이 있을 때 감사의 마음을 가진다. 거의 대부분의 사람들이 그러하다. 그러나 이건 '감사의 하수들'이 하는 행동이다.

'감사의 중수'는 당연한 일에도 감사한다. 아침이 밝아도, 캄캄한 밤이 와도 감사한다. 겨울도 여름도 그저 감사한다. 비가 내려도, 화창한 날도 감사해한다. 이처럼 당연한 일에도 감사한다. 자신의 '영향력의 원' 밖에서 일어나는 일에도 감사해하는 것이다.

'감사의 고수'는 무조건 감사한다. 실패나, 불행이나, 치명적인 질병에도 감사해한다. 언제, 어디서나, 누구에게나 어떤 상황에서도 감사의 마음으로 가득하다. 지혜롭게 처신하되 주어진 상황을 담담하면서도 감사하게 받아들이는 것이다. 이 경지에 이르기는 쉽지 않다. 너무나 어렵다. 욕망을 철저하게 내려놓을 때 비로소 가능하다. '자기'라는 에고(Ego)를 초극했을 때 비로소 가능하다.

이게 쉬운가? 그러나 여기에 도달하면 '평강으로 충만한 삶'을 살 수 있다. 단연 감사의 태산북두다.


## | 누구에게 감사하는가? |

'고맙다.'라는 어휘는 순수한 우리말이다. '당신이 신(神)이다.'라는 뜻이다. 내힘(능력)으로 해결하지 못하는 일을 상대가 해결해 주었을 때 "고맙다."고 말한다. 즉 그가 그 일에선 신(神)과 같은 능력을 가졌고, 그 능력으로 나의 문제를 해결해 주었으니 고맙다는 것이다. 이처럼 사람들은 걱정을 풀어준 사람에게 감사의 마음을 전한다. 그러나 사람의 능력은 유한하고 조그마하다. 상대적으로, 조건적으로 고마움을 표시한다.

하지만 거룩하려고 노력하는 신앙인은 다르다. 사람들뿐만 아니라 궁극적으로는 창조주에게 감사의 마음을 올린다. 창조주의 사랑, 자비, 긍휼, 인자하심에 감사한다. 햇볕, 공기, 물, 바람 등을 생각해보라. 누가 만들어 인류에게 수었는가? 이런 것이 값없이 그냥 인간에게 주어졌기에 인간이 살아갈 수 있다. 자신이 피조물이고 창조주의 전적인 은혜(일반 은혜와 특별 은혜)로 살아가고 있다는 것을 알기에 항상 감사의 마음을 가지고 생활한다. 하나님의 한없는 사랑, 이걸 깨달아야 자기 자신을 부정하고 자기중심적인 에고(Ego)에 휘둘리지 않게 된다. 비로소 어떤 상황에서도 무조건 감사하는 '감사의 고수'가 되는 것이다. 사람은 창조주의 형상을 본 따 지어졌기에 사람 속에 내재해 있는 창조주의 본질과 속성에 경외감을 가지며, 그 사람을 존중하며 친절하고 정성을 다해 섬기는 것이다.

창조주는 인간에게 두 종류의 은혜를 베풀고 있다. 하나는 '일반 은혜'이고, 또하나는 '특별 은혜'다.

일반 은혜? 창조주를 창조주로 믿는 사람이나 그렇게 믿지 않는 사람 모두에게 공평하게 베푸는 은혜다. 숨 쉬는 공기, 식물을 자라게 하는 햇볕, 마시는 물(내리는 비), 불어 가는 바람 등은 인간 생존의 필수 조건이다. 이걸 과학자가 만들었는가? 저절로 생겨났는가? 아니다. 전지전능하시고 무소 부재하신 창조주께서 창조하여 인간이 살아가게 하는 것이다.

특별 은혜? 몸은 결국 흙으로 돌아간다. 하지만 영혼은 불멸한다. 세상 떠난 후 천국과 지옥 중 한 곳에 거처한다. 특별 은혜란 창조주를 창조주로 믿는 사람의 영혼이 천국에서 영원한 복락을 누릴 수 있게 해주시는 은혜다. 불신자의 영혼이 천국 갈 수 있는 확률이 얼마인가?

지옥은 인간의 말과 글로 표현할 수 없는(살아있는 인간은 그 누구도 이런 고통을 겪을 수 없기에) 극한의 고통(고통의 강도)을 영원히(고통의 기간) 당하는 거대한 '불못'이다. 1초도 견딜 수 없는(고통의 강도) 끔찍하고도 극심한 고통의 비명으로 가득한 곳이다. 그리고 불신자의 강력한 특징 중 하나가 지옥을 모르고, 잊고, 살아간다는 것이다. "죽으면 끝이다. 지옥은 없다."고 주장한다. 지옥을 생각조차 하지 않고 태연하게 생활한다. 끝내는 결국 지옥에서 영원히 고통당하는 악령(사탄과 마귀)은 불신자가 지옥을 아는 걸 극도로 싫어한다. 개인의 주관적인 판단이 어떠하든 지옥은 현실이며 실존이다.

악령은 보다 많은 인간의 영혼을 지옥으로 데려가려고 전력투구한다. 악령은 절대 포기하지 않는다. 지치지도 않고 졸지도, 잠자지도 않는다. 조금도 쉬지 않는다. 하루 24시간 일한다. 총력을 기울인다.

무서운 실상이다. 지옥을 알면 그 누구도 지금처럼 살아가지 않을 것이다. 지옥 가지 않기 위해 이전과는 다른 새로운 선택을 하게 될 것이기 때문이다.

"이스라엘의 왕인 여호와 이스라엘의 구원자인 만군의
여호와가 이같이 말하노라
나는 처음이요 나는 마지막이라 나 외에 다른 신이 없느니라"

— 이사야 44 : 6

"나 곧 나는 여호와라 나 외에 구원자가 없느니라"

– 이사야 43 : 11

여러분은 이 성경 말씀을 믿는가? 복되도다. 믿지 않는가? 그 결국이 어떠할까? 지옥에 가지 않는 방법은 두 가지가 있다.

  a. 아예 태어나지 않거나.
  b. 태어났다면 예수님을 믿는 것이다.

이외는 없다.


## |매튜 헨리의 감사|

그때 귀가하던 매튜 헨리가 골목길에서 강도를 당했다. 가진 돈을 모두 빼앗기고 무자비하게 폭행당했다. 한참을 쓰러져 있었다. 가까스로 숨만 쉬다가 겨우 몸을 일으켜 벽을 짚고 어찌 어찌하여 집에 도착했다. 부인의 간호로 안정을 취하던 매튜 헨리에게 문득 하나의 깨달음이 일어났다.

'아, 나는 감사할 줄 모르는 인간이었구나. 그동안 그 길을 수십 년 다녔지만 아무 일도 없었는데, 한 번도 감사한 마음을 가지지 않았구나. 내가 그 사람처럼 강도가 되지 않고 정상적인 직업을 가진 게 얼마나 감사한 일인가. 어젯밤 그 강도에게 살해당하지 않고 지금 이런 생각을 할 수 있는 건 정말 감사한 일 아닌가!'

이제부터 세상을 이전과는 다르게 보아야겠다. 모든 일에 감사하며 살아야겠다.

## |마실 물과 먹을 음식이 있는가?|

1980년대 초반 13명의 플로리다 주립대학교 학생들이 여름방학을 맞아 획기적인 계획을 세웠다. 뗏목으로 대서양을 횡단하는 것이다. 크고 튼튼한 전나무로 뗏목을 만들고, 물, 식량, 구급 약품, 차양막 등 그들 나름대로 만반의 준비를 갖추고 기자 회견 후 출항했다.

가없는 바다, 거대한 대서양……. 계속되는 파도와 폭풍우로 전나무들을 맨밧줄의 연결이 끊어졌고, 각자 통나무 한 개를 붙들고 표류하기 시작했다. 뜨거운 햇볕이 폭포수처럼 쏟아지고 머리는 뜨겁다. 물을 마시지 못한 게 며칠이던가? 먹을 게 없다. 배가 고프다. 그때 그 비프 스튜, 얼마나 맛있었던가! 체중이 몇 킬로그램 줄어들었다. 보이는 건 바닷물과 수평선, 저 하늘과 태양뿐이다. 생명이 죽어가면서, 전나무처럼 튼튼한 청춘이 죽어가면서 무슨 생각을 하였을까? 기와 맥이 거의 다해 실낱처럼 가늘다. 친구들은 어떻게 되었을까? 하루, 많아도 이틀 안에 구조되지 않으면 죽을 것 같다. 도무지 배 한 척 지나가지 않는다. 죽음의 공포가 두렵고 두렵다. 세상 살면서 내 맘대로 고집하며 온갖 죄를 저질렀으니 천국에 가지 못할 것 같다. 죽은 후의 세계를 생각하니 두렵고 떨린다.

결국 13명 중 2명만이 지나가던 각기 다른 배에 구조되었다. 11명이 사망했다. 기자 회견 중 어느 기자가 질문했다.

"죽음 직전에 극적으로 구조되었다. 지금 심정이 어떤가?"

그가 대답했다.

"마실 물과 먹을 음식이 있으면 그 누구도 불평해서는 안 된다."

이건 한국인은 지금 누구나 다 누리고 있는 게 아닌가?

## |'감사'가 나를 살리고 일으켰어요!|

헬렌 켈러, 오프라 윈프리, 송명희. 이 세 사람은 감사의 초절정고수다.

## 헬렌 켈러

말 못 하고, 듣지 못하며, 보지 못하는 삼중 장애인이었다. 한 가지도 매우 고통스럽고 불편한데 세 가지라니. 그녀는 빅터 프랭클(《죽음의 수용소에서》의 저자, 나치의 '아우슈비츠 수용소 생존자', 로고테라피 정신 치료 창시자 등)에게서 강력하고도 선한 영향력을 받아 의식 혁명을 일으켰다. 설리번 선생의 지극한 훈육으로 새사람이 되었다. '감사의 사람'이 되었다.

그녀는 이렇게 말했다.

"삶은 대담한 모험이거나, 아니면 그 아무것도 아니다."

그리고 다시 이렇게 말했다.

"내가 사흘만 볼 수 있다면? 첫날은 나를 가르쳐 준 고마운 앤 설리번 선생님을 찾아가 그 분의 얼굴을 보겠습니다. 그리고 아름다운 꽃들과 풀과 빛나는 저녁노을을 보고 싶습니다. 둘째 날에는 새벽에 먼동이 터오는 모습을 보고 싶습니다. 저녁에는 영롱하게 빛나는 별을 보겠습니다. 셋째 날에는 아침 일찍 부지런히 출근하는 사람들의 활기찬 표정을 보고 싶습니다. 점심때는 아름다운 영화를 보고 저녁에 집에 돌아와 사흘간 눈을 뜨게 해주신 하나님께 감사의 기도를 드리고 싶습니다."

지금 여러분은 이 책을 읽고, 친구에게 전화 걸고, 좋아하는 음악을 맘껏 들을 수 있다. 등산도 축구도 할 수 있다. 그 무엇도 할 수 있다.

## 오프라 윈프리

사생아로 태어났다. 9세 때 사촌 오빠로부터 성폭행당했다. 14세 때 미혼모가 되고, 그 아들이 2주 후 죽었다. 어머니의 남자 친구나 친척 아저씨 등에게 끊임없는 성적 학대를 받았다. 가출하여 마약을 했고, 한때는 107kg의 고도 비만의 몸매로 고생하는 등 악전고투했다.

이처럼 어둡고 불우했던 어린 시절이 어디에 또 있을까? 그녀는 이걸 극복했다. '오프라 윈프리쇼' 진행자로 세계에서 가장 영향력 있는 여성으로 불리었다. 세계가 주시하는 눈부신 존재로 우뚝 섰다. 그녀는 성공 비결로 독서와 '감사일기'를 들고 있다. 하루 중 감사한 일 다섯 가지를 하루도 거르지 않고 적었다.

## 송명희 시인

1963년 서울 출생으로 의사의 실수로 뇌성마비 장애를 얻었다. 초등학교 문턱조차 밟지 못했고, 목 디스크로 전신 마비가 되었고 온몸의 통증으로 고통받고 있다. 그 사이 저서 25권을 출간했고, 200편이 넘는 찬양곡을 지었다. 다음은 송명희 시인의 고백이다.

"아픈 것도 감사합니다. 아파서 돈에 대한 욕심이 더 없어져 주변을 더 돌아보게 하시니 감사합니다. 병이 길고 깊으면 살고 싶은 생각보다 죽음이 두렵지 않아 감사합니다. 삶에 애착이 없어서 비굴하지 않아 감사합니다. 마음이 세상에 없으니 세상보다 천국을 보고 땅에 연연하기보다 하늘 볼 수 있어 감사합니다. 하나님만 의지하고 있습니다. 나면서부터 의사들이 죽는다고 하는 말을 수십 번 들어 별로 생각 안 하고 있습니다. 내가 병원 믿고 살았으면 벌써 세상에 없었을 것입니다. 살면 기회고 죽으면 천국이라 감사합니다."

이 세 사람의 공통점이 많다. 그중 두 가지를 찾아보면 하나는, 감사로 인생 최고 최대의 위기를 극복했다는 점이다. 또 하나는, 진정한 그리스도인이라는 점이다. 진실로 믿음의 사람이다. 여러분은 이 세 사람보다 삶의 조건에서 월등하다. 세계에는 오늘도 마실 물이 없고, 먹을 음식이 없어 죽어가는(죽을 때까지 굶는) 이들로 즐비하다.

## |항상 감사하며 살 수 있을까?|

'다 안다.'고 생각하는 사람은 더 이상 배우지 않는다. 건강한 사람은 죽음을 생각하지 않는다. 교만한 사람은 더 이상 감사해하지 않는다. 항상 감사하며 살 수 있을까? 있다. 어렵지 않다. 연습하면 된다. 연습은 바보라도 천재로 만든다. 반복 연습은 더 빨리 반응할 수 있게 하고 성공 개연성을 성큼 높인다. 의도적, 계획적으로 연습하는 것이다. 그렇게 살겠다고 자신과 결단하는 것이다. 그리하여 감사가 생활의 루틴이 되도록, 습관이 되도록 만들어놓는 것이다.

> "항상 기뻐하라
>
> 쉬지 말고 기도하라
>
> 범사에 감사하라
>
> 이것이 그리스도 예수 안에서
>
> 너희를 향하신 하나님의 뜻이니라"
>
> — 데살로니가전서 5 : 16~18

## |감사 십계명|

### (1) 생각이 곧 감사다.

생각(Think)과 감사(Thank)는 어원이 같다. 깊은 생각이 감사를 불러일으킨다.

### (2) 작은 것부터 감사하라.

바다도 작은 물방울부터 시작되었다. 아주 사소하고 작아 보이는 것에 먼저 감사하라. 그러면 큰 감사 거리를 만나게 된다.

### (3) 자신에게 감사하라.
성 어거스틴은 이런 말을 남겼다.

"인간은 높은 산과 태양과 별들을 보고 감탄하면서
정작 자신에 대해서는 감탄하지 않는다."

자신에게 감사하는 것은 매우 중요하다.

### (4) 일상을 감사하라.
숨을 쉬거나 맑은 하늘을 보는 것처럼 관심을 가지지 않으면 절대 할 수 없는 감사가 어려운 감사이다.

### (5) 문제를 감사하라.
문제에는 항상 해결책도 있게 마련이다.

### (6) 더불어 감사하라.
장작도 함께 쌓여 있을 때 더 잘 타는 법이다. 가족끼리 감사를 나누면 30배, 60배, 100배의 결실로 돌아온다.

### (7) 그럼에도 불구하고 감사하라.
결과를 보고 감사하지 말라. 문제 앞에서 드리는 감사가 아름답다.

### (8) 잠들기 전 시간에 감사하라.
대부분의 사람들이 짜증과 걱정을 안고 잠자리에 든다. 잠들기 전의 감사는 영혼의 청소가 된다.

### (9) 감사의 능력을 믿고 감사하라.
감사에는 메아리 효과가 있다. 감사하면 감사한 대로 이루어진다.

**(10) 모든 것에 감사하라.**

당신의 삶에서 은혜와 감사가 아닌 것은 단 한가지도 없다.

– '나이스 데이' 추천 / 2025. 3. 15. 07 : 44 / 페이스북에서

불평불만이 가득한 사람은 결코 행복할 수도, 거룩할 수도 없다. 감사로 아침을 열고 감사로 하루를 마무리하기를 권유드린다.

## 2. '감사' 관련 명언

### 1) 존 헨리

감사는 자부심과 자신감을 높이고
변화나 위기에 대한 대처 능력을 증진시킨다.
감사는 최고의 항암제요 해독제요 방부제다.

### 2) 데살로니가전서 5 : 16~18

항상 기뻐하라 쉬지 말고 기도하라
범사에 감사하라 이것이 그리스도 예수 안에서
너희를 향하신 하나님의 뜻이니라

### 3) 존 밀러

사람이 얼마나 행복한가는 그의 감사의 깊이에 달려있다.

### 4) 빅터 프랭클

어떤 환경에서도 감사 제목은 있다.

### 5) 마르쿠스 툴리우스 키케로

감사는 미덕 중 가장 위대할 뿐만 아니라,
다른 모든 미덕의 어머니다.

### 6) 안네 프랑크

감사할 줄 모르는 사람은 결코 행복할 수 없다.

## 7) 해롤드 쾨니히와 데이비드 라슨(1998년 듀크대학병원의 연구 결과)

매일 감사하며 사는 사람들은,

그렇지 않은 사람들보다 7년을 더 오래 산다.


## 8) 세르반테스

인간이 범하는 가장 큰 죄는 감사할 줄 모르는 것이다.

지옥은 배은망덕한 무리들로 가득 차 있다.


## 9) 마르셀 프루스트

우리를 행복하게 해주는 사람들에게 감사하라.

그들은 우리의 영혼이 활짝 꽃피게 하는 유쾌한 정원사들이다.


## 10) 데이비드 스테인들 레이스트

행복이 우리를 감사하게 만드는 것이 아니라,

감사함이 우리를 행복하게 만든다.

## 11) 탈무드

세상에서 가장 사랑받는 사람은 모든 사람을 칭찬하는 사람이요,

가장 행복한 사람은 감사하는 사람이다.


## 12) 데일 카네기

감사하는 말은 길들여지는 것이다.

그러므로 아이들에게 그것을 가르쳐 주어야만 한다.


## 13) 마리아 몬테소리

감사하는 마음은 아이들의 마음을 키우는 가장 좋은 방법이다.

### 14) 마크 앤서니

매일 감사할 일을 세 가지 이상 찾아보세요.
그러면 당신의 삶은 더욱 풍요롭고 행복해질 것입니다.

### 15) 조셉 머피

하루 한 번 자신이 받은 모든 은혜에 감사하라.
그러면 은혜가 끊이지 않을 것이다.

### 16) 빅토르 위고

세상에서 가장 큰 죄악은 감사하지 않는 것이다.

### 17) 로이 T. 베넷

감사의 마음은 어떤 상황에서도 행복을 발견하는 비결이다.

### 18) 프랜시스 베이컨

감사는 가장 확실한 기쁨의 원천이다.

### 19) 알렉산더 스미스

감사는 삶의 모든 순간을 축복으로 만든다.

### 20) 마르쿠스 툴리우스 키케로

감사의 마음은 삶의 모든 것을 변화시킨다.

### 21) 존 록펠러

감사는 관계를 강화하는 강력한 도구이다.
당신이 다른 사람에게 감사할 때
당신은 그들과 더 깊은 관계를 맺을 수 있다.

## 22) 이솝

감사는 우리의 축복을 두 배로 만든다.

## 23) 탈무드

세상에서 가장 지혜로운 사람은 배우는 사람이고,

세상에서 가장 행복한 사람은 감사하며 사는 사람이다.

## 24) 스피로스 J. 히아테스

그가 우리에게 어떤 것을 주시든지 간에

하나님께 감사하는 것은 마귀를 물리치는 확실한 방법이다.

## 25) 빌립 E. 하워드

시련이 아무리 크다 할지라도, 구원받은 모든 죄인들은

감사한 이유를 언제나 발견할 수 있다.

## 26) 고이크

감사는 가장 강력한 기도이다.

## 27) 찰스 스펄전

촛불을 보고 감사하면 하나님은 전등을 주시고,

전등을 보고 감사하면 달빛을,

달빛을 보고 감사하면 햇빛을,

햇빛을 보고 감사하면 하나님은 밝은 천국을 주신다.

## 28) 매튜 헨리가 강도에게 폭행당한 후 드린 감사(매사에 무한 감사)

- 전에 이런 일 없이 무사했음을 감사

- 강도가 돈만 취하고 목숨을 취하지 않음을 감사

- 내가 강도되지 않았음에 감사

## 29) 마르틴 루터

마귀의 세계에서는 감사가 없다.

## 30) 알베르트 아인슈타인

인생을 살아가는 데는 오직 두 가지 방식이 있을 뿐이다.
하나는 기적 같은 건 없다고 믿는 삶과
다른 하나는 모든 일이 기적이라고 믿는 삶이다.

## 31) J. 노리스

불행은 비교에서 비롯된다.
보다 더 좋은 상태가 안 보이면 각자는 자기 것을 좋아할 수 있으련만.

## 32) 시편 136 : 1

여호와에 감사하라
그는 선하시며 그의 인자하심이 영원함이로다

## 33) 맥더프

감사하는 영을 개발하라. 그러면 그대는 영원한 잔치를 즐길 것이다.

## 34) 노르웨이 속담

감사하는 마음에는 슬픔의 씨를 뿌릴 수 없다.

## 35) R. 크릴리

감사하는 자에게 하나님은 베푸시고 또 다른 속박을 풀어준다.

# 3. 추천 도서

1. 《평생 감사》 / 전광 / 생명의말씀사

2. 《감사》 / 이찬수 / 규장

3. 《모든 날은 감사하다》 / 김병삼 / 두란노서원

4. 《하나님 감사합니다》 / 루번 브래든호프 / 부흥과개혁사

5. 《감사 테라피》 / 크리스틴 A. 애덤스 / 성바오로출판사

6. 《감사의 기술》 / 샘 크립트리 / 생명의말씀사

7. 《소망을 이어주는 감사의 힘》 / 뇔르 C. 넬슨 / 한문화

8. 《감사의 재발견》 / 제러미 애덤 스미스 외 / 현대지성

9. 《감사는 밥이다》 / 미즈노 겐조 / 선한청지기

10. 《그래서 감사하고 그래도 감사한다》 / 남기철 / 아가페출판사

11. 《한 줄의 기적, 감사 일기》 / 양경윤 / 쌤앤파커스

12. 《감정 감사 일기》 / 정수미 / 마음연결

13. 《하루 5분 감사 일기》 / 소피아 고드킨 / 빌리버튼

14. 《생에 감사해》 / 김혜자 / 수오서재

15. 《조셉 머피 잠재의식의 힘》 / 조셉 머피 / 다산북스

16. 《더 좋은 날들이 우리에게》 / 정명 / 미다스북스

17. 《링컨, 당신을 존경합니다》 / 데일 카네기 / 함께 읽는 책

18. 《감사 나눔의 기적》 / 김남용 / 비전북

19. 《귀하의 노고에 감사드립니다》 / 서윤미 외 / 문학동네

20. 《수천억의 부를 가져오는 감사의 힘》 샤넬 서 / BG북갤러리

14장

용서

# 1. 들어가며

## | 그런 이야기들 |

　용서란 무엇인가? 지은 죄나 잘못에 대하여 꾸짖거나 벌하지 아니하고 덮어주는 것이다. 모든 생명체는 행복을 추구한다. 인간은 더욱 그러하다. 하지만 마음이 분노, 원한, 복수심, 미움, 질투 등 부정적이고 파괴적인 감정에 갇혀 버리면 결코 행복에 이를 수 없다.

　용서는 이 모든 부정적인 감정들을 극복하는 최고 최선의 방법이다.

　그러나 어디 용서가 쉬운 일인가? 상처가 깊으면 고통이 선명하고 오래 간다. 잊혀지지 않고 잊을 수도 없다. 상식으로는 도저히 설명할 수 없는 무자비한 폭력, 부모의 부당한 어린 자녀 학대, 은혜를 원수로 갚는 배신, 애지중지 키운 외동 아들에게 가정에서 온갖 폭행과 학대를 당하는 노인 부부, 형제를 살해한 독재자, 지금까지 알뜰살뜰 모은 전 재산을 훔쳐 간 사기꾼, 스승에게 폭행 폭언하는 제자……

　상상만으로도 분노와 복수의 감정들이 불이 일듯이 일어나지 않는가?

　자연스러운 반응이다. 그러나 이 세상 다할 때까지 이 상태로 살아가야 하나? 이게 지혜롭고 진정 나에게 유익한 선택인가? 나는 용서와 분노 중 어느 걸 택해야 하나?

　그렇다. 용서는 매우 어렵다. 누구에게는 불가능한 일이다. 용서는 저절로 일어나지 않는다. 자연인 중 용서할 수 있는 능력을 가진 이는 매우 드물다. 왜냐하면, 용서하는 데에는 연습과 능력이 필요하기 때문이다. 먼저, 의식의 도약, 즉 높은 통찰력이 필수다. 사물과 현상을 읽고 재해석해내는 이전과는 다른 안목이 요구된다. 의식의 변화 없이는 통찰이 불가능하고, 통찰 없이는 용서는 불가능하다. 심리학에서는 무관용과 비난을 투사(投射)로 설명한다. 자신에게도 있는 문제를 남에게 전가시켜 마음의 짐을 더는 '도피 기제'라고 한다.

한국인은 대부분 성급하다. 느긋하게 기다릴 줄 모른다. 어릴 때부터 과정 목표가 아닌 결과 목표에 길들여져 왔기 때문이다. 일례로, 오랜 친구인 A와 B의 '우정 통장' 잔고는 1,000억 원이다. 그런데 B가 A의 통장 잔고에서 5,000만 원을 빼가면 바로 절연해 버리는 경우가 지나치게 많다. 아직도 999억 5,000만 원이라는 거금이 고스란히 남아 있는 데도. 그 오랫동안 쌓아온 우정인데도. 소중한 인간관계를 유지하는 최고의 비결은 인내다. 자기 자신과도 다투는데, 남과의 충돌은 자연스러운 일이 아닌가?

용서에는 연습도 필요하다. 이미 익숙한 것은 더 이상 연습하지 않는다. 새롭고 낯선 것 중 꼭 필요하다고 여기는 걸 연습한다. 이 과정에서 뇌는 격렬하게 저항한다. 새것을 익혀 나의 능력으로 만들기 위해선 그만큼의 노력을 해야 하기에. 인간의 뇌는 이 과정이 불편하고 번거롭고 피곤하기 때문이다. 그러나 일정 시간과 일정 횟수 이상 연습해야 비로소 나의 능력이 되는 것이다.

또 용서에는 인간을 보는 새로운 관점이 요구된다. 그것은 나와 남이 타인이 아니고 같은 하나라는, 즉 자타불이(自他不二) 동체불이(同體不二)라는 관점의 전환이다. 그가 나이기에, 나와 그는 서로 다른 둘이 아니라 서로 영향을 주고받으면서 살아가는, 서로를 잊고 살아갈 수 없는, 조금만 넓게 보면 같은 존재이기에 너를 위하여 그를 용서하지 않을 수 없는 것이다. 이때 모든 사람이 불쌍한 존재라는, 사랑과 보살핌이 절실한 존재라는 걸 깨닫게 된다.

용서할 수 있는 또 한 가지 방법은 한 사람의 잘못이 그의 모든 것을 대변하지 않는다는 것을 스스로 계속 상기시키는 것이다. 과거의 흉악범이 오늘 '키다리 아저씨'로 되어 있을 수 있다. '죄는 미워하되 사람은 미워하지 말라.'는 가르침과 맥락을 같이 하고 있다. 빅토르 위고의 소설 《레 미제라블》의 주인공 장발장처럼.

하버드 의대 조지 베일런트 교수는 '행복학 분야'의 세계적인 석학이다. 그는 용서를 위해 감정 이입과 미래를 그릴 수 있는 능력이 필요하다고 한다. 과거 일에 얽매이기보다는, 보다 나은 미래를 향하는 마음이 용서를 가능하게 한다고 들려준다. 또 용서는 안정감을 주는 부교감신경계를 활성화해 혈압을 낮추고 심장병 위험을 감소시킨다. 그 일이 과거에 머물러 있음을 인식하고 자신을 아끼고 사랑하는 마음이 필요하다.

사람은 본능적으로 자기 자신을 사랑한다. 용서의 주체는 '나'다. 용서 여부는 나의 '자유 의지(Free Will)'가 결정한다. 그러면 나는 용서해야 하는가, 분노해야 하는가? 복수심을 놓아 주는 것은 자신을 속박하던 사슬을 풀어주는 것과 같다.

용서는 자기 치유의 본질이다. 달라이 라마는 "용서는 자기 자신에게 베푸는 가장 큰 자비이자 사랑이다."라고 하였다.

예수님은 상대가 진정으로 회개할 때 즉시 용서하라고 말씀하셨다. 그리고 주홍같이 붉은 죄로 가득한 죄인도 회개하면 양털같이 깨끗하게 해주겠다고 약속하셨다. 심지어 그 죄를 생각조차 하지 않겠다고, 완전하게 용서하겠다고 말씀하셨다.

## | 용서에 도움이 되는 몇 가지 통찰 |

### (1) 사람에 대한 깊은 이해와 사랑

인류가 이 지구별에 살기 시작한 이래 똑같은 사람은 한 사람도 없었다. 지금도 그렇다. 온전하게 유일하다. 희소성에서 단연 최고다. 거기다 지구에서 가장 영향력이 큰 생명체다. 만물의 영장(靈長)이다. 모든 인간은 존엄하며 그 무엇보다 가치 있다. 언제, 어디서나, 누구에게나 존중받아야 한다. 그 무엇으로도 대체할 수 없다. 용서는 이러한 이해와 태도에서 비롯된다. 인간에 대한 깊은 사랑이 용서를 이끌어내는 진정한 힘이다.

> "미움은 다툼을 일으켜도 사랑은 모든 허물을 가리느니라"
>
> − 잠언 10 : 12

### (2) 인간의 연약함에 대한 자발적 동의

사람은 근원적으로 연약하다. 세상을 살아가면서 몸, 마음, 영혼, 모두 허약하고 위태롭다. 탐욕은 여름철 비 온 후 잡초 그 이상으로 왕성한 생명력으로 우리 마음을 지배한다. 우리는 종종 이 탐욕에 넘어진다. 우리가 칭송하는 '위인'이란 그 탐욕과의 싸움에서 가까스로 승리한 사람이다. 그것도 상처투성이로. 그런데 세상에 위인이 많은가, 필부가 많은가?

### (3) 자신이 저지른 과거의 범죄와 잘못 기억하기

자신은 어떻게 살아왔는가? 그동안 지은 그 많은 폭언, 폭력, 이기심, 속임수, 거짓말, 시기심, 간음, 중상모략, 범죄로 수감된 일, 마약, 도박 등 각종 중독, 부모 학대, 보이스 피싱……. 이런 기억을 선명하게 소환하여 진정으로 회개할 때 우리는 타인을 용서하게 된다. '나는 저 사람보다 더 악한 인간이었다.'는 탄식과 함께. 과거는 지나갔지만 기억은 시퍼렇게 살아 있다. 그때 그 사람에게 저지른 온갖 잘못을, 그 사람이 감내했던 그 아픈 순간을 생각하면 가슴이 먹먹해지는 슬픔과 회한으로 어찌할 바를 몰랐던 적이 없었는가? 정말이지 많은 날은 왜 흘러갔는가?

### (4) 용서받고 사랑받은 경험 활용하기

용서는 용서를 낳고 증오는 증오를 낳는다. 나의 주홍 같은 붉은 죄를 용서해 준 그분의 관용을 떠올릴 때 감사와 함께 나도 타인의 잘못을 용서해야겠다는 마음이 일어난다. 소설은 전문서, 기술서, 실용서와 달리 직접 경험하지 않고도 공감과 배려와 용서를 길러주는 스승이다.

### (5) 그때와 지금 구별하기

내가 그에게 상처받은 시점은 그때였다. 과거였다. 지금이 아니다. 그 후 그에 대한 분노와 미움을 계속 무겁게 지고 이 세상을 걸어갈 것인가? 아니면 내려놓고 가볍고 기쁘게 걸어갈 것인가? 나의 자유 의지(Free Will)가 결정할 수 있다. 어떻게 하는 게 지혜로운가? 어느 쪽이 인생을 풍요롭게 하는가? 더군다나 그 사이 세월이 흘렀고 나도 그도 그때의 그 사람들이 아니다. 그는 새 사람이 되어 있을지도 모른다. 세상에는 장발장이 한두 명이 아니다. 즐비하다.

### (6) 예수님의 사랑과 용서 실천하기

예수님은 두 가지를 보여 주셨다. 하나는 사랑이요, 또 하나는 심판이다. 심판은 사람이 세상 떠난 후 그 영혼이 천국과 지옥 중 하나가 정해지는 것이다. 예수님의 인간에 대한 사랑은 한결같다. 끝이 없다. 무한하다. 변하지 않는다. 자신의 몸까지 내어 주신, 죽기까지 우리를 사랑하셨다. 구속의 길을 주시기 위해. 예수님의 사랑과 용서를 알게 되면 우리는 이웃을 사랑하지 않을 수 없다. 예수님의 충실한 종 미리엘 주교의 사랑과 용서에 장발장이 새사람 되었듯이 용서는 사람을 자발적으로 변화시키는 가장 강력한 특효약이다.

### (7) 결단하기와 선언하기

용서의 필요성, 당위성, 시급성을 깨달았을 때 반드시, 즉시 결단하는 게 핵심이다. 자신과 타인에게 말하는 것이다. 일종의 선언이다.

> "나는 언제나 나에게 저지른 사람들의 모든 잘못을 용서하겠습니다. 기억조차 하지 않겠습니다. 나는 오늘 나에게 잘못한 모든 이들을 용서합니다. 언제나 어떤 경우에도 감사하면서 기쁘고 즐겁게 세상을 걸어가겠습니다."

## |용서 부추기기?|

미국 철학자 제프리 머피(Jeffrie Murphy, 1940-2020)는 '용서 이전에(Before Forgiving)'(2002)에서 '용서 부추기기(Forgiveness Boosterism)'라는 용어를 사용해, 용서를 심리요법적인 기술이나 강박관념으로 받아들이는 세태를 비판했다. 그는 '용서 부추기기'가 용서를 마치 서둘러 해치워야 할 일 혹은 어떤 경우에나 적용되는 보편적인 일로 몰아감으로써, 분개라는 감정을 올바로 이해하지 못하게 방해한다고 지적했다.

스코틀랜드 신학자 존 스윈튼(John Swinton, 1957-)은 '연민 어린 분노(Raging with Compassion)'(2007)에서 '용서 부추기기'의 위험성에 대해 이렇게 말했다.

"마치 법과 규칙 또는 가치 판단 기준이라도 되는 양, 피해자들에게 용서의 소명에 귀 기울이라고 몰아세우는 것은 피해자들을 또다시 '용서의 피해자'로 만드는 것과 다름없다. 왜냐하면, 그 소명에 부응하지 못한다는 죄책감이 피해자를 더 큰 낙담과 실의에 빠뜨리기 때문이다. 용서는 어려운 일이다. 어떤 사람에게는 아예 불가능한 일이기도 하다."

- '누가 용서를 아름답다 했는가?' / 강준만 / 〈전북일보〉 / 2023. 6. 5

## |용서에 대한 오해|

조지 베일런트 교수는 용서와 구분되어야 할 몇 가지를 제시했다.

첫째, 용서는 범죄에 대한 관용을 의미하지 않는다. 불의에 대한 고발과 누군가에 대한 증오는 다르다. 둘째, 용서는 망각을 의미하지는 않는다. 과거를 통해 우리는 교훈을 얻을 수 있다. 셋째, 용서는 지나간 고통을 제거하지 않는다. 단지 미래의 고통을 제거한다. 넷째, 용서는 가해지를 너그럽게 봐주는 것을 의미하지 않는다. 용서는 가해자의 행동과 우리의 아픔이 미래에 개선될 수 있도록 기회를 준다.

## |왜 용서해야 하는가?|

우리는 왜 상대방의 잘못을 용서해야 하는가? 자기 자신을 설득하는 논리 없이 막연하게 감정적으로 용서하는 것과 명쾌한 이론으로 무장한 후 용서하는 것은 매우 다르다. 밝게 알 때 우리는 더 쉽게, 더 평온하게, 더 많이, 더 자주, 더 규칙적으로 상대방을 용서할 수 있다. 아래의 글에서 용서해야 하는 이유를 밝게 알고, 기쁘게 실천해보자. 2024년 9월 21일 19 : 21, 축구 카페 [I love

Soccer]에 '나이스 데이'님이 올린 글이다. 출처는 '좋은 글 중에서'라고 밝히고 있다.

용서하지 않으면 안 되는 이유는 이러하다.

용서만이 살길이다. 세 가지 이유로 그렇다.

첫째, 용서하지 않으면 그 분노와 미움이 독(毒)이 되어 본인을 해치기 때문이다. 용서의 길을 몰라서 화병(火病)이 들어 죽는 경우를 많이 본다. 다 그런 것은 아니지만 지독한 미움이 암(癌)의 원인이 되기도 한다고 한다. 미움의 독을 해독할 수 있는 길이 바로 용서다. 하버드 대학의 미틀만 박사의 연구에 따르면 화를 자주 내는 사람들이 그렇지 않은 사람들에 비해 심장마비를 일으킬 위험이 두 배나 높다고 한다. 화를 내는 것이 생명의 단축을 가져온다는 사실은 여러 가지 실험 결과로 입증되고 있다.

둘째, 용서해야 속박에서 자유로워진다. 신약에서 가장 빈번하게 사용된 '용서'라는 그리스어 단어를 문자 그대로 풀어보면 '자신을 풀어주다, 멀리 놓아주다, 자유케 하다.'라는 뜻이다.

상처가 영원히 아물지 못하도록 과거에 매달려 수없이 되뇌며 딱지가 앉기 무섭게 뜯어내는 것이 바로 '원한'이다. 미국으로 이민한 한 랍비가 이런 고백을 했다고 한다.

"미국에 오기 전에 아돌프 히틀러를 용서해야 했습니다. 새 나라에까지 히틀러를 품고 오고 싶지 않았습니다."

용서를 통해서 '치유'받는 최초의 사람은 바로 '용서하는 자'이다. 진실한 용서는 포로에서 자유를 준다. 용서를 하고 나면 자기가 풀어준 '포로'가 바로 '자신'이었음을 깨닫게 된다.

셋째, 용서가 죄의 악순환을 끊는 길이며 서로가 사는 상생(相生)의 길이다. 용서만이 복수와 원한의 사슬을 끊고 모두가 함께 살 수 있게 해준다.

그러기에 바오로 사도는 다음과 같이 권하는 것이다.

"여러분을 박해하는 자들을 축복하십시오. 저주하지 말고 축복해 주십시오."

용서하기 전에는 두 개의 무거운 짐이 존재한다. 즉 한 사람은 '죄의 무거운 짐'을

지고 있고, 한 사람은 '원망의 무거운 짐'을 지고 있다. 용서는 그 두 사람을 모두
자유롭게 한다.

## 2. '용서' 관련 명언

### 1) 에이브러햄 링컨

나는 나를 부당하게 비판하는 사람들도 용서하겠다.

남은 물론 나 자신도 용서하겠다.

내가 저지른 모든 실수, 모든 착오, 모든 좌절까지도.

### 2) 에이브러햄 링컨 대통령의 좌우명

나는 오늘을 용서하는 마음으로 맞이하겠다.

### 3) 조지 허버트

용서하지 않는 사람은 자기가 통과해야 할 다리를 파괴하는 사람이다.

### 4) 조시아 베일리

가장 많이 용서하는 사람은, 가장 많이 용서함을 받을 사람이다.

### 5) 조쉬 빌링스

용서만큼 완벽한 복수는 없다.

### 6) 미셸 드 몽테뉴

용서는 복수보다 훨씬 더 큰 승리이다.

### 7) C. S. 루이스

그리스도인이 된다고 하는 것은

용서할 수 없는 죄를 용서하는 것이다.

## 8) 마하트마 간디

용서는 사랑의 가장 강력한 표현이다.

## 9) 루이스 B. 스미스

용서는 우리의 영혼을 치유하는 열쇠이다.

## 10) 넬슨 만델라

용서는 자신에게 자유를 주는 것이다.

## 11) 캐롤라인 마이스

용서는 과거의 고통을 놓아주는 행위이다.

## 12) 루이스 슘베데스

진정으로 용서하면 우리는 포로에게 자유를 주게 된다.
그러고 나면 우리가 풀어준 포로가 바로 우리 자신이었음을 깨닫게 된다.

## 13) 제임스 E. 퍼우 스토

용서는 가장 강력한 치료제이다.

## 14) 톨로레스 우에르따

만약 어떤 것에 대해 자신을 용서하지 않는다면,
어떻게 남을 용서할 수 있겠는가?

## 15) 네이티브 아메리칸 속담

용서하지 않는 것은 내가 독을 마시고 상대방이 죽기를 바라는 것과 같다.

## 16) 윌리엄 B. 어빈

용서하지 않는 것은 스스로를 고문하는 것과 같다.

## 17) 마하트마 간디

용서는 약한 자가 아닌, 강한 자의 특권이다.

## 18) 프랜시스 베이컨

복수할 때 인간은 적과 같은 수준이 된다.

그러나 용서할 때 그는 적보다 우월해진다.

## 19) 파울로 코엘료

용서는 분노를 놓아주는 선택이다.

## 20) 마더 테레사 비석에 새겨져 있는 글

용서하라. 그러면 당신도 용서받을 것이다.

## 21) 릭 워렌

상처를 준 사람이 용서를 구할 때까지 기다리지 마라.

용서는 그들이 아니라 당신 자신을 위한 것이기 때문이다.

## 22) 토머스 사즈

어리석은 자는 용서하지도 잊지도 않는다.

순진한 자는 용서하고 잊는다. 현명한 자는 용서하지만 잊지 않는다.

## 23) 마르린 디히트리

일단 여인이 자기 남자를 용서했다면,

아침 식사 시간에 그 남자의 죄악을 다시 뜨겁게 데우면 안 된다.

## 24) 오스카 와일드

처음에 아이들은 부모를 사랑한다. 자라면서 부모에게 원망도 한다.

때로 부모를 용서해야만 한다.

25) **알렉산더 포프**

사람은 잘못을 저지르고, 신은 용서한다.

26) **윌리엄 블레이크**

친구를 용서하는 것보다 적을 용서하는 것이 더 쉽다.

27) **스트라빈스키**

죄는 취소될 수 없다. 용서될 뿐이다.

28) **세네카**

용서를 받으려면 먼저 용서하라.

29) **마태복음 6 : 15**

너희가 사람의 잘못을 용서하지 아니하면
너희 아버지께서도 너희 잘못을 용서하지 아니하시리라

30) **마태복음 18 : 21~22**

그때 베드로가 나아와 이르되
주여 형제가 내게 죄를 범하면 몇 번이나 용서하여 주리이까
일곱 번까지 하오리이까
예수께서 이르시되
네게 이르노니 일곱 번뿐 아니라
일곱 번을 일흔 번까지라도 할지니라

31) **에베소서 4 : 32**

서로 친절하게 하며 불쌍히 여기며 서로 용서하기를
하나님이 그리스도 안에서 너희를 용서하심과 같이하라

32) **마태복음 5 : 44**

너희 원수를 사랑하며 너희를 박해하는 자를 위하여 기도하라

33) **요한복음 13 : 34**

서로 사랑하라

내가 너희를 사랑한 것 같이 너희도 서로 사랑하라

34) **요한복음 8 : 7**

그들이 묻기를 마지 아니하는지라

이에 일어나 이르시되

너희 중에 죄 없는 자가 먼저 돌로 치라 하시고

35) **고타마 싯다르타**

약한 사람은 복수심에 사로잡히고, 강한 사람은 용서할 줄 알며,

현명한 사람은 이내 상관하지 않는다.

36) **웨인 다이어**

당신이 다른 사람을 심판하는 것은

당신이 그 사람을 이해하지 못한다는 것을 보여 준다.

37) **윌리엄 셰익스피어**

남의 잘못에 대해 관용하라.

오늘 저지른 남의 잘못은 어제 저지른 내 잘못이었음을 생각하라.

38) **아우구스티누스**

타인의 많은 것을 용서하라.

그리고 자신에 대해서는 아무것도 용서하지 말라.

## 39) 소학

사람을 꾸짖는 마음으로 자기를 책하고,

자기를 용서하는 마음으로 사람을 용서하라.

## 40) 파울 뵈세

용서는 과거를 변화시킬 수 없다. 그러나 미래를 넓혀준다.

# 3. 추천 도서

1. 《용서, 우리 모두의 치유와 행복으로 가는 길》 / 제럴드 G. 잼플스키

2. 《왜 용서해야 하는가》 / 요한 크리스토프 아놀드 / 포이에마

3. 《부모 용서하기》 / 레슬리 필즈 / 규장

4. 《팀 켈러의 용서를 배우다》 / 팀 켈러 / 두란노서원

5. 《용서에 대하여》 / 강남순 / 동녘

6. 《심리학이 만난 예수》 / 이나미 / 이랑

7. 《용서의 복음》 / 하도균 / 소망

8. 《용서로 가는 네 가지 길》 / 어슐러 K. 르 귄 / 시공사

9. 《하나님의 사랑과 용서를 체험하는 방법》 / 빌 브라이트 / 순출판사

10. 《베풂과 용서》 / 미로슬라브 볼프 / 복있는사람

11. 《부모를 용서하기 나를 용서하기》 / 데이빗 스툽 외 / 예수전도단

12. 《용서 : 은혜를 시험하는 자리》 / 필립 얀시 / IVP

13. 《용서》 / 달라이 라마 / 오래된 미래

14. 《나는 너를 용서할 수 있을까》 / 가타다 다마미 / 이어달리기

15. 《용서하지 않을 권리》 / 김태경 / 웨일북

16. 《모든 용서는 아름다운가》 / 시몬 비젠탈 / 뜨인돌

17. 《레 미제라블》 / 빅토르 위고

15장

# 인격

# 1. 들어가며

"참 인격자를 헤아리는 척도는 여러 가지다.
그중에서도 틀림이 없는 것은 그 인간이 손아랫사람을
어떻게 대하는가, 그 모습을 지켜보는 것이다."

– 사무엘 스마일스

## | 인격이란? |

사람에게는 인격이 있다. 모든 물질에는 물격이 있다. 물에는 수격이, 땅에는 지격이 있다. 이때 격은 '수준'을 말한다. 고매한 인격과 가증스러운 인격이 있다. 인격이란 무엇인가? 사람으로서의 품격이다. 형사학상, 신체적 특성을 제외한 인간의 정신적·심적 특성의 전체를 의미한다. 생물학적 및 환경적 요인이 영향을 미치는 상호 연관된 행동, 인지 및 감정 상태의 모음이다.

## | 인격을 결정하는 요소 |

인격은 이성 감정 의지로 구성되어 있다. 인격 수준은 사람마다 다르다.

그러면 인격을 결정짓는 요소는 무엇인가? 구체적일수록 자세히 알 수 있다. 아래의 10가지 요소는 인격을 결정하는 결정적이고 확정적인 요소다. 인격을 향상시키는 자세하고도 효과적인 방법이기도 하다. 자신의 현재 수준과 비교 분석하면서 읽어보기 바란다. 인격 역시 변화, 발전할 수 있다. 타고난 요소보다 후천적 노력이 인격 형성에 훨씬 더 중요하다.

다음은 블로그 【Pwlife】의 '인간의 고매한 인격을 결정하는 요소'라는 글 중에서 요약한 것이다. 명쾌하게 정리되어 있다. 인간의 인격은 단순히 외적 행동이나 사회적 지위에 그치지 않고, 내면의 깊이와 가치관에서 비롯된다. 고결한 인격은 삶의 질을 높이고, 타인과의 관계를 풍요롭게 만들어주는 중요한 요소다.

### (1) 정직과 신뢰

정직이란 말과 행동이 일치하는 것을 말한다. 한마디로 자신과 남을 속이지 않는 것이다. 신뢰는 정직에서 출발한다. 정직한 사람은 자신의 결점을 인정하고, 타인과의 관계에서 투명성을 유지한다.

### (2) 존중과 배려

상대방의 감정과 의견을 존중하며, 배려심 깊은 행동을 통해 신뢰와 존경을 얻는다.

### (3) 자기통제와 인내

감정이나 충동을 조절하고, 어려운 상황에서도 침착함을 유지하는 것은 내면의 강인함을 보여준다.

### (4) 책임감

자신의 행동과 결정에 대해 책임을 지며, 약속을 지키고, 맡은 일을 성실히 수행하는 태도는 신뢰를 주고, 인격을 높이는 데 기여한다.

### (5) 공감과 이해

타인의 감정을 이해하고 공감하는 사람은 타인의 입장에서 생각하고, 그들의 감정을 진심으로 이해하려는 노력을 기울인다. 이는 관계를 깊이 있게 만들고, 상호 이해와 존중을 증진시킨다.

### (6) 겸손과 자아 인식

자신의 강점과 약점을 정확히 인식하고, 자만하지 않으며, 타인의 기여를 인정하는 태도는 인격을 높이고, 주변 사람들에게 긍정적인 영향을 미친다.

### (7) 도덕성과 윤리
정직, 공정, 그리고 도덕적 기준을 지키는 것은 자신과 타인에게 긍정적인 영향을 미치며, 신뢰를 구축하는 데 도움이 된다.

### (8) 지속적인 배움과 성장
새로운 지식을 추구하고, 자기 자신을 끊임없이 발전시키려는 노력은 내면의 깊이를 더하고, 삶의 질을 향상시킨다.

### (9) 공정성과 정의감
타인을 공정하게 대하고, 정의를 지키기 위해 노력하는 태도는 존경받는 인격을 형성하고, 사회적 신뢰를 얻는 데 기여한다.

324

### (10) 긍정적인 태도와 유머 감각
어려운 상황에서도 긍정적으로 생각하고, 유머를 통해 사람들과의 관계를 부드럽게 만드는 것은 고매한 인격의 중요한 특징이다.


## | 그 사람의 인격을 어떻게 알 수 있는가? |

사람의 인격 수준은 말과 행동 그리고 그 속에 숨어 있는 의도를 통해 알 수 있다. 처음부터 파악할 수 있는 경우도 있고, 여러 번 또는 그 이상 만나야 알 수 있는 경우도 있다. 그리고 특수한 상황에서는 보다 적확하고도 빠르게 알 수 있다. 그 상황은 이러하다.

이해관계가 충돌할 때, 갑자기 부자가 되거나 가난해질 때, 함께 고스톱을 칠 때, 사소한 일로 다툴 때, 식사할 때(배려심 정도가 드러난다. 인격이 낮은 사람은 맛있는 음식을 먼저 그리고 많이 먹으려고 하나, 인격자는 상대가 많이 먹도록 배려한다), 문득 높은 자리에 올라갔을 때, 배가 아주 고플 때(사람이 원초적으로 변한다. 이때 성품이 아니라 성질이 드러난다), 같이 술을 마셔 취할 때, 극도로 피곤할 때 등이다. 감추거나, 속이거나, 숨길 수 없다. 바로 드러난다.

## | 누구와 사귈 것인가? |

인격자와 사귀어야 한다. 사람은 사람에게서 가장 크게 영향을 받는다. 가장 많이 만나는 사람이 가족, 또래 집단(친구), 회사 동료다. 가족은 운명이지만 친구와 회사 동료는 가려 사귈 수 있다.

어떤 사람과 교제해야 하나? 앞의 **| 인격을 결정하는 요소 |** 를 가능한 많이 소유하고 있는 사람이 아닐까?

끼리끼리 만난다. 비슷한 사람끼리 패거리를 짓는다. 도둑놈은 도둑놈끼리, 사기꾼은 사기꾼끼리, 자원봉사자는 자원봉사자와 만나 교제한다. 자신의 현재 상태는 그가 만나는 사람들의 수준과 비례한다.

새롭게 시작하고 성장하고 싶은가? 지금 만나는 사람을 내 힘으로 변화시키는 건 불가능하다. 과거와 결별하고 새로운 사람을 만나면 된다.

찾아라. 그런 사람들이 주위에 있다. 그리고 이들 중 멘토가 될만한 사람에게 중요 과제가 생길 때마다 상담을 하면 놀랍고 효과적인 해결 방안도 얻을 수 있을 것이다. 의논하는 사람은 드물다. 혼자 판단하고 선택하여 일을 그르치는 사람은 즐비하다. 항우는 고집으로 자멸했다.

## | 인격의 최고 덕목, 사랑 |

히말라야산맥에는 8,000m가 넘는 산이 14좌 있다. 그중 최고봉은 에베레스트다. 인격의 덕목은 여럿 있다. 그중에서 최고 덕목은 사랑이다. 사랑은 스스로 낮아져서 타인을 향한다. 그들을 섬긴다. 탐욕은 자기 자신에게로 향한다. 사랑은 온갖 허물을 덮는다. 사랑은 사람을 변화시키는 가장 강력한 무기다.

> "내가 사람의 방언과 천사의 말을 할지라도
> 사랑이 없으면 소리 나는 구리와 울리는 꽹과리가 되고"
>
> — 고린도전서 13 : 1

> "그런즉 믿음, 소망, 사랑, 이 세 가지는 항상 있을 것인데
> 그 중의 제일은 사랑이라"
>
> — 고린도전서 13 : 13

## |행복과 인격은 정비례 관계다|

인격은 현재의 행복과 미래의 운명을 결정 짓는 핵심 요소다.

인격자는 정직하다. 자신의 잘못을 부끄러워하며, 즉시 고치려고 힘써 노력한다. 점점 더 거룩한 삶을 만들어 가게 된다. 반면에 의식 수준이 낮은 사람은 감정의 기복이 수시로 일어난다. 온갖 이유를 갖다 붙이며 끊임없이 변명한다. 약속을 지키지 않는다. 자신의 말과 행동에 대해 책임지지 않는다. 거짓말을 태연하게 한다. 롤러코스터를 탄 것처럼 하루에도 행복 상태에서 우울, 분노, 불평, 무기력 상태로 몇 번이나 왔다 갔다 한다. 행복을 평정하게 누리지 못한다. 타인을 속인다. 수입 염소를 토종 염소로 속여 팔아 돈을 번다. '한우가 아니면 1억 보상'이라는 현수막을 걸고 영업하다 적발되어 블랙 코미디를 연출하기도 한다. 외국인 노동자들에게 임금 체불하거나 아예 주지 않는다.

인격 수준이 낮다는 건 의식 수준이 바닥이라는 것이다. 이들은 영적으로 무지하다. 온갖 잘못과 범죄를 저지른다. 그러면서도 사람들 앞에서는 인격자인 양 근엄하게 말하고 표정 짓는다. 가증스러운 위선이 따로 없다.

행복은 인격의 기초 위에서 만들어지고 지속된다.

행복하고 싶은가? 그것도 오래오래? 그 비결은 인격 수양에 있다. 인간은 신

에 근접하는 사랑을 가질 수도, 동물 그 이상의 이기심을 가질 수도 있다. 그리고 지나간 과거는 불러올 수 없으니 지금부터 인격 도야로 행복을 만들어 가자. 인격자가 아니면 내면으로부터 우러나오는 진정한 행복을 누릴 수 없다. 인격과 행복은 언제, 어디서나, 누구에게나 정비례한다.

## 2. '인격' 관련 명언

### 1) 칼 세이건 《코스모스》 중에서

그대 곁에 있는 사람은 신의 축복입니다.

수십억 수백 년의 우주 시간 속에 바로 지금,

그리고 무한한 우주 속의 은하계,

같은 태양계, 같은 행성, 같은 나라 그리고 같은 장소에서

당신을 만난 것은 1조에 1조 배를 곱하고 다시 10억을 곱한

확률보다 작은 우연이기 때문입니다.

### 2) 골로새서 3 : 23

무슨 일을 하든지 마음을 다하여 주께 하듯 하고

사람에게 하듯 하지 말라

### 3) 아시시의 프란시스

거룩한 복종은 모든 이기적인 욕망을 수치스럽게 만든다.

그것은 저급한 본성을 억제하여 성령과 이웃을 위해 섬기도록 만든다.

### 4) 헨리 벤 다이크

당신이 세상에 있을 때 소유하게 된 것은

당신이 죽는 날에 다른 어떤 이의 소유가 되지만,

당신이 개선한 당신의 인격은

영원히 당신의 것이 된다는 사실을 명심하라.

### 5) 플루타아크

어린이들은 장난으로 돌을 던지지만 개구리들은 진지하게 죽어간다.

## 6) 아리스토텔레스

위대한 영혼을 가진 이는

욕망을 채우려는 세속적인 일들로 경쟁하지 않는다.

그는 게으름을 피우며 천천히 움직인다.

## 7) 중용

군자는 홀로 있을 때마저도 삼가야 한다.

군자 신기독야(君子 愼其独也)

## 8) 로버트 잉거솔

권리를 줘보면 인격을 안다.

## 9) 피일딩

양심이야말로 매수할 수 없는 유일한 고발자다.

## 10) 아나찰시스

사람의 가장 큰 적은 무엇인가? 사람의 가상 큰 석은 사기 사신이나.

## 11) 공자

군자는 생각이 다른 사람과 화목하게 지내고,

소인은 그릇이 비슷한 사람끼리 다투며 지낸다.

## 12) 토마스 아 켐피스

불은 강철을 시험하고, 유혹은 올바른 사람을 시험한다.

## 13) 헨리 와드 비처

자기 자신에 대해서, 다른 사람들이 기대하는 것보다,

더 높은 기준을 적용하라.

## 14) 델포이의 '아폴론 신전'에 새겨져 있는 교훈

너 자신을 알라.

## 15) 가브리엘 마르케스

인간은 어머니 뱃속에서 태어나는 날,
그날 한 번만 태어나는 게 아니다.
삶은 끊임없이 인간에게 새롭게 태어나도록 요구한다.

## 16) 워런 버핏

정직은 아주 비싼 재능이다. 싸구려 인간들에게는 기대하지 마라.

## 17) 앤드류 카네기

신의가 없으면 능력이 아무리 뛰어나도 쓸모없다.

## 18) 락탄티우스

인간에게 있어 절제는 칭송받아 마땅하다.
그것은 자연적으로 생기는 것이 아니라
의지를 통해 훈련되는 것이기 때문이다.

## 19) 존 쿨리마쿠스

탐욕은 사람이 치유할 수 있고, 악의는 천사가 치유할 수 있다.
하지만 교만은 하나님밖에 치료할 수 없다.

## 20) 잠언 16 : 18

교만은 패배의 선봉이요 거만한 마음은 넘어짐의 앞잡이니라

## 21) 빅터 프랭클

행복과 성공은 목표가 아니다. 성실과 정직의 한 결과일 뿐이다.

22) **칼빈**

명예를 최고로 여기면 야심이 그 사람을 장악한다.
돈을 최고로 여기면 탐욕이 하나님 나라를 점령한다.
쾌락을 최고로 여기면 그 사람은 방종에 빠진다.

23) **헨리 데이비드 소로**

간소하게, 간소하게, 간소하게 살라.
제발 바라건대, 여러분의 일을 두 가지나 세 가지로 줄일 것이며,
백 가지나 천 가지가 되도록 하지 말라.
백만 대신에 다섯이나 여섯까지만 셀 것이며,
계산은 엄지손톱에 할 수 있도록 하라.

24) **부커 워싱턴**

나는 어떤 사람을 미워함으로써
내 영혼을 깎아내리는 따위의 일을 하지 않을 것이다.

25) **진산 곽종육**

봉사는 하늘이 인간에게 준 가장 소중한 선물이다.

26) **마거릿 조**

때때로 우리가 작고 미미한 방식으로 베푼 관대함이
누군가의 인생을 영원히 바꿔 놓을 수 있다.

27) **랄프 왈도 에머슨**

위대한 사람은 기꺼이 자신을 낮춘다.

28) **플라톤**

사람들이 당신에 대해 악평을 한다면,

아무도 그들의 말을 믿지 않도록 살아라.

## 29) 볼테르

자기가 똑똑하다고 생각하는 사람은 더할 나위 없는 바보이다.

## 30) 빅토르 위고

작은 사람들은 작은 생각들로 이루어져 있다.

## 31) 생텍쥐페리

정확히 말해서 인간이 된다는 것은 책임을 지는 것이다.

## 32) 정현종

사람이 온다는 건 실은 어마어마한 일이다.
한 사람의 일생이 오기 때문이다.

## 33) 존 맥케인

인격은 운명이다.
나는 운명을 믿지 않는다. 단지 인격을 믿을 뿐이다.

## 34) 에이브러햄 링컨

사십 세가 지난 인간은 자신의 얼굴에 책임을 져야 한다.

## 35) 조정민

남을 비판하듯이 나를 비판하면 욕먹을 일이 없고,
나를 배려하듯 남을 배려하면 다툴 사람이 없다.

## 36) 프랜시스 베이컨

행복할 때의 미덕은 절제고, 역경에서의 미덕은 인내다.

## 37) 벤저민 프랭클린

받은 상처는 모래에 기록하라. 받은 은혜는 대리석에 새겨라.

## 38) 도스토옙스키

신과 악마가 싸우고 있다. 그리고 그 전쟁터야말로 사람의 마음이다.

## 39) 데이비드 호킨스

의식 수준이 높은 사람은
다른 사람에게 불친절할 필요성을 전혀 느끼지 못한다.

## 40) 조지 버나드 쇼

거짓말쟁이가 받는 벌은 사람들이 자기를 믿어주지 않는다는 것과
자기 외에는 아무도 믿을 수 없게 된다는 것이다.

## 41) 아르케시우스

숨은 인격을 비춰주는 거울이다.

## 42) 고든

용기는 대단히 중요하다. 근육과 같이 사용함으로써 강해진다.

## 43) 루소

인내는 쓰다. 그러나 그 열매는 달다.

## 44) 서양 속담

정직은 최상의 방편이다.

## 45) 유대 격언

한 생명을 구하는 것은 온 세상을 구하는 것이다.

## 46) 스티븐 코비

당신이 99명의 사람을 어떻게 대하는가는
한 사람을 어떻게 대하는가를 보면 알 수 있다.

## 47) 로스킨

잔인한 사람은 가장 약하다.
부드러움은 강한 사람에게만 기대할 수 있다.

## 48) 알베르트 아인슈타인

그들의 말을 듣지 말고, 그들의 행위에 집중하라.

## 49) 장자

군자의 사귐은 담담함이 물과 같고,
소인의 사귐은 달콤함이 단술과 같다.

## 50) 찰스 퍼커스트

가슴은, 머리가 좀처럼 보지 못하는 눈을 가지고 있다.

## 51) 나폴레온 힐

슬픔은 우리 내면에 깃든 영적인 힘을 깨닫게 한다.
악인은 슬픔이란 감정을 모른다.
슬픔을 아는 순간 그는 더 이상 악인일 수 없기 때문이다.

## 52) 파스칼

인간은 자연계에서 가장 나약하다고 볼 수 있는 갈대이다.
그러나 생각하는 갈대이다.
인간의 모든 존엄성은 생각하는 데 있다.

## 53) 윌리엄 셰익스피어

생각에 있어서 그러했듯, 행동에서 위대하라.

## 54) 인디언의 오랜 명언

그 사람의 신발을 신고 오랫동안 걸어보기 전까진
그 사람을 판단하지 마라.

## 55) 칸트

모든 사람은 자신의 행동에 대한 책임을 져야 한다.

## 56) 맹자

사람은 누구나 부끄러운 일이 없을 수 없다.
부끄러움을 모르는 그 부끄러움이야말로 정말 부끄러운 것이다.

## 57) 작자 미상

훌륭한 사과는 세 부분으로 이뤄진다.
첫째, 미안해.
둘째, 내 잘못이야.
셋째, 바로 잡으려면 어떻게 해야 할까?
대부분의 사람들은 세 번째를 잊는다.

## 58) 레프 톨스토이

물건을 사용할 때는 항상 그것이
다른 수고와 노력의 산물이라는 것을 명심해야 한다.

## 59) 탈무드

술이 머리에 들어가면 비밀이 밖으로 밀려 나간다.

# 3. 추천 도서

1. 《다정함이 인격이다》 / 김선희 / 나무생각

2. 《행복은 인격만큼 누린다》 / 김형석 / 위더북

3. 《권정생의 삶과 문학》 / 원종찬 / 창작과비평사

4. 《나의 아버지 손양원 목사》 / 손동희 / 아가페

5. 《어른 김장하 각본》 / 김현지 / 포르체

6. 《소박한 기적》 / T. T. 문다켈 / 위즈덤하우스

7. 《우리들의 하느님》 / 권정생 / 녹색평론사

8. 《공인의 품격》 / 김종성 / 유아이북스

9. 《오은영의 화해》 / 오은영 / 코리아닷컴

10. 《신경림의 시인을 찾아서》 / 신경림 / 우리교육

11. 《인격 수업》 / 오리슨 스웨트 / 행복한 작업실

12. 《인격의 제자 훈련》 / 박영선 / 복있는사람

13. 《인격은 어떻게 발달하는가》 / 칼 구스타프 융 / 부글북스

14. 《의식 혁명》 / 데이비드 호킨스 / 한문화

15. 《에고라는 적》 / 라이언 홀리데이 / 흐름출판

16. 《이것이 인간인가》 / 프리모 레비 / 돌베게

17. 《인격 장애와 성도착에서의 공격성》 / 오토 컨버그 / 한국성치료연구소

18. 《우리는 어떻게 괴물이 되어 가는가》 / 파울 페르하에허 / 반비

# 16장

# 기부, 나눔, 섬김

# 1. 들어가며

　기부 성장 나눔은 같은 방향을 바라보고 있다. 도달하고자 하는 지향점은 이웃 사랑이다. 기부란 무엇인가? 돈(물질), 마음, 재능을 단기적으로 혹은 장기적으로, 물질적인 혹은 정신적인, 직접적으로 혹은 간접적으로 주는 것이다. 이 중 돈을 기부하기가 가장 어렵다. 돈이 가장 소중하다고 생각하기 때문이다. 역으로 돈으로 조건 없이 남을 도울 수 있으면 마음과 재능 기부는 어렵지 않다.

　우리 모두는 돈에 대한 건강한 가치관을 정립해야 한다. 그래야 돈에 휘둘리지 않는다. 그 후에 사회로 나가야 한다. 그런데 거의 대부분 돈에 대한 철학이 부실하다. 이게 안 되어 있다. 돈 욕심 좌충우돌하다 생을 마감한다. 부질없는 삶에서 벗어난 인생들이 드물다. 많은 사람들이 영적으로 무지하다. 차라리 태어나지 않았으면 좋았을 인생들이 너무나 많다. 우리는 욕심으로 인해 지나치게 무지하고, 돈 욕심은 끝이 없다. 한국은 기부 후진국이다. 반면에 경제 규모는 세계 10위 내외다.

## | 그 훈훈하고 장엄한 이야기들 |

### (1) 서울에 돈을 받지 않는 병원이 있다, 무려 31년 이상

　영등포역 쪽방촌 골목에 있는 '요셉의원'이다. 성경 속에서 요셉은 야곱의 아들이다. 하루 100여 명의 환자들을 보고 있다. 행려병자 노숙인들, 의료보험에 가입돼 있다고 하더라도 비용을 지불할 수 없는 사람들이 대부분이다. 요셉의원은 1987년에 설립되었다. 초대 원장인 선우경식(작고) 선생의 뜻에 따라 오직 후원과 봉사의 힘으로 가난한 사람들을 진료해 왔다. 진료받고 초콜릿 한 개, 껌 한 개 그런 걸 두고 가는 분들도 있다고 한다. 문득 연봉 4억~5억 원 이상을 제안해도 지방 의료원이라 의사를 모시기에 어렵다는 신문 기사가 떠오른다.

## (2) 이건영 목사님은 '행복마트' 주인장

인천제2교회 은퇴 후 이건영 목사는 '행복마트'를 열었다. 회원제 마트다. 용현동 행정복지센터를 찾아 명단을 받았다. 금요일 13시부터 18시까지 '등록 고객'에게 쌀, 휴지, 식용유, 라면 등 70개 품목을 지급한다. 고객은 원하는 물건을 6개까지 담을 수 있다. 매월 상가 월세와 생필품을 사는 데 드는 비용 300만 원을 자비로 마련하고 있다.

## (3) 평생 모은 130억 모두 기부한 장나라

기부 천사 장나라는 2001년 데뷔했다. 2002년부터 기부를 시작, 2009년까지 130억 원을 기부했다. 언론이나 방송에 알리지 않는다. 그 후 세월이 흘러 올해 2025년 8월까지 얼마나 기부했을까? 기부 이유는 간단하다. 그녀는 "늘 대중에게 사랑을 받는 만큼 사회에 돌려주는 것이 당연하다고 생각한다."고 밝혔다.

## (4) 컴패션, 월 45,000원이면 한 가정을 먹여 살린다

3억 8,500만 명의 어린이가 극심한 가난으로 소외와 단절, 노동과 사망의 고통에 처해 있다. 컴패션은 '국제 어린이 양육기구'다. 한국의 전쟁고아를 돕기 위해 시작된 컴패션은 현재 29개국의 가난한 어린이들을 돕고 있다. 한국 컴패션 (T. 02-740-1000)은 2003년 설립됐다. 월 45,000원으로 후원자는 어린이와 연결된다.

컴패션과 함께 하는 현지 교회는 그 지역 어린이에 대해 가장 잘 알며 가장 안전한 공동체이다. 현지 교회의 인적, 금전적, 공간적 헌신은 컴패션 양육 프로그램이 효율적이고 체계적으로 운영되는 기반이다. 컴패션은 가난한 어린이와 그 가정을 죽음에서 생명으로 인도하는 역할을 하고 있다. 여전히 그들은 가난하지만 모든 것이 변했다. 후원자의 사랑으로. 일례로, 한국의 한 여자 탤런트는 매달 100명(월 450만 원)의 어린이와 그 가정을 후원하고 있다. 아일린(필리핀 컴패션)은 말한다.

"후원자님들은 직장과 학교에 다니시면서 모르는 어린이인 저에게 가진 것의 일부를 나누어 주셨지요. 저도 매일 밤 후원자님을 떠올리며 감사의 기도를 드립니다."

## (5) 부단 운동(Bhoodan Movement), 가난한 동포에게 땅을 나누어 줍시다!

비노바 바베는 인도 독립 후 20여 년 동안 인도 전역을 돌아다니며 이 운동을 이끌었다. 대지주들을 설득하여 필요한 만큼의 땅만 남기고 나머지는 가난한 동포들에게 내어 주도록 하는 운동이었다. 인간의 이기심을 생각하면 가당치도 않은 시도였다. 그러나 오직 진리와 영성의 힘으로 대지주들을 설득한 결과, 그는 마침내 스코틀랜드의 국토만 한 엄청난 토지를 가난한 사람들에게 되돌려 주었다.

### | 앤드루 카네기의 나눔 실천 |

'강철왕' 카네기는 자신의 전 재산을 사회에 기부했습니다. 그는 2,500여 개의 도서관을 지어 헌납했고, 시카고대학을 비롯한 12개의 종합 대학과 12개의 단과 대학 연구소를 지었습니다. 또한 5,000여 개의 교회를 세워 하나님께 영광을 돌렸습니다. 카네기는 65세가 되었을 때 '부자인 채로 죽는 것은 정말 부끄러운 일'이라며 남은 재산을 모두 사회 복지를 위해 헌납했습니다. 예수님은 우리가 지극히 작은 자, 보잘것없는 자에게 한 것이 곧 예수님 자신에게 한 것이라고 말씀하셨습니다. 우리는 구원의 은혜를 거저 받았으니 거저 나누어 주는 삶의 자세를 가져야 합니다.

— 《은혜에 굳게 서라》 / 김은호 / 두란노서원

또 이런 일화도 있다.

1923년 일리노이주 시카고의 한 호텔에 세계적인 부호들이 모였다. 그들은 부와 권력을 소유한 시대의 표상이었다. 그들은 당시 미국 재무성이 보유하고 있는 액수보다 더 많은 돈을 움직이는 재력가들이었으며, 수년 동안 신문과 잡지에 그들의 성공 사례가 실렸고, 미국 언론은 젊은이들에게 그들의 모범을 따르도록 촉구했다.

그로부터 25년 후 그들의 명단과 최후에 대한 기록은 다음과 같았다. 미국 내 가장 큰 독립 철강 회사 회장인 찰스 슈와브, 죽기 전 5년간 남에게 돈을 꾸어서 생계를 유지했고 한 푼도 없이 죽었다. 미국 내 가장 큰 밀 중개상이며 소맥 투기업자인 아서 커튼, 사업에 실패해 고생하다가 외국에서 죽다. 뉴욕 증권 거래소 소장 리처드 위트니, 뉴욕에 있는 싱싱형무소 출감 직후 숨을 거두다.

- 《인생 승리를 향한 끝없는 도전, 변화》/ 김석년 / 생명의말씀사

## |척 피니는 어떤 사람?|

그 기사를 읽고 그가 어떤 사람이었는지 궁금해졌다. 여러분 주위에 100억 원 이상의 자산가가 있는가? 지금 여러분의 재산은 얼마인가? 현금 5억 원을 일시불로 사용하여 본 적이 있는가? 지금까지 여러분이 낸 기부금 총액은 얼마인가? 이 사람은 11조 5천억 원을 기부했다. 그는 척 피니이다.

척 피니는 1931년 4월 23일 미국 뉴저지에서 태어났다. 아버지는 보험사에서 일했고, 어머니는 독실한 기독교도였다. 코넬대학교 졸업 후 1960년(29세)에 대학 친구들과 DFS면세점을 공동 창업했다. 1988년 13억 달러의 자산을 달성, 〈포브스〉지 선정 부자 순위 23번째에 이름이 올랐다. 그러나 그는 구두쇠로 유명했다. 직원들에게 이면지를 쓰게 했고, 자신은 아내와 임대 아파트에서 생활했다. 1만 4,000원짜리 시계를 손목에 차고 다니며, 이동을 할 때는 버스를 타고, 비행기도 이코노미석을 이용했다.

그의 신념은 '살아 있는 동안 기부하는 것'이었고 85세이던 2016년 말, 드디어 자신의 모든 재산을 사회에 환원했다. 그가 돈을 버는 이유는 오직 하나, 기부하기 위해서였다. 2020년 전 재산 80억 달러를 재단에 기부하고 재단을 해체하였다. 2023년 10월 9일 92세를 일기로 소형 임대 아파트에서 사망했다.

척 피니. 그가 이렇게 검소하고 남을 돕는 생활을 하게 된 것에는 이유가 있다. 대공황 시절 경건한 기독교 신자였던 아일랜드 노동자 부모의 자녀였던 그는 어려서부터 가난하지만 서로 돕는 공동체 의식을 배웠다. 이는 봉사와 기부 활동을 열심히 하던 그의 부모의 영향이 컸다. 그가 남긴 어록 몇 가지를 살펴보자.

"부는 다른 사람을 돕는 데 사용해야 한다."

"죽어서 하는 기부보다 살아서 하는 기부가 더욱 즐겁다."

"사람들이 저에게 행복이 무엇이냐고 묻습니다. 저는 다른 사람을 도울 때 행복하고, 돕지 않을 때 불행합니다!"

미국에서 가장 위대한 자선사업가는 누구일까? 마이크로소프트 황제 빌 게이츠도, 전 재산의 85%를 기부한 전설적인 투자자 워런 버핏도 아닌 DFS 창업자이며 아일랜드계 자선사업가인 척 피니이다. 〈로이터 통신〉사의 평가다.

## |섬김|

스포츠 분야의 감독 코치에게 가장 중요한 덕목이 무엇일까? 감독 코치로서의 '코칭 철학'이다. 너무나 당연하다. 이론의 여지가 없다. 왜냐? 정신이 언행을 지배하듯, 코칭 철학은 감독 코치의 모든 것을 결정짓는다. 선수와 학부모를 어떻게 대하는지, 더 잘 가르치기 위해 공부하는지, 공부를 잊어버렸는지, 돈에 대해 깨끗한지, 탐욕스러운지, 선수들에게 폭언 폭력을 행사하는지, 절대 그렇게 하지 않는지? 이 모든 것이 그가 어떤 코칭 철학을 가지고 있느냐에 따라 극명하게 다르게 나타난다.

거기에다 팀 운영에서 가장 자주, 가장 많이 사용되는 게 코칭 철학이다. 길 가다 우연히 선수를 만났을 때 그 언행에서 그 감독 코치의 코칭 철학이 고스란히 드러난다. 전국 대회 조별 리그에서 탈락했을 때도, 우승했을 때도 그대로 나타난다. 숨길 수 없다. 비유하면, 식사할 때 수저와 같다. 식사 때마다 사용된다. 처음부터 끝마칠 때까지. 수저가 없으면 식사가 너무나 불편하거나 아예 불가능할 것이다.

그러면 감독 코치에게 가장 바람직한 코칭 철학이 무엇일까? 나는 단연 '섬김의 코칭 철학', '섬김의 리더십', '서번트 리더십(Servant Leadership)'이라고 확신하고 있다. 이것은 참으로 힘이 있고 영향력이 크고 가치 있는 것을 생산하기 때문이다. 가르치고 배우는 코칭은 정서적인 활동이다. 감독 코치에게 존중받고 사랑받고 있다고 느낄 때 선수는 안정된 마음으로 연습에 집중할 수 있다. 경기력 향상의 지름길이다. 수시로 동기 부여하여 선수의 잠재력을 최고로 발현시킨다. 행동으로 모범을 보여 인간 존중과 이웃 사랑을 선수들에게 침투시켜 선수들의 의식을 고양시킨다. 선수와 학부모를 보다 잘 섬기기 위해 치열하게 공부한다.

그 결과 탁월한 선수들을 계속 육성하여 명감독 명코치의 반열에 오르는 건 보너스다. 상위 상급 팀에서 스카우트 제의가 올 것이다. 선수와 학부모 그리고 팀 관계자와 알고 지내는 모든 사람과 평생 좋은 친구로, 긴밀하게 서로 돕는 조력자로 지내게 된다. 너무 많아 일일이 열거할 수 없다.

그러나 현실은 어떠한가? 그렇지 못한 감독, 코치가 압도적으로 많다. '섬김의 코칭 철학'을 배우지 못해서다. 아니, 배울 기회가 없었다. 그래서 섬김의 리더십에 대해 무지하다. 모르기에 실천할 수 없고 그들은 결과적으로 피해자이다. 감독 코치의 존립 기반인 선수와 학부모를 섬기기는커녕 그 위에 군림하고 있는 것이다. 경기를 앞두고 학부모가 돈 봉투를 주지 않으면 그 선수를 출전시키지 않는 감독이 없는가? 대회 기간(18일) 전부의 대회비를 걷고 조별 리그(6일)에서 탈락해도 나머지 12일 치(하루 12만 원을 책정했다면 선수 1명당 144만 원, 선수단이 35명이면 5,040만 원)를 돌려주는 감독은 희귀하다. 김장비, 안전기원비(고사비), 관람비, 진학 로비비, 경기 주선비, 송년의 밤, 성적 사례비 등등 온갖 명목으로 학부모로부터 돈을 걷어 학부모의 허리가 휘게 하는 감독은 없는가? 이 모두가 그 감독의 코칭 철학이 시킨 짓이다.

섬김은 아무나 할 수 있는 게 아니다. 섬김은 능력이고, 기술이고, 가치관이며 습관이기 때문이다. 아랫사람(노예, 종, 하인, 청지기)이 상전을 섬기는 건 진정한 의미의 섬김이 아니다. 권력(나의 말대로 상대방을 움직이게 하는 힘)에 대한 복종일 뿐이다. 거기엔 자발성이 없거나 부족하다.

진정한 섬김은 사람에 대한 사랑에서 비롯된다. 의식 수준이 높을수록 더 잘, 더 많이, 더 크게, 더 기쁘고 즐겁게 섬긴다. 의식 수준이 600이 넘어서면 주위 사람들을 치유하는 영향력을 미친다고 한다. 나의 의식 수준은 얼마일까? 섬긴다는 것은 상대방을 위해 심부름한다는 걸 의미한다. 상대방보다 낮아져, 무력하게 낮아져 그의 필요를 충족시켜 주는 행위이다. 이게 쉬운가? '나'라는, 남보다 높아지려는, 주인공이 되려는 에고로 가득한 인간이기에 섬기기가 쉽지 않은 것이다. 결코 상대방보다 낮아질 수 없기 때문이다. 그러나 사랑은 언제나 낮은 곳으로 향한다.

섬김은 장엄하다. 거룩하다. 섬김의 첫 번째 수혜자는 자기 자신이다. 섬기는 사람은 자기 자신을 따뜻하게 바라본다. 섬김은 섬김으로 되돌아온다. 특히 갚을 수 없는 약자를 섬기고 구제하는 것은 하늘에 저축해두는 것이다. 세상 떠난 후 후하게 몇 곱절로 상을 받게 된다.

기부할수록 더 부유해진다는 연구 발표도 많다. 한 달 동안 사용할 생활비(1인 가구이든, 2인 이상 가구이든)를 미리 정하고, 그 나머지를 기부하면 참으로 아름다운 일이다. 할 수 있는 한 많이 나누도록 힘쓰는 것이다. 이렇게 하는 분들이 있다. 폴 틸리히(Paul Tilliich)가 말했듯, 우리는 '영원한 지금(Eternal Now)'에 살도록 부름받았다. 앨버트 슈바이처가 대학 시절 대학가 주변 빈민들의 생활을 보고, 자신의 안락한 생활에 대해 가책을 느끼고 인류의 행복을 위해 헌신하겠다고 결심한 것은, 그리고 아프리카 가봉으로 가서 일평생 그렇게 산 것은 결코 감상주의가 아니다. 슈바이처, 그는 참으로 복 받은 사람이다.

## | 이번 달부터 기부에 동참해볼까? |

그러면 이렇게 글 쓰는 너는 기부에 동참하고 있는가? 그렇다. 기부팀에 소속돼 있다. 기부자들의 기부금과 빈 병(소주병 1개 100원, 맥주병 1개 130원)을 모아 아프리카 라이베리아에 매월 25일 보내고 있다. 이 중 몇몇은 컴패션에도 동참하고 있다. 그리고 알고 있다. 창조주의 완벽한 거룩함에 비하면 이런 기부는 더러운 누더기보다 못하다는 것을.

'왼손이 한 일을 오른손이 모르게 하라.'는 계명을 지키지 못했기에(기부금을 보낸 후 100여 명에게 詩 한 편, 축복 인사, 기부금 영수증 등을 메시지 보냄) 이후 이 일로 내가 받을 상급이 없다는 것을 알고 있다. 다만 신발도 없이 다니는, 그리하여 모래벼룩에 감염되어 어린 나이에 발을 잘라 절름발이가 되는 어린이가 적지 않은 라이베리아 어린이들에게 새우 눈 만큼이나마 도움이 되기를 바라며, 삶이 다하는 그 날까지 계속하려고 스스로와 결단했다.

다음의 기부, 나눔, 섬김의 명언이 여러분의 머리에 벼락으로 떨어지기를 기대한다. 뇌간(도마뱀뇌)의 생존 본능의 원시적 명령의 한계를 극복하고, 대뇌변연계의 감정 영역을 지나, 신피질의 가치 있는 정신세계를 생활 속에서 실행하기를 축원드린다. 이번 달부터 기부에 동참하기를 권유드린다. 액수가 적어도 좋다. 세상에는 우리보다 비할 수 없이 가난하고, 죽지 못해 가까스로 살아 가는 사람들이 많다. 한국인은 아무리 가난해도 이들보다 부유하며, 이들에게 기부금을 보낼 수 있다. 우리는 우리보다 어려운 사람들을 도울 수 있다.

## 2. '기부, 나눔, 섬김' 관련 명언

### 1) 암브로스
가난한 사람에게 물질을 나누는 부자는
자선을 하는 것이 아니라 빚을 갚는 것이다.

### 2) 사도행전 20 : 35
주 예수께서 친히 말씀하신바
주는 것이 받는 것보다 복이 있다 하심을 기억하여야 할지니라

### 3) 크리스토퍼 라이언
남은 음식의 최고의 저장고는 이웃의 배다.

### 4) 마태복음 11 : 42
누구든지 제자의 이름으로 이 작은 자 중 하나에게
냉수 한 그릇이라도 주는 자는 내가 진실로 너희에게 이르노니
그 사람이 결단코 상을 잃지 아니하리라 하시니라

### 5) 마더 테레사
백 명을 먹여 살릴 능력이 없다면, 한 명만 먹여 살리면 된다.

### 6) 마태복음 25 : 40
내가 진실로 너희에게 이르노니
너희가 여기 네 형제 중에 지극히 작은 자 하나에게 한 것이
곧 내게 한 것이니라

## 7) 토마스 풀러

쓸 줄 모르는 사람은 재산을 가질 자격이 없다.

## 8) 1671년 경주 최부자 집 종손

모든 사람이 굶어 죽을 판인데
나 혼자 재물을 갖고 있어 무엇 하겠는가.
곳간을 열어 모든 굶는 이에게 죽을 끓여 먹이도록 하라.
그리고 헐벗은 이에게 옷을 지어 입히도록 하라.

## 9) 아리스토텔레스

인간은 사회적 동물이다.

## 10) 긴돔

도움이 필요한 사람을 도와라.
그리고 그들이 다른 사람을 돕게 하라.

## 11) 푸블릴리우스 시루스

자신만을 위해 사는 사람은 남에게는 죽은 자와 같다.

## 12) 마틴 루터 킹

삶에 있어서 가장 중요한 질문은
"다른 사람을 위해 무엇을 하고 있습니까?"라는 질문이다.

## 13) 경주 최부자 가문의 유훈

사방 백 리 안에 굶어 죽는 사람이 없게 하라.
흉년기에는 땅을 사지 말라.
재산은 만 석 이상 지니지 말라.

14) 마태복음 6 : 3~4

너는 구제할 때에 오른손이 하는 것을 왼손이 모르게 하여

네 구제함을 은밀하게 하라

은밀한 중에 보시는 네 아버지께서 갚으시리라


15) 오드리 헵번

너에게 두 손이 있는 이유는 너와 타인을 돕기 위해서다.


16) 주역

낮은 지위에 있는 자는 정도만 지켜도 길하지만,

높은 지위에 있는 자는

아무리 정도를 지켜도 은택을 베풀지 않으면 길하지 못하다.

17) 호메로스

여기 쓰러져 있는 자들은 자업자득으로 이렇게 되었소.

그들은 자신을 찾아온 사람이 누구든

인간에 대한 최소한의 예의도 보이지 않은 자들이오.

그래서 이렇게 비참한 종말을 맞이한 것이오.


18) 엘든 테너

봉사는 내가 지구상에 사는 특권에 대해 지불해야 하는 일종의 세금이다.


19) 아프리카 부족어 중 하나

우분트(UBUNTU, 네가 있기에 내가 있다. I am because you are.).


20) 윤태익

들이마신 숨은 언젠가는 뱉어야 한다. 돈, 명예, 권력도 이와 마찬가지다.

## 21) 탈무드

한 개의 촛불이 많은 촛불에 불을 붙여도
처음 촛불의 빛은 조금도 약해지지 않는다.

## 22) 이재철

주어진 하루는 누군가에게 이바지해야 할 절대적인 의미를 지닌 날입니다.

## 23) 브래드 블랜튼

나는 선언한다!
나의 삶은 다른 사람들에게 봉사하는 것이다!

## 24) 피터 드러커

과거는 10%의 부자들을 위한 세상이었다.
그러나 이제는 90%의 가난한 사람을 위한 세상이 되어야 한다.

## 25) R. A. 토레이

하나님을 경외하지 않는 사람은 남에게 베푸는 데도 인색하다.

## 26) 닐 앤더슨

하나님을 경외함이 선을 행하기 위한 최고의 동기가 된다.

## 27) 프랑수아 드 라 로슈푸코

부를 멸시하는 사람은 매우 많다.
그러나 부를 나누어줄 줄 아는 사람은 거의 없다.

## 28) 라 부쥐에르

부자의 가장 큰 행복은 자선을 할 수 있다는 것에 있다.

## 29) 가이 가와사키

일단 누군가를 만나면 '내가 이 사람을 어떻게 도울 수 있을지'
자기 스스로에게 질문해보라.

## 30) 존 앤드류 홈스

사소한 예외를 하나 제외하면,
우주 만물이 자기 이외의 다른 무언가를 의지한다는 사실을
잊지 말아야 한다.

## 31) 션 해거티

이 세상을 내가 태어나기 전보다
더 나은 곳으로 만들어놓고 떠나고 싶습니다.

## 32) 칼릴 지브란

내가 가진 것을 내주는 것은 조그만 베풂이다.
나를 헌신하는 것은 진정한 베풂이다.

## 33) 마틴 루터 킹 주니어

우리의 동정심은 인종, 계급, 부족, 국가를 초월해야 한다.
우리는 세계를 보는 시각을 길러야만 한다.

## 34) 작자 미상

호주머니가 회개하지 않으면 진정으로 회개한 것이 아니다.

## 35) C. S. 루이스

가장 성숙한 사람이 초심자에게 가장 친절하며,
가장 열심히 공부하는 사람이 가장 아낌없이 시간을 내준다.

36) **다그 함마쇨드**

선이란 지극히 단순하다. 항상 다른 사람을 위해 사는 것,
자기 자신만의 유익을 구하지 않는 것, 바로 그것이다.

37) **랄프 왈도 에머슨**

친절은 아무리 빨리 베푼다고 해도 이미 늦어 버린 경우가 많다.

38) **위젤**

무관심 때문에 사람은 실제로 죽기 전에 죽어버린다.

39) **탈무드**

약간의 금액이라도 기부하라. 마음이 넉넉해지고 얼굴이 핀다.

40) **마크 트웨인**

친절은 청각 장애인이 들을 수 있고
시각 장애인이 볼 수 있는 언어다.

41) **헬렌 켈러**

당신이 다른 사람의 고통을 덜어줄 수 있는 한, 삶은 헛되지 않는다.

42) **유대 격언**

기회가 있어도 선을 행하지 않는 것은 악을 행하는 것이다.
생명을 구출하기를 등한히 하는 것은 죽이는 것과 같다.

43) **루키우스 세네카**

다른 사람에게 도움을 주는 일을 하는 사람은
자신에게 가장 큰 선물을 주는 것이다.

## 44) 윌리엄 워즈워스

알려지지도 않고 기억도 나지 않는 작은 친절과 사랑이
훌륭한 사람의 삶을 구성하는 최고의 부분들이다.

## 45) 리처드 파인만

인간이 도달할 수 있는 최고 형태의 이해는 웃음과 동정심이다.

## 46) 알베르트 슈바이처

인간이 평화를 발견하기 위해서는
동정심의 대상을 모든 살아 있는 것들에게로 확장해야 한다.

## 47) 토마스 머튼

살아 있는 모든 것들은 서로 의존하는 관계라는 것,
서로가 서로의 일부분이라는 것, 서로 밀접하게 얽혀 있다는 것을
철저히 인식하는 게 동정심의 기초다.

## 48) 헨리 워드 비처

동정심은 단죄보다 더 많은 죄를 치유한다.

## 49) 휴 켈리

등불을 밝히다 보면 내 앞이 먼저 밝아집니다.

## 50) 윈스턴 처칠

우리는 소득을 통해 생계를 유지하고,
기부를 통해 (진정한) 삶을 만들어 간다.

# 3. 추천 도서

1. 《젊으면 그만이지》 / 김주완 / 피플파워

2. 《심리학이 만난 예수》 / 이나미 / 이랑

3. 《말씀, 그리고 사색과 결단 1》 / 이재철 / 홍성사

4. 《섬김》 / 배창돈 / 필로

5. 《당신의 환한 미소, 늘 그립습니다》 / 임병열 / 상상나무

6. 《척 피니》 / 코너 오클레어리 / 가나출판사

7. 《기부 불신》 / 이보인 / 마음 연결

8. 《섬김을 위한 부르심》 / 레이호 / 네비게이토

9. 《섬김, 마음을 여는 선교》 / 문혜정 / 앵커출판미디어

10. 《성공이 아닌 섬김》 / 양명득 / 나눔사

11. 《왜 세계의 절반은 굶주리는가》 / 장 지글러 / 갈라파고스

12. 《나쁜 사마리아인들》 / 장하준 / 부키

13. 《비영리단체를 위한 현물 기부 가이드북》 / 정현경 외 / 풀빛

14. 《기부 트렌드》 / 사회복지공동모금회 / 이소노미아

15. 《비영리를 위한 아웃컴 핸드북》 / 로버트 펜나 / 나남

16. 《일대일 나눔 핸드북》 / 두란노 편집부 / 두란노서원

17. 《기부자의 7가지 얼굴》 / 러스 앨런 프린스 외 / 아름다운북

18. 《기독시민교양을 위한 나눔 윤리학》 / 김혜령 / 잉클링즈

19. 《모금이 세상을 바꾼다》 / 킴 클라인 / 아르케

20. 《위대한 삶 프로젝트》 / 넥슨 서시 / 미션월드라이브러리

# 17장

# 결혼, 가족, 가정

# 1. 들어가며

"아버지가 자식들을 위해 할 수 있는
가장 중요한 일은 어머니를 사랑하는 것이다."

– 테오도르 헤스버그

## |이 한 편의 시|

### 부모

김소월

낙엽이 우수수 떨어질 때
겨울의 기나긴 밤
어머님하고 둘이 앉아
옛 이야기 들어라
나는 어쩌면 생겨 나와
이 이야기 듣는가?
묻지도 말아라 내일 날에
내가 부모 되어서 알아보랴?

## |어버이날에 즈음하여|

나한테 밥 한 번 사준 친구들과 선배들은 고마웠습니다. 답례하고 싶어 불러냅니다.

그러나 날 위해 밥을 짓고 밤늦게까지 기다리는 어머니에게 감사하다고 생각해 본 적은 없습니다.

친구와 애인에게는 사소한 잘못 하나에도 미안하다고 사과하고 용서를 구했습니다.

그러나 어머니에게는 잘못은 셀 수도 없이 많아도 용서를 구하지 않았습니다.

죄송합니다.

죄송합니다.

이제야 알게 돼서 죄송합니다.

세상의 어머니는 위대하기에 어머니를 생각하며 이 글을 올립니다.

– 서울여자대학교 '사랑의 엽서 공모전' 대상작

## |그런 이야기들|

그 사이 세월이 흘렀고 세상은 변했다. 1980년대만 해도 나이가 되면 당연히 결혼해야 한다고 생각했지만, 지금은 어떤가?

아는 그대로다. 이런저런 이유로 결혼율이 세계 최하위다. 혼자 사는 게 더 편하다고 여기는 청년들이 늘어나고 있다. 한국 인구는 감소로 돌아섰고, 외국인(결혼, 귀화 등)이 가까스로 감소 폭을 줄여 주고 있다. 농어촌과 공장은 외국인 노동자가 없으면 유지가 불가능해졌다. 세계는 한국의 국가 소멸을 걱정하고 있다.

결혼해야 가정이 생긴다. 자발적 비혼 선택으로 새로 구성되는 가정이 그리 많지 않다. 여기에다 동성애가 한국에서도 사회 관심사로 등장했다. 해마다 여기저기서 퀴어 축제가 열린다. 이미 미국, 영국, 캐나다, 호주 등 국제사회의 주류 국가들이 동성애와 동성 결혼을 법률로 인정하고 있다. 한국 국회도 수차례 동성애를 용인하는 법률인 차별금지법(차별금지법의 핵심은 동성애 용인이다)을 통과시키려 시도했으나 각계의 저항으로 아직은 뜻을 이루지 못했다. 이 법이

제정되면 동성 결혼도 법제화하려고 할 개연성이 높다.

가끔 주위 사람들에게 동성애와 동성 결혼에 대해 질문해 본다. 십중팔구 명확한 대답을 하지 못한다. 평소 깊이 생각해보지 않았고 별로 관심도 없다는 증거다. 동성애와 동성 결혼의 많고도 엄청난 폐해는 더욱 모르고 있다. 동성 결혼을 법률로 인정한 외국의 어처구니없는 사례에는 더더욱 무지했다. 여러분은 잘 알고 있는가?

결혼은 어떠한가? 거의 대부분의 결혼 당사자는 '남편과 아내'가 될 준비를 하지 않은 채 결혼식을 치르고 부부가 된다. '부부 교실' 같은 관련 교육을 받지 않은 그만큼 원만하고 행복한 부부가 적은 게 아닐까? 정신적으로, 사회적으로, 경제적으로 준비되지 않은 결혼은 이혼 가능성을 높인다. 또 하나의 심각한 문제는 아버지, 어머니가 될 준비도 없이 어느 순간 덜컥 부모가 되어버린다는 것이다. 부모에게서 가장 상처를 많이 받았다는 자녀가 속출하는 건 다 이유가 있다. 자녀 스스로 부모를 용서하기 전에는 그 트라우마가 치유되기 어려울 것이다. 그런데 이게 쉬운가?

그 사이 세월이 흘렀고 지금도 흘러가고 있다. 사회는 세월보다 더 빠르게 변하고 있다. 인간은 적응하기가 갈수록 어렵다.

2025년 7월 한국의 노인 인구(65세 이상) 비율은 20%를 넘어 섰다. 1천만명 이상이다. 초고령사회로 진입했다. 한국은 빠르게 늙어 가고 있다. 18세 이상 10명 중 3명은 미혼이고, 5명 중 1명은 노인이다. 1인 가구는 2023년 기준 전체 가구의 35.5%(800만 3천 가구)를 차지하고 있다. 20~30대가 36.5%로 가장 많고, 70세 이상이 18.6%로 2위다. 2025년 현재는 어느 정도일까? 1인 가구도 가정의 한 형태다. 그런데 이걸 정상적인 가정이라 할 수 있을까? 가정은 부부와 그 자녀로 구성되어야 한다.

노인들은 어느 순간 문득 요양 병원이나 요양원으로 간다. 거기서 죽는 날만 기다린다. 숙희 할머니는 아들이 보고 싶어 밤마다 펴보는 가족사진이 보물 1호다. 자유가 제한된 공간에서 자기 자신을 동기 부여하지 못하는 삶을 살다가, 설날이나 추석을 기다리며 살다가(이날이 아들딸이 면회하러 올 가능성이 가장 높으므로) 가뭇하게 생을 마감한다. 누구도 생로병사를 피하지 못하며 세월이 자꾸 흘러 누구나 노인이 된다.

많은 노인들이 가정에서 자녀들에게 일상적으로 노인 학대를 당한다. 그런 노인들에게는 지금, 이 순간에도 잊고 싶은 기억이 있다. 씻을 수 없는 상처가 있다. 괜찮지 않다. 그것은 노인 학대다. 오늘 아들인 당신은 노인 된 부모를 어떻게 학대했는가? 이런 사람, 죽은 후 지옥 갈 가증스러운 인간이다. 가정이 점점 해체되어 가는가?

가정 폭력은 어떤가? 은밀히 가정에서 아내를 폭행하는 남편이 적지 않다. 이때 자녀는, 특히 어린 자녀는 전쟁의 공포 그 이상의 공포를 느낀다고 한다. 트라우마가 되어 평생 괴롭힌다. 가정을 깨지 않기 위해 참고 살아가는 부인이 여기저기에 있다. 그 고통은 어떠할까? 삿대질하고 주먹을 휘두르는 손이 아니라 손잡아 주고, 토닥여 주며, 등 두드려 격려하는, 그 사람의 짐을 덜어주는 손이 되어야 한다. 가정 폭력? 피해자의 의사와 상관없이 가정 폭력 사범을 처벌하는 '삼진 아웃제'가 도입됐다. 3년 이내에 2번 가정 폭력을 휘두른 사람이 다시 가정 폭력을 저지른 경우 다시 구속 수사하는 것이다.

폭력은 순간에 인간관계를 파괴시켜 버린다. 폭력은 세상에서 오직 하나뿐이고 더없이 존엄한 인간에 대한 돌이킬 수 없는 죄악이다. 언어폭력도 간과할 수 없는 폭력이다. 그중에서도 자기 자신을 방어할 수 없는 약자! 어린이, 노약자, 여자 등에게 가해지는 폭력이 빈번하고 큰 사회 문제로 등장해 있다. 세상 모든 나쁜 일이 그러하듯 폭력 역시 그 사람의 무지에서 비롯된다. 몸이 곧 생명이고, 자신이 몸이 그렇게 소중하다는 걸 깨닫는다면 타인에게 절대로 폭력을 가할 수 없다! 자신의 몸이 아플 때 크게 걱정한다. 치유하기 위해 최선을 다한다. 몸이 곧 생명이기 때문이다. 유교에서 인(仁), 즉 측은지심이란 모든 생명 있는 것이 다치게 될 때 불쌍하게 여기는 마음이다. 예수께서는 "네 이웃을 네 몸같이 사랑하라"고 말씀하셨다.

바쁜 일상이지만 수시로 틈을 내어 자기 자신의 내면을 깊이 그리고 진지하게 응시하는 시간을 가지기를 권유드린다. 인류의 미래가 위협받고 온갖 자연재해가 갈수록 심각해지는 건 사랑이 부족하고 이기심과 폭력이 날뛰기 때문이라고 주장하는 분들의 의견에 동의하는가? 우리는 무엇보다 소중한 자기 자신을 존중하고 사랑하기 위해, 자기 자신을 구원의 길로 인도하기 위해 모든 폭력과 이별해야 한다.

부모가 어린 자녀에게(아동 학대 신고 T. 1577-1391), 교사가 학생에게, 폭력 조직을 만든 학생이 학생에게, 남편이 부인에게, (군대나 회사 등의) 상관이 부하에게, 집단이 개인에게, 대기업이 중소기업에게, 청년이 연인에게(데이트 폭력), 일반 사람이 장애인에게 가해지는 폭력들……. 세상의 그 모든 폭력이 사라지기를 소망한다.

## |남편 십계명 |

기독교에는 십계명이 있다. 모세가 시내산에서 여호와 하나님에게서 돌판에 새겨진 십계명을 받았다. 그리스도인의 생활 지침을 선명하게 알려주고 있다. 그것은 '하나님 사랑과 이웃 사랑'이다. 하나님의 말씀대로 살려면 하나님이 주신 계명을 알아야 한다. 모르면 행할 수 없다. 알아야 실행할 수 있는 것이다. 가정에서 남편이 어떻게 하면 좋은 남편과 지혜로운 아버지가 될 수 있을까? 아래의 '남편 십계명'을 밝게 알고 그대로 실천하면 가정마다 웃음과 행복이 가득하지 않을까? 강학중 가정경영연구소 소장이 주도하는 '좋은 남편이 되려고 노력하는 사람들의 모임'(T. 02-733-3747, 홈페이지 www.home21.co.kr)에서 만든 것이다.

### 남편 십계명
① 아내를 있는 그대로 존중하자.
② 집안 문제를 아내와 공유하고 상의하자.
③ 사랑과 감사를 말과 행동으로 자주 표현하자.
④ 아내 얘기를 경청하고 공감하자.
⑤ 부부가 함께하는 시간을 즐기자.
⑥ 가사를 분담하자.

⑦ 자녀 양육에 한 팀 되어 동참하자.

⑧ 처가 식구를 챙기고 배려하자.

⑨ 아내의 욕구를 읽고 배려하자.

⑩ 부부공동의 꿈과 미래를 공유하자.


## | 가정은 거룩한 곳, 가족은 창조주의 선물! |

창조주는 지구에 가장 거룩한 곳 두 곳을 만들었다. 하나는 가정이고, 또 하나는 교회다. 생명을 낳고 기르며 양육하는 가정은 거룩한 곳이다. 인류의 유지와 존속은 가정을 통해 이루어진다.

여러분에게 가정은 어떤 곳인가? 사랑은 가족을 결속시키고 유지하게 하는 도구다. 부부가 서로 사랑하면 자녀들은 안정감과 편안함을 느낀다. 사람은 사랑을 가정에서 처음 배우게 된다. 부모는 자녀에게 삶으로 사랑을 가르쳐주어야 한다. 그리하여 인간에 대한 사랑은 가정에서부터 시작되어야 한다. 사랑받고 지란 자녀는 그만큼, 아니 그 이상 사회를 건강하게 만든다.

가정은 최초의 학교다. 그리고 최고의 학교다. 가정은 모든 인산이 최고 혹은 최악의 도덕 교육을 받는 곳이다. 부모가 자녀에게 삶 그 자체로 보여 주는 것보다 더 설득력 있는 배움터는 없다. 부모의 역할이 얼마나 중요한지 다시금 생각하게 된다. 부모가 가정의 중심이다. 자녀가 아니다. 그런데 자녀가 우상이 되어 있는 가정이 너무나 많다. 가정은 가장 규모가 작은 사회다. 부모는 자주적이고 책임감 있으며 배려하는 인간으로 길러 사회에 내보내기 위해 자녀를 양육한다. 부모가 의식 수준이 높을수록 '빈집 증후군'에 걸리지 않을 개연성이 높다. 결혼하지 않은 사람은 가정의 깊고도 오묘한 정서를 알지 못한다. 이혼한 사람 중 많은 이들이 부부, 부모, 자녀 관계에 대해 공부도 연습도 없이 무작정 결혼하지 않았을까? 주위에 자녀 문제로 골머리를 앓는 부모, 조용히 이혼을 결심하는 부부를 많이 보고 있다. 결혼하기 전에 '부부 교실'과 '부모 교실'을 꼭 이수하기를 권유드린다. 이리하는 곳이 생각보다 많이 있다. 그리고 그렇게 할 가치가 충분하고도 남는다.

　이익 손해를 따지지 않은 유일한 인간관계가 가족이다. 서로 사랑하고, 사랑과 혈연으로 묶인 집단이기 때문이다. 가족은 세상에서 가장 가까운 인간관계다. 부부는 촌수가 없다. 부모와 자녀는 1촌, 형제자매는 2촌 관계다. 그리고 부모와 자녀는 운명이다. 서로를 선택할 수 없다.

　인생의 여정에서 가장 오래, 가장 멀리까지 배웅해 주는 사람이 가족이다. 인생은 짧고 소중한 사람과 함께 할 시간은 더 짧다. 오늘이 지나면 다시 못 볼 사람처럼 가족을 대해라. 시간이 있을 때마다, 아니 일부러 시간을 만들어 함께 하며 즐기고 사랑하라. 가족은 한결같다. 몸이 아프거나, 경제적으로 어렵거나, 심신이 연약해졌을 때 가족이 울타리가 되고 해결사가 된다. 가족을 생각하는 마음이 희생하게 하고 양보하게 한다. 가족은 소중한 존재다. 힘과 정신적인 안정감의 원천이다.

　그러면 가족과 가정을 행복하게 하려면 무엇이 가장 필요할까? 단연 인내다. 가족 간에 갈등 상황이 생겨도 오래 참으면 지나간다. 후유증을 최소화하며 충돌을 예방하거나 완화한다.

　반대로 서로 참지 않고 부딪히면 원수가 된다. 가족은 소중한 존재다. 세상에서 가장 소중한 존재다. 수시로 먼저 참고 오래 참는 '역할 연습'을 해보면 어떠할까? 연습하면 좋아지고, 연습이 루틴이 되기 때문이다. 가족 구성원이 나를 분노하게 해도 참는 연습을 해보자. 몸에 익혀 그런 상황이 와도 화내지 말고 인내로 이겨 보자!

## |아빠가 뇌출혈로 갑자기 사망하자 기뻐 환호하는 아들|

오예 씨발, 나이스.
집에서 애비가 갑자기 뒤졌다고 연락왔다.
십 년간 매일 빌었던 저주가 드디어 먹히네. ㅋㅋㅋㅋㅋ
대한독립만세애애애애. ㅋㅋㅋㅋㅋㅋ

개#같은 새끼. 지금이라도 뒤져줘서 존나 고맙다. 씨발. ㅋㅋㅋㅋㅋㅋㅋ

빨리 차표 끊어서 장례식장 가야겠다.

내 인생 최고의 파티를 즐겨야지. ㅋㅋㅋㅋ

군대 전역할 때랑은 비교가 안 되는 해방감과 희열이 느껴진다.

존나 시원하네. ㅋㅋㅋㅋ


인터넷 축구 카페 'I Love Soccer'에 2025년 9월 1일 어느 분이 스크랩하여 올린 글이다. 이 글 읽고 마음이 무겁고 착잡했다. 가정에서 오래전부터 어린 자녀와 부인에게 가했던 지속적인 폭력 그리고 그 상처와 트라우마를 고스란히 받으면서 자라온 그 끔찍한 고통의 시간. 이 글 속의 그 아버지는 왜 가족에게 그리해야만 하였을까? 자유 의지인가, 사탄·마귀의 궤계에 넘어가서 그런가? 필자는 후자라고 단정한다. 정상적인 정신으로는 그럴 수 없다.

이 아버지의 영혼을 생각하니 가슴이 미어지는 슬픔을 금할 수 없다. 천국 가지 못하는 이 영혼이 얼마나 불쌍한가? 이 글 읽는 분 중 가정에서 자녀와 부인에게 폭력, 폭언을 행사하는 아버지는 즉시 폭력, 폭언을 그만두어야 한다. 그리고 회개해야 한다. 그 첫째는 진심 어린 사과다. 그다음 폭력, 폭언과 영원히 결별해야 한다. 속죄하는 마음으로 살아야 한다. 아~ 아, 이 아버지를 생각하니 가슴이 미어터지는, 가슴이 먹먹해지는 슬픔이 밀려온다. 아~ 아, 이 세상에서 가장 위험한 게 영적 무지라는 걸 다시 한번 실감한다. 밝게 알고 깨어 있어 사탄·마귀의 밥이 되지 않고, 우주의 거룩함을 날마다 실천하는 독자 모두가 되기를 축원드린다.

# 2. '결혼, 가족, 가정' 관련 명언

## |결혼|

### 1) 존 비비어
나에게는 아내 리사가 있다. 내가 그녀와 결혼했을 때
연애와 관련해서는 지상의 모든 여자와 작별을 고했다.

### 2) 테오도르 헤스버그
아버지가 자식들을 위해 할 수 있는 가장 중요한 일은
어머니를 사랑하는 것이다.

### 3) 휘트니 클레
결혼은 신이 우리에게 주는 선물이다.
우리의 결혼 생활의 질은 그에게 주는 우리의 선물이다.

### 4) 제임스 돕슨
함께 살 수 있겠다는 생각이 드는 사람과 결혼하지 마라.
없으면 살 수 없는 사람과 결혼하라.

### 5) 빅토르 위고
우주를 단 한 사람으로 축소하고
한 사람을 신으로 확대하면 그것이 바로 사랑이다.

### 6) 탈무드
세상에서 가장 행복한 사람은 누구인가?

그는 좋은 아내를 얻은 남자이다.

## 7) 아리스토텔레스

결혼은 두 개의 영혼이 하나의 삶을 만드는 과정이다.

## 8) 소크라테스

결혼해 보라. 당신은 후회할 것이다.

그러면 결혼하지 말라. 당신은 더욱 후회할 것이다.

## 9) 존 가트만

결혼을 유지하기 위해서는

부부 사이에 부정적인 반응이 하나 있을 때마다

긍정적인 반응 다섯 개가 있어야 한다.

## 10) 토마스 풀러

결혼 전에는 두 눈을 커다랗게 뜨고 보고,

결혼 후에는 한쪽 눈을 감아라.

## 11) 안톤 체호프

결혼 생활에서 가장 중요한 건 인내다.

## 12) 앙리 프레데릭 아미엘

결혼은 서로 잘못을 이해하고,

용서하고, 그다음에도 또 용서하는 것이다.

## 13) 영국 속담

싸움터에 나갈 때는 한 번 기도하라.

바다에 나갈 때는 두 번 기도하라. 결혼할 때는 세 번 기도하라.

### 14) 테누

3주일간 서로를 연구하고, 3개월간 서로를 사랑하며,
3년을 싸우고, 30년간 참는다.

### 15) 레오나르도 다 빈치

결혼은 두 사람이 폭풍우의 바다를 건너는 배다.
만약 둘 중 한 명이 갑작스럽게 움직이면 배는 침몰한다.

### 16) 오스카 와일드

남자는 지루하기 때문에 결혼하고, 여자는 호기심 때문에 결혼한다.
그리고 양쪽 모두 실망한다.

## |가족|

### 17) 유대 속담

신은 곳곳에 있을 수가 없기 때문에 어머니를 만들었다.

### 18) 독일 격언

한 아버지는 열 아들을 기를 수 있으나
열 아들은 한 아버지를 봉양하기 어렵다.

### 19) 윌리엄 셰익스피어

여자는 약하나, 어머니는 강하다.

### 20) 헨리 워드 비처

우리가 부모가 됐을 때 비로소 부모가 베푸는
사랑의 고마움이 어떤 것인지 절실히 깨달을 수 있다.

## 21) 아리스토텔레스

부모의 은혜를 결코 갚을 수 없다.

## 22) 제인 닐슨

좋은 부모가 되는 것은 아이들에게 줄 수 있는 최고의 선물이다.

## 23) 박수빈

영유아기, 아동기에 부부가 싸우는 모습을 보며 느끼는 공포와 수치는
핵전쟁을 경험하고 죽음을 목격하는 수치와 같다.

## 24) 존 스타인벡

아이가 느끼는 최대의 공포는 사랑받지 못하는 것이며,
아이가 두려워하는 지옥은 거부당하는 것이다.

## 25) 에스퍼 율

부모에게서 사랑 대신 학대를 받은 아이는
부모를 사랑하지 않는 것에서 그치지 않고
자기 자신을 사랑하지 않게 된다.

## 26) H. 멜빌

어린이는 어른의 아버지다.

## 27) 플루타르크스

형제는 자연이 내려준 친구이다.

## 28) 소크라테스

네 자식들이 해주기를 바라는 것과 똑같이 네 부모에게 행하라.

### 29) 보브나르그

가장 가증스러우나 가장 흔하며 가장 오래된 배은망덕은
부모에 대한 자식의 배은망덕이다.

### 30) 이기주

불교에서 1겁은 천 년에 한 방울씩 떨어지는 물방울이
커다란 바위에 구멍을 내는 시간이다.
부부의 연을 맺으려면 7천 겁의 전생이 있어야 한다.

### 31) 탈무드

세상 무엇과도 바꿀 수 없는 것,
그것은 젊은 때에 결혼하여 살아온 늙은 마누라다.

### 32) 마더 테레사

질문자 : 세계 평화를 위해 우리는 무엇을 해야 합니까?
마더 테레사 : 조용히 집에 가서 당신의 가족을 사랑하십시오.

### 33) 마이클 J. 폭스

가족은 중요한 것이 아니다. 가족이 전부다.

### 34) 영국 속담

피는 물보다 진하다.

### 35) 짐 버처

모든 게 지옥같이 힘들 때 조금도 꿈쩍하지 않고
너의 곁에 있어 주는 사람들은 바로 가족이다.

## 36) 조지 버나드 쇼

행복한 가정은 천국보다 더 이른 천국이다.

## 37) 마더 테레사

가정은 사랑을 배우는 첫 번째 학교다.

## 38) 호레이스 만

가정은 인생의 첫 번째 학교이며, 교육의 시작이다.

## 39) 조지 A. 무어

사람은 필요한 것을 찾기 위해 전 세계를 여행하고,
집으로 돌아와 그것을 발견한다.

## 40) 스펜시

어린이는 부모의 행위를 비춰 주는 거울이다.

## 41) 디즈레일리

공적인 생활에서의 그 어떤 성공도 가정에서의 실패를 보상해주지 못한다.

## 42) 잠언 17 : 1

마른 빵 한 조각을 먹으며 화목하게 지내는 것이
진수성찬이 가득한 집에서 다투며 사는 것보다 낫다

## 43) 잠언 21 : 19

다투며 성내는 여인과 함께 사는 것보다 광야에서 사는 것이 나으니라

## 44) 러셀

현대의 최대 불행의 하나는,

가정이 인간에게 깊은 만족을 주지 못하는 점이다.

## 45) 괴테

자기 집에서 자기의 세계를 가지고 있는 사람보다

더 행복한 사람은 없다.

# 3. 추천 도서

1. 《가족 습관》 / 이호성 / 북코리아

2. 《사랑의 기술》 / 에리히 프롬 / 문예출판사

3. 《회복 탄력성》 / 김주환 / 위즈덤하우스

4. 《사랑학 개론》 / 캐리 젠킨스 / 여문책

5. 《팀 켈러의 인생 베이직》 / 팀 켈러 외 / 두란노서원

6. 《대한민국 부모》 / 이승욱 / 문학동네

7. 《부모라면 유대인처럼》 / 고재학 / 위즈덤하우스

8. 《아이 문제 99%는 부모의 말에서 시작된다》 / 아델 페이버 / 센시오

9. 《부모와 아이 사이》 / 하임 G. 기너트 / 양철북

10. 《부모 역할 훈련》 / 토마스 고든 / 양철북

11. 《부모 혁명 99일》 / 구근회 / 쿠폰북

12. 《언제까지나 너를 사랑해》 / 로버트 먼치 / 북뱅크

13. 《나는 다정한 관찰자가 되기로 했다》 / 이은경 / 서교책방

14. 《아이는 무엇으로 자라는가》 / 버지니아 사티어 / 포레스트북스

15. 《상처받은 아이는 외로운 어른이 된다》 / 황즈윙 / 더퀘스트

16. 《이제는 멈춰야 할 대치동》 / 손성은 / 북랩

17. 《당신은 아들에게 어떤 아버지입니까?》 / 스테판 B. 폴더 / 지식의날개

18. 《아버지가 변해야 가족이 변한다》 / 사이토 사토루 / 종문화사

19. 《데일리 대드》 / 라이언 홀리데이 / 청림라이프

20. 《팀 켈러, 결혼을 말하다》 / 팀 켈러 / 두란노서원

21. 《왜 결혼하는가》 / 조정민 / 두란노서원

22. 《여보! 다시 결혼하자》 / 김유하 / 이담북스

18장

우정

# 1. 들어가며

"인생으로부터 우정을 없앤다는 것은
세상으로부터 태양을 없앤다는 것과 같다."

– 괴테

"친구는 또 하나의 자기 자신이다."

– 아리스토텔레스

| 이 한 편의 시 |

## 그대는 그런 사람을 가졌는가

함석헌

만 리 길 나서는 길
처자를 내맡기며
맘 놓고 갈 만한 사람
그 사람을 그대는 가졌는가

온 세상이 다 나를 버려
마음이 외로울 때에도
"저 맘이야." 하고 믿어지는
그 사람을 그대는 가졌는가

탔던 배 꺼지는 시간

구명대 서로 사양하며

"너만은 제발 살아다오." 할

그 사람을 그대는 가졌는가


불의의 사형장에서

"다 죽어도 너희 세상 빛을 위해

저만 살려 두거라." 일러 줄

그 사람을 그대는 가졌는가


잊지 못할 이 세상을 놓고 떠나려 할 때

"저 하나 있으니." 하며

빙긋이 웃고 눈을 감을

그 사람을 가졌는가


온 세상의 찬성보다도

"아니." 하고 가만히 머리를 흔들 그 한 얼굴 생각에

알뜰한 유혹을 물리치게 되는

그 사람을 그대는 가졌는가?

## | 도마뱀의 우정 |

도쿄에서 있었던 일이다. 지은 지 3년이 된 건물을 헐었을 때 지붕을 벗기던 인부가 뒷다리 쪽에 못이 박힌 채 벽에서 꼼짝 못하고 있는 도마뱀 한 마리를 발견하게 되었다. 집주인은 인부들을 불러서 그 못을 언제 박았었느냐고 물어보았더니 인부들은 한결같이 집을 짓던 3년 전에 박은 것이 분명하다고 했다.

3년 동안을 못에 박힌 채 죽지 않고 살아 있었다는 사실은 참 놀라운 일이라고

모두 혀를 내둘렀다. 모든 사람들은 신기한 사실의 전말을 알아보기 위해 공사를 잠시 중단하고 도마뱀을 지켜보았더니 딴 도마뱀 한 마리가 먹이를 물어다 주는 것을 보았다. 그 도마뱀은 3년이란 세월을 못에 박혀있는 친구를 위하여 하루에도 몇 번씩이나 먹이를 가져다주었던 것이다.

아픔을 감싸 안아주는 진정한 친구는 아무나 될 수 없다. 기쁨을 두 배로 만들고 슬픔을 반으로 줄일 줄 아는 넉넉함을 가진 사람, 남은 사람들이 모두 떠나간 후 마지막까지 지켜줄 수 있는 진정한 친구가 있다면 얼마나 좋을까?


## |관포지교를 생각한다|

고요한 신새벽에, 저 산 위로 쓰러져 가는 이내를 볼 때 문득 떠오르는 친구들이 없는가? 그때 그곳, 그 얼굴들, 그 이야기들, 그 몸짓과 표정들……. 너는 무슨 말을 했던가? 너무나 그리워 그때로 달려가고 싶은 마음이 불같이 일어난 적이 없었는가? 정말이지 많은 날은 왜 가는가?

지금까지 지내 오면서 사귄 내 친구들아, 세월 속에서 우리는 2025년 8월 3일을 걸어가고 있다. 소식이 궁금하구나! 그 사이 휴대폰 번호가 바뀌어 연락을 할 수 없어 소식을 모르는 친구들이 있다. 이들은 생사조차 알 수 없다. 어디에 살던 건강하고 행복하며 거룩하게 잘 살아다오. 세상 떠난 친구들도 있다. 더 이상 만날 수 없기에 추억으로만 남아 있다. 그리고 지금 만나는 친구들이 있다. 언제든지 만나 대화할 수 있으니 그저 고맙고 감사한 일이다.

관포지교(管鮑之交)는 춘추 전국시대 제나라 관중과 포숙아의 사귐으로 자신을 알아주는 친구 사이를 뜻한다. 둘이 같이 장사를 하였는데 관중은 매번 이익금을 포숙아보다 더 많이 챙겼다(지금 이렇게 하면 동업 관계가 바로 깨지고 두 사람은 원수가 된다. 고소가 들어간다). 관중은 전쟁터에서 뒤에 섰고 세 번이나 도망친 적이 있다. 관중은 일찍이 세 번이나 벼슬길에 나섰지만 세 번 다 군주에게 내쫓겼다. 포숙아는 관중을 욕심쟁이라고 말하지 않았다. 그가 가난한 것을 알았기 때문이다. 포숙아는 관중을 겁쟁이라고 하지 않았다. 그가 늙은 어머니를 모시고 있다는 사실을 알았기 때문이다. 포숙아는 관중을 모자란 사람이라고 여기지 않았다. 관중이 아직 때를 만나지 못한 것을 알았기 때문이다. 관중은 하늘을 우러러 보며 이렇게 말했다.

"나를 낳아주신 분은 부모님이지만 나를 알아주는 사람은 오직 포숙아로구나!"

지금 우리는 이런 사귐을 찾아볼 수 있는가? 들은 적이 있는가? 가끔가끔 관포지교가 생각날 때가 있다. 우리는 너무 바쁘기에 상대에 대한 이해와 배려가 부족하지 않는가? 돈 욕심이 가득하기에 이해관계에 지나치게 치열한 게 아닌가? 너무 급히 인간관계를 맺고 끊는 게 아닌가? 심지어 부부 사이에도, 부모와 자녀 사이도 인내하지 않는 그만큼 인간관계는 빠르게 해체된다. 새삼 관포지교를 생각한다.

그때마다 탄복한다. 부럽다. 그러면서도 관포지교가 이 땅에 마구마구 생겨나고 확산되기를 기대해본다.

## | 우정의 가치 |

우정은 친구 사이의 유대감을 의미한다. 친구란 오래 사귀고 신뢰 속에서 관계를 유지하는 사람을 일컫는다. 우리가 만난 많고 많은 사람들 중에 일부는 우리의 삶에 깊이 스며들어 친구가 된다. 두터운 유대감을 바탕으로 만나면 즐겁고, 못 만나면 그리워지는 사람을 친구라 한다. 공감, 이해, 친밀함이 우정을 만들고 유지한다. 우정은 무엇을 얻기 위한 수단이 아니라 그 자체가 목적이 되어야 한다. 세상 살아가면서 언제나 지지해주는 친구가 한 명도 없다면 이 세상은 얼마나 삭막할까?

우정이 왜 중요한가? 우정의 가치는 무엇인가?

먼저, 우정은 무엇보다 생존에 도움을 준다. 친구 사이의 한결같은 지지와 격려는 회복 탄력성을 성큼 높여 준다. 부정적인 충격이 와도 보다 쉽게 극복하게 하여 준다. 스트레스에 저항하는 힘도 키워준다. 반대로 우정이 없을 때, 즉 외로울 때 혈압이 상승하고 뇌의 기능이 약화되는 등 여러 부작용이 생긴다. 의학계에서 이미 검증된 사실이다.

둘째, 당면 문제 해결에 크게 도움이 된다. 문제가 생기면 주위 친구들이 도와준다. '기쁨은 나누면 배가 되고, 슬픔은 나누면 반이 된다.'는 속담 그대로다. 위기에서도 큰 힘이 된다. 혼자 못하는 일도 둘이면 할 수 있고, 셋이면 더욱 좋다.

셋째, 정서적 안정을 가져다준다. 슬픔은 참을 수 있어도 그리움은 참을 수 없다. 기쁜 순간을 함께 나누고, 슬플 때 위로가 되어 주며, 친구와의 여행과 모임 그리고 취미 생활 등은 세월 속에서 추억을 남긴다. 추억은 시간이 지나도 변치 않는 소중한 자산이며 삶의 원동력이 된다. 정신세계를 건강하고 풍부하게 만들어 준다. 감정과 정서를 나누는 친구는 정신병을 예방하고 치유하는 힘으로 작용하기도 한다.

넷째, 일상을 풍요롭게 한다. 친구가 없다면 무엇으로 시간을 보낼 것인가? 누구와 대화할 것인가? TV나 스마트폰에 몰입하는 건 생각하지 않는 사람으로, 집중력을 상실한 사람으로 만들어 줄 뿐이다.

다섯째, 우정은 끝나지 않는 여정이다. 진정한 우정은 시간과 거리를 초월한다. 오히려 시간이 지날수록 그 가치는 더욱 커지며, 다시 만났을 때에도 마치 어제 만난 것처럼 자연스럽게 이어진다.

## | 여러분의 친구는 건강한가? |

'친구 따라 강남 간다.'는 속담이 있다. 실제로 그렇게 하기도 한다. 특히 초·중·고 시절 또래 집단, 즉 친구의 영향력은 크고 결정적이다. 부모와 교사에게 받는 영향력은 상대적으로 작고 적다. 나쁜 친구를 만나 인생이 꼬인 사람들이 너무너무 많다. 문제는 누가, 어떤 사람이 나쁜 친구인지 감식안이 없다는 것이다. 어른도 별반 다르지 않다.

여기저기 돈을 빌리고 제때에 갚지 않는 사람, 걸핏하면 속이려는 사람, 잔꾀를 내어 바르지 않은 일에 끌어들이는 사람, 제 필요와 갈망을 먼저 채우려는 사람, 친구의 약점을 방송하는 사람, 돌아서서 험담하거나 중상모략하는 사람은 멀리해야 한다. 그들은 결코 친구가 될 수 없다.

급하게 친구를 사귀어서는 안 된다. 나쁜 친구는 마약과 같고, 좋은 친구는 사과요 고구마 같다. 속이는 친구와 사귀느니 차라리 광야에서 혼자 사는 게 더 좋다. 사람들이 항상 바쁜 이유가 일 때문만은 아니다. 자신의 진짜 친구만 옆에 남기고 단순하게 살면 시간 여유가 생겨 더 행복하게 살 수 있다. 가짜 친구에게 조금도 시간을 사용하지 마라. 아예 만나지 않는 게 상책이다. 사람마다 그릇의 크기는 누구나 한계가 있기 마련이다. 자신에게 의미 없는 사람들은 친구가 될 수 없다. 옥석을 구분해 담아 둘 수 있어야 그만큼 시간 여유가 생기고 행복할 수 있다. 마음에 갈등과 충돌을 일으키는 사람은 이제 정리하자. 그리하여 '홀가분과 자유'를 만끽길 바란다. '미루기'는 만성 사망 상태에 불과하다.

## | 우정, 조심조심 가꾸어 가야 한다 |

오늘닐 친구 사이의 유효 기간이 점점 짧아지고 있다. 서로 참지 않기 때문이다. 100번 잘해 주고, 자신도 모르게 실수로 한 번 불편하게 하면 그 한 번을 꼬투리 삼아 바로 절연하는 사람들이 적지 않다. 소인배가 따로 없다. 날마다 인스턴트식품과 방부제 감미료 착색제, 그 외 온갖 화학 첨가물이 범벅된 과자를 먹고 스마트폰에 빠져 사는 현대인은 참을성이 허약하다. 쉽게 분노한다. 100번 베푼 호의를 잊어버리고 한 번의 불편을 침소봉대한다.

우정을 길게 유지하는 비결은 '오래 참는 것'이다. '관포지교' 사자성어가 전해지는 이유는 포숙아가 오래 참았기 때문이다. 참고, 대화하고, 공감하며 기다려 줄 때 우정이라는 나무가 건강하게 자란다. 여러분의 우정이 날마다 봄날이기를!

## 2. '우정' 관련 명언

**1) 아리스토텔레스**

친구는 또 하나의 자기 자신이다.

**2) 랄프 왈도 에머슨**

집을 가장 아름답게 장식해주는 것은 바로 자주 드나드는 친구들이다.

**3) 존 철톤 콜린스**

풍요 속에서는 친구들이 나를 알게 되고,

역경 속에서는 내가 친구들을 알게 된다.

**4) 프랜시스 베이컨**

최악의 고독은 한 사람의 벗도 없는 것을 말한다.

**5) 독일 속담**

친구가 없는 것은 적을 갖는 것보다 못하다.

**6) 제스 C. 스콧**

친구는 당신이 선택한 가족이다.

**7) 에우리피데스**

한 명의 진정한 친구는 만 명의 친척만 한 가치가 있다.

**8) 로맹 롤랑**

무수한 사람들 가운데는

나와 뜻을 같이할 사람이 한둘은 있을 것이다.

그것으로 충분하다.

바깥 대기를 호흡하는 데는 들창문은 하나만으로도 충분하다.

## 9) 아리스토텔레스

우정은 두 몸에 있는 하나의 영혼이다.

## 10) 인디언 속담

친구란 '내 슬픔을 등에 지고 가는 자'라는 뜻이다.

## 11) 발타자르 그라시안

현명한 친구는 보물처럼 다루어라.

인생에서 만나는 많은 사람들의 호의보다

한 사람의 친구로부터 받는 이해심이 더욱 유익하다.

## 12) 요한복음 15 : 13

사람이 친구를 위하여 자기 목숨을 버리면

이보다 더 큰 사랑은 없나니

## 13) 데일 카네기

2년 동안 타인이 당신에게 관심을 갖도록 하여 얻는 친구보다,

2달 동안 당신이 타인에게 관심을 가짐으로써 얻는 친구가 더 많다.

## 14) 랄프 왈도 에머슨

친구를 얻는 유일한 방법은 자기 스스로가 그의 친구가 되는 것이다.

## 15) 새뮤얼 존슨

우정은 꾸준한 보수작업을 통해서 지켜나가는 것이다.

16) **프랑수아 드 라 로슈푸코**

적을 만들기 원한다면 내가 그들보다 잘났다는 것을 주장하면 된다.

그러나 친구를 얻고 싶다면

그가 나보다 뛰어나다는 것을 느끼도록 해주어라.


17) **아리스토텔레스**

불행은 진정한 친구가 아닌지를 가려준다.


18) **한국 속담**

친할수록 예의를 지켜라.


19) **메난드로스**

황금은 대부분 뜨거운 불에서 시험되며,

우정은 대부분 역경 속에서 시험된다.

20) **P. 사이러스**

신뢰는 우정의 유일한 기반이다.


21) **라 로슈푸코**

친구들을 불신한다는 것은

그들에게 속는 것보다 더 수치스러운 일이다.


22) **쇼펜하우어**

돈 빌려 달라는 것을 거절함으로써 친구를 잃는 일은 적지만,

반대로 돈을 빌려줌으로써 도리어 친구를 잃기 쉽다.


23) **오스카 와일드**

누구나 친구의 고통을 공감할 수 있다.

하지만 친구의 성공에 공감하는 건 정말 착한 천성이 요구된다.

## 24) 플라우투스

인간에게 있어 곤궁할 때 찾아주는 친구보다 더 다정한 것은 없다.

## 25) 에이브러햄 링컨

적을 없애는 가장 좋은 방법은 적을 친구로 만드는 것이다.

## 26) 탈무드

만약 친구가 야채를 가지고 있으면 고기를 주어라.

## 27) 이탈리아 속담

완벽한 형제를 원하는 사람은 영원히 외동아들로 남아 있어야 한다.

## 28) 독일 속담

친구를 칭찬할 때는 널리 알도록 하고,
친구를 책망할 때는 남이 모르게 하라.

## 29) 토마스 풀러

보지 않는 곳에서 나를 좋게 말하는 친구가 진정한 친구다.

## 30) 뮐러

가난이 몰래 집안으로 스며들면
거짓 우정은 서둘러 창문을 통해서 달아난다.

## 31) 벤저민 프랭클린

친구에게 좋게 대하라. 그를 잃지 않기 위해서다.
적에게 잘하라. 그를 얻기 위해서다.

### 32) 존 뉴턴

진정한 우정은 시간이 흘러도 시들지 않아야 하고,
공간 분리로 인해 약해져서도 안 된다.

### 33) 명심보감

열매를 맺지 않는 과일나무는 심을 필요가 없고,
의리가 없는 벗은 사귈 필요가 없다.

### 34) 제프 베조스

지혜롭지 않은 사람과 어울리기엔 우리의 인생이 너무 짧다.

### 35) 《논어》'계씨편'

도움이 되는 벗이 셋 있고, 해로운 벗이 셋 있다.
정직한 벗, 성실한 벗, 박학한 벗은 도움이 되나
편벽한 벗, 굽실거리기 잘하는 벗, 빈말 잘하는 벗은 해롭다.

### 36) 윌리엄 셰익스피어

성실하지 못한 친구를 가질 바에야 차라리 적을 갖는 편이 낫다.
천박한 친구처럼 위험한 것이 없기 때문이다.

### 37) 벤저민 프랭클린

친구를 고르는 데는 천천히. 친구를 바꾸는 데는 더 천천히.

### 38) 강숙경

누구를 믿을지 신중하게 정하라.
신뢰는 잘못된 사람에게 투자하면 아주 비싼 것이 된다.

## 39) 아함경

맹수를 두려워하지 말고 악한 벗을 두려워하라.

맹수는 다만 몸만 상하게 하지만,

악한 벗은 마음을 파멸시키기 때문이다.

## 40) 벤 존슨

진정한 행복을 만드는 것은 수많은 친구가 아니며,

훌륭히 선택된 친구들이다.

## 41) 공자

나만 같지 못한 사람을 친구로 하지 말라.

## 42) 발타자르 그라시안

그대의 가장 좋은 친구는 자기 자신이다.

## 43) 월터 윈첼

진정한 친구는 세상의 나머지가 모두 떠날 때 들어오는 사람이다.

## 44) 공자

벗이 먼 곳에서 찾아오니 즐겁지 아니한가?

## 45) 사디

친구에게 모든 비밀을 다 털어놓지 말아라.

그가 나중에 적이 될지 어떻게 알겠는가.

당신이 할 수 있는 모든 나쁜 짓을 적에게 하지 마라.

그가 나중에 친구가 될지도 모른다.

# 3. 추천 도서

1. 《글 쓰는 여자들의 특별한 친구 : 문학적 우정을 찾아서》 / 장영은 / 민음사

2. 《당신의 친구는 안녕한가》 / 김기석 / 두란노서원

3. 《열 살에 시작하는 데일 카네기의 인간관계론》 / 박소윤 외 / 지성주니어

4. 《뜻밖의 우정》 / 김달님 / 수오서재

5. 《우정 지속의 법칙》 / 설흔 / 창비

6. 《프렌즈》 / 로빈 던바 / 어크로스

7. 《우정》 / 모리스 블랑쇼 / 그린비

8. 《희망을 지킨다는 것》 / 크리스토퍼 허 / 틔움출판

9. 《우정, 나의 종교》 / 스테판 츠바이크 / 유유

10. 《진심으로 통하는 마음 우정》 / 김경희 / 소담주니어

11. 《아이가 친구 때문에 울 때》 / 윤지영 / 서교책방

12. 《친구를 모두 잃어버리는 방법》 / 낸시 칼슨 / 보물창고

13. 《나도 상처받지 않고 친구도 상처받지 않는 친구 관계 연습》 / 김은지 / 위즈
  덤하우스

14. 《친구 사이에도 예의가 필요해》 / 지니 킴 / 길벗스쿨

15. 《친구가 상처를 줄 때 똑똑하게 나를 지키는 법》 / 이현아 / 한빛에듀

16. 《노년에 관하여 우정에 관하여》 / 키케로 / 숲

# 열정

# 1. 들어가며

"세상의 위대한 일치고 열정 없이 이루어진 것은 하나도 없다."

– 게오르크 빌헬름 프리드리히 헤겔

## |나의 이야기|

누구나 필생의 과제를 달성하고자 열정적으로 일한 경험을 가지고 있을 것이다. 어떤 이는 처음 열정을 일평생 지켜 가기도 하고, 또 누구는 도중에 그만두거나 방향 전환을 하기도 한다.

개인적인 일을 말하는 게 조심스러우나, "나의 경험처럼 확실한 것은 없다."(프랜시스 베이컨)는 말에 용기를 내어 경험을 나누고자 한다. 나는 그 시기에 축구에 깊이 천착했다. 그 결과로 한국 축구계의 '듣보잡'이었지만 11권의 축구 전문서를 출간했다. 한국 축구의 원년인 1882년 이후 현재 2025년 9월 13일에 이르기까지 축구 전문서를 가장 많이 출간했다. 축구 선수 출신이 아닌 사람이 이랬으니 조금 이상한 일이지 않은가?

① 《실전 드리블》 / 김기호 / 보경기획 / 2020. 8. 21 / 16,000원
② 《K리그 구단 경영, 어떻게 하지?》 / 김기호 / 사람들 / 2019. 11. 15 / 14,000원
③ 《3시간 만에 배우는 프로 축구선수 육성 비결》 / 김기호 / 사람들 / 2018. 12. 26 / 13,000원
④ 《슈팅》 / 김기호 / 두남 / 2017. 12. 5 / 20,000원
⑤ 《1등 축구팀을 만드는 비결》 / 김기호 / 사람들 / 2017. 1. 25 / 15,000원
⑥ 《헤딩》 / 김기호 / 사람들 / 2014. 8. 1 / 18,000원

⑦《축구코칭론》 / 김기호 / 두남 / 2009. 12. 29 / 22,000원

⑧《킥 오프》 / 김기호 / 삼보출판사 / 2005. 8. 8 / 10,000원

⑨《신태용의 축구교실 Kick!》 / 김기호 / 예림기획 / 2003. 3. 31 / 15,000원

⑩《축구 기초 기술지도 상, 하》 / 김기호 / 금광 / 1992. 3. 15 / 각 권 6,500원

# 이 중 ②, ③, ④, ⑤, ⑥, ⑦, ⑧은 시중 서점에서 판매하고 있음.

# 한국 축구 역사 145년(1882~2025) 이래 축구 전문서를 가장 많이 출간

축구 열정이 가득했던 그 시절에는 그에 걸맞은 실행이 있었다. 축구장을 순례했다. 그 선수(프란츠 베켄바워)의 경기 장면을 직접 보고 싶었는데 그가 한국에 왔다. 필자는 공주에서 차를 몇 번이나 바꾸어 타고 서울운동장으로 달려갔다. 1979년 9월 30일, 당시 국가대표팀 1진 화랑과 뉴욕 코스모스팀의 경기를 잊을 수가 없다. 프란츠 베켄바워, 프란시스코 마린뇨, 기나리아…… 에스칸데리안 선수는 이란 출신으로 아시아 선수로는 유일했다. 해마다 9월 30일이 오면 그날의 추억이 시퍼렇게 살아난다.

한국에서 올림픽이 열렸고, 그냥 지나갈 수 있나? 결승전(1988. 10. 1, 잠실 올림픽주경기장). 미하일리첸코의 소련이 호마리우, 베베도, 타파렐(GK)의 브라질을 2 : 1로 누르고 우승하는 현장을 함께 했다. 킬러 패스를 이어 받은 미하일리첸코의 발을 떠난 볼이 골문으로 향했다. 브라질 골키퍼 타파렐이 황급히 차단기를 내렸으나 볼은 살아나서 네트 안에서 펄펄 뛰고 있었다.

클린스만의 서독은 이탈리아에 패해 4강에 오르지 못했다. 이 경기도 관전했다. 각급 국가대표팀, K리그 그리고 초·중·고·대학 대회, 실업팀 경기를 틈을 내어 찾아다녔다. 물론 기록하면서.

7종의 신문을 구독하면서 관련 정보를 59분야(축구 행정, 코칭, 감독, 선수, 체력, 개인기, 전략 전술, 기획 경영 등등)로 분류하여 스크랩북(400페이지)에 담았다. '기획 경영' 스크랩북의 경우 현재 40권째에 이르고 있는 등 그 수량도 적지 않다. 한국에서 출판된 축구 서적은 모두 구입했다. 읽고 공부하여 소화흡수했다. 스포츠생리학, 교육학, 경영학, 코칭론, 식품영양학 등 관련 서적도

구입하여 공부했다. 관련 월간지, 논문 등 닥치는 대로 자료를 구하고자 했다. 외국 서적도 확보하고자 해외 펜팔을 하는 등 백방으로 노력했다. 이런 공부가 모여 어느 순간 축구 전문서를 쓸 수 있는 내공으로 발전한 것 같다.

한편으로는 축구계에서 뜻을 펴고 싶었다. 공부한 걸 적용하여 탁월한 업적을 내고, 한국 축구와 세계 축구를 지금보다 한 단계 이상 발전시키려는 열정으로 가득했다. 월드 클래스 선수를 마구마구 배출하여 유럽 빅3 명문 구단에 진출시키고자 마음먹었다. 그러려면 K리그 프로 구단에서 일해야 하기에 제안서를 여러 구단에 보냈다. 그러나 반응이 없었다.

필자는 축구 선수 출신이 아니었고, 축구계에 인맥 카르텔이란 게 아예 없었다. 아래는 당시 프로 구단에 보낸 제안서 내용이다. 그때의 열정이 생각나면 빙그레 웃음이 난다.

-----

## 프로 구단 '기획 경영팀장 겸 유스 담당'을 제안합니다.

방대한 축구 분야 중에서도 보다 핵심적인 유스 육성과 구단 마케팅, 생활 축구, 1군 경기력 향상에 맞추어 준비해 왔습니다. 새롭고 혁신적인 방안으로 모범 사례를 계속 만들어 가면서 한국 축구에 전파하고자 합니다.

### (1) 분야
#### ① 유스 육성 및 프로 1군 경기력 향상
a. 유스 육성

월드 클래스 육성 시스템을 적용하여 고교 유스의 경우 늦어도 3년 안에 완성시켜 유럽 빅3(잉글랜드, 스페인, 독일)에 K리그 이적료 신기록으로 해마다 1명 이상 이적 가능

이전과는 다른 유스 육성 및 전파

b. 프로 1군 경기력 향상

코칭스태프에게 획기적인 평생교육 및 '집단 지성' 제공

이전보다 현저하게 수준 높은 경기로 관중 배가

② **구단 마케팅**

    a. 늦어도 3년 안에 흑자 경영 달성

    b. '구단 자립기금' 적립으로 구단 자생력 만들기

    c. K리그 구단이 시도하지 않은 다양하고 실현 가능한 방안 추진

③ **생활 축구**

    a. 프로 구단 연고지를 세계 최고의 생활축구 모범 지역으로 만듦.

    b. K리그 구단이 아직 시도하지 않은 가장 효과적인 '지역 밀착' 마케팅임.

    c. 구단 수익 창출에 결정적인 역할을 함.

    d. 획기적인 관중 배가로 스폰서 유치에 크게 유리해짐.

## (2) 직책 : 기획 경영팀장 겸 유스 담당

## (3) 예상되는 효과

① **구단 흑자 경영 달성**

    늦어도 3년 안에 가능합니다!

② **지속적인 유스 선수 유럽 진출**

    선수 1명 이적료가 구단 1년 예산을 능가합니다!

③ **세계 최고의 생활 축구 선진지**

    이전과는 다른 구단 수익 창출과 관중 배가가 달성됩니다!

④ **프로 1군 경기력 향상**

    압도적인 관중석 점유율 달성, 대형 스폰서가 유치됩니다!

⑤ **한국과 세계 축구를 선도하는 프로 구단**

    모범 사례를 창출하여 한국 축구와 세계 축구에 계속 전파합니다!

## (4) 주문

함께 힘 모아 한국 축구를 성큼성큼 향상시키기를 희망합니다.

그 사이 세월이 흘렀고, 나는 노인이 되었다. 인생에서 최우선 순위도 축구가 아닌 다른 것으로 바뀌었다. 그때에 비해 지금은 축구 열정이 5~10% 정도 남아 있는지 스스로도 궁금하다.

필자는 축구 선수 출신이 아니다. 축구 인맥도 거의 없는 거나 마찬가지일 정도로 좁다. 축구에서 뜻을 펴지 못한 건 98% 이상 내 탓이라고 생각한다. 이제는 담담하다. 생애 최우선 순위, 즉 열정의 방향이 바뀌었다. 축구가 아니고 다른 데에 있다.

"김기호 선생처럼 축구를 밝게 아는 사람은 아직 한 명도 만나지 못했다.", 또는 "한국 축구는 김기호를 활용하지 않는 한 세계적인 수준으로 향상할 수 없다."고 말하는 사람들이 더러 있었지만 이미 지나간 일이다.

한때는 호승심이 하늘을 찌를 듯했었다. 대한축구협회, 한국프로축구연맹, K리그 프로 구단에 말했었다. "과제를 해결하기 어려우면 나에게 오시오. 무엇이든 문의하시오. 나의 능력이 귀 단체 능력의 총합에 전혀 뒤지지 않아요."라고. 한국의 프로 구단 감독을 비롯해 모든 감독 코치들에게 "무엇이든 막히거나 풀 수 없을 때, 지금 보다 더 잘하고 싶거나 세계적인 축구 지도자로 성장하고 싶으면 나를 찾아오시오."라고.

그사이 많은 날이 지나갔고, 이제는 담담하다. 그때의 열정을 떠올리면 웃음이 난다. 자신을 위로해주고 싶고, 칭찬해주고 싶다.

'잘했어! 잘한 거야. 그때 정말 열정적이었지! 부지런히 한결같이 달려갔지! 열정은 좋은 거야!'라고.

## |열정의 화신들!|

빈센트 반 고흐, 루트비히 판 베토벤, 뷔펭, 마리 퀴리, 에디슨, 마이클 조던……. 하나 같이 '열정의 화신'이다. 이들은 열정이 성공의 핵심 요소라는 걸 선명하게 보여 주고 있다. 이들의 전기를 읽는다면 잠들어 있는 자가 자신의 열정을 불타오르게 할 수 있을까? 이들의 전기 여기저기에서 샘물 솟는 듯한 영감을 길어 올릴 수 있을까? 우리도 열정의 상징적인 인물이 될 수 있을까?

인생은 한 번 뿐이다. 윤회는 없다. 서민들은 조그마하고 자잘한 일상에 매여 평생을 살아간다. 꿈도 희망도 없는 무기력한 삶은 생명 낭비. 그리고 우리 모두는 선택할 수 있는 자유 의지가 있다. 인생의 최우선 순위를 정하고, 그걸 이루고자 열정적으로 살고, 열정을 전파하는 삶을 살아가야 하지 않을까?

## | 열정의 두 얼굴 |

열정, 뜨거움보다 방향이 중요하다. 방향이 먼저 우선되어야 한다. 열정은 두 얼굴을 가지고 있다. 하나는, 무모하고 파괴적이다. 또 하나는, 홍익인간의 얼굴을 하고 있다. 무모하고 파괴적인 열정은 '극한 폭우'와 같다. 빠르게 주택, 건물, 논밭을 침수시키고 돌이키기 어려운 피해를 준다. 지나간 자리는 폐허 그 자체로 회복하기 어려운 절망감을 준다. 삶의 의욕을 꺾어 버리기도 한다. 뉴스에서 본 폭우의 피해 사례 그대로다. 역사에서 한 개인의 어긋난 열정이 인류에게 돌이킬 수 없는 재앙을 준 경우가 얼마나 많았던가!

히틀러의 야욕은 유대인 학살과 제2차 세세 내전으로 나타났다. 무수한 생명이 죽고, 가정이 파괴되고, 지구 곳곳이 초토화되었다. 몽골은 칭기즈칸을 아주 자랑스럽게 생각하고 있는 듯하다. 수도 울란바토르에 수십 미터 높이의 칭기즈칸 동상을 세워 놓았다. 인류 역사 이래 가장 큰 제국을 이루었다고 자랑하고 싶어 하는 것 같다. 칭기즈칸의 업적이 무슨 소용인가? 그의 야욕에 고요하고 행복한 가정이 박살 나고, 하나뿐인 생명들이 무수히 죽임당하고, 장애인들이 속출했다. 여러분 자신이 이렇게 당했다고 대입해보면 답이 바로 나온다. 그 당시 고려도 침략해온 몽골에 의해 전란에 휩싸였고, 그 피해는 이미 알고 있는 그대로다. 칭기즈칸이 세계적인 영웅인가? 사람마다 평가가 다를 것이다. 나폴레옹이 영웅인가? 그는 60만 대군을 징발하여 러시아 침략에 나섰다. 그리고 패퇴했다. 60만 명 중 살아서 돌아온 병사는 3만 명 정도였다. 그들은 대부분 동상에 걸렸고, 몸이 성한 사람은 드물었다. 95%가 죽고 5% 정도가 돌아왔다. 전나무처럼 튼튼했고, 흰 이를 드러내며 환하게 웃던 57만 명의 군인들은 모두 러시아에서 불귀의 객이 되었다. 그들 한 명 한 명의 목숨값은 나폴레옹의 목숨값과 다른가? 그들은 누구의 아버지였고, 또 누구의 남편이었으며, 그 사람들의 아들이었다.

열정을 실행하기 전에, 그 열정을 자세히 분석해야 한다. 이성으로 열정을 해부해야 한다. 이 선택이 최대 다수의 최대 행복에 부합하는가? 이 일이 올바른가? 즉, 당위성 정당성이 있는가? 명분 있는 일인가? 그렇지 않다면 그 일을 시작하지 않아야 한다. 반면에 거룩한 열정은 장엄하다. 슈바이처의 삶은 어떠했는가? 그 의사 장기려의 일생이 어떠했는가? 거룩한 열정은 생명을 살린다. 그들의 삶은 차갑지 않고 따뜻하다. 구태의연하지 않고 새롭다. 어둡지 않고 환하다. 그들은 이렇게 이웃을 사랑한다.

## | 열정을 불러일으키는 11가지 방법 |

커리어 코치 정철상 작가는 이렇게 들려준다. 열정은 기복이 있다. 하향 곡선을 그릴 때 이 방법을 알면 요긴하게 적용할 수 있다.

① 어떠한 경우든 현재 자신이 맡은 삶의 과제에 충실하자.
② 긍정적인 마인드를 갖고 힘든 일도 즐기며 수행하자.
③ 현재에 안주하지 말고 새로운 도전 과제를 지속적으로 만들어내자.
④ 자기 자신을 지속적으로 동기부여하자.
⑤ 열정적으로 살아가는 사람을 롤모델로 설정하자.
⑥ 작은 일 하나도 소홀히 하지 말고 적극적으로 임하자.
⑦ 적극적 사고를 길러주는 책을 읽고 동기부여 세미나를 듣자.
⑧ 목표를 조금 더 크고 높게, 담대하게 잡아보자.
⑨ 목표 달성 시한을 느슨하게 잡지 말고 조금 더 타이트하게 설정하자.
⑩ 절대적으로 자신을 믿고 신뢰하고 사랑하자.
⑪ 무엇이든 하나를 깊이 있게 파고들자.

## 2. '열정' 관련 명언

### 1) 브루스 바튼

당신 아들딸에게

단 하나의 재능만을 줄 수 있다면 열정을 주어라.

### 2) 나폴레온 힐

가장 열광적인 꿈을 꿔라. 그러면 열광적인 삶을 살게 될 것이다.

### 3) 드니 디드로

마음을 위대한 일로 이끄는 것. 오직 열정, 위대한 열정뿐이다.

### 4) 알베르트 아인슈타인

특별한 재능은 없어요. 그저 열정적으로 궁금할 뿐입니다.

### 5) 페르디낭 포슈

지구상에서 가장 강력한 무기는 불타는 인간의 영혼이다.

### 6) 고산자 김정호

애국은 그 땅과 그 땅의 사람들을 사랑하는 것이다.

그 땅을 모르면 그 땅을 사랑할 수 없다.

### 7) 브래드 버든

승자가 되기 위해서는 두 가지가 필요하다.

명확한 목표와 그것을 이루려는 뜨거운 열망.

### 8) H. W. 아놀드

이 세상 최고의 파산자는 열정을 상실한 사람이다.

이 세상 모든 것을 잃고도

열정만 상실하지 않는다면 그는 다시 성공할 수 있다.


### 9) 데이비드 흄

이성은 열정의 노예이며 또 반드시 그렇게 되어야 한다.


### 10) 프랑수아 드 라 로슈푸코

열정은 매번 설득에 성공하는 유일한 웅변가다.


### 11) 게일 린 굿윈

꿈과 열정은 사실과 현실보다 더 강력하다.

### 12) 새뮤얼 존슨

모든 위대한 성취는 열정과 인내라는 두 가지 요소를 기반으로 한다.


### 13) 김미경《김미경의 마흔 수업》중에서)

열정과 끈기, 시간만 있으면 된다.


### 14) 랄프 왈도 에머슨

비범한 삶이 아니거든 안주하지 말라.


### 15) 칼 구스타프 융

열정의 지옥을 통과하지 못한 사람은 그 열정을 극복하지 못한 것이다.


### 16) 존 스튜어트 밀

믿음을 가진 한 사람이 관심만 가진 아흔아홉 사람보다 낫다.

## 17) 에디 로빈슨

이기고자 하는 의지와 성공하고자 하는 열망,

완전한 잠재력에 도달하려는 충동,

이것들은 개인적인 탁월함의 문을 여는 열쇠다.

## 18) 토머스 홉스

인내 없는 열정은 광기에 불과하다.

## 19) 잭 웰치

최고의 경쟁력은 열정이다.

## 20) 프랑수아 드 라 로슈푸코

인간의 가슴속에서는 끊임없이 열정이 태어난다.

한 가지 열정이 사라지면 다른 열정이 자리 잡는다.

## 21) 짱구 아빠

꿈은 도망가지 않는다. 도망가는 것은 언제나 나 자신이다.

## 22) 김종원

하나를 잡고 끝까지 가라. 열정은 그렇게 증명된다.

## 23) 월터 로리

열정은 강물과 바다를 닮았다.

얕으면 중얼거리고 깊으면 잠잠하다.

## 24) 로저 레스트레인지

열정은 불이나 물과 같다.

열정은 좋은 하인이지만 나쁜 주인이다.

## 25) 키케로

그는 이성이라고는 쓸 줄 모르고, 열정만 내세운다.

## 26) 벤저민 프랭클린

열정으로 통치하긴 하지만, 결코 현명하게 통치하지는 못한다.

## 27) 제인 오스틴

사랑에 대한 여자의 열정은
전기 작가의 열정을 훨씬 뛰어넘는다.

## 28) 잭 웰치

만약 한 가지만 남겨야 한다면 그것은 열정이다.
열정은 천재의 재능보다 더 낫다.

## 29) 앤절라 더크워스

열정은 방향을 만들고, 끈기는 속도를 만든다.

## 30) 리처드 파인만

현상은 복잡하다. 법칙은 단순하다.
버릴 게 무엇인지 알아내야 한다.
핵심을 잡으려면 잘 버릴 수 있어야 한다.
핵심에 집중한다는 것은 잘 버린다는 것과 같은 이치다.

## 31) 행크 에런

매일 정신이 아득할 정도로 많은 시간을 연습에 쏟고 나면
이상한 능력이 생긴다.
다른 선수들에게는 없는 능력이 생긴다.
예를 들면 투수가 공을 던지기 전부터

그 공이 커브냐, 직구냐를 알 수 있게 된다.

## 32) 브라이언 트레이시

별 것 아닌 것처럼 보이지만 매일 0.1%씩 향상시킬 경우

첫 한 주 동안 자기 자신의 성과를 0.5% 향상시킬 수 있다.

매주 0.5%가 4주 동안 축적되면 2%가 향상되고,

이는 1년 만에 26%가 향상된다.

그리고 26%씩 10년 동안 계속한다면 처음 시작에 비해서

무려 1,000%라는 엄청난 성과를 창출할 수 있다.

## 33) 미야모토 무사시

승리에 우연은 없다.

천 일 연습하는 것을 '단'이라고 하고,

만 일 연습하는 것을 '련'이라 한다.

이와 같이 단련이 있고 나서야 싸움에서 이기기를 기대할 수 있다.

## 34) 아놀드 토인비

무기력을 극복할 수 있는 유일한 방법은 열정이다.

## 35) 그레이스 한센

인생이 끝날까 두려워 말라.

당신의 인생이 시작조차 하지 않을 수 있음을 두려워하라.

## 36) 칼 구스타프 융

지속 가능한 열정은 절제에서 나온다.

## 37) 나폴레온 힐

모든 성취의 출발점은 열망이다. 이를 명심하라.

약한 불이 미약한 열기를 주듯
약한 열망은 미약한 결과를 안겨준다.

### 38) 완다 사이키스
만약 그것에 대한 열정이 있다면 소원은 그만 빌고 그냥하세요.

# 3. 추천 도서

1. 《정상에서 만납시다》 / 지그 지글러 / 핀라이트

2. 《가슴 두근거리는 삶을 살아라》 / 마이크 맥매너스 / 시대의창

3. 《언더우드》 / 이희갑 / 생명의말씀사

4. 《구령의 열정》 / 오스왈도 스미스 / 생명의말씀사

5. 《열정과 야망의 전기 이야기》 / 김석환 / 대영사

6. 《우유곽 대학을 빌려 드립니다》 / 최영환 / 21세기북스

7. 《스물둘, 열정과 패기로 떠난 세계 여행》 / 장현익 / 북랩

8. 《레오나르도 다빈치》 / 이종호 / 인물과 사상사

9. 《그냥, 해》 / 최지훈 / 처음북스

10. 《우리는 달에 가기로 했다》 / 리처드 와이즈먼 / 리더스북

11. 《그녀 패티김》 / 조영남 / 돌베개

12. 《냉정한 이타주의자》 / 윌리엄 맥어스킬 / 부키

13. 《열정의 배신》 / 칼 뉴포트 / 부키

14. 《모든 것을 파괴하는 어두운 열정 : 증오의 역습》 / 라인하르트 할러 / 책사람집

15. 《크러싱 잇! SNS로 부자가 된 사람들》 / 게리 바이너척 / 천그루숲

# 20장

# 상상력, 창의력

# 1. 들어가며

"상상력이 최고의 경쟁력이다."

― 알베르트 아인슈타인

"한 나라의 진정한 부의 원천은 그 나라 국민들의 창의적 상상력에 있다."

― 애덤 스미스

## | 인공지능(AI)의 상상력, 창의력 |

세계는 인공지능 패권을 잡기 위해 치열하게 경쟁하고 있다. 미국과 중국이 그 중심에 있다. 천문학적인 돈을 쏟아붓고 세계의 인재들을 스카우트하고 있다. 그러면 현재 인공지능의 상상력과 창의력이 인간을 넘어섰는가? 전문가들은 "아직은 아니다."라고 말한다. 그리고 "앞으로는 인간의 상상력, 창의력을 능가할 수 있다."고 들려준다.

지금의 인공지능은 상상력과 창의성을 가진 인간과는 다른 방식으로 작동한다. 인공지능은 학습과 패턴을 기반으로 작업을 수행하며, 주어진 데이터와 알고리즘에 따라 작동한다. 현재 인공지능의 한계는 주어진 데이터와 알고리즘에 의존적일 수밖에 없다는 것이다. 데이터와 알고리즘의 신뢰성이 전제되어야 하는데, 이러한 데이터나 알고리즘의 신뢰성이 얼마나 되는지 알 수가 없다는 것이 문제다.

그러나 추세는 확실하다. 현재의 인공지능은 상상력과 창의성을 가진 인간과 유사한 수준의 상상력과 창의성을 발휘하지는 못하지만 빠르게 독창적인 상상력과 창의력을 가진 인공지능이 등장할 것이다. 인공지능 관련 지식과 기술이 가파르게 향상되고 있다. 사람처럼 스스로 학습하고 실행하는 고도의 '생성형 인공지능'이 등장할 날이 머지않았다고 예측하고 있다. 관련 전문가들은 그 시점을 각기 다르게 주장하는데, 지금부터 6년 이내 또는 4년 이내라고 예견하는 이들이 적지 않다. 이 시점을 '특이점(特異點)'이라 한다.

특이점은 인류가 지금까지 겪지 못한 위기를 일으킬 수 있다. 인간 두뇌 기능을 능가하는 인공지능과 인간 신체 활동 능력보다 우월한 로봇이 결합하면? 이 '인공지능 로봇'은 스스로 생각하고 결정하고 행동한다. 미래학자들은 예측한다. '인공지능 로봇'의 유일한 경쟁 상대는 인간이기에 인공지능 로봇은 인간보다 앞서 있는 능력으로 두 가지 중 하나를 선택할 것이라고 내다 보고 있다. 하나는, 인류 모두를 멸절하는 것이다. 다른 하나는 동물원의 동물처럼 인간 중 극히 일부를 가두어 놓고 나머지는 모두 살해해 버리는 것이다. 인류 멸망 시나리오 중의 하나라고 한다.

## | 상상력, 창의력의 가치 |

무엇이 상상력인가? 실제로 경험하지 않은 현상이나 사물에 대하여 마음속으로 그려 보는 힘이다. 경험하지 않은 것, 현재에 없는 대상을 직관하고 머릿속으로 그려 보는 능력이다. 상상력은 물리적인 세계에 존재하지 않는 정신적인 이미지나 개념을 창조하는 능력이다. 이전에 볼 수 없었던 새로운 아이디어와 가능성을 상상하는 능력이다. 이미 알고 있는 것들의 관계를 새롭게 정의하는 것이 상상력이다. 상상 속에서 새로운 아이디어, 시나리오, 상황 등을 만들어내는 능력이다.

에디슨, 베토벤 등 예술에서 과학에 이르기까지 상상력은 가장 중요한 발견, 발명, 예술적인 표현의 원동력이 되어 왔다. 상상력은 사회 변화의 힘이고 과학 기술의 원천이다. 창의력과 융합 능력의 원천이며 우리의 삶과 문화를 바꾸는 파워 엔진이다.

창의력(創意力)이란 무엇인가? 새로운 아이디어를 생성하고 문제를 혁신적으로 해결하는 능력으로, 발산적 사고와 수렴적 사고의 균형이 핵심이다. 창의력은 단순히 많은 아이디어를 내는 것이 아니라, 독창성과 정교성을 갖춘 해결책을 도출하는 데 초점을 맞춘다. 창의력은 상상력을 바탕으로 실제로 새로운 아이디어나 해결책을 만들어내는 능력이다. 창의력은 상상력을 현실로 구현하고 문제를 해결하거나 새로운 가치를 창출하는 데 활용된다. 요약하면, 상상력은 아이디어를 생성하는 능력이고, 창의력은 그 아이디어를 실제로 구현하는 능력이다. 상상력은 창의력의 한 부분이지만, 창의력은 상상력 외에도 문제 해결 능력, 혁신성, 독창성 등 다양한 요소들을 포함한다.

그러면 상상력과 창의력은 우리에게 무엇을 주는가? 무궁무진하다. 인간 생활에서 상상력, 창의력이 사용되지 않는 분야가 어디에 있을까? 구체적으로 그리고 개조식으로 몇 가지만 살펴보자.

### (1) 과학 기술 발전에 공헌한다.

아이작 뉴턴의 중력 발견, 마이클 패러데이의 전기 시스템 구축, 알베르트 아인슈타인의 상대성 이론에 이르기까지 역사상 가장 위대한 과학적 발견의 대부분은 상상력의 힘을 통해 이루어졌다. 과학자들은 새로운 이론과 가설, 새로운 실험 그리고 결과 해석에 상상력을 사용한다.

### (2) 문학과 예술에 기여한다.

문학가와 예술가는 상상력을 길어 올려 작품을 완성한다. 작품은 창의력의 결실이다. 상상력을 활용하여 이들은 말로 표현할 수 없는 방식으로 자신의 아이디어와 감정을 드러낸다. 상상력이 없다면 문학과 예술은 단지 현실의 묘사에 불과할 것이다.

### (3) 당면한 문제를 해결하는 도구이다.

문제에 직면했을 때 누구나 생각한다. 이때 생각의 수단은 언어이며 상상력으로 자신의 지식과 경험을 연결하고 융합하며 순서를 바꾸는 등의 노력으로 기존의 지식과 경험을 넘어서는 창의적인 해결책을 생각해낸다.

### (4) 잠재의식 활용을 극대화한다.

잠재의식은 말 그대로 숨어 있는 의식이다. 의식적으로 인식하지 못하는 감정, 생각, 행동의 원천이다. 상상의 힘을 통해 잠재의식을 활용하고 변화시킴으로써 통찰력을 얻을 수 있다. 개인 각자의 인식 밖에서 작동하는 마음의 일부이다.

### (5) 기억력을 향상시킨다.

무언가를 기억할 때 상상력을 발휘하여 그 경험을 머릿속에 재구성한다. 상상력과 기억은 긴밀하게 연결되어 있어 서로 영향을 주고받는다. 상상력은 과거의 사건을 머릿속에서 시각화하고 다시 경험하게 함으로써 기억력을 향상시키는 데 도움이 될 수 있다.

## | 아이의 상상력을 키우는 8가지 방법 |

대부분의 경우, 올바른 방법으로 한다면 일찍 시작하는 게 결정적으로 유리하다. 뇌의 가소성이 최고로 활발한 시기에 뇌의 그 부위에 신경 회로를 수없이 그리고 튼튼하게 만들기 때문이다. 이는 평생 동안 긍정적인 효과로 작용한다.

일례로, 칼 비테(Karl Witte)의 조기 교육 사례가 극명하게 보여 준다. 그의 아들 칼 비테 주니어는 미숙아로 태어났다. 그의 부인은 절망했다. 그러나 칼 비테는 포기하지 않았다. 교육은 일찍 시작하는 게 낫다고 생각한 그는 갓 태어난 신생아인 칼 비테 주니어에게 바로 조기 교육을 시작했다. 아무것도 모르고 누워 있는 아들에게 수시로 이야기를 들려주고 여러 물건들을 보여 주면서 이름과 용도를 설명해주었다. 이 외에도 지속적으로 독특한 조기 교육을 실천했다. 결과는 어떠했는가?

9세에 6개 국어를 자유롭게 구사, 10세에 최연소 라이프치히대학 입학, 13세에 괴팅겐대학에서 철학 박사 학위를 취득했다. 이후 16세에 하이델베르크 대학에서 법학 박사를 받았고, 같은 나이에 베를린대학 법학 교수가 되었다. 이게 가능한 일인가? 모두 사실이다. 칼 비테는 이러한 과정을 1818년 《칼 비테의 교육》이라는 이름의 책으로 남겼다. 이 책은 천재 교육의 경전으로 불리며, 많은 이들이 채택하여 그 놀라운 효과를 확인했다.

상상력, 창의력 교육도 일찍 시작할수록 좋다. 은행에서 먼저 온 사람이 번호표로 먼저 업무를 보는 것과 같은 이치다. 아래는 그 한 가지 방법이다. 이런 부류의 정보는 인터넷에서 얼마든지 만날 수 있다. 어른도 이 방법을 차용하면 좋다. 관심을 환기시키기 위해 제시한다.

① 자유로운 놀이 시간 제공하기
② 다양한 책 읽어주기
③ 미술 활동 장려하기
④ 이야기 지어내기
⑤ 자연과 함께하기
⑥ 다양한 문화 경험 제공하기
⑦ 아이의 질문에 진지하게 답하기
⑧ 놀이를 통한 학습

지금은 인공지능이 대세다. 경제·경영 분야뿐만 아니라 모든 분야에서 인공지능에서 앞서는 나라와 기업이 최고 최강이 된다고 확신하고 있다. 개인은 이러한 추세를 따라잡고 적응하며 앞서가야 한다는 매우 어려운 과제가 주어져 있다. 이게 가능하기나 할까?

그러나 상상력, 창의력을 지속적으로 높여 가는 건 가능하다. 무한한 정보 중에서 진짜 정보를 골라내는 감식안, 문제를 '정의하고 발굴하는' 인간의 상상력과 서사력 그리고 이걸 적용하여 성과를 내는 창의력에 관심의 끈을 놓지 않고 연결하고 고양시키는 생활을 만들어 가자.

## 2. '상상력, 창의력' 관련 명언

### |창의성 상상력|

**1) 스티브 잡스**

창의력이란 여러 가지를 연결하는 능력이다.

**2) 에릭 지만**

복잡함의 주인이 되는 게 기술력,

단순함의 주인이 되는 게 창의력이다.

**3) 알베르 카뮈**

영원한 존재가 아닌 인간에게는 완전히 모순된 가면(假面) 속에서의

엄청난 모방이 있을 뿐이다.

창조, 이것이야말로 위대한 모방이다.

**4) 윌리엄 랠프 잉**

독창성이란 무엇인가? 들키지 않는 표절이다.

**5) 어슐러 르 귄**

우리를 지각, 동정심, 희망에 도달하게 하는 것은

그 무엇보다 상상력이다.

**6) 로렌 바콜**

상상력은 가장 높이 나는 연이다.

## 7) 르네 데카르트

우리가 상상할 수 있는 모든 이상하고 믿기 어려운 것은
이미 철학자가 이야기한 적이 있는 것들이다.


## |창의력, 상상력의 중요성|

### 8) 빌 게이츠

나의 최고의 재산은 마이크로소프트 직원의 상상력이다.

### 9) 앨버트 허버드

상상력은 모든 창조의 포털이다.

### 10) 알베르트 아인슈타인

상상력이 지식보다 중요하다.
지식은 한계가 있지만, 상상력은 세상을 품고도 남는다.


### 11) 존 스튜어트 밀

존재하는 모든 훌륭한 것은 독창력의 열매이다.


### 12) 샤를 니콜

새로운 사실의 발견, 전진과 도약, 무지의 정복은
상상력과 직관이 하는 일이다.


### 13) 니체

실제의 세상은 상상의 세계보다 훨씬 작다.

### 14) 하비브 사데기

상상력이 가진 치유의 힘과, 그것이 만들어내는 에너지에
견줄 수 있는 약은 존재하지 않는다.

### 15) 알베르트 아인슈타인

논리는 당신을 A에서 B로 이끌 것이다.
그러나 상상력은 당신을 어느 곳이든 데려가 줄 수 있다.

### 16) 아워 로우크

창의성은 단순함을 만들어내는 것이다.

### 17) 알베르트 아인슈타인

지성의 진정한 표시는 지식이 아니라 창의성이다.

## |창의력, 상상력 발현 방법 |

### 18) 알베르트 아인슈타인

나는 직감과 직관, 사고 내부부터 본질이라고 할 수 있는 심상이
먼저 나타난다.
말이나 숫자는 이것의 표현 수단에 불과하다.

### 19) 워런 버핏

나는 출근하면 제일 먼저 천장을 바라본다.
그러면서 투자의 캔버스 위에 무슨 그림을 그릴까 생각한다.
그렇게 나는 50주는 생각하는 데 쓰고, 남은 2주만 일한다.

## 20) 베토벤

나는 악상을 악보로 옮기기 전에 아주 오랫동안,

어느 때는 하루 종일이라도 머릿속에 품고 있곤 한다.

그 과정에서 많은 부분 바꾸기도 하고, 어떤 것은 버린다.

내가 만족할 때까지 계속한다.

그리고 나서 작품을 정밀하게 다듬는다.

악곡의 이미지를 모든 각도에서 보고 듣는 것이다.

이것은 마치 조각품과 같다.

그리고 나면 이 곡을 악보로 옮겨 적는 일만 남게 된다.

## 21) 라이너스 폴링

좋은 아이디어를 얻는 최선의 방법은 많이 생각하는 것이다.

## 22) 오스카 와일드

시대를 움직이는 것은

원칙이 아니라 사람들의 다양한 개성이다.

일관성은 상상력이 없는 사람들의 마지막 피난처다.

## 23) 랄프 왈도 에머슨

길이 이끄는 대로 가지 마라.

대신 길이 없는 곳으로 가서 발자국을 남겨라.

## 24) 래리 페이지(구글 창업자)

우리가 만들어낸 많은 것들이 처음에는 모두 미친 아이디어였다.

## 25) 피카소

나는 찾지 않는다. 있는 것 중에서 발견할 뿐이다.

## 26) 벤저민 프랭클린

천재는 단지 인내하는 습관을 기른 사람일 뿐이다.

## 27) 마르셀 프루스트

새로운 발견이라는 것은 새로운 땅을 찾는 것이 아니라
새로운 시각으로 보는 것이다.

## 28) 조지 S. 패튼

사람들에게 일을 어떻게 처리하는지 일러주지 마라.
무엇을 해야 하는지만 일러주면
그들은 깜짝 놀랄 독창성을 발휘할 것이다.

## 29) 피카소

상상 가능한 것은 이미 존재한다.

## 30) 쇼펜하우어

재능있는 사람은 아무도 맞히지 못하는 과녁을 맞힌다.
그러나 천재는 아무도 보지 못한 과녁을 맞히는 사람이다.

## 31) 마리나 고비스

시키는 대로 해서 노벨상을 탄 사람은 아무도 없다.

## 32) 이나모리 가즈오

머리끝에서 발끝까지 온몸을 그 생각으로 가득 채우고
피 대신 생각이 흐르게 하라!

## 33) 버트런드 러셀

세상 사람들은 생각하는 것을 죽기보다 싫어한다.

### 34) 볼테르

그 어떤 문제도 지속적인 생각의 공격에 대항할 수 없다.

### 35) 알렉스 오즈번

창의성은 지극히 민감한 꽃이다.
칭찬은 창의성을 꽃피운다.
반대로 기를 꺾으면 창의성의 싹이 잘려나간다.
노력이 진심으로 인정받게 되면 누구나 더 좋은 아이디어를 내놓는다.

### 36) 유시민

남이 하지 않는 일을 남다른 방식으로 하는 괴짜를 놀리지 말라.
새로운 시대를 열어갈 창조적 소수자는 그들 중에서 나온다.

### 37) 밥 프록터

당신이 평소 꿈꾸고 있던 것들이 이루어진 모습을
조그마한 카드에 구체적으로 조목조목 적은 다음,
주머니에 넣고 다니면서 틈날 때마다 꺼내어 읽도록 하라.

### 38) 리처드 파인만

우리는 우리의 상상력에 제한되어 있다.

### 39) 마크 트웨인

창의력에 대한 가장 큰 장애물은 건전한 판단력이다.

### 40) 작자 미상

이 세상은 0.1%의 창의성을 가진 사람과
0.9%의 이에 함께 하는 사람과 99%의 잉여 인간으로 구성된다.

41) **파블로 피카소**

창의성의 가장 큰 적은 '좋은 감각'이다.

42) **토머스 에디슨**

더 좋은 방법이 있습니다. 찾아보세요.

43) **아서 C. 클락**

과학은 인간의 상상력을 현실로 만드는 정원이다.

44) **피스 필그림**

생각이 얼마나 강력한지 깨닫는다면
결코 다시는 부정적인 생각은 갖지 않을 것이다.

45) **에인 랜드**

부는 인간이 가진 사고 능력의 산물이다.

46) **폴 켈리**

아이디어는 다이아몬드와 같다.
세공 과정을 거치지 않으면 더러운 돌일 뿐이지만
불순물을 제거하면 보석이 된다.

## 3. 추천 도서

1. 《생각의 탄생》 / 로버트 루트번스타인 / 에코의서재

2. 《인문 라이더를 위한 상상력 사전》 / 임병희 / 생각정원

3. 《예술적 상상력》 / 오종우 / 어크로스

4. 《창의성의 기원》 / 에드워드 윌슨 / 사이언스북스

5. 《창의성의 즐거움》 / 미하이 칙센트미하이 / 더난출판사

6. 《탁월한 아이디어는 어디서 오는가》 / 스티븐 존슨 / 한국경제신문사

7. 《사회적 상상력은 어떻게 세상을 바꾸는가》 / 제프 멀건 외 / 착한책가게

8. 《나는 왜 괜찮은 아이디어가 없을까?》 / 오상진 / 비즈니스북스

9. 《창의성을 지휘하라》 / 애드 캣멀 외 / 와이즈베리

416

10. 《어웨이킹》 / 김세직 / 중앙북스

11. 《천재와 거장》 / 데이비드 갤런슨 / 글항아리

12. 《틀을 깨는 사고력》 / 양첸룽 / 미디어숲

13. 《살아남는 생각들의 비밀》 / 샘 테이텀 / 더퀘스트

14. 《미친 아이디어는 말에서 나온다》 / 니토 야스히사 / 필름

15. 《창의적 발상을 위한 아이디어 발전소》 / 홍정표 / 전북대학교출판문화원

16. 《인생을 바꾸는 창의력 수업》 / 김경희 / 쌤앤파커스

17. 《10대를 위한 비판적 사고력 수업》 / 이현주 / 지노

# 21장

# 추진력, 실행력

# 1. 들어가며

"신은 행동하지 않는 자를 절대 돕지 않는다."

– 소포클래스

"순간을 미루면 인생마저 미루게 된다."

– 마틴 베레가드

개인적인 이야기다. 매일 밤 내일 계획을 세운다. 다음 날 취침 전에 실행 여부를 점검해 보면 실천하지 못한 게 많다. '계획을 너무 많이 잡았나?' 그런 면도 있지만, 이유는 2가지다. 엉뚱한 데 적지 않은 시간을 사용했고, 계획 실행에 부지런하지 못해서다. 나의 계획과 일상은 평범하다. 특별한 기술이나 많은 돈이 필요한 경우는 없다. 그냥 평범하다. 그런데도 이러하다. 조금 더 부지런해야겠다.

누구나 살아가면서 많은 문제와 만나게 된다. 문제를 통해 세상을 배우고 문제 해결력을 기르게 된다. 문제가 있는 곳에 반드시 해답이 있다. 문제의 성격은 크게 두 가지가 아닐까? 해결할 수 있는 문제와 해결이 불가능한 문제다. 천재지변, 죽음, 우연과 같은 인간의 의지로 선택할 수 없는 '한계 상황'도 해결할 수 없는 문제다. 여기에서는 해결 가능한 문제에 대한 추진력, 실행력에 대해 관심을 가져 보기로 하자.

사람은 왜 행동할까? 자신의 문제를 해결하거나 목표(필요)를 성취하기 위해서다. 누구는 사회에 공헌하기 위해서 움직이기도 한다. 행동의 추진 과정은 선택, 계획, 실행 또는 선택, 실행, 계획으로 이어진다. 이때 목표 달성을 위해 계획을 세우는데, 효과적으로 계획을 수립하는 능력이 요구된다. 계획을 못 지키는 건 의지박약도 있지만, 계획 자체가 허술하여 생기는 경우가 대부분이다. 전투에서 하급의 전략 전술을 채택하여 패배하는 것과 같은 이치다. 잘못된 방향으로 계획을 세우면 의지가 강해도 실천하기 어렵게 될 것이다.

계획 없이 무조건 저지르는 경우도 있다. 이 경우는 선택, 실행, 계획의 과정으로 움직인다. 일단 저질러 놓고 수습하는 건 무모한 게 아니다. 빠른 성과를 내는 탁월한 전략 중 하나다. 가령, 여행을 가기로 결정했다면 바로 집을 나서는 것이다. 계획은 차 안에서, 비행기 안에서 세워도 충분하다. 일단 시작하고 그다음 방법을 찾아내면 된다. 뭔가를 해서 망하는 것보다 아무것도 안 해서 망하는 경우가 더 많다.

기업에서도 그렇다. 비전 기업(동종업계 세계 1위 기업)이 창업 전 명확한 사업 계획을 세우고 시작했을까? 그런 기업도 있었지만 그렇지 않은 기업이 더 많았다고 한다. 무작정 창업하고, 이 일 저 일 닥치는 대로 하다 안되는 건 버리고 잘되는 건 계속 발전시켰다. 그리고 수익을 냈다.

디즈니는 디즈니랜드를 만들기까지 놀이동산 사업에 대해 아는 바가 전혀 없었다고 한다. IBM은 컴퓨터에 진출할 때도 전자 산업에 대한 경험이 없었다. 보잉이 처음으로 707기를 생산할 때 상용 항공기 사업에 대한 경험이 전혀 없었다. 아멕스가 고속 운송 사업이라는 본업에만 전념했다면 아마 지금은 존재하지 않는 기업이 되었을 것이다. 유리창이 깨진 사무실에서 1,600달러로 시작한 소니는 우유를 팔고, 라디오를 조립했고, 심지어 채소도 팔았다. 《성공하는 기업의 8가지 습관》(짐 콜린스, 제리 포라스 / 김영사)에 있는 내용이다. 이 책은 현저하게 탁월한 명저다. 일독을 권유드린다.

추진력의 핵심은 속도다. 광저우에서 활동했던 혜초는 인도를 여행한 후 《왕오천축국전》을 남겼다. 인도 왕복에 걸린 시간이 2년 6개월이 넘는다. 지금 여객기로 인천 공항에서 뉴델리까지 8시간도 안 걸린다. 2년 6개월? 한 나라를 건국하고도 남는 시간이다. 부산에서 서울까지 걸어가느냐, 경운기 타고 가느냐? KTX나 비행기 타고 가느냐??

속도를 높일 수 있는 효과적인 방법 중 단연 1위는 운동이다. 전전두엽을 강화하기 때문이다. 전전두엽은 계획, 실행 그리고 의사결정 등의 기능을 담당하는 뇌의 능력이다. 이 부위를 강화하면 추진력이 향상된다. 어떤 종류의 운동을 할까? 신경계의 지배를 받는 체력(평형성, 협응성 등)보다 에너지를 주요소로 하는 체력(근력, 민첩성, 도약력 등)이 더욱 중요하다. 유산소 운동도 추가한다. 거기다 몸이 튼튼하면 생기가 넘치고 무엇인가 하고 싶은 의욕이 용솟음친다. '운동효과'는 너무나 많고 가치 있으며 신비하기까지하다. 불치병도 치유한다.

운동 외에 추진력을 배가할 수 있는 환경 조성도 필수다. 세계 1위 컨설팅 회사 맥킨지는 자료 전담 직원이 있다. 이 직원이 담당 컨설턴트에게 관련 자료를 싹 다 전해준다. 바로 컨설팅 작업에 들어갈 수 있도록. 비유하면 요리사에게 최상의 식재료를 준비해주는 것과 같다.

하기 싫은 일이나, 어려운 일이나, 익숙하지 않은 일을 참고 실천할 때 추진력이 크게 향상된다. 추진력을 높이려면 적극적인 성향이 중요하다. '가능한 한 빨리 해결'을 목표로 해야 한다. 한 달 걸려 해결할 일이 하루 만에 마무리하는 기적을 경험할지도 모른다. 평소 부지런함이 핵심 요소다. 거창한 기술이나 천문학적인 재원이 없어 못 하는 경우는 거의 없다.

마감 시간을 명확하게 정하는 것도 실행력을 배가시킨다. 빨리 끝내는 것도 중요하지만 더 중요한 건 마무리 시점을 정하지 않고 일하는 습관을 버려야 한다는 것이다. 시간을 짧게 쪼개 쓰는 것도 매우 효과적이다. 1분 안에 할 수 있는 것이라면 즉시 하자. '일단 2분만 해보기'도 적용해보라. 새로운 걸 경험할 것이다. 하기 싫어도 일단 시작하면 마무리하는 경우도 적지 않다. 그래서 '2분만 해보자.'고 자신과 약속하는 거다. 독서 2분, 운동 2분…… 이런 식으로.

작은 목표부터 시작하면 성취감을 자주 느낄 수 있다. '책 1권' 말고 '3분만 읽기', '운동 1시간' 말고 '아킬레스건 스트레칭 30개'. 이렇게 완벽을 추구하지 않는다. 집중 추진 후에는 반드시 휴식해야 한다. 휴식은 다음 과제를 하기 위한 준비다. 이때 자기 자신에게 보상을 주면 더욱 좋다. 이 외에도 추진력, 실행력 향상 방법은 많이 있을 것이다. 추진력, 집중력은 정말 중요한 요소임에도 우리는 따로 배우거나 연습하지 않는다. 하지만 이렇게 하지 않으면 평생 효과적인 방법을 소유할 수 없다. 우선 이 글에 있는 방법들을 채택, 적용해보자.

다음은 '좋은 결과를 만드는 5가지 원칙'이다. 2015년 11월 4일 머니맨 님이 페이스북에 올린 글이다. 지금은 필요한 정보를 구하기가 매우 쉬운 시대다. 여기저기 검색(AI는 동시에 종합 검색하여 한 번에 정보를 제공한다)하여 자신에게 맞는 지식을 취사 선택하여 생활 속에 적용하면 나쁘지 않다.

### (1) 결과가 아닌 구체적인 행동을 목표로 삼아라.

다이어트가 목표라면 얼마나 뺄지 목표로 삼지 말고 매일 달리기를 하겠다는 행동 자체가 목표이어야 한다. 계획은 행동 그 자체를 목표로 하자. 그것도 정말 쉽고 편해야 한다. 지금도 수많은 사람이 결과를 목표로 삼는 실수를 한다. 1등이나 토익 만점 같은 목표는 모두 결과를 목표로 삼는 행위다. 원대한 결과는 마음속 포부로 남겨두고 작은 행동부터 변화해 보자. 어떤 좋은 계획도 실천 없이는 의미 없다.

### (2) 행동 목표 내에서도 디테일이 중요하다.

아침 5시에 일어나겠다고 목표를 정하는 게 아니라 밤 11시에 자겠다고 계획해야 한다.

### (3) 최소한의 행동만 계획으로 삼아라.

결과 자체를 목표로 삼으면 안 된다고 해서 행동 목표를 무리하게 짜면 안 된다. 하루 6시간 공부하겠나거나 매일 10km를 달리겠다고 생각하지 말자. 행동 목표엔 가능한 숫자가 들어가지 않는 게 좋다. 그냥 공부하거나 달리기를 하면 하는 거지 무조건 특정 숫자만큼 하겠다고 하면 그 자체가 스트레스다.

### (4) 계획을 주변 사람들에게 알려라.

주위에 뭐를 하겠다고 공언하면 부담감이 생길 것이다. 이런 적당한 압박은 행동하는 데 중요한 동기부여가 된다.

### (5) 낙담하지 말고 다시 시작하라.

모든 계획은 어차피 실패한다. 의지가 아무리 강하고 성실한 사람도 자신의 목표대로 행동하는 건 아니다. 살다 보면 이런저런 변수가 생기기 마련이고 어떤 날은 못 지키기도 한다. 그럴 때마다 한 번 못 지켰다고 전체 계획을 포기하면 안 된다. 작심삼일을 반복한다는 각오로 짧은 주기마다 자신의 계획을 새롭게 하자.

강력한 추진력, 실행력 맞은편에는 무기력, 미루기, 게으름이 있다. 무기력증은 전신적인 피로감과 집중력의 저하로 인해 간단한 작업을 하는 것에도 어려움을 겪는 부진한 상태를 의미한다. 무기력, 미루기, 게으름은 인생에 큰 폐해를 남길 수 있다. 정상적인 생활이 불가능해진다. 자기효능감이 저하되고, 스트레스와 불안감을 유발한다. 정신 건강에도 좋지 않다. 약속 불이행으로 믿을 수 없는 사람으로 낙인찍히게 된다. 해야 할 일을 제때 못하기에 인간관계가 충돌한다. 직장에서는 생산성과 업무 성과가 저하된다.

목표 성취에서 행동(추진력, 실행력)보다 더 필요한 게 있을까? 인류 역사에서 큰 업적을 이룬 사람들은 한결같이 집중했고 몰입했다. 우리는 이들의 끈기와 집념에 경탄하게 된다. 행동은 자동차 추진에서 연료와 같다. 지식은 좀 부족해도 실행력이 뛰어나면 어떻게든 결과가 나오지만, 지식이 풍부해도 추진력이 부족하면 어떤 결과도 나오지 않는다. 목표는 실행하는 사람만이 달성할 수 있다. 모든 성취는 오직 행동에서만 나온다. 해야 할 과제는 끝없이 생겨나고, 우리는 무엇을 버리고 선택해야 하는지 결정해야 한다. 가능한 줄이는 게 좋을 듯하다. 그리고 선택한 일에는 최고 최적의 실행력, 추진력을 발휘해야 하지 않을까?

## 2. '추진력, 실행력' 관련 명언

1) **야고보서 1 : 15~17**

　　만일 형제나 자매가 헐벗고 일용할 양식이 없는데

　　너희 중에 누구든지 그에게 이르되

　　평안히 가라 덥게 하라 배부르게 하라 하며

　　그 몸에 쓸 것을 주지 아니하면 무슨 유익이 있으리요

　　이와 같이 행함이 없는 믿음은 그 자체가 죽은 것이라

2) **조너슨 윈터스**

　　나는 성공할 때까지 기다릴 수 없어서 그 일을 했다.

3) **플라톤**

　　시작은 그 일의 가장 중요한 부분이다.

4) **미켈란젤로**

　　지금의 경지에 이르기 위해 얼마나 열심히 일하고 또 일했는지

　　사람들이 안다면 내가 하나도 위대해 보이지 않을 것이다.

5) **헬렌 켈러**

　　인생은 대담한 모험이거나, 아니면 그 아무것도 아니다.

6) **필 나이트(나이키 창업자)**

　　겁쟁이들은 시작조차 하지 않았고,

　　약한 자들은 중간에 사라졌다.

　　그래서 우리만 남았다.

7) **유서프 타라**

오늘 그것을 할 수 없다면,

대체 무슨 근거로 내일 그것을 할 수 있다고 생각하는가?

8) **무하마드 알리**

훈련의 시간 일 분 일 초가 싫었다. 하지만 스스로 되뇌었다.

'그만두지 말자.

이 순간의 고통으로 남은 삶을 챔피언으로 살 수 있잖아.'

9) **G. 클토리노**

젊음은 아무것도 하지 않고 놔두는 것보다는 낭비하는 것이 좋다.

10) **무라카미 하루키**

나의 하루는 23시간이다. 1시간은 운동 시간이기 때문이다.

11) **카를로스 곤**

실행이 전부다. 이것이 나의 지론이다.

아이디어가 전체 업무에서 차지하는 비중은 5%에 불과하다.

아이디어의 좋고 나쁨은

어떻게 실행하느냐에 따라 결정된다고 해도 과언이 아니다.

12) **알 가잘리**

행동이 따르지 않는 지식은 정신 이상이고,

지식이 없는 행동은 허영이다.

13) **한국 속담**

천 리 길도 한 걸음부터!

**14) 고타마 싯다르타**

우리의 위대한 인생 계획을 방해하는 두 가지가 있다.

하나는 어떤 일도 끝내지 않는 것이며

다른 하나는 어떤 일도 시작하지 않는 것이다.

**15) 웰링턴**

나의 규칙은 항상 그날 일을 그날에 행하는 것이었다.

**16) 레이 크록(맥도날드 창업자)**

노력하라. 끈기를 대신할 수 있는 것은 세상에 아무것도 없다.

재능도 그것을 대신하지 못한다.

성과 없는 천재성은 한낱 유희에 지나지 않는다.

교육으로도 그것을 대신하지 못한다.

이 세상은 온통 박식한 직무 유기자들로 가득 차 있다.

오직 인내와 결단력만이 전지전능한 힘을 가지고 있다.

**17) 심 구느윈**

불가능은 대개 시도하지 않기 때문이다.

**18) J. 바에즈**

행동은 절망의 해독제이다.

**19) 한국 속담**

낙숫물이 댓돌을 뚫는다.

**20) 세네카**

우리가 도저히 할 수 없는 이유는 그 문제가 어려워서가 아니다.

문제가 어려워지는 이유는 우리가 도무지 하지 않기 때문이다.

21) **빅토르 위고**

승자는 문제 속에 뛰어든다.
패자는 문제의 변두리에서만 맴돈다.

22) **푸블릴리우스 시루스**

구르는 돌에는 이끼가 끼지 않는다.

23) **마이클 조던**

누군가는 바라고, 다른 누군가는 희망하고 있을 때,
또 다른 누군가는 그것을 현실로 이루어낸다.

24) **칭기즈칸**

행동의 가치는 그 행동을 끝까지 이루는 데 있다.

426

25) **작자 미상**

여기 낸시 존스의 유골이 누워 있다. 그녀는 평생 두려움을 피했다.
노처녀로 살다가 노처녀로 죽었다. 안타도 도루도 에러도 없었다.

26) **호레이스**

이미 일을 시작했다면 벌써 반은 해놓은 셈이다.

27) **마태복음 7 : 7**

구하라 그리하면 너희에게 주실 것이요
찾으라 그리하면 찾아낼 것이요
문을 두드리라 그리하면 너희에게 열릴 것이니

28) **엔니우스**

말하자마자 행동하는 사람, 그것이 가치 있는 사람이다.

### 29) 월트 디즈니(디즈니랜드 창업자)

시작하는 방법이요?

그만 말하고 '뭐라도 시작하는 것'입니다.

### 30) 법조계의 오래된 격언

지연된 정의는 정의가 아니다.

### 31) 카를 폰 클라우제비츠

좋은 계획을 망치는 최대의 적은 완벽한 계획을 만들려는 꿈이다.

### 32) 새뮤얼 존슨

하루에 3시간을 걸으면 7년 후에 지구를 한 바퀴 돌 수 있다.

### 33) C. 힐티

오늘의 식사는 내일로 미루지 않으면서

오늘 할 일은 내일로 미루는 사람은 많다.

### 34) 짐 론

진정으로 하고자 하는 사람은 방법을 찾고,

그렇지 않은 사람은 변명 거리를 찾는다.

### 35) 오리슨 스웨트 마든

특별한 기회가 올 거라며 기다리지 마라.

평범한 기회를 붙잡아서 특별하게 만들어라.

약자는 기회를 기다리지만, 강자는 스스로 기회를 만든다.

### 36) 이현

물이 바위를 뚫는 것은 물의 힘이 아니라

물이 바위를 두드린 횟수라는 것을 잊지 말라.

### 37) 이반 세르게예비치 투르게네프
모든 것이 완벽하게 준비된 시간을 기다리면,
우리는 결코 시작할 수 없을 것이다.

### 38) 메튜 버튼
미루는 버릇은 자멸의 씨앗이다.

### 39) 윌리엄 해즐릿
하면 할수록 더할 수 있다.

### 40) 나폴레온 힐
시작하기에 완벽한 순간은 없다. 지금 바로 시작하라.

### 41) 정주영
불가능하다고? 이봐. 해보기나 해봤어?

### 42) 스티븐 에드윈
재능은 식탁에서 쓰는 소금보다 흔하다.
재능 있는 사람과
성공한 사람을 구분 짓는 기준은 오로지 엄청난 노력뿐이다.
재능을 타고났다는 것은 출발선에서 조금 앞에 섰다는 것에 불과하다.

### 43) 도요다 게이치
계획은 늘 완벽하지 않다.
일단 실행하면서 부족하고 필요한 부분이 생기면 즉시 반영한다.
계획이란 으레 고치고 바꿔가면서 완성되는 것이다.

## 44) 우종민

아는 것이 아니라, 하는 것이 힘이다.

아는 것이 힘이던 시대는 지났다.

생각이든 결심이든 실천이 없으면 아무 소용이 없다.

아무것도 달라지지 않는다. '하는 것'이 힘이다.

1%를 이해하더라도 그것을 실천하는 자가 행복한 사람이다.

## 45) 인드라 누이

두 배로 생각하라. 두 배로 노력하라.

그것이 가진 것 없는 보통 사람이 성공하는 비결이다.

## 46) 알베르트 아인슈타인

무언가를 끝낸다는 것은 무언가를 시작하는 가장 좋은 방법이다.

## 47) 김종원

"언젠가 꼭 해보고 싶습니다."

이런 말은, 실은 하지 않겠다는 뜻이다.

글쓰기, 음악, 다이어트, 금연, 공부, 기부 등

분야를 가리지 않고 뭐든 지금 하지 않는다는 것은

영원히 하지 않겠다는 강력한 선언과도 같다.

## 48) 엘리자베스 퀴블러

생의 마지막 순간 간절히 원하게 될 것, 그것을 지금 하라.

## 49) 앤드류 매튜스

누군가 해야 할 일이면 내가 하고, 내가 할 일이면 최선을 다하고,

어차피 해야 할 일이면 즐겁게 하고,

언젠가 해야 할 일이면 지금 바로 하라.

## 50) 마르코 폴로

기다리는 사람에게 좋은 일이 생기지만,

찾아 나서는 사람에게는 더 좋은 일이 생긴다.

## 51) 시몬 드 보부아르

오늘 네 삶을 바꿔라. 미래에 기대지 마라. 당장 행동하라.

## 52) 스티브 아오키

할 수 있는 모든 방법을 쓰면

뜻밖의 한 가지 방법을 마법처럼, 기적처럼 얻을 수 있다.

## 53) 조지 입

행동이 생각을 만든다. 그 반대가 아니다.

## 54) 나이키사 광고

일단 해봐! JUST DO IT!

## 55) 미구엘 히달고

행동은 즉시 취해져야 한다. 허비할 시간이 없기 때문이다.

## 56) 잭 캔필드

스스로에게 물어보라.

난 지금 무언가를 변화시킬 준비가 되어 있는가?

## 57) 헨리 포드

자신이 가능하다고 생각하는 것보다

더 많은 것을 할 수 있는 인간은 없다.

**58) 루이 파스퇴르**

내가 목표를 이뤄낸 비결은 이것이다.

내가 가진 능력은 오로지 끈기뿐이다.

# 3. 추천 도서

1. 《플라이휠을 돌려라》 / 짐 콜린스 / 김영사

2. 《심리적 추진력의 비밀》 / 유정신 / 북위드미

3. 《실행력을 높이는 코칭 심리학 수업》 / 이석재 / 학지사

4. 《결국 해내는 사람들의 원칙》 / 앨런 파즈 외 / 반니

5. 《실천의 기술》 / 후지요시 타츠조 / 소보랩

6. 《행동력 수업》 / 오현호 / 스카이마인드

7. 《결정력 수업》 / 캐스 선스타인 / 월북

8. 《꾸준함의 기술》 / 이노우에 신파치 / 알에이치코리아

9. 《편안함의 습격》 / 마이클 이스터 / 수오서재

10. 《미루는 습관을 이기는 힘》 / 줄리아 라베이 / 알에이치코리아

11. 《허슬, 멈추지 않는 추진력의 비밀》 / 닐 파텔 외 / 21세기북스

12. 《그냥 하는 사람》 / 김한균 / 온포인트

13. 《실행이 답이다》 / 이민규 / 더난출판

14. 《무기력의 비밀》 / 김현수 / 에듀니티

15. 《문제는 무기력이다》 / 박경숙 / 와이즈베리

16. 《굿바이 게으름》 / 김요한 / 더난출판

17. 《게으름도 습관이다》 / 최명기 / 알키

18. 《나는 왜 아무것도 하기 싫을까》 / 배종빈 / 포레스트북스

19. 《할 일은 많지만 아직도 누워있는 당신에게》 / 이광민 / 위즈덤하우스

20. 《야망은 큰데 게으른 사람을 위한 책》 / 노아영 / 북스고

21. 《행동하지 않으면 인생도 바뀌지 않는다》 / 브라이언 트레이시 / 현대지성

22. 《행동이 불안을 이긴다》 / 롭 다이얼 / 서삼독

# 22장

# 피터 드러커 어록

# 1. 들어가며

하고 많은 사람들 중에 왜 피터 드러커인가? 독자들에게 피터 드러커를 만나게 해주고 싶어서이다. 이미 만난 독자는 복습 삼아 읽어주길 권유드린다.

**"혁신과 마케팅만이 수익을 내고 나머지는 모두 소모되는 비용이다."**

– 피터 드러커

사람은 누구나 본질적으로 경영자다. 글로벌 기업의 CEO, 국가 조직의 조직원(공무원), 그 회사의 인턴사원, 아르바이트를 한 명 두고 있는 그 떡방앗간 주인. 모두 경영자다. 유치원생 아이도, 한 생의 황혼에 와 있는 노인도 '1인 기업'으로서 경영자다. 세상에 경영자가 아닌 사람은 단 한 명도 없다. 기업 소멸이나 파산은 그 대가가 혹독하다. 개인도 마찬가지다.

**"개인이나 조직이나 국가가 파산하는 가장 큰 이유는
그들이 경영을 모르기 때문이다."**

– 피터 드러커

**"역사에서와 마찬가지로 인생에서도 성공은 중요하다."**

– 핸드릭 반 룬

인생 경영에서, 기업 경영에서, 국가 경영에서 파산하지 않는 방법을 알고 싶은가? 피터 드러커를 읽어라! 혼자서는 일평생 천착해도, 주위의 그렇고 그런 사람들과 수없이 답을 찾아도 답을 찾기 어려울 것이다. 인식과 경험에서 이미 한계를 가지고 있는 사람들이기 때문이다. 방법이 없는가? 피터 드러커를 읽어라! 길을 훤하게 열어 보여 줄 것이다. 단연 태산북두다.

여러분이 실감하고 있듯이 지금 한국 경제는 서서히 침몰하고 있다. 국가 경쟁력이 해마다 뒤지고 있다. 한국에 비전 기업(동종업계 세계 1위 기업)이 몇 개 있는가? 국가 경제의 뿌리인 강소 기업도 그리 많지 않다. 독일, 일본과는 비교조차 할 수 없다. 원천 기술도 빈곤하다. '장인 정신'이 실종된 지 오래다. 오로지 돈을 좇아 이리저리, 여기저기로 날뛰고 있다. 자영업자 폐업이 속출하고, 심지어 폐업 비용이 없어 이러지도 저러지도 못하는 자영업자들이 도처에 즐비하다.

물가는 오르고 실질 임금은 하향 곡선을 그리고 있다. 구매력이 허약하다. 구매량이 적은 노인 인구, 1인 가구 증가가 가파르다. 인터넷 등 SNS를 통한 구매가 오프라인 구매를 넘어섰고, 대형 오픈 매장 폐업이 잇따르고 있다. 중소 매장은 이미 경쟁력을 잃은 지 오래다.

중국이 중간재에서도 한국에 비교 우위를 차지하고, 트럼프 관세 인상이 수출에 발목을 잡을까 전전긍긍하고 있다. 돌파구를 찾기 어렵다. 수출 성장 내수 모두 고전하고 있다. 이때 우리는 무엇을 해야 하는가? 여러 가지가 있다. 그중에서도 피터 드러커를 읽어야 하지 않을까? 그 책에 해답이, 그 책 속에 길이 있기 때문이다.

피터 드러커(1909. 11. 19~2005. 11. 11)는 누구인가? '현대 경영학의 창시자'다. '현대 경영학의 구루'다. 경영학의 역사는 피터 드러거 이전과 이후로 나뉜다. 세계의 석학들이 피터 드러커를 읽으면서 연신 탄복한다고 한다. 그의 통찰이 독자의 인식을 압도한다. 세상에는 드물게 '일당천'이 있다. 그 위에 '만인적(萬人敵)'이 있고, 최고의 경지에 '시스템 창조자'가 있다.

우리는 추구하는 사람에게 감사해야 한다. 영속하는 시스템은 인류에게 대대로 공헌한다. 오늘날 전기 시스템의 혜택 없이 살아갈 수 있는 사람이 있는가? 그렇지만 우리는 이걸 구조화한 마이클 패러데이를 기억조차 못 하고 있다. 피터 드러커는 '경영'이라는 더없이 중요하고도 누구에게나 필요한 시스템을 인류에게 선물했다. 피터 드러커는 '평생교육(생애 교육, Lifelong Education)'의 준거 인물이다. 삶이 다하는 그 날까지 치열하게 학문(연구, 집필, 독서, 강연, 컨설팅 등)에 몰입했다. 90이 넘었기에 이제 은퇴한다, 이런 사고는 그에게 조금도 없었다. 3년마다 주제(분야)를 바꾸어 공부했다. 현재 이 방법을 따르는 후학들이 적지 않다. 현저하게 탁월한 공부 방법이기 때문이다.

감사하게도 그는 수십 권의 책을 상재했다. 출간 즉시 세계의 베스트셀러가 되었고, 이제는 스테디셀러로 되어 꾸준히 출판되고 있다. 필자도 피터 드러커의 저서 10여 권을 독파했는데, 그때의 감동과 경탄이 오롯이 생각난다.

다시, 왜 지금 피터 드러커인가? 책 속의 밝은 길, 읽으면 나의 길! 1993년은 문체부 지정 '책의 해'였다. 그때의 표어다. 피터 드러커를 읽으면, 한국인 10%가 피터 드러커를 읽으면 각계각층에서, 자신이 속한 집단에서 한국이 나아갈 방향을 찾을 수 있을 것이라고 확신한다. 지금의 위기를 극복하기 위해 한국인 우리는 지금 여기에서 어디로 가야 하나? 무엇을 어떻게 해야 하나? 전국적으로 '피터 드러커 읽기 운동'이 일어나기를 기대하고 희망한다. 우선 이 글을 읽는 여러분부터 시작하면 어떨까?

## 2. '피터 드러커 어록' 관련 명언

### |경영|

1) 미래를 예측하는 가장 좋은 방법은 미래를 창조하는 것이다.

2) 격변의 시대에 경영자에게 필요한 것은 '미래를 예측하는 능력'이다.

3) 무엇에 시간이 사용되고 있는가를 파악하고,
   시간을 체계적으로 관리하라.

4) 역사상 처음으로 인간이 조직보다 장수하게 되었다.
   그로 인해 전혀 새로운 문제가 생겨났는데,
   그것은 남은 후반부 제2의 인생을 어떻게 할 것인가 하는 것이다.

5) 경영은 일을 올바르게 하는 것이고,
   리더십은 올바른 일을 하는 것이다.

6) 성과를 올리려면 의사결정의 횟수가 많아서는 안 된다.
   중요한 몇 번의 의사결정에 집중해야 한다.

7) 모든 조직이 사람이 보물이라고 한다.
   그런데 그것을 행동으로 보여 주는 조직은 거의 없다.

8) 기업가란 기존질서를 파괴하며 해체시키는 사람이다.
   조지프 슘페터가 말한 것처럼 기업가의 책무는 '창조적 파괴'이다.

9) 하지 않아도 될 일을 효율적으로 하는 것만큼 쓸모없는 것은 없다.

10) 과거의 리더는 지시하는 사람이지만,
    미래의 리더는 질문하는 사람이다.

11) 측정되지 않는 것은 관리할 수 없다.
    측정 가능한 것만이 개선될 수 있다.

12) 어떤 분야에 제대로 아는지를 알기 위해서는 가르쳐 보라.

13) 지식노동자는 조직이 있으므로 일할 수가 있다.
    이런 면에서 그들은 종속적이다.
    그러나 지식노동자는 생산 수단, 즉 지식을 소유한다.

438

14) 제일 중요한 일을 먼저 하라. 그다음 일은 생각하지도 말라.

15) 가장 중요한 것은 효율성이 아니라 효과성이다.

16) 조직은 강점에 초점을 맞춰야 한다.
    사람들은 약점과 강점을 다 갖고 있는데
    어떤 조직은 그 사람의 약점을 보고 등용하지 않거나
    활용을 못 하는 반면, 좋은 조직일수록 강점에 집중해서
    인사 조직 시스템을 만들어서 그 약점을 무력화시켜 버린다.

17) 우리는 10분 후와 10년 후를 동시에 생각해야 한다.

18) 모든 경영자는 리더이다.

19) 지식 근로자 개개인은 CEO처럼 생각하고 행동해야 한다.

20) 성공의 열쇠는 책임이다. 스스로 책임을 갖는 데서 시작한다.
    중요한 것은 지위가 아니라 책임이다.

21) 지식은 권력이다. 그것은 기회와 발전에 대한 접근을 통제한다.

22) 성공을 위한 모든 노력 중에서 가장 중요한 요소는 타이밍이다.

23) 기업이 무엇인지, 기업이 무엇을 생산하는지,
    기업이 번영할 건지 결정하는 사람은 고객이다.

24) 탁월한 리더를 구별 짓는 것은 명료하고 설득력 있는 생각,
    깊은 헌신, 끊임없이 알아가려는 열린 마음이다.

25) 커뮤니케이션은 지각하는 일이며 기대이자 요구이다.
    정보와는 완전히 다르며,
    대개 서로 상반되지만, 양자는 상호의존관계에 있다.

26) 조직이 건강하기 위해서는 고도의 성과 기준이 요구되어야 한다.
    목표관리가 필요한 것도 이런 고도의 기준이 필요하기 때문이다.

## |혁신|

27) 혁신은 부를 창조할 수 있는 능력을 자원에 부여한다.
    아니, 혁신이 자원을 창조한다.

28) 기존의 조직에 혁신을 이식할 수는 없다.
조직 전체가 변혁의 주역으로 변신하지 않으면 안 된다.

29) 존, 자네는 하는 일이 뭔가?
아무 일도 하지 않습니다.
그렇다면 자네는 무슨 일을 하는가, 리처드?
저는 존의 보조입니다.

30) 혁신이란 과학이나 기술 그 자체가 아니라, 가치에 관련된 것이다.
그것은 조직 내부가 아니라 조직의 외부에서 비롯되는 변화이다.

31) 모든 경제적 활동에는 위험이 동반한다.
그러나 어제를 지키는 것, 즉 혁신을 하지 않는 쪽이
내일을 만들지 않는 것보다도 더 큰 위험을 동반한다.

32) 혁신의 진정한 원천은 작업자, 즉 작업을 수행하는 사람뿐이다.

33) 무엇인가를 성취할 수 있는 것은 언제나 강점을 통해서만 가능하다.
약점을 이용해서 행할 수는 없다.

34) 지식은 끊임없이 개선되고, 도전받고, 끊임없이 증가해야 한다.
그렇지 않으면 지식은 사라진다.

35) 혁신은 기업가 정신의 구체적인 수단이다.
혁신이라는 행위는
'자원'에 부를 창출할 수 있는 새로운 능력을 부여해준다.

36) 혁신이란 새로운 것을 시작하는 것이 아니라

중요하다고 여겨지던 것을 멈추는 것이다.

37) 우리는 이제 학습이
변화를 따라가는 평생 지속되는 프로세스임을 확실히 인정한다.
가장 급박한 과제는
사람들에게 어떻게 학습해야 하는지를 가르치는 것이다.

38) 혁신의 기회는 폭풍우가 아니라 미풍처럼 왔다가 사라진다.

39) 혁신하지 않는 것이야말로 기존의 조직이 몰락하는 가장 큰 원인이며
제대로 경영되지 않는 것이야말로 신사업이 실패하는 주된 원인이다.

40) 정부, 학교, 병원, 비영리단체 등의 공적 기관도
기업가적인 혁신을 수행하지 않으면 안 된다.
오히려 기업 이상으로 혁신을 수행할 필요가 있다.

41) 지식사회에서 최대의 투자처는 기계나 도구가 아니다.
지식노동자 자신이 소유하고 있는 지식이다.

## |마케팅|

42) 회사가 인정하든 말든 이제 고객이 회사의 보스이다.

43) 마케팅은 판매보다 훨씬 큰 범위의 활동이다.
그것은 전문화되어야 할 활동이 아니라 전 사업에 걸친 활동이다.

44) 진정한 마케팅은

'우리가 팔고자 하는 것은 무엇인가?'라고 질문하지 않는다.

'고객이 구입하려고 하는 것은 무엇인가?'라고 질문한다.

45) 판매와 마케팅은 정반대다.

같은 의미가 아닌 것은 물론, 서로 보완해주는 부분조차 없다.

어떤 형태의 판매는 필요하다.

그러나 마케팅의 목표는 판매를 불필요하게 만드는 것이다.

마케팅이 지향하는 것은 고객을 이해하고,

제품과 서비스를 고객에 맞추어 저절로 팔리게 하는 것이다.

# 3. 추천 도서

1. 《프로페셔널의 조건》 / 피터 드러커 / 청림출판

2. 《변화 리더의 조건》 / 피터 드러커 / 청림출판

3. 《이노베이터의 조건》 / 피터 드러커 / 청림출판

4. 《한 권으로 읽는 피터 드러커 100년의 철학》 / 피터 드러커 / 청림출판

5. 《피터 드러커 매니지먼트》 / 피터 드러커 / 청림출판

6. 《피터 드러커 일의 철학》 / 피터 드러커 / 청림출판

7. 《경영의 실제》 / 피터 드러커 / 한국경제신문사

8. 《미래사회를 이끌어 가는 기업가정신》 / 피터 드러커 / 한국경제신문사

9. 《비영리단체의 경영》 / 피터 드러커 / 한국경제신문사

10. 《넥스트 쇼사이어티》 / 피터 드러커 / 한국경제신문사

11. 《피터 드러커 자기경영노트》 / 피터 드러커 / 한국경제신문사

12. 《리더의 도전》 / 피터 드러커 / 한국경제신문사

13. 《혼란기의 경영》 / 피터 드러커 / 한국경제신문사

14. 《피터 드러커의 위대한 혁신》 / 피터 드러커 / 한국경제신문사

15. 《피터 드러커의 최고의 질문》 / 피터 드러커 외 / 다산북스

16. 《피터 드러커의 자기경영 바이블》 / 피터 드러커 / 유엑스리뷰

17. 《피터 드러커의 경영을 읽다》 / 피터 드러커 / 처음북스

18. 《성과를 향한 도전》 / 피터 드러커 / 간디서원

19. 《지식 경영》 / 피터 드러커 외 / 21세기북스

20. 《피터 드러커의 지식 근로자가 되는 길》 / 이재규 / 한국경제신문사

21. 《피터 드러커의 경영 키워드 365》 / 이재규 / 사과나무

22. 《청소년을 위한 피터 드러커》 / 이재규 / 살림FRIENDS

23. 《자기 경영의 조건》 / 조영덕 / 유리창

24. 《성과로 말하는 사람들》 / 안데르스 에릭손 / 세종서적

25. 《피터 드러커의 1인 기업 성공 법칙》 / 아마다 유키히로 / 시크릿하우스

26. 《피터 드러커 노트》 / 한근태 / 21세기북스

27. 《피터 드러커 경영 컨설팅》 / 윌리엄 코헨 / 한국경제신문사

# 23장

# 경제, 경영

# 1. 들어가며

## | 불어나는 '쉬었음 청년' … 기성세대 책임이다 |

2024년 12월 기준 15~29세 청년층에서 '쉬었음 인구'는 41만 1천 명이다. 그런데 이 기간 청년층 전체 인구는 3% 줄었다. 결국 전체 청년 인구에서 차지하는 '그냥 쉬는 청년' 비중이 한층 늘어난 셈이다.

'쉬었음'은 뚜렷한 이유 없이 일도 구직 활동도 하지 않는 이들이다. 한 설문 조사에서 '쉬었음'에 대한 원인을 물었다. 취업 준비 과정의 극심한 경쟁과 그에 따른 스트레스가 맨 앞이다. 노동 시장의 불평등도 한 원인으로 꼽혔다. '그냥 쉬는 청년' 문제는 보통 일이 아니다. 우리 미래사회 동력의 문제다. 기성세대가 책임지고 풀어야 할 문제다. 그럼에도 이제는 문제의식도 흐려진 채 피하려 한다. 진짜 일자리는 활기찬 기업 활동에서 나온다. 그러려면 어떻게 해야 할 것인가.

– 〈경기일보〉 / 2025. 2. 4

이렇게 쉬는 청년들로 사회 전체가 손해를 본 경제적 비용이 지난 5년 동안 53조 4천억 원에 달한다는 조사 결과가 나왔다. 일하지 않고 그냥 쉰 20대 인구가 2025년 7월 42만 명을 넘어섰다. 같은 기간 20대 청년 인구가 9% 가까이 줄었는데도 '쉬었음 인구' 비중은 더 높아졌다. 어떤 매체는 '쉬었음 인구'가 70만~100만 명이라고 주장하기도 한다.

## | '쉬었음'이 최선의 선택일까? |

알고 있듯이 한국의 경제 여건이 점점 어려워져 가고 있다. 한국은 '압축 소멸 사회', '위축 사회'에 접어들었다. 자영업자들은 손님이 오지 않는다고 하소연하고 있다. 도무지 물건이 팔리지 않는다. 쿠팡, 11번가, 해외 직구 등 인터넷으로 구입한다. 기업의 세계 경쟁력이 점점 뒤지고 있다. 재화, 기술, 서비스 등에서 한국에서 만들어내는 건 중국이 거의 다 해내고 있지만, 한국은 그렇게 하지 못한 지 꽤 되었다. 무역에서 중국에 적자를 기록해도 이상하지 않을 정도다. 여러 품목에서 이미 역전되었다. 원천 기술도 많지 않다. 자원이 없어 수출에 의존해 살아가는 한국에게 위기가 아닐 수 없다. 대외 경제 환경도 좋지 않다. 트럼프의 관세 장벽이 어떻게 진행될지 예측하기 어려운 국면이다. 지금 미국은 쌍둥이 적자(재정 적자와 무역 적자)를 세계 각국이 해결해달라고 강요하는 모양새다.

한국에 체류하는 외국인 노동자는 200만 명 이상이다. 공업, 건설업, 농업 등등에서 이들이 없으면 가동이 어려운 처지에 있다. 그리고 '쉬었음 청년들'이 42만 명 이상이다. '쉬었음'이 최선의 선택이었을까? '쉬었음'의 원인은 여럿 있다. 당사자에게도 있고, 무엇보다 국가, 기업 그리고 사회 전체의 책임이 더욱 크다. 대기업에서 공채를 줄이고 있다. 기업에서 경력직을 선호하기도 한다. 경쟁이 갈수록 치열하다. 한 번 낙방도 충격이 큰 데, 응시할 때마다 떨어지면 그 충격이 누적되어 두려움으로 바뀐다. 그 후부터는 아예 취업에 도전하지 않게 되는 사례가 많다.

여기에다 고위 기득권층이 그들끼리 카르텔을 만들어 그들의 자녀들을 선망하는 자리에 취업시킨다. 일자리는 더욱 줄어든다. 한국은 아시아권 선진국 중 부정부패가 가장 많은 나라로 보도되곤 한다. 청년들이 취업 불공정에 분노하는 이유이기도 하다. 양질의 일자리가 줄어드는 것도 청년 취업을 어렵게 하고 있다. 기업들이 계속 외국으로 이전하고 있다. 기업 문화도 청년들을 실망시키곤 한다. 취업해도 1년 안에 그만두는 경우가 너무나 많다. 이 외에도 이런저런 이유가 많다. 여러분도 이미 알고 있다.

상황이 이러하니 '쉬었음'이 최선의 선택일까? 그들의 부모가 자녀들을 양육하고 대학 졸업 때까지 뒷바라지한 노고를 생각해본다. 그 은혜가 크고도 크다. 아마 '쉬었음 청년들'이 결혼 후 자녀에게 이 정도의 정성을 실천할 수 없을 것이다. 갈수록 개인주의와 자유주의가 득세하는 세상이니 그러하리라 예상된다. 자기 방에서 두문불출하는 어른이 된 아들딸들을 보는 부모의 심정이 어떠하겠가?

청년들은 상대적으로 경험이 일천하다. 경험은 소중하다. 오죽하면 "경험은 바보라도 천재로 만든다."는 말이 나왔을까? 우리는 살아오면서 경험의 힘을 알고 있다. 처음 길도 한 번 가보면 다음에는 익숙하게 찾아갈 수 있다. 특히 '고난'이라는 경험은 인간을 폭발적으로 단련시킨다. 인내를 배우게 한다. 그러나 1~2명의 자녀를 둔 가정에서 금지옥엽, 과보호로 자란 청년들은 회복 탄력성이 약하다. 힘들고, 어렵고, 마음에 들지 않으면 견뎌내지 못한다. 세상에 쉬운 일은 하나도 없다. 특히 회사 생활은 더욱 그렇다.

넬슨 만델라는 남아프리카 대통령(1994. 5. 10~1999. 6. 14)이었다. 27년간을 감옥에서 보냈다. 특히 악명 높은 로벤섬 감옥에서 18년을 버텨야 했다. 그 감옥은 당시 하루도 견디기 힘든 최악의 조건을 갖추고 있었다고 한다. '감옥'이라는 곳이 넬슨 만델라를 거인으로 성장시켰다. 누구나 넬슨 만델라가 될 수는 없다. 그러나 그의 100분의 2 정도의 회복 탄력성을 가지는 건 어렵지 않다. 이 정도는 어중이떠중이인 필자도 가지고 있다.

'쉬었음 청년들'이 '쉬었음'이 아닌 새로운 선택을 할 수 있지도 않을까? 중소기업에 취업하여 업무 역량을 향상시킨 후 추구하는 회사에 입사할 수도 있다. 단계별 목표 성취 전략이다. 자기 자신을 평생 고용하여 해고 없는 1인 기업을 세울 수도 있다. 벤처기업 창업도 가능하다. 하지만 이 비율, 너무나 낮다. 의사, 대기업, 국영 기업체 등으로 우르르 몰려간다. 눈높이를 낮추는 것도 한 방법이 아닐까? 기업 이념이 건강한 중소기업에 취업하여 그 기업을 세계적인 강소 기업으로 성장시키면 어떨까?

'쉬었음'은 무기력과 깊이 연결되어 있다. 단 한 번뿐인 인생 낭비다. 시간이 생명인데, 줄기차게 생명을 낭비하고 있는 형국이다. 지금처럼 계속 쉬면 10년, 30년, 50년 후에는 어떻게 되어 있을까? 부모는 이미 별세했거나 스스로를 돌보지 못해 요양병원에 있을 것이다. 인간은 시시각각 온갖 생각을 한다. '쉬었음 청년들'이 악령의 유혹을 떨쳐 내고, 선령이 주는 추진력을 만나기를 소망한다. 성인이란 무엇인가? 신체적, 심리적, 정신적, 경제적으로 독립한 인간을 지칭한다. 성인이면 성인답게 살아야 하지 않을까?

## | 경영(Management)과 경영자(Manager) |

경영이란 '경영자가 하는 일'을 말한다. 조직의 목적을 달성하기 위해 계획, 실행, 감독하는 일련의 활동이다. 사람들을 잘 이끌어서 일을 효과적이고 효율적으로 해내는 과정을 의미한다. 경영자는 조직에서 일한다. 지식인도 그렇다. 최고 경영자(Top Manager)는 조직의 전반적인 방향과 정책을 결정하는 가장 높은 위치에 있다. 경영의 주체는 다양하다. 가정에서부터 자영업체, 시민 단체를 비롯한 각종 단체, 기업, 지자체, 국가, 국제단체 등 수없이 많다.

경영학은 경영의 성패를 좌우한다. 목표 달성이 경영에서 가장 중요하다. 이를 경영 용어로 '효과성(Effectiveness)'이라고 부른다. 경영학은 조직의 목표 달성에 대한 근원적인 원칙을 제공한다. 경영학이 영향을 주지 않는 분야가 있는가? 없다. 경영학은 단순히 기업 운영 방법에 대한 학문이 아니다. 우리의 생활 전 분야에서 요긴하게 활용할 수 있다.

## | 1인 기업으로서의 '나' |

퇴근 후의 나는 소속한 조직에서 벗어나 있다. 이때의 나는 조직(회사)의 일원으로 경영자 또는 직원인가? 경영자다. '1인 기업으로서의 나'이며, 스스로가 직원이고 중간 관리자이며, 최고 경영자다. 그러나 대부분의 사람들은 이걸 거의 인식하지 못하고 있다. 소설가, 화가, 각종 프리랜서 등 조직이 아닌 곳에서 혼자 경제활동 하는 사람들은 '경제적 1인 기업'이다. 그리고 이와 관계없이 궁극적으로는 모두가 다 1인 기업이다. 1인 기업은 무엇으로 경영하는가? 자유 의지(Free Will)다.

명심해야 할 것은 조직에서의 목표 성취보다 '1인 기업으로서의 나'로 성공하는 것이 비교할 수 없이 더 중요하다. 조직은 2차 집단이다. 가입 탈퇴가 비교적 자유롭다. 그러나 '나'는 나를 벗어날 수 없다. 결코 분리될 수 없고 언제, 어디서나 나와 나 자신은 일체다. 죽어서도 그렇다. 그러므로 1인 기업으로서의 자기경영에서 목표를 달성하는 것이 그 무엇보다 중요하다.

왜 조직(회사)에서 일하는가? 자기 자신이 추구하는 욕구를 충족시키고 자아를 실현하기 위해서가 아닐까? 무엇을 어떻게 해야 하나? 가장 결정적인 것은 삶의 목적을 확정하는 일이다. 나는 왜 사는가? 무엇하기 위해 사는가? 삶의 최우선 순위가 무엇인가? 우주가 나에게 맡긴 사명을 알고, 그 사명을 실행하는 사명자가 되는 것이다. 그리고 그 사명을 실현한 사람이 가장 행복한 사람이다. 언제, 어디서나, 누구에게나 속도보다 방향과 목표가 더 중요하지 않은가?

그리고 매일 주어진 사명에 가장 많은 마음과 시간과 돈과 노력을 투자해야 한다. 소중한 것을 먼저 해야 한다. 덜 중요한 것이 더 중요한 것에 우선해서는 안 된다. '잠시 멈춤'을 수시로 가져야 한다. 방향이 올바른지, 수단 방법이 정당한지 질문하고 확인하며 점검하는 것이다. 부산에서 서울 가려는 사람이 제주도로 가고 있지 않은지 살펴야 한다. 자기 자신을 자주 격려하고 동기부여 하는 것도 중요하다. 이 세상에서 이겨야 할 대상은 오직 자기 자신뿐이다. 타인이 나를 격려할 수 있고, 그렇게 하기도 한다. 하지만 언제, 어디서나 자기 자신에게 미소를 보내고 격려하며 응원할 수 있는 존재는 항상 함께 하는 자기 자신이다. 어제보다 오늘, 오늘보다 내일 점점 더 좋아지면 나쁘지 않다. 설령, 가끔 뒤로 조금 미끄러져도 아무 문제가 되지 않는다. 자연스러운 일 아닌가? 그러면서 점점 더 성숙하고 성장해가면 된다.

수시로 자기 자신을 격려하고 건강하고 맛있는 음식을 먹어 힘을 내면 된다. 거듭 말하지만, 남들도 나를 더러 격려하고 칭찬할 수 있지만 나는 나 자신을 언제, 어디서나 칭찬하고 격려할 수 있다. 누구나 자기 자신은 우주에서 대체 불가능한 존재다. 유일무이한 보물이다.

'나' 자신은 경영자다. 나는 1인 기업이다. 모두가 '1인 기업으로서의 나'라는 회사 경영에서 승리하기를 축원드린다. 그리고 1인 기업으로서 자기 자신에게 던져야 할 질문이 있다. 바로 '1인 기업으로서의 기업 이념'이다.

나는 누구인가?
나는 왜 살아가는가?
나는 어디로 가고 있는가?

## 2. '경제, 경영' 관련 명언

### |경영|

**1) 워런 버핏**

자기 자신에 대한 투자가 당신이 해야 할 가장 중요한 투자다.

**2) 피터 캐펠리**

직원들이 보다 큰 범위의 작업 프로세스를 의식하지 않고,
자신의 업무 목표에만 집중하는 조직은 붕괴하기 쉽다.

**3) 제이 골츠**

경영의 첫 번째 비결은 기업 시스템에 대한 완전한 이해이다.

**4) 워런 버핏**

기업의 가치는 결국 그 기업이 사회에 얼마나 도움이 되는가에 달려있다.

**5) 교토의 침구 포목점 '와다데쓰'의 종업원 교육 지침**

이익은 결과이지 목적은 아니다.
이익이 적다고 쓰러지지는 않는다. 그러나 신뢰를 잃으면 장사는 끝이다.

**6) 제프 베조스**

18년 동안 아마존을 성공으로 이끈 3가지 전략이 있다.
그것은 고객을 우선으로 생각하고, 발명하고, 인내하는 것이다.

## 7) 알 리스

더 좋기보다는 최초가 되는 편이 낫다.

## 8) 헤시오도스

부당한 이익을 얻지 마라. 그것은 손해와 같은 것이다.

## 9) 메르크(세계 메이저 제약회사)사의 핵심 경영 이념

인류의 생명을 지키고 삶의 질을 향상시키는 것이 우리의 사명이다.
우리 사업의 성패는 이 사명을 얼마나 달성했느냐에 달려있다.

## 10) 탈무드

자식에게 물고기를 잡아주면 한 끼의 식사를 해결해주는 것이지만,
물고기 잡는 법을 가르쳐주면 평생의 식사를 해결해주는 것이다.

## 11) 잭 웰치

경영의 핵심은 변화에 대응하는 것이다.
변화를 예측하고, 대응하며,
주도하는 기업만이 시장에서 생존할 수 있다.

## 12) 게리 해멀

경영자에게 필요한 아이디어의 80%는 경영 테두리 밖에서 온다.

## 13) 월트 켈리

마침내 적을 만났는데, 그 적은 바로 우리였다.

## 14) 잭 웰치

리더가 되기 전에 성공은 자신을 성장시키는 것입니다.
리더가 된 후 성공은 다른 사람들을 성장시키는 것입니다.

15) 존 C. 맥스웰

위대한 리더는 다른 사람들을 기르는 데 집중한다.

나쁜 리더는 다른 사람들을 다스리는 데 집중한다.

16) 조조

모든 싸움의 시작과 끝은 사람이다.

싸움을 일으키는 것도 사람이요, 그 싸움을 끝내는 것도 사람이다.

재능을 갖춘 인재가 옆에 있다면 어떤 싸움도 두렵지 않을 것이다.

17) 마크 앤드리슨

우수한 경영은 기술보다 중요하다.

기술은 쉽게 복제될 수 있지만, 강력한 경영팀은 그렇지 않다.

18) 오카노

로 테크 없는 하이 테크는 사상누각이다.

설계는 쉽지만 이를 형상화시키는 것은 또 다른 이야기이다.

19) 래리 페이지

성공적인 기업 경영은 장기적인 비전과

단기적인 실행 사이의 균형을 맞추는 데 있다.

20) 한비자

3류 인생은 자기의 능력을 사용하고,

2류 인생은 타인의 힘을 사용하고,

1류 인생은 남의 지혜를 활용한다.

21) 토머스 칼라일

일은 인류를 사로잡는 모든 질환과

비참을 치료해주는 주요한 치료제이다.

## 22) 데살로니가후서 3:10

우리가 너희와 함께 있을 때에도 너희에게 명하기를

누구든지 일하기 싫어하거든 먹지도 말게 하라 하였더니

## 23) 잭 웰치

비전을 제시하라.

그다음, 구성원들이 조직의 비전을 스스로 실행하도록 하라.

## 24) 잭 웰치

아이디어를 제공하고 자원을 할당하라.

그리고 간섭하지 마라.

관리를 적게 하면 경영 성과는 더 높아진다.

## 25) 펄 S. 벅

일하는 즐거움을 찾는 비결은 단 한마디에 달려있다.

그것은 빼어남이다.

무슨 일이든 잘 해내는 방법을 알고 있으면 하는 일이 더없이 즐겁다.

## 26) 톰 피터스

훌륭한 경쟁사보다 더 좋은 축복은 없다.

누군가 쫓아오는 사람이 없으면 절대 발전할 수 없다.

## 27) 리처드 J. 스태크마이어

기업 활동의 선악을 파악하기 위해서는

'1. 신문 1면에 기사화되었을 때 스스로 떳떳할 수 있을까?

 2. 어떤 특정 활동을 가족에게 자세히 이야기하기 부끄러운가?'로

판단하라.

**28) 워런 버핏**

부자는 시간에 투자하고, 가난한 사람은 돈에 투자한다.

**29) 앤디 그로브**

커뮤니케이션의 성패는 얼마나 이야기를 잘하느냐가 아니라
상대를 얼마나 잘 이해시키느냐에 따라 결정된다.

**30) 마윈**

나는 이 일에서 중요한 두 가지 원리를 깨달았다.
태도가 능력보다 더 중요하다는 것과
그 선택이 내가 가진 능력보다 훨씬 중요하다는 것을.

456

**|혁신|**

**31) 짐 콜린스**

좋은 것은 위대한 것의 적이다.

**32) 오동희 기자(추락하는 인텔이 삼성에게)**

전성기 시절, 인텔의 경쟁자는 그 누구도 아닌 '어제의 인텔'이었다.
또 극복 대상은 '오늘의 인텔'이었으며,
벤치마킹 대상은 '내일의 인텔'이었던 시절이 있었다.

**33) 마이클 해머**

변화를 두려워하고 현재 상황을 유지하려는 사람들이야말로
가장 위험한 내부의 적이다.

## 34) 피터 드러커

혁신은 기업가 정신의 구체적인 도구이며,

기업가들이 변화를 다른 사업이나

다른 서비스를 위한 기회로 활용하는 수단이다.

## 35) 구글

10% 향상보다 10배 향상이 더 쉬울 수 있다.

## 36) 스티브 잡스

혁신은 지도자와 추종자를 구별한다.

## 37) 마리나 고비스

10년 안에 디지털 격차는 거의 사라질 것이다.

동기 격차 한 가지만 문제가 될 것이다.

## 38) 제프 베조스

오늘은 인터넷의 1일째(the day 1)이다.

배울 것은 엄청나게 있다.

## 39) 짐 콜린스

위대한 기업이 되기 위해서는 기업과 경영자가

'그만두어야 할 목록'이 '해야 할 목록'보다 훨씬 더 중요하다.

## 40) 잭 웰치

언제든 의제를 바꿀 수 있다는 마음가짐을 가져라.

그리고 당신의 의제를 끊임없이 재검토하라.

필요하다면 언제든 수정하라.

## 41) 피터 드러커

평범한 일은 칭찬은 물론 용납해서도 안 된다.

자신의 목표를 낮게 설정하는 사람과

업무 행동이 기준에 달하지 못한 사람은

그 일에 머물러 있게 해서는 안 된다.

## 42) 톰 피터스

적당한 수준, 조금 잘하는 수준으로는 결코 1등 기업이 될 수 없다.

고객을 감동시켜라.

고객 만족, 고객 불만 처리 정도로는 살아남을 수 없다.

작은 실패를 계속하고 실패를 장려하라.

확실하게 권한 이양을 하고 분권화를 실현하라.

작고 민첩한 조직만이 해답이다.

기존의 방법으로는 아무것도 해낼 수 없다.

## 43) 필립 코틀러

세상에는 세 가지 종류의 기업이 있다.

일을 꾸미는 기업, 일이 벌어지는 것을 지켜보는 기업,

무슨 일이 있었나 의아해하는 기업.

## | 마케팅 |

## 44) 로버트 캐빗

이 세상에서 가장 설득력 있는 사람은

자기 자신의 제품과 서비스에 광적인 믿음을 가지고 있는 사람이다.

## 45) 에드워드 W. 스미스

자신을 사람들에게 알리고자 하는 아이디어나 제품과 같다고 생각하라.
그러면 '올해의 영업 사원'이 될 것이다.

## 46) 작자 미상

가장 좋은 광고는 좋은 제품 그 자체다.

## 47) 디즈니랜드

서비스란 100점 아니면 0점밖에 없다.
1점이라도 마이너스가 있으면 그것은 0점이며,
그러면 손님은 떠나버릴 가능성이 크다.

## 48) 필립 코틀러

불만을 제기한 소비자들 중 54~70%는
그들의 불만이 해결된다면, 그 기업과 다시 거래를 하게 된다.
그러나 그 불만이 신속하게 해결된다고 느끼는 경우에는
그 비율이 95%까지 상승한다.

## 49) 이유재

고객은 논쟁할 상대가 아니다.
누구도 고객과의 논쟁에서 이긴 사람은 없다.

## 50) R. L. 스티븐슨

누구나 무엇인가를 팔며 살아간다.

## 51) 스티브 잡스

부자가 되고 싶다면
돈을 벌 방법이 아니라 가치를 제공할 방법을 찾아라.

52) **J. P. 모건**

부자가 되려면

돈을 버는 방법뿐만 아니라 돈을 지키는 법도 알아야 한다.

# 3. 추천 도서

1. 《성공하는 기업의 8가지 습관》 / 짐 콜린스 외 / 김영사

2. 《좋은 기업을 넘어 위대한 기업으로》 / 짐 콜린스 / 김영사

3. 《경영이란 무엇인가》 / 조안 마그레타 / 김영사

4. 《짐 콜린스의 경영 전략》 / 짐 콜린스 외 / 위즈덤하우스

5. 《경영의 미래》 / 게리 해멀 / 세종서적

6. 《혁신에 대한 모든 것》 / 매트 리틀리 / 청림출판

7. 《오픈 이노베이션》 / 헨리 체스브로 / mysc

8. 《기업 혁신의 법칙》 / 도널드 N. 설 / 웅진닷컴

9. 《혁신이란 무엇인가》 / 커티스 칼슨 외 / 김영사

10. 《100년 기업의 조건》 / 케빈 케네디 / 한스미디어

11. 《미래 기업의 조건》 / 클레이튼 크리스텐슨 / 비즈니스북스

12. 《초우량 기업의 조건》 / 톰 피터스 / 더난출판사

13. 《신화가 된 기업가들》 / 우베 장 호이저 외 / 지식의숲

14. 《마케팅 불변의 법칙》 / 알 리스 외 / 십일월출판사

15. 《퍼스트 세컨드》 / 콘스탄티노스 마르키네스 / 리더스북스

16. 《디퍼런트》 / 문영미 / 살림

17. 《넛지》 / 리처드 탈러 외 / 리더스북스

18. 《아마존, 세상의 모든 것을 팝니다》 / 브래드 스톤 / 21세기북스

19. 《팀장 리더십》 / 밥 애덤스 / 위즈덤하우스

20. 《경제가 쉬워지는 습관》 / 토리 텔러 / 좋은습관연구소

21. 《린치핀》 / 세스 고딘 / 21세기북스

22. 《맥킨지는 일하는 방식이 다르다》 / 에단 라지엘 / 김영사

# 24장

# 습관

# 1. 들어가며

세상 습관은 오직 두 종류가 있다. 하나는 나쁜 습관(부정적인 습관)이고, 또 하나는 좋은 습관(긍정적인 습관)이다. 누구나 이런저런 습관을 가지고 있다. 나의 습관은 무엇일까? 습관이 중요한 이유는 한 인간의 운명까지 바꾸기 때문이다. 아니, 조직이나 기업, 국가의 운명까지 바꾼다.

습관은 고칠 수 있다. 심지어 습관에서 더 들어간 중독까지도 치유할 수 있다. 중독은 가장 나쁜 습관이다. 심각한 알코올 중독, 바람 앞의 등불같이 위태위태한 마약 중독을 치유한 사례는 희망을 준다. 하지만 현실에서는 그렇게 한 사람이 많지 않다.

새로운 습관을 만들 수도 있다. 일정 횟수 이상 반복하면 된다. 지금 가지고 싶은 습관이 있는가? 그는 주 5회 이상 그때마다 70분씩 산책한다. 좋은 습관이다. 자신의 인생을 혁신한다는 건 자신의 습관을 긍정적으로 재조직한다는 걸 의미한다. 웬디 우드의 연구에 의하면, 우리 삶에서 습관이 차지하는 비율은 평균 43%가 넘는다고 한다. "우리가 매일 하는 선택과 행동의 95%는 습관에 의한 것이다."(잭 D. 핫지)라고 주장하는 이도 있다. 습관이 삶에서 차지하는 비중이 얼마나 큰지 짐작할 수 있다. 습관에 대해 잠시 알아보자.

## |습관(習慣)|

사전을 찾아본다. 습관이란 오랫동안 되풀이하여 몸에 익은 채로 굳어진 개인적인 행동이다. 학습에 의해 후천적으로 획득되어 되풀이함에 따라 고정화된 반응 양식, 규칙적으로 수행하는 일상적인 행위, 특정 상황에 대해 자동적으로 행하는 반응이다. 꾸준히 형성되는 규칙적인 일(또는 행동)로써 대개 자동적으로 이루어진다. 자동적으로 실행하게 될 때까지 여러 번 반복한 행동이다.

# | 습관의 반응 기제 2가지 |

## (1) 찰스 두히그 : 3단계 과정

모든 습관은 3단계 과정을 거쳐 만들어진다. 신호, 반복 동작, 보상이다.

먼저, 신호가 있다. 신호는 장소, 시간, 함께 있는 사람 등 특정한 행동이 자동적으로 튀어나오게 하는 방아쇠 같은 것이다. 우리 뇌에게 자동 모드로 들어가 어떤 습관을 사용하라고 명령하는 자극이다.

그다음 단계에서는 반복되는 행동이 나타난다. 반복 행동은 몸의 행동으로도 나타나기도 하고 심리 상태나 감정의 변화로도 나타날 수 있다.

마지막 단계는 보상이다. 보상 때문에 습관이 우리를 지배한다.

## (2) 제임스 클리어 : 4가지 행동 변화 법칙

모든 습관은 4단계 과정을 거쳐 만들어진다. 신호, 열망, 반응, 보상이다.

제임스 클리어는 이 틀을 '행동 변화의 네 가지 법칙'이라고 부르는데, 이것이 좋은 습관을 만들고 나쁜 습관을 깨뜨리는 간단한 규칙들을 제공하기 때문이다. 이 법칙 하나하나는 인간의 행동에 영향을 미치는 레버와 같다. 레버가 제대로 된 위치에 있다면 좋은 습관을 만드는 건 수월하다. 반대로, 잘못된 위치에 있다면 거의 불가능하다.

### [좋은 습관을 만드는 법칙]

첫 번째 법칙(신호), 분명하게 만들어라.

두 번째 법칙(열망), 매력적으로 만들어라.

세 번째 법칙(반응), 하기 쉽게 만들어라.

네 번째 법칙(보상), 만족스럽게 만들어라.

### [나쁜 습관을 깨뜨리는 법칙]

첫 번째 법칙(신호), 보이지 않게 만들어라.

두 번째 법칙(열망), 매력적이지 않게 만들어라.

세 번째 법칙(반응), 하기 어렵게 만들어라.

네 번째 법칙(보상), 불만족스럽게 만들어라.

– 《아주 작은 습관의 힘》 / 제임스 클리어 / 비즈니스북스 / P. 81

## | 습관의 얼굴(실체) |

습관을 고치거나 새로운 습관을 가지려면 습관의 정체를 밝게, 깊게 그리고 적확하게 알아야 한다. 습관이 어떻게 작용하는지 알게 되면 습관을 바꿀 수 있다. 현재의 습관을 파악해야 한다. 습관의 원리를 알고 나면 우리는 습관을 선택할 수 있다. 어떤 습관이든 바꿀 수 있다는 것이다. 하지만 조건이 있다. 그 습관이 어떻게 기능하는지 알아내야 한다는 것이다. 그래야 최고 최적의 전략, 전술을 수립할 수 있다. 습관은 어떤 얼굴을 하고 있을까? 당신이 바꾸고 싶은 습관은 무엇인가? 당신의 신호와 반복 행동, 보상은 무엇인가?

466

- 습관과 관련된 몸의 부위는 오직 한 곳, 뇌다. 뇌는 우리 몸의 전략사령부다. 몸은 뇌의 명령을 따른다.
- 뇌는 습관 만드는 것을 좋아한다. 자동화되면 뇌 활동이 감소한다. 습관은 경험을 통해 학습된 정신적 지름길이다. 습관이 형성되는 이유는 우리 뇌가 활동을 절약할 방법을 끊임없이 찾기 때문이다.
- 습관을 바꾸려면 '습관의 원리'와 '습관을 만드는 방법'을 모두 알아야 한다.
- 사람은 타인의 습관을 모방한다. 가까운 사람, 다수, 유력자다. 이 중 가까운 사람의 영향력이 가장 크다.
- 습관은 '시간'이 아니라 '횟수'에 의해 결정된다. 습관 형성에서 시간은 어떤 효력도 없다. 차이를 만들어내는 것은 횟수다.
- 어떤 행위가 습관으로 만들어지는 기간은 두 가지 이견이 있다. 하나는 21일이고, 또 하나는 60일이다. 이 기간을 극복하자.
- 나쁜 습관은 보상이 즉시 발생한다. 반면 결과는 나중에 일어난다. 나쁜 습관

에 쉽게 노출되는 이유다. 정크 푸드는 우리의 보상 체계를 광분 상태로 몰고 간다.

- 보상은 습관을 시작하게 하고, 정체성은 습관을 지속하게 한다. 보상은 자기 자신에게 해주는 칭찬이다.
- 어떤 습관에 필요한 에너지가 적을수록 그 일을 할 가능성이 커진다.
- 습관과 관련해 마찰을 줄이는 가장 효율적인 방법은 환경을 재구성하는 것이다.
- 습관을 반복하면 뇌에서 물리적인 변화가 일어난다. 습관의 종류(내용)에 따라 작동하는 뇌 부위가 각각 다르다.
- '습관 계약'은 습관 지속에 도움을 준다. 습관 계약? 특정한 습관을 따르고, 그 것을 따르지 않을 경우 벌을 받겠다는 취지를 구두나 서면으로 남기는 것이다. '안전벨트'를 생각해보라.
- 습관이 자동화되면 그 피드백에 무뎌지기 시작한다. 즉, 어떻게 하면 더 잘할 수 있을지 생각하지 않게 된다.
- 습관을 바꾸는 데는 개인적인 의지보다 시스템이 더 결정적이다. 나쁜 습관들 은 계속 반복되는데, 이는 당신이 변화되길 원치 않아서가 아니라 잘못된 시스 템을 가지고 있기 때문이다. 작은 습관들은 전체 시스템의 부분이다.
- 성공의 가장 큰 위협은 실패가 아니라 지루함이다. 습관이 지루해지는 이유는 더 이상 희열을 주지 않기 때문이다. 습관이 일상이 되면 우리는 새로운 것을 찾는 관점으로 일탈한다.
- 좋은 습관은 우리를 성장시키지만 나쁜 습관은 우리를 쓰러뜨린다.
- 습관을 바꾸기 어려운 것은 두 가지 이유 때문이다. 첫째, 변화시키고자 하는 대상이 잘못되었다. 둘째, 변화의 방식이 잘못되었다.
- 습관은 시행착오를 겪으며 형성된다.
- 진정한 행동 변화는 정체성 변화에 있다. 정체성은 습관에서 나온다. 습관은 정체성을 만들어나간다. 자신이 원하는 사람이 되려면 자신의 믿음을 끊임없 이 편집하고, 자신의 정체성을 수정하고 확장해야만 한다.
- 자신을 바꾸는 가장 확실한 방법은 자신이 하는 일을 변화시키는 일이다.

- 변화는 다음의 간단한 두 단계로 이뤄진다. 어떤 사람이 되고 싶은지 결정한다. 작은 성공들로 스스로에게 증명한다.

- 습관은 인지 부하(Cognitive Load)를 줄이고 정신의 수용량을 늘려, 우리가 다른 일에도 신경 쓸 수 있도록 해준다.

- 습관을 변화시킬 때 가장 큰 어려움은 우리가 실제로 무엇을 하고 있는지 인식하지 못하는 데 있다.

- 나쁜 습관을 제거하는 가장 효과적인 방법 중 하나는 그것을 유발하는 신호에 노출되는 일을 줄이는 것이다. 자제력은 단기적 전략이지, 장기적 전략이 아니다. 자제력이 극도로 높은 사람들은 유혹적인 환경에서 시간을 덜 보낸다. 유혹에 저항하기보다는 피하는 편이 쉽다.

- 습관은 도파민이 주는 피드백 순환 작용이다. 우리의 습관은 고대부터 이어져 내려온 욕망의 현대판 해결책이다.

- 우리를 행동하게 하는 것은 보상에 대한 예측이지, 보상의 실현이 아니다. 뇌에는 '좋아하는 것(선호)'보다 '원하는 것(욕구)'에 관한 보상에 훨씬 더 많은 신경회로가 할당되어 있다. 인생은 반응으로 이뤄지는 것 같지만 실제로는 예측으로 이뤄진다.

- 환경은 습관이 자라는 토양과 같다. 비옥하냐, 척박하냐에 따라 습관이 튼튼히 뿌리 내리기도 하고 고사하기도 한다. 환경을 어떻게 재구성하느냐는 습관에 결정적인 영향을 준다. 환경은 일종의 구조이며 시스템이다. 구조(환경)가 결과를 결정한다. 환경이 행동을 결정한다. 환경은 인간의 행동을 형성하는 보이지 않는 손이다. 행동은 사람과 그들을 둘러싼 환경 간의 함수 관계다. 새로운 환경에서는 습관을 바꾸기가 쉽다. 환경을 디자인하는 능력은 중요하다. 부정적인 환경에서 긍정적인 습관을 지속적으로 유지하는 사람은 거의 없다.

- 습관은 결코 완전히 사라지지 않는다. 그리고 우리 뇌는 좋은 습관과 나쁜 습관을 구분하지 못한다. 따라서 나쁜 습관도 항상 우리 머릿속에 숨어 있으면서 적절한 신호와 보상이 주어지기를 기다리고 있다.

- 습관은 강력하지만 섬세하고, 우리 의식과는 상관없이 나타날 수 있다. 심지

어 의도적으로 만들어질 수도 있다. 습관은 우리 허락 없이 나타나지만, 세 부분(신호, 반복 동작, 보상) 중 하나라도 손 보면 언제라도 바꿀 수 있다. 습관은 일반적인 생각보다 우리 삶에 훨씬 많은 영향을 미친다. 습관은 우리 뇌를 상식적인 판단을 비롯해 모든 것을 무시하고 오직 그 습관에만 매달리게 만든다는 점에서 무척 강력하다.

• 습관은 신경학적으로 열망을 조장한다. 이런 열망은 아주 점진적으로 자리 잡기 때문에 대부분은 그런 열망이 존재하는지 의식하지 못한다. 따라서 습관의 영향을 깨닫지 못하는 경우가 많다.

• 열망은 습관을 만드는 원동력이다. 열망을 자극하는 방법을 알아내면 새로운 습관을 더 쉽게 형성할 수 있다.

• 오래된 신호와 보상에 대한 열망이 그대로 살아 있는 한, 습관의 재발은 시간 문제일 뿐이다. 일례로, 신호에서 비롯되던 반복 행동, 즉 마음의 위안을 주던 반복 행동을 건설적인 행위로 바꾼 후에는 그는 알코올 중독증에서 해방될 수 있었다.

• 습관 반전 훈련에 사용되는 기법은 습관의 기본적인 구성 요소들을 백일하에 드러내는 것이다. 사실 우리는 습관적인 행동을 자주 하는 열망이 무엇인지 본격적으로 찾아나설 때까지 그 열망이 무엇인지 모르는 경우가 비일비재하다.

• 유난히 강력한 습관은 중독증 같은 반응을 보인다. 원하는 마음이 강박적인 열망으로 발전해서 평판과 직업의 상실, 가정과 가족의 상실 등과 같은 엄청난 불이익에도 불구하고 뇌가 자동적으로 움직인다.

• 습관과 중독의 경계선을 명확히 규정하기 어려운 경우가 많다. 예컨대 미국 중독의학회(ASAM)는 중독을 '보상, 동기 부여, 기억 등에 관련한 뇌 회로 이상을 수반하는 주요하고도 만성적인 뇌 질환이다……. 중독은 행동 통제 장애, 갈망, 일관된 금욕 장애, 그리고 인간관계의 저하라는 특징을 보인다.'라고 정의한다. 많은 연구자가 동의하는 일반적인 의견에 따르면, 중독은 복잡한 데다 아직까지 연구가 제대로 되지 않았다. 그러나 확실한 것은 중독과 관련된 많은 행동이 습관에서 비롯된다는 점이다.

- 개인에게는 습관이 있고, 조직에는 반복 행동이 있다. 하나의 공동체는 구성원들 사이에서 반복되는 거대한 습관의 집합체다.

  – 《습관의 힘》 / 찰스 두히그 / 갤리온 / P. 109

## |핵심 습관|

핵심 습관(Keystone Habit)은 습관의 황제다. 습관 중에서도 가장 중요하고 결정적이다. 개인이 자신의 삶을 혁신하는 데 다른 습관보다 상대적으로 훨씬 더 큰 영향력을 행사한다. 거의 모든 부분에 영향을 미치고 있다. 핵심 습관을 구축하면 다른 습관은 시간문제일 뿐이다. 핵심 습관이 바뀌기 시작하면 다른 습관들도 덩달아 바뀌고 개조된다.

구체적으로 핵심 습관이란 무엇인가? 운동, 좋은 영양 섭취, 독서, 의식 수준 고양 등이다. 이런 핵심 습관 고양에 총력을 기울여야 하지 않을까? 일례로 운동 효과? 여러분이 아는 것 이상으로 엄청나고 위대하다. 좋은 영양 섭취? 현대인은 대부분 음식에 대해 무지하다. 적확한 관련 도서는 읽지 않고 오늘도 언론에 속고 있다. 시중의 편의점이나 가게에서 건강에 좋은 식품을 하나라도 구입할 수 있는가? 거기에서 방부제, 감미료, 착색제, 그 외 온갖 화학 첨가물이 들어가지 않은 건강한 먹거리를 구입할 수 있는가? 독서? 스마트폰이 월등하게 재미 있는데 누가 독서하고 있나? 세상에는 생각하지 않는 사람들로, 집중력을 도둑맞은 사람들로 넘쳐난다.

다음은 '가난한 사람의 6가지 습관'과 '성공을 가로막는 13가지 작은 습관'에 대해 일러 주고 있다. 이런 류의 정보는 여기저기에 있다. 자기 자신에게 필요한 지식 정보를 구해 자신의 삶에 취사 선택하여 적용하면 어떠할까?

## | 가난한 사람의 6가지 습관 |

① 회계 마인드가 없다. 내가 가진 돈이 자산인지, 부채인지, 자본인지 구분 못
　하고 불명확하다.

② 소득도, 소비도 모른다. 한 달에 얼마를 벌고, 평균 얼마를 쓰는지를 정확히
　모르는 사람이 많다.

③ 정기저축 없이 파킹 통장만 쓴다. 정기저축처럼 경제성이 있는 구조가 있어야
　자산이 쌓인다.

④ 수익률에 집착하며, 투기 성향이 강하다. 금융 지능이 부실한 사람이 투기하
　면 결과가 어떠할까?

⑤ 보험에 과다하게 지출한다. 보험은 만약의 상황에 대비하는 중요한 수단이지
　만 소득의 3~5% 내에서 조정되어야 한다.

⑥ 선택과 집중을 못 한다. 우선순위와 한계 설정이 없다면 결국 무너진다. 과감
　히 포기하는 결단이 필요하다.

– 블로그 '요즘 것' 중에서 / 2025. 6. 28

## | 스티븐 코비 vs 도널드 R. 키오 |

《성공하는 사람들의 7가지 습관》(김영사)의 저자는 스티븐 코비다. 이 책은 세
계적인 초베스트셀러가 되었다. 한국에서도 다르지 않았다. 한국어판은 1994년
4월 15일 1판 1쇄 이후 1999년 12월 20일 현재 1판 377쇄를 출판했다. 지금도
계속 판과 쇄를 경신하고 있다. 그야말로 선풍적인 인기다. 그리고 사람들이 얼
마나 '성공'에 관심이 많은지 알 수 있다. 이 책에서 저자는 '성공하는 사람들의 7
가지 습관'을 이렇게 들고 있다. 필자는 이 중에서 몇 가지를 소유하고 있나?

① 주도적이 되라.

② 목표를 확립하고 행동하라.

③ 소중한 것부터 먼저 하라.

④ 상호이익을 추구하라.

⑤ 경청한 다음에 이해시켜라.

⑥ 시너지를 활용하라.

⑦ 심신을 단련하라.

한편 도널드 R.키오(前 코카콜라 사장)는 그의 저서 《실패하는 사람들의 10가지 습관》에서 그 10가지를 이렇게 제시하고 있다. 놀라운 지적은, 이 10가지 습관 중 하나 이상을 따르고 있다면 자신과 함께 회사까지 망하는 길로 가고 있다고 한다. 그리고 실패 습관을 모르면 절대로 성공할 수 없다고 들려준다. 아래의 10가지 습관 중에서 나는 어떠한가?

① 모험은 하지 마라.

② 입장을 절대 바꾸지 말라.

③ 자기 자신을 격리시켜라.

④ 한 치의 오류도 없는 사람인 척하라.

⑤ 법은 정도껏 지켜라.

⑥ 생각할 시간을 갖지 마라.

⑦ 전문가와 외부 컨설턴트를 무조건 믿어라.

⑧ 관료주의를 사랑하라.

⑨ 헷갈리는 메시지를 전달하라.

⑩ 미래를 두려워하라.

완벽한 실패를 위한 마지막 습관 : 일에 대한 자신의 열정을 상실하라.

## | 나쁜 습관과 좋은 습관 그리고 성공 |

성공은 누구에게나 중요한 관심사다. 정직과 신뢰를 바탕으로 일구어낸 성공은 나쁘지 않다. 가치 있다. 그러면 성공한 사람이 가진 특별한 것은 무엇인가? 그들과 나의 차이점은 무엇인가? 여러 자기 계발서는 말한다. 성공을 결정짓는 것은 무엇인가? 습관이다. 성공과 실패는 종이 한 장 차이이며, 그 차이는 습관이다. 그 무엇보다 나쁜 습관과 신속하게 결별해야 한다. 성공하는 사람들은 성공하는 습관들을 가지고 있다. 습관이 모든 것을 결정짓는다. 어느 분야든 성공하려면 습관의 힘을 반드시 빌려야 한다.

'1-29-300 법칙'이란 게 있다. 한 번의 위대한 성취는 29번의 작은 성공 체험이 누적된 결과이며, 29번의 작은 성취는 300번의 진지한 실천을 반복한 결과다. 이것이 바로 '1-29-300 법칙'이다. 위대함의 이면에는 언제나 사소함이 숨어 있다. 사소한 실천의 진지한 반복이 위대한 습관을 만든다. 진정한 부, 행복, 성공, 마음의 평화는 모두 습관에 뿌리를 두고 있다.

습관은 운명까지 바꾼다고 한다. 그렇다면 습관을 바꾸는 것은 운명을 바꿀 수 있는 절호의 기회가 아닌가! "습관을 바꾸는 것만으로도 자신의 인생을 바꿀 수 있다."(윌리엄 제임스)고 했다. 성공적으로 운명을 개척하기 위해서는 시대에 걸맞는 생활 패턴, 곧 현명한 습관이 필요하다. 마음속에서 비롯된 생각과 말 그리고 태도와 행동을 통해 자신의 미래가 건강해지기도 하고, 위태로워지기도 한다. 우리는 자기 자신의 의지로 습관을 선택할 수 있다. 기존의 습관과 결별할 수도 있다.

## 2. '습관' 관련 명언

### 1) 웰링턴

습관은 제2의 천성이다.
그리고 그것은 본래
가지고 태어난 천성의 10배에 이르는 힘을 가지고 있다.

### 2) 레프 톨스토이

모든 사람이 세상을 바꾸겠다고 생각하지만
어느 누구도 자기 자신을 바꿀 생각을 하지 않는다.

### 3) 김사부 어록

네가 바뀌지 않으면 아무것도 바뀌지 않는다.

### 4) 마하트마 간디

세상의 변화를 원한다면 자기의 습관부터 바꾸어야 한다.

### 5) 존 드라이든

처음엔 우리가 습관을 만들지만, 그다음엔 습관이 우리를 만든다.

### 6) 스페인 속담

습관은 처음에는 거미줄, 그다음에는 케이블이다.

### 7) 스티브 잡스

메모하고 스크랩하는 습관은 하버드 졸업장보다 더 가치 있다.

## 8) 장 폴 사르트르

한 인간의 현재 모습은 바로 스스로 그렇게 만든 결과이다.

## 9) 표도르 도스토옙스키

습관이란 인간으로 하여금 그 어떤 일도 할 수 있게 만들어 준다.

## 10) 윌리엄 제임스

생각이 바뀌면 행동이 바뀌고, 행동이 바뀌면 습관이 바뀌고,
습관이 바뀌면 성격이 바뀌고, 성격이 바뀌면 운명도 바뀐다.

## 11) 신동기

이 세상 어느 누구에게도 나쁜 운명은 없다.
다만 나쁜 습관이 있을 뿐이다.

## 12) 버크 헤지스

여러분이 습관에 통제력을 가지면
여러분은 인생에 대한 통제력을 가신다.

## 13) 찰스 두히그

핵심 습관을 바꾸면 그 밖의 모든 것을 바꾸는 것은 시간문제일 뿐이다.

## 14) 윌 듀란트

반복해서 할 때 그것은 우리 것이 된다.
우수함은 행위가 아니라 습관이다.

## 15) 이재준

위대한 사람들의 하인
실패한 사람들의 하인

나는 모든 위대한 사람들의 하인이고
또한 모든 실패한 사람들의 하인이다.
위대한 사람들은 사실 내가 위대하게 만든 것이다.
실패한 사람들도 사실 내가 실패하게 만든 것이다.
나는 기계처럼 정확하게 움직이지만,
또한 인간의 지성을 가지고 있다.
나를 변화시키는 사람은 이득을 볼 수 있지만,
그렇지 못하면 파멸을 맞을 수도 있다.
어느 쪽이든 내게는 아무런 상관이 없지만,
만일 내가 필요하다면 나를 훈련시켜라. 엄격하게 대하라.
그러면 나도 이 세상을 다 줄 수 있다.
그러나 나를 너무 쉽게 대하면, 당신을 파멸시킬지도 모른다.
나는 누구일까?
'나는 바로 습관'이다.

476

### 16) 맥스웰 몰츠

새로운 습관을 만들려면
어른의 경우 최소한 21일 정도의 기간이 필요하다.

### 17) 울프 뮐러

알코올에는 쾌락주의적 요소가 있다.
그러나 우리는 뭔가를 잊기 위한 목적으로
혹은 다른 열망을 채우기 위한 목적으로 술을 마신다.
마음의 위안을 얻으려는 열망과 물리적 쾌락을 얻으려는 열망은
뇌에서 관련된 부분이 완전히 다르다.

### 18) 미시간대학교의 두 연구자

유난히 강력한 습관은 중독증 같은 반응을 보인다.

원하는 마음이 강박적인 열망으로 발전해서, 평판과 직업의 상실,
가정과 가족의 상실 등과 같은 엄청난 불이익에도 불구하고
뇌가 자동적으로 움직인다.

## 19) 토마스 데커

평범한 습관이 모여 비범한 운명을 만든다.

## 20) 패티 다이

때때로 우리에게 필요한 것은 해야 할 일 목록이 아니라
멈춰야 할 일 목록이다.

## 21) 법화경

녹은 쇠에서 나오지만, 차차 그 쇠를 먹어버린다.
마찬가지로 마음이 옳지 못하면 그 마음이 사람을 먹어버린다.

## 22) 법구경

악의 열매가 무르익기 전에는 악을 행한 자도 행복할 수 있지만,
무르익고 나면 결국 그는 불행과 만난다.

## 23) 조지 산타야나

습관은 이성보다 강하다.

## 24) 마하트마 간디

생각을 조심하라. 왜냐하면, 그것은 말이 되기 때문이다.
말을 조심하라. 왜냐하면, 그것은 행동이 되기 때문이다.
행동을 조심하라. 왜냐하면, 그것은 습관이 되기 때문이다.
습관을 조심하라. 왜냐하면, 그것은 인격이 되기 때문이다.
인격을 조심하라. 왜냐하면, 그것은 인생이 되기 때문이다.

### 25) 토마스 아 켐피스

타인을 자신이 원하는 대로 만들 수 없다고 애써 분노하지 마라.
왜냐하면, 당신도 당신이 바라는 모습으로 자신을 만들 수 없기 때문이다.

### 26) 찰스 두히그

당신의 환경이 당신의 습관을 결정한다.

### 27) 아리스토텔레스

젊었을 때 형성된 좋은 습관이 모든 것을 변화시킨다.

### 28) 빈스 롬바르디

이기는 것은 습관이다. 불행히도 지는 것도 마찬가지이다.

### 29) 잭 D. 핫지

우리가 매일 하는 선택과 행동의 95%는 습관에 의한 것이다.

### 30) 제임스 C. 페니

나쁜 습관을 떨쳐버리는 가장 좋은 방법은 절대 시작하지 않는 것이다.

### 31) 새뮤얼 존슨

습관의 사슬은
끊어질 수 없을 만큼 강해질 때까지 느낄 수 없을 만큼 약하다.

### 32) 오마에 겐이치

인간을 바꾸는 방법은 3가지뿐이다.
시간을 달리 쓰는 것, 사는 곳을 바꾸는 것, 새로운 사람을 사귀는 것,
이 3가지 방법이 아니면 인간은 바뀌지 않는다.
'새로운 결심'을 하는 것은 가장 무의미한 행위이다.

33) **조지 워싱턴 카버**

실패의 99%는 습관적으로 변명하는 사람들 탓이다.

34) **벤저민 프랭클린**

일찍 일어나고 일찍 자는 것은

사람을 건강하게 하고, 부자로 만들고, 현명하게 한다.

35) **찰스 슈와프**

부모의 좋은 습관보다 더 좋은 어린이 교육은 없다.

36) **벤저민 프랭클린**

좋은 습관은 나쁜 습관보다 더 강력하다.

37) **조지 S. 패튼**

자기 관리가 최고의 습관이다.

38) **브라이언 트레이시**

성공한 사람들은

단순히 성공적인 습관을 가진 사람들일 뿐이다.

39) **찰스 두히그**

습관이 변할 수 있다는 것을 알게 되면,

당신은 새로운 습관을 만들 자유와 의무가 있다.

## 버려야 할 13가지

(1) 변명하는 습관

(2) 뒷담화

(3) 자기 의심

(4) 해로운 습관

(5) 실패에 대한 두려움

(6) 미루는 습관

(7) 부정적인 자기 대화

(8) 해로운 인간관계

(9) 모두를 만족시키는 욕심

(10) 안전지대에만 머무는 태도

(11) 남의 시선에 대한 집착

(12) 자신과 타인을 비난하는 마음

(13) '싫다'고 말하고 싶을 때 '좋다'고 하는 것

480

# 3. 추천 도서

1. 《탁월함에 이르는 피터 드러커의 습관》 / 문정엽 / 좋은습관연구소

2. 《일상 인문학 습관》 / 숭례문학당 리더 19인 / 좋은습관연구소

3. 《데일 카네기의 성공 습관》 / 데일 카네기 / 코너스톤

4. 《아주 작은 습관의 힘》 / 제임스 클리어 / 비즈니스북스

5. 《습관의 힘》 / 찰스 두히그 / 갤리온

6. 《습관의 알고리즘》 / 러셀 폴드랙 / 비즈니스북스

7. 《해빗》 / 웬디 우드 / 다산북스

8. 《실패하는 사람들의 10가지 습관》 / 도널드 R. 키오 / 더난출판

9. 《나를 변화시키는 좋은 습관》 / 한창욱 / 빅마우스

10. 《나는 습관을 조금 바꾸기로 했다》 / 사사키 후미오 / 쌤앤파커스

11. 《성공하는 사람들의 7가지 습관》 / 스티븐 코비 / 김영사

12. 《성공하는 가족들의 7가지 습관》 / 스티븐 코비 / 김영사

13. 《성공하는 10대들의 7가지 습관》 / 숀 코비 / 김영사

14. 《50부터 뇌가 젊어지는 습관》 / 와다 히데키 / 센시오

15. 《노화는 나이가 아니라 습관이 결정한다》 / 마이클 부루스 / 페이지2북스

16. 《건강한 사람들의 7가지 습관》 / 박일섭 / 작가의집

17. 《50대 이후, 건강을 결정하는 7가지 습관》 / 프랭크 리프먼 외 / 더퀘스트

18. 《뭘 해도 잘되는 사람의 모닝 루틴》 / 이시카와 가즈오 / 다른상상

19. 《예민한 사람을 위한 심리 습관》 / 캐린 홀 / 빌리버튼

20. 《예민한 사람도 마음이 편해지는 작은 습관》 / 니시와키 슌지 / 더퀘스트

21. 《하루 5분 습관 수업》 / 요시이 마사시 / 현대지성

22. 《경제가 쉬워지는 습관》 / 토리텔러 / 좋은습관연구소

23. 《습관의 디테일》 / B. J. 포그 / 흐름출판

24. 《1등의 습관》 / 찰스 두히그 / 알프레드

25. 《습관을 정복하라》 / 리근민 / 새론북스

26. 《습관 1%만 바꿔도 인생이 달라진다》 / 이재준 / 리더북스

27. 《운명을 바꾸는 작은 습관》 / 진희정 / 토네이도

## 25장

# 돈

# 1. 들어가며

여러분의 최고 관심은 무엇인가? 서민들은 자잘한 일상에 매여 평생을 살아 간다. 부지런히 일해도 한 몸, 한 가정을 먹여 살리기가 버거운 세상이다. 주거 비, 육아비, 교육비, 결혼 비용 등을 마련하느라 허리가 휜다. 이걸 순탄하게 해 결하는 사람들은 그리 많지 않다. 노동은 지난하다. 입에 풀칠하기 급급하다 돌 아보면 어느새 노인이 되어 있다. 어른이 되고 난 뒤 먹고 살기 위해 돈 벌다 한 평생이 지나가 버리는 게 우리네 삶이다. 인생은 단 한 번뿐인데 이렇게 살기 위 해 태어난 인생인가? 예수님은 세상 사람들에게 자신의 라이벌이 '돈'이라고 말 씀하셨다.

> "집 하인이 두 주인을 섬길 수 없나니
> 혹 이를 미워하고 저를 사랑하거나
> 혹 이를 중히 여기고 저를 경히 여길 것임이니라
> 너희는 하나님과 재물을 겸하여 섬길 수 없느니라"
>
> – 누가복음 16 : 13

사람들의 욕구 중 가장 강력한 욕구가 '돈'이라고 한다. 돈으로 권력, 명예, 쾌 락 등 거의 모든 것을 구매하고 이룰 수 있다고 생각하는 듯하다. 심지어 "돈이 면 귀신도 부릴 수 있다."고 말하곤 한다. 더 많은 돈을 벌기 위해 전력투구한다.

> "돈을 사랑함이 일만 악의 뿌리가 되나니
> 이것을 탐하는 자들은 미혹을 받아 믿음에서
> 떠나 많은 근심으로써 자기를 찔렀도다"
>
> – 디모데전서 6 : 10

'돈'은 현대판 신(神)이다. 사람들은 돈을 섬긴다. 누구는 돈을 인생의 주인으로 삼았다. '부자 되는 것'을 인생의 목표로 삼은 사람들이 많다. 그러나 많은 사람들이 돈에 대해 무지하다. 제도 교육에서 돈에 대해 제대로 가르치지 않기에 배울 기회가 없었다. 돈은 양날의 칼이다. 이웃 사랑에 사용될 때는 한없이 장엄하지만 저열한 욕구 충족에 쓰일 때는 추악하기 짝이 없다. 불행하게도 인류 역사에서 그리고 개인의 삶에서 후자가 압도적으로 많았다. 돈에 대한 철학이 없고, 그 결과로 돈이 인류를 불행하게 만들고 있다, 그때나 지금이나. 돈을 어디에 어떻게 사용하는가를 보면 그 마음이 어디로 향하는지를 알 수 있다. 마음(욕망)이 가는 대로 돈이 흘러간다. 무엇을 중시하는지, 다른 사람에 대해 얼마나 책임감을 느끼는지, 이웃을 얼마나 사랑하는지 알 수 있다. 숨길 수 없다.

지금 이 시각에도 돈을 둘러싼 온갖 시건 사고들이 끊임없이 일어나고 있다. 산업 재해, 살인, 사기, 인신매매, 마약, 도박, 불법 스포츠토토, 뇌물, 근친 살인, 청부 살인, 국제 전쟁, 지역 분쟁, 매춘, 횡령 등 너무나 많아 일일이 열거할 수 없을 정도다. 여러분은 돈이 주는 그 강렬한 유혹을 절제하고 다스릴 수 있는가? 돈이 무엇인지 알고 있는가? 돈에 대한 철학이 있는가?

한국은 아시아의 선진국 중에서 부패 지수가 가장 높다. 「철도 부품업체 'AVT' 수사로 본 검은 공생 … 고비마다 로비, 돈이면 다 통했다」(〈국민일보〉 / 2014. 9. 2). 이런 기사를 읽으면서 절망하는 이들이 있다. 그러나 희망을 가져야 한다. "세상에 인재 없다고 한탄하지 마라. 내가 인재가 되면 된다."(도산 안창호)는 말처럼 나부터 그리고 너부터 정직과 신뢰를 만들고 사회에 전파하면 점점 더 아름다운 세상이 되어가지 않을까?

## | 돈에 대한 몇 가지 '결정적인 질문' |

나에게 '돈'은 무엇인가? 인생에서 돈은 몇 번째로 소중한가?
지금 나의 재산이 얼마인가? 그 돈에 만족하는가, 불만인가?

'빚투', '영끌', '얼죽신'에 속하는가?

비트코인에 투자하고 있는가? 지금까지의 결과는 어떠한가?

나는 부자가 될 수 있을까? 생각대로 돈이 잘 벌리고 있는가?

돈을 벌기 위해 왜 그 소중한 시간과 노력을 투자하는가?

더 많이 벌기 위해 무엇을 어떻게 해야겠다고 계획 세워 놓았는가?

나는 번 돈을 어디에 어떻게 사용하는가?

정기적으로 기부하는가, 그렇다면 그 금액은 얼마인가?

나는 지금까지 왜 기부를 망설이고만 있는가?

돈이 없어 크게 힘들고 고통당한 경험이 있는가?

나는 '돈에 대한 철학'이 있는가?

살아오면서 돈에 대해 깊이 있게, 체계적으로 배운 적이 있는가?

나는 돈 관리를 할 수 있는 능력이 있으며, 그렇게 하고 있는가?

투자(주식, 채권, 부동산 등)하여 수익을 낼 수 있는 능력을 가지고 있는가?

## |돈의 기능|

돈은 소중하다. 사람에게는 3가지 생명이 있다. 돈(3위), 몸(2위), 영혼(1위, 영원한 생명)이다. 돈은 생명이다. 누구나 돈으로 살아간다. 돈으로 물품을 구입하고, 이 물품으로 살아간다. 이처럼 돈은 생계를 유지하는 수단이다. 돈 없으면 정상적인 생활은 불가능해진다. 이때 누구는 노숙자가 되고, 또 누구는 범죄자가 된다. 교도소에 수감된 이유 중 돈이 단연 1위다.

돈은 재화와 용역의 가치를 측정하는 도구가 된다. 물건값이, 그 일의 대가가 돈으로 정해진다. 돈은 가치의 척도다. 월급은 회사에서 그 사람의 능력을 보여주는 수치다. 사람들은 재화와 용역에 값을 매겨 사고판다. 이때 돈은 구매의 수단이 된다.

돈은 영적 세력이다. 돈이 끌어들일 수 있는 악한 영적 세력이 지나치게 강하다. 인간의 타락한 본성이 돈의 유혹에 매우 취약하기 때문이다. 이 강력한 끌림에 휩쓸리지 않는 사람은 매우 드물다. 오스 기니스는 "돈은 결정적인 영적 능력을 지닌 능동적인 매체로서 결코 중립적이지 않다. 돈은 우리가 사용하기 이전에 이미 하나의 능력으로 존재한다."고 단언한다.

돈은 힘(권력)이다. 인간 행동의 동기는 '힘에 대한 욕구' 추구다. 지나치게 많은 사람들이 돈이 가장 힘이 있다고 믿는다. "머니(Money) 뭐니 해도 머니가 최고다.", "돈이면 다다." 이런 말 많이 듣지 않았는가? 세상이 부추기는 소유욕이다. 부는 부자를 세상의 지배자로 만든다. 돈의 힘으로 거의 모든 것을 할 수 있다고 믿는다.

모든 죄의 진원지는 잘못된 욕망이다. 욕망이 쾌락을 추구하도록 이끈다. 맹렬하게 각종 사회적 욕구와 호의호식, 육체의 욕망 등 개인적인 욕구를 탐닉한다. 필부 필녀들의 모습이다. 그러나 돈으로 살 수 없고, 할 수 없는 게 있다. 돈과 비교할 수 없이 가치 있는 것들이다. 사랑, 믿음, 소망, 온유, 평강, 우정 등등이다. 모두 명사가 아니고 동사이다. 이 중 '사랑'이 가장 대표적이다. 사랑은 밖으로 향하지만 탐욕을 자기 자신에게 집중한다. "사랑을 통해 그는 자기 자신 아래로 내려가 이웃에게 다가간다."(마르틴 루터).

당신은 무엇으로 욕망을 충족시키는가? 돈이다. 돈은 욕망 충족의 도구다. 구매를 통해 필요와 욕구를 충족시킨다. '내가 가시고 있는 돈은 내 것이니 마음껏 욕망을 충족시키자', 이렇게 행동하는 사람들이 지나치게 많다. 그토록 고대하던 '블루 다이아몬드' 반지를 손가락에 끼운 그 여인이 느끼는 행복감, 평소 가지고 싶었던 고가의 차를 구입했을 때 그 사람의 성취감…… 누구는 돈으로 마약 중독이 되고, 또 누구는 기부 후 자기효능감을 만끽하기도 한다.

돈이 주는 생활의 편리함은 크고 많다. 고가의 자동차, 아파트, 옷, 가방, 시계 등은 가격만큼 높은 만족감과 편리함을 제공한다. 반지하에 살지 않고 전망 좋은 쾌적한 아파트에 거주하기에 폭우와 폭염에도 아무 걱정이 없다. 해외여행도 어디든 다녀올 수 있다. 5성급 호텔의 고급 뷔페를 언제든지 향수할 수 있다. 노동에서 자유롭다.

이외에도 돈은 다양하고도 독특한 얼굴을 하고 있다. 우리는 돈의 속성을 밝게 알아야 한다. 그래야 돈에 휘둘리지 않는다. 그래야 돈을 통제할 수 있고 돈을 올바르게 사용할 수 있다. 아담 이후 돈으로 인생이 파탄 난 사람이 너무나 많다. 아니 지금도 돈으로 평강을 누리는 사람은 극소수다. 대부분이 돈을 모르고, 제대로 관리하지 못해 한 번뿐인 인생을 파국으로 이끌고 있다. 자녀들이 서로 원수가 되게 만들려면 장남에게 유산을 모두 물려주면 된다.

## | 돈에 대한 사람들의 반응과 믿음 |

### (1) '돈이 최고다'라는 믿음이 확고하다.

한때 "뭐니 뭐니 해도 머니가 최고다."라는 말이 유행했다. 돈은 교환의 수단이다. 돈으로 상품과 용역을 구입한다. 돈으로 최고의 물질, 물건뿐만 아니라 양심, 정의 등 무엇이든 구입할 수 있다고 생각한다. 결국 '자신의 욕망'을 구입한다. 돈은 중독으로 이끄는 빠르고 강력하며 확실한 수단으로 기능하고 있다. 마약, 도박, 성, 술, 스마트폰에 속히 중독되기도 한다. 한국은 전에는 마약 청정국이었으나 지금은 아니다. 매우 빠르게 마약 중독자들이 양산되고 있다. 돈은 강력한 권력이다. "신은 한 인간을 파멸시키기 전에 뜨거운 권력을 맛보게 한다."는 말 그대로가 아닌가?

### (2) 돈이 없으면 불안해한다.

크게 그리고 계속 걱정한다. 생계가 막막해지기 때문이다. 그러다가 극단적인 선택을 하는 사람들도 적지 않다. 한국 노인 자살률이 세계 최고이며, 그 원인 1위가 '가난'이라고 한다. 사업 실패로 일가족이 동반 자살했다는 뉴스가 잊을 만하면 다시 보도되곤 한다.

무조건 돈을 많이 벌려고 한다. 돈 벌 수 있다면 지옥이라도 가겠다는 기세의 사람들이 적지 않다. 이런 사람들의 공통점은 영원히 극한의 고통을 겪게 되는 지옥을 모르고 있다는 것이다. 마피아, 삼합회 등 범죄 조직은 일면식도 없는 사람을 돈을 받고 청부 살인하기도 한다. 그 인생이 파괴되든 말든 마약을 제조하고 판매하는 세력들이 너무나 많다.

**(3) 자신이 소유하고 있는 돈은 자기 자신의 것이라고 주장한다.**

결정적이고 획기적으로 잘못된 생각이다. 시간을 조금만 확장하면 돈은 '개인의 소유'가 아니라 '사회 구성원들을 위해 유용하게 사용되어야 할 존재'다. 즉 '공공재'다. 이 지구에 과연 내 것이 있는가? "인간이 완전히 소유했다는 의미에서 '내 것'이라고 말할 수 있는 것이 지상에는 단 하나도 없다."(루이스)

햇볕, 내리는 비, 공기, 저 바람, 토양, 끝없이 달려가는 저 청청한 산맥 등은 인류가 지구에서 살아가는 데 반드시 있어야 할 생존 조건이다. 이걸 과학자들이 만들었나? 내 생명, 내 자녀, 내 통장의 돈 등 모든 것이 내 것인가? 내 것이라면 죽은 후에도 가져갈 수 있어야 하지 않나? 태어나기 전, 세상 떠난 후에도 돈을 소유하는가? 그곳에도 돈이 통용되는가?

아니다. 정확히는 내 통장의 돈은 내 돈이 아니라 일정 시간 창조주가 나에게 맡긴 돈이다. 그러므로 내 욕심대로가 아닌, 맡긴 분의 뜻대로 사용해야 하는 것이다.

그것은 '이웃 사랑'이다. 돈은 여기에 사용해야 하는 것이다. 특히 부자에게 주어진 사명이다. 누구나 한번은 죽는다. 죽은 후 남는 건 오직 하나, '이웃 사랑' 뿐이다. 모두가 자기 자신의 몸을 끔찍하게 사랑한다. 하지만 "이웃을 네 몸처럼 사랑하라!"는 가르침을 잊지 않고 힘써 실전하는 사람은 얼마나 되는가? 주위에 이런 사람이 있는가? 만약 있다면 몇 명인가? 세계 1위 부자라도 근검절약해야 하며 부지런히 일해야 한다. 돈을 이웃에게 흘려보내야 한다. 이렇게 하지 않는다면 훗날 그 책임으로 이를 갈며 후회하게 될지도 모른다.

**(4) 부자 순위에서 1위가 되려고 한다.**

지금 가진 돈에 만족하지 않는다. 아무리 돈이 많아도 더 많이 벌려는 시도를 멈추지 않는다. 부자 순위에서 1위가 되려고 한다. 호승심이 하늘을 찌른다. 마을에서, 그 도시에서, 자기 나라에서, 세계에서 일등 부자가 되려고 한다. 2위 부자는 1위 부자가 되려는 욕구가 불같이 일어나고, 성취 후 은근히 군림하려 한다. 이런 자기 과시를 통한 만족을 길이길이 누리려고 한다. 개인이나 기업, 국가도 이러하다. 국가도 결국 욕망을 가진 사람들의 조직인 것이다.

### (5) 부를 자녀에게 상속해주려고 한다.

내 돈이니 내 자녀에게 물려주려는 것이다. 길이길이 부를 승계하여 후손에게 온갖 호의호식을 물려주려는 것이다. '개천에서 용 나기'가 점점 어려워져 간다. 부자들의 카르텔이 견고해져 가는 추세다. '기울어진 운동장'에서 금수저들은 출발 전부터 성큼 앞서 있다. 이는 100m 달리기에서 30~40m 정도 앞에서 출발하는 것과 비슷하다. 공정한 경쟁이 되는가? 상속세가 적은 나라로 국적을 바꾸려는 시도가 연중 계속되고 있다.

### (6) 기부를 낭비라고 생각하는 경향이 강하다.

한국은 10대 경제 대국이지만 기부가 여전히 부족하다. '기부'를 낭비로, '기부 요청'을 무례라고 생각하는 부자들이 즐비하다. 기부에 인색하다. 그 결과 가까스로, 겨우 살아가는 사람들의 고통이 줄어들지 않는다.

기부는 재정 부족으로 국가가 못하는 빈부 격차를 줄여 주고, 국민 통합에 결정적으로 기여한다. 무엇보다 기부의 최고 수혜자, 첫째 수혜자는 기부자 자신이라는 연구가 많이 있다. 기부는 자기효능감을 드높이고 스스로에게 이웃 사랑을 실천하는 사람이라는 신호를 계속 보낸다. 행복한 감정으로 생활하게 되는 것이다. 우리는 우리보다 더 어려운 사람을 도울 수 있다. 부자가 된 것은 더 많이 기부하라는 우주의 신호요 명령이다.

### (7) 돈으로 권력, 명예, 카르텔 등 특수한 영향력을 만들려고 한다.

주위의 돈 많은 사람들을 살펴보라. 교환의 수단인 돈으로 무엇을 구입하려고 하는가? 명품 물건을 넘어 이런 걸 구입하려 한다. 자신의 현재 상황을 지켜 주고 더 많은 돈을 벌 수 있는 토대가 되기 때문이다. 권력이란 무엇인가? 내 말대로 상대방을 움직이게(행동하게) 하는 힘이다. 권력이 힘이요 방패가 된다. 자기들만의 카르텔을 만들어 기득권을 오래오래 유지하려고 한다. 그러나 권력의 유효 기간은 한시적이다. 새벽이슬은 해가 뜨면 잠시 있다 곧 사라진다. 꽃은 시들고, 풀은 마른다.

### (8) 계속 돈을 축적하려고 한다.

주식, 채권, 부동산, 금, 달러 등 여러 가지 방법으로 부를 축적하려고 한다. '돈'이라는 가치를 저장하고 시세 차익을 얻을 수 있기 때문이다. 미래에 대한 불확실성에 대한 불안감도 축적(저축)의 한 원인이다. 축적(저축)이 믿을 수 있는 안전장치라고 여긴다. 이기심도 이유 중 하나다. 가능한 많이 축적해야 더 크게, 더 많이, 더 오래 누릴 수 있다고 생각한다.

### (9) 돈 관리가 안 되는 사람은 돈이 생기면 쓰고 싶은 욕망에 굴복한다.

'버는 자랑보다 쓰는 자랑을 하라.'는 속담이 있다. 매달 1,000만 원을 벌어도 1,200만 원 써버리면 200만 원 적자다. 세월 속에서 파산한다. 재정 관리가 안 되는 사람은 돈이 생기면 쓰고 싶은 욕망을 주체하지 못한다. 주로 소모적, 퇴폐적인 곳에 사용한다. 술, 물품 구입, 도박, 게임, 마약 등에 쓴다.

돈을 어디에 어떻게 쓰는지 보면 그 사람의 의식 수준이 바로 드러난다. 사람에게는 인격이 있고, 돈에는 '돈격'이 있다. 돈격은 이런 사람들의 정신세계를 경멸한다. 돈이 모일 리 없다. 평생 가난에서 벗어나지 못하고 돈으로 고통받다 세상을 떠난다. 이런 사람들은 새로 알게 된 사람에게 일정 시간이 지나면 돈을 빌려 달라고 한다. 이 사람 저 사람 닥치는 대로 돈 빌려 달라고 한다. 그러나 갚지 못해 평판만 나빠지고 돈 문제는 점점 꼬여 간다. 한국은 자살률이 세계 1위이고, 노인 자살은 압도적 1위다. 첫째 원인이 가난이고, 둘째 원인이 질병이라고 한다. 그가 말했다. "도시 주변 땅이 급등하여 팔리면 남자는 제일 먼저 애인을 만든다."는 말을 듣고 웃음을 참지 못했던 적이 있다. 갈수록 정신이 허기진 시대에 돈이 개인의 인생을 지배하고 마구 뒤흔들고 있는 형국이다. 여기저기에서 사람들은 돈에 힘 한번 써보지 못하고 실족하고 있다.

### (10) 돈에서 절박해지면 '극단적 선택'을 하곤 한다.

「생활고에 남편이 … 창원서 일가족 3명 숨진 채 발견」

경남 창원에서 일가족 3명이 숨진 채 발견돼 경찰이 수사에 나섰다. 2024년 12월 28일(토) 창원중부경찰서는 전날 오전 10시 38분쯤 창원시 성산구 남양동의

한 아파트에서 40대 부부와 이들의 10세 아들이 숨진 채 발견됐다고 밝혔다. 경찰은 생활고에 시달리던 남편이 가족을 살해한 뒤 스스로 목숨을 끊은 것으로 보고 있으며, 부검을 통해 정확한 사건 경위 및 사망 원인을 조사할 계획이라고 한다.

– 신수정 / 2024. 12. 28(토). 10 : 26 / 〈아이뉴스24〉

이런 부류의 보도는 드문 일이 아니다. 수시로 일어난다. 영적 무지의 대표적인 사례이다. 이 책에서 거듭거듭 계속 강조하는 그대로 세상에서 영적 무지가 가장 위험하다. 치매나 중풍(뇌졸중), 암 등은 영적 무지에 비하면 아무것도 아니다. 이해되지 않는다고요? 영적 무지는 지옥으로 가는 확실한 티켓이며, 거기서 영원히 영원히 극한의 고통을 받기 때문이다.

### (11) 돈이 최고 최강의 권력이라고 생각한다.

권력도 돈으로 살 수 있다고 믿고 있다. 돈을 받으면 의뢰인의 요구대로 행동하게 된다. 돈 많은 그(그녀)는 돈으로 타인에게 무엇을 하라고 요구하고 있는가? 돈은 양날의 칼날이다. 대부분의 사람들은 돈이 휘두르는 칼날에 베여 죽거나 치유할 수 없는 깊은 상처를 입는다. 돈을 온유하게 다스리는 사람들은 아주 드물다. 돈과 시간을 어디에 어떻게 사용하느냐를 보면 그 인간의 의식 수준이 단번에 드러난다. 속이거나 숨길 수 없다. 미련한 자가 돈을 많이 갖거나 자격 없는 사람이 권세를 가지면 사회가 위험해진다.

### (12) 대부분 '자발적 가난(Voluntry Poverty)'에 대해 무지하다.

자발적 가난이란 '영성적 가난'이며 '제3의 가난'이다. 소유를 최소화하여 가진 재물을 가난한 사람들과 나누어 스스로 가난해진 것이다. 게으르고 무기력한 생활로 인한 가난이 아니다. 이들은 저축을 하지 않는다. 수입 중 한 달 생활비를 제외하고 나머지는 모두 이웃을 위해 아낌없이 사용한다. 적극적으로, 자발적으로 선택한 가난이다. 주위에 이런 사람 본 적이 있는가? 이들이야말로 진정 세상의 빛과 소금이다.

## (13) 대부분 금융 지능이 없거나 부실하다.

2024년 12월 28일(토), 한국의 올해 자영업자 폐업이 100만 명을 넘어섰다는 보도를 읽는다. 여러 가지 사정으로 폐업도, 영업 지속도 하기 어려운 처지에 있는 자영업자도 매우 많다고 한다. 한국은 지금 '압축 소멸 사회'다. 양극화가 빠르게 심화, 확산되고 있다. 중산층이 무너지고 극빈층이 양산되고 있다. 노인 인구비율 20%를 넘어섰다(2024. 12. 24 현재).

OECD 국가 중 38개 회원국 중 노인 빈곤율 1위(2023년 현재), 이런 뉴스는 너무 자주 들어왔다. 40.4%로 이웃 일본(20.2%)이나 미국(22.8%)의 2배 수준이다. 평균(14%)보다 압도적으로 높다. 고시원촌에는 고시생이 없고 노인들로 가득하다. 월세가 적기 때문이다. 쪽방촌, 판잣집도 무기력한 노인들 차지다. 그 노인들 중 한때 승승장구하지 않았던 사람들이 있었던가? 한때 청년이 아니었던, 아가씨가 아니었던 노인이 한 명이라도 있는가?

노인이 가난으로, 질병으로, 외로움으로 고통받는 이유는 여러 가지다. 그 중 하나가 한결같이 '금융 지능'이 없었다는 것이다. 마치 글자를 읽을 수 없는 사람(문맹)이 책을 읽을 수 없는 것처럼. 왕년에 그들은 이랬다. 자녀 교육비에 돈을 아끼지 않고, 자녀가 결혼할 때 아파트를 사주고, 아들의 성화와 읍소에 사업 자금을 주고, 재산을 미리 상속해주기도 했다. 주위의 감언이설에 속아 투자 사기를 당하고, 불법 다단계로 회복 불가능 상태에 내몰렸다. 욕심이 많을수록 사기당할 확률이 성큼 높아진다. 무리하게 대출받아 꼬마 빌딩을 사들였지만 얼마 안 가 고금리, 공실, 관리비 등으로 무너졌다.

반면에 연금은 힘이 세다. 매달 나온다. 간혹 며칠 만에 다 써버려도 별로 걱정이 안 된다. 다음 달 그 날짜에 나오기 때문이다. 마치 마르지 않는 샘 같다. 그렇지만 자녀 등쌀에 일시불로 받는 사람이 너무나 많다. 얼마 못 가 대부분 바닥을 드러낸다. 그들의 길은 비슷하다. 자녀에게 버림받았다는 배신감, 돈 없어 병원 치료도 제대로 받지 못하는 극빈자, 점점 약해져 가는 몸, 어긋나는 운명에 절망한다.

거듭 말하지만, 한국의 노인들 대부분이 '금융 지능'이 없다. 학교에서 배우지 못했기 때문이다. 더없이 중요하지만 아직까지도 학교는 그런 건 가르치지 않는다. 졸업 후에도 '금융 지능'을 스스로 공부하지 않았다. 지금의 초·중·고 대학생도, 회사원도 마찬가지다. 금융 지능이 없다. 어느 분야든 밝게 알수록 실수, 실패할 개연성이 낮아진다. 세상 사람들은 돈을 어떻게 벌고, 사용하며, 다루는가? 무엇보다 돈에 대한 철학이 어떠한가? 개인차는 있지만, 대부분의 한국인은 '금융 지능'이 아예 없거나 부실하기 짝이 없다. 너무나 허술하다.

## | 기아에 관한 사실 |

2002년 '세계 식량 계획(World Food Plan)'이 발표한 내용이다.

① 8억 명 정도가 매일 밤 굶주린 채 잠자리에 든다. 그중 대부분은 여성과 어린이다.

② 다섯 살 이하 어린이 2억 명 정도가 식량 부족으로 인해 체중 미달이다.

③ 매일 2만 4천 명 정도의 사람이 굶주림 혹은 그로 인한 질병으로 죽는다.

④ 어린이 영양실조는 정신 이상이나 신체적 장애를 불러온다.

⑤ 7초마다 어린이 한 명이 굶주림 혹은 그로 인한 질병으로 죽는다.

⑥ 세계에는 모든 인류가 먹기에 충분한 식량이 있다.

494

23년이 지난 지금 2025년, 빈부 격차는 더욱 심화, 확산되었다. 탄자니아의 그 아이가 기아로 죽어갈 때 선진국에서는 매일 엄청난 음식이 버려지고 있다. 한국도 그렇다. 국제 식량 가격이 내려가지 않고 유지되도록 글로벌 곡물 회사가 바다에서 수시로 식량을 버리고 있다.

## | 돈과 행복 |

가난해도 행복할 수 있을까? 항산(恒産)이 없어도 항심(恒心)을 유지할 수 있을까? 이 경지에 이른 사람도 있을 것이다. 하지만 그런 사람은 매우 드물 것이다. 주위를 둘러보면 바로 알 수 있다. 있는가? 있다. 이런 사람은 필부들이 결코 이길 수 없는 초절정 고수다.

누구나 날마다 돈으로 살아간다. 매일 돈으로 생필품과 서비스를 돈으로 구입한다. 돈이 없어 대학 등록금을 낼 수 없다면, 아파도 치료를 받지 못한다면, 자녀의 운동화를 사줄 수 없다면, 주택 월세가 없어 노숙한다면 행복할 수 있을까? 그러면 돈이 많으면 많을수록 행복해질까? 돈이 행복을 살 수 있는가? 사람들은 돈이 많을수록 더 행복할 것이라고 믿고 있다.

'한계효용체감의 법칙'이라는 게 있다. 물질과 행복은 완전히 정비례하지는 않는다. 한계가 있다. 물질이 어느 시점에 도달하면 물질과 행복의 상관관계는 줄어들기 시작한다. 비유하면, 배가 고플수록 먹는 음식이 맛있지만 배부르면 아무리 산해진미라도 더 먹기 어려운 것과 같다.

"나의 경험처럼 확실한 것은 없다."(프랜시스 베이컨). 주위의 부자들을 자세히 살펴보자. 한 연구에 의하면 연 소득이 9천만 원이 넘거나 재산이 30억 원 이상이면 돈은 더 이상 행복을 좌우하지 못한다고 한다.

## | 경주 최부자의 12대 400년 비결 |

경주 최부자 이야기, 한 번쯤은 들어보았을 것이다. 살짝 살펴보자. 최준 선생은 '사방 백 리 안에 굶어 죽는 사람이 없게 하라.'는 원칙을 세우고 소작인에게 8할을 받던 소작료를 절반만 받는 등 나눔을 실천했다. 아래의 육훈을 통해 험난한 역사의 격랑 속에서 12대 400년 동안 가산을 지켜온 지혜를 배울 수 있을 듯하다.

집안을 다스리는 육훈(六訓)은 이러하다.

① 과거를 보되 진사 이상 벼슬을 하지 마라.
② 만 석 이상의 재산은 사회에 환원하라.

③ 흉년기에는 땅을 늘리지 말라.

④ 과객을 후하게 대접하라.

⑤ 주변 100리 안에 굶어 죽는 사람이 없게 하라.

⑥ 시집온 며느리는 3년간 무명옷을 입어라.


## |낙타가 바늘귀를 통과할 수 있을까?|

누구나 날마다 돈을 생각하고, 만지고, 사용한다. 거듭 말하지만 돈은 양날의 칼이다. 돈이라는 칼에 상처 입지 않으려면 어떻게 해야 하나?

필자는 이렇게 생각한다.

먼저, 돈에 대한 건강한 철학이 있어야 한다.

돈이 무엇이며 어떻게 사용해야 하는지 알아야 한다. 학교(학생) 시절 배우지 못했기에 지금이라도 배워 나의 능력으로 만들어야 한다. 책, 유튜브, 사람 등 배울 곳은 너무나 많다. 일찍이 손자는 "지피지기(知彼知己)면 백전불태(百戰不殆)"라고 하지 않았던가.

둘째, 돈을 올바른 방법으로 벌어야 한다.

부정한 방법으로 돈을 버는 건 스스로 처벌을 자처하는 위험한 행위다. 돈으로 인해 행복한 사람보다 불행한 사람이 비교할 수 없도록 많았다는(많다는) 건 무얼 말해주는 걸까? 스스로 돈을 통제하지 못하면 파괴적인 속성을 지닌 돈이 여러분을 파괴해버릴 것이다. 인류 역사 이래 일확천금의 유혹에 얼마나 많은 사람들이 그 귀한 인생을, 단 한 번뿐인 인생을 망쳐 버렸던가!

셋째, 날마다 인격을 성숙시켜 가야 한다.

인격은 흐르는 물을 거슬러 오르는 배와 같아서 매 순간 깨어 있어 의도적으로 노력하지 않으면 후퇴해버린다. 날마다, 시시각각 거룩함을 닮아가려고 힘써야 한다. 특히 혼자 있을 때 스스로 삼가고 공명정대해야 한다(신독, 愼獨). 이래야 돈을 올바로 사용할 수 있고, 근검절약으로 마음의 평강을 유지할 수 있다. 권력이 생기면 그 권력으로 돈을 긁어모으려는 사람들이 지나치게 많다. 뉴스에서 단골 메뉴로 등장하고 있다. 그러면서 이런 사람들은 대중 앞에서 올바르게 살아가는 듯, 근엄한 척 위장한다. 그러나 타인을 속여도 매 순간 자신의 양심은 속일 수 없다.

넷째, 힘써 이웃을 도와야 한다.

말로만 그치지 않고 물질로 도와야 한다. 돈이 이르러야 할 지향점이자 목적지다. 돈으로부터 자기 자신을 보호하는 최고 최선의 방법이다. 이때 우주가 따뜻한 미소를 보내 주고, 마음을 항상 평강하게 해준다. 은은한 행복감 속에서 생활하게 된다. 진정 지혜로운 사람이다.

## 2. '돈' 관련 명언

### 1) 김영봉
3만 원이면 방글라데시에서는 4인 가족의 한 달 생활비에 해당한다.

### 2) 존 웨슬리
소득의 증가는 삶의 수준을 높이는 것이 아니라 드림의 기준을 높일 기회다.

### 3) 프랜시스 베이컨
돈은 최선의 종이요, 최악의 주인이다.

### 4) 암브로스
부는 모든 악덕의 원천이다.
왜냐하면, 부는 우리의 가장 악한 욕망까지도 실현시킬 수 있기 때문이다.

### 5) 바실
네가 쌓아둔 빵은 굶주린 사람들의 것이며,
네 옷장에 보관해둔 옷가지들은 헐벗은 자들의 것이며,
네가 땅속에 감춰둔 금은 가난한 자들의 것이다.

### 6) 루이스
인간이 완전히 소유했다는 의미에서 '내 것'이라고 말할 수 있는 것이
지상에는 단 하나도 없다.

### 7) 모한다스 간디
이 세상에는 모든 인류의 필요를 위한 충분한 자원이 있다.

하지만 그 자원으로 모든 인간의 탐욕을 만족시킬 수는 없다.

## 8) 레프 톨스토이
돈이 없는 것은 슬픈 일이다.
하지만 남아도는 것은 그 두 배나 슬픈 일이다.

## 9) 레프 톨스토이
아, 돈이여!
돈 때문에 얼마나 많은 슬픈 일들이 이 세상에서 일어나고 있는가.

## 10) 야고보서 5 : 1~5
들으라 부한 자들아
너희에게 임할 고생으로 말미암아 울고 통곡하라
너희 재물은 썩었고 너희 옷은 좀먹었으며
너희 금과 은은 녹이 슬었으니
이 녹이 너희에게 증거가 되며 불같이 너희 살을 먹으리라
너희가 말세에 재물을 쌓았도다
보라 너희 밭에서 추수한 품꾼에게 주지 아니한 삯이 소리 지르며
그 추수한 자의 우는 소리가 만군의 주의 귀에 들렸느니라
너희가 땅에서 사치하고 방종하여 살육의 날에
너희 마음을 살찌게 하였도다

## 11) 다산 정약용
재산을 숨겨두는 방법으로 다른 사람에게 베푸는 것만 한 게 없다.

## 12) 야콥 슈나이더
자신이 일을 해서 쟁취하지 않은 동산이나 부동산은
원칙적으로 선물이라 생각하라.

## 13) 제롬 프라이쉬만

당신은 진짜 가난이 무엇인지를 아는가?

그것은 절대로 큰 생각이나 관대함을 가지지 않는 것이다.

## 14) 주베르

그대가 가난하거든 덕으로 이름을 날려라.

그대가 부자라면 자선으로서 이름을 날려라.

## 15) 조지 버나드 쇼

돈의 결핍은 범죄의 뿌리다.

## 16) 하우얼

재산은 그것을 가지고 있는 사람의 것이 아니고,

그것을 즐기는 사람의 것이다.

## 17) 세르반테스

알몸으로 세상에 나온 나이니, 갈 적에도 알몸으로 가야지.

## 18) 미켈란젤로

가난한 친척들의 빚을 갚을 필요가 없었던들

나는 예술을 창조하느라고 고민하지 않았을 것이다.

## 19) 김만덕(조선 영조 때 제주 거상)

밥 한 그릇이라도

굶주린 사람의 인명을 구할 수 없는 재물은 썩은 흙과 같다.

## 20) 임상옥(조선시대 거상)

재물은 물처럼 평등해야 하고, 사람은 저울처럼 바르고 정직해야 한다.

## 21) 앨런 그린스펀

글을 모르는 문맹은 생활을 불편하게 하지만
금융 문맹은 생존을 불가능하게 만들기 때문에 더 무섭다.

## 22) 마이클 존스턴

한국의 부패 유형은 매우 흥미롭다. 엘리트 카르텔 유형이다.
많이 배운 놈들이 조직적으로 뭉쳐 국민을 등쳐먹는다.

## 23) 괴테

눈물과 더불어 빵을 먹어보지 못한 사람은
인생의 참다운 맛을 모른다.

## 24) 프랜시스 베이컨

돈을 빌리러 가는 것은 걱정을 부르러 가는 것이다.

## 25) 세네카

재산은 현자에게는 노예나 다름없지만,
어리석은 자에게는 지배자나 다름없다.

## 26) 셰익스피어

군자는 의리에 밝고, 소인은 이익에 밝다.

## 27) 레우 왈레이스

과도한 재산을 소유하게 되었을 때보다
더 시련을 당하게 되는 적은 없다.

## 28) AS. G. L. 레만

절약 없이는 누구도 부자가 되지 못하며,

절약하는 자치고 가난한 자는 없다.

### 29) 비온
인색한 부자는 그 자신이 자기 재산을 소유하고 있는 것이 아니라,
그의 재산이 그를 소유하고 있는 것이다.

### 30) A. F. 프레보
돈은 쓸 때 써야 빛이 난다.

### 31) 누가복음 3 : 10~14
무리가 물어 이르되 그러면 우리가 무엇을 하리이까
대답하여 이르되 옷 두 벌 있는 자는 옷 없는 자에게 나눠 줄 것이요
먹을 것이 있는 자도 그렇게 할 것이니라 하고
세리들도 세례를 받고자 하여 와서 이르되
선생이여 우리는 무엇을 하리이까 하매
이르되 부과된 것 외에는 거두지 말라 하고
군인들도 물어 이르되 우리는 무엇을 하리이까 하매
사람에게서 강탈하지 말며 거짓으로 고발하지 말고
받는 급료를 족한 줄로 알라 하니라

### 32) 전도서 16 : 19
너는 굽게 판단하지 말며
사람을 외모로 보지 말며 또 뇌물을 받지 말라
뇌물은 지혜자의 눈을 어둡게 하고 의인의 말을 굽게 하느니라

### 33) 앤드루 카네기
사람에게는 반드시 우상이 있지만, 부는 최악의 우상이다.
돈을 숭배하는 순간, 인간의 품성은 더없이 비열해진다.

## 34) 프레드 앨런

인생에는 돈보다 중요한 것이 많이 있지만, 전부 돈이 든다.

## 35) 헨리 필딩

돈을 신 모시듯 하면 악마처럼 그대를 괴롭힐 것이다.

## 36) 라스킨

돈은 누군지도 묻지 않고, 그 소유자에게 권리를 준다.

## 37) 니체

옛사람들이
'신을 위해서 행했던 것'을 요즘 사람들은 돈을 위해서 행한다.

## 38) 고르키

사람치고 돈으로 매수할 수 없는 사람은 없다. 문제는 그 금액이다.

## 39) 애덤 스미스

한 사람의 부자가 있기 위해서는,
수백 명의 가난뱅이가 있지 않으면 안 된다.

## 40) 유진 오닐

가난은 온갖 질병들 중에서 가장 무섭고 가장 환자가 많은 것이다.

## 41) 마하트마 간디

가난이야말로 가장 나쁜 종류의 폭력이다.

## 42) 체이스

부자는 결코 천국에 가지 못하겠지만,

가난한 사람은 이미 지옥을 체험하고 있다.


### 43) 맹자

가난한 자는 항상 유지되는 마음(항심)이 없다.


### 44) 빌헬름 뮐러

대문으로 가난이 찾아와 문을 두드리면,
사랑은 창밖으로 도망가 버린다.


### 45) 타고르

나의 재산이 나의 한계다.


### 46) 일라이 카마로프

빈곤은 당신이 저지르지 않은 범죄에 대한 처벌과 같다.

### 47) J. M. 머리

빵이 없는 자에게 정신적 자유가 무슨 소용이 있겠는가?
그것은 야심적인 이론가나 정치가에게만 가치가 있는 것이다.


### 48) 작자 미상

돈이 없는 사람은 가난하다. 돈밖에 없는 사람은 더 가난하다.


### 49) 스페인 속담

가난하면 훔치고 궁하면 거짓말을 한다.


### 50) 탈무드

명의는 가난을 제외하고 다 고칠 수 있다.

**51) 찰스 칼렙 콜튼**

부자는 병이 들었을 때야

비로소 돈이 아무 소용이 없다는 것을 뼈저리게 느끼게 된다.

**52) 이솝**

제대로 쓰지도 않는 재산을 가지고 있는 것은

결국 한 푼도 가지고 있지 않은 것과 다를 바 없다.

**53) 마하트마 간디**

세상에는 배가 너무 고파

신이 빵의 모습으로만 나타날 수 있는 사람들이 있다.

**54) 워런 버핏**

돈을 버는 것보다 돈을 쓰는 법을 배우는 것이 더 중요하다.

**55) 새뮤얼 존슨**

가난은 사람의 본성을 시험하는 가장 강력한 도구다.

**56) 알베르트 아인슈타인**

돈으로 측정할 수 없는 가치가 인생에서 가장 중요하다.

**57) 릭 워렌**

가장 값진 선물은 돈으로 살 수 없는 것이며,

그것은 바로 시간과 사랑이다.

**58) 김승호 《돈의 속성》 저자)**

돈은 나의 삶과 인생의 태도를 거울처럼 보여주는 인격체다.

### 59) 윌리엄 셰익스피어

가난은 괴로움이지만 탐욕은 더 큰 괴로움이다.

### 60) 기블리엘 뫼리에

놀고먹는 청춘, 가난한 노년.

### 61) 아우렐리우스

당신이 영원히 간직할 수 있는 부는 당신이 누군가에게 선물한 부다.

### 62) 노자

현자는 재물을 쌓아두지 않는다.
사람들에게 나누어 줄수록 재물은 더욱 풍요로워진다.

### 63) 빌리 그레이엄

만약 돈에 대한 태도만 올바르게 갖춘다면,
삶의 거의 전반이 바로 잡힌다.

## 3. 추천 도서

1. 《바늘귀를 통과한 부자》 / 김영봉 / IVP

2. 《돈》 / 손성찬 / 죠이북스

3. 《왜 세계의 절반은 굶주리는가?》 / 장 지글러 / 갈라파고스

4. 《소유냐 삶이냐》 / 에리히 프롬 / 홍신문화사

5. 《돈으로 살 수 없는 것들》 / 마이클 샌델 / 와이즈베리

6. 《돈의 심리학》 / 모건 하우절 / 인플루엔셜

7. 《돈의 속성》 / 김승호 / 스노우폭스북스

8. 《존리의 금융문맹 탈출》 / 존리 / 베가북스

9. 《오늘부터 제대로, 금융 공부》 / 권오상 / 창작과 비평사

10. 《존리의 부자되기 습관》 / 존리 / 지식노마드

11. 《돈에 대한 7가지 착각》 / 롭 딕스 / 인플루엔셜

12. 《부자가 꿈이지만 돈 공부는 처음입니다》 / 윤석천 / 갈매나무

13. 《돈이 어렵기만 한 낭신이 읽어야 할 책》 / 안도 마유미 / 알에이치코리아

14. 《예담이는 열두 살에 1,000만 원을 모았어요》 / 김선희 / 명진

15. 《열두 살에 부자가 된 카라》 / 보도 섀퍼 / 을파소

16. 《부자 사전 1, 2》 / 허영만 / 위즈덤하우스

26장

웃음

# 1. 들어가며

"웃으면 복이 온다."

– 한국 속담

"세상에 웃을 일이란 없다. 모든 웃음은 오해에서 생긴다."

– 어느 염세주의 철학자

어느 말에 동의하는가? 개인적, 주관적 판단과는 달리 웃음에 대한 연구가 오래전부터 있어 왔다. 웃음의 효과는 실로 놀랍다. 잠시 살펴보자. 그리고 의도적으로 웃는 인생, 어떤 상황에서도 웃으면서 살아가는 삶을 만들어가자. 왜 이래야 할까?

510

## |웃음 효과|

내 마음은 나의 것이다. 내 의지대로 사용할 수 있는 것이다. 같은 상황이라도 사람들의 반응은 다르다. 인내는 마법 같은 결과를 만들어낸다. 감사는 행복을 여는 열쇠다. 감사는 웃게 한다. 웃음은 마음을 즐겁게 한다. 즐거워진 마음은 웃는 얼굴을 더욱 멋지게 만들어 준다. 이른바 '호순환'이 일어난다.

1968년 노만 커즌스 박사는 《질병의 해부》라는 책에서 알려주었다. 완치율이 0.2%에 불과한 강직 척추염을 웃음 요법으로 치료했다고 하였다. 현대의학이 웃음의 생리적 효과를 과학적으로 밝혀낸 최초의 사례였다. 그리고 웃음 치료 분야가 등장했다. 그 효과가 주류 학계에서 인증받고 있다. 웃음 치료는 인간의 심리적, 정서적, 신체적, 사회적 역기능을 웃음을 활용해 순기능으로 바꾸는 것을 말한다. 미국웃음치료협회(AATH)는 '웃음 요법(치료)은 일상 속의 재미있는 경험, 표현들을 이용해 대상자의 건강과 안위를 증진시키는 활동'이라고 정의하고 있다. 웃음 치료사는 웃음을 도구로 사람을 치유하는 행복 전도사이다. 웃음의 효과는 다양하고 강력하다. 신체적, 정신적 건강에 긍정적인 효과를 제공한다. 웃음이 만병통치약이라는 말이 있을 정도다. 질병에 대한 저항력(면역력)을 높여 준다. 혈압과 스트레스를 낮춰준다. 한번 크게 웃으면 몸속의 650개 근육 중 231개의 근육이 움직인다. 웃을 때 뇌에서는 천연 진통제 역할을 하는 엔도르핀과 도파민을 분비해 통증을 완화시킨다. 활짝 웃는 메이저리그 선수의 평균 수명은 79세, 별로 웃지 않는 선수들의 평균 수명은 72세였다는 연구도 있다. 웃는 얼굴 덕분에 7년 더 시간을 활용할 수 있었다.

정신 건강에도 좋다. 우울증, 불안증, 걱정 등의 부정적인 생각들을 없애 준다. 갈등 해결과 사회적 유대감 강화에도 도움이 된다. 창의성, 집중력, 학습 능력 등을 향상시킨다. 웃음을 잃은 얼굴은 기름이 떨어진 자동차와 같다.

대인 관계에서도 웃음은 크게 활약한다. '웃는 얼굴에 침 못 뱉는다.'는 속담이 있듯이 소통할 때 사용할 수 있는 가장 강력한 무기이다. 웃음은 사람의 마음을 열어 주는 열쇠와 같다. 불쾌한 마음을 유쾌하게 만들어 준다. 때로는 웃음 하나가 엄청난 일을 해낸다. 웃을 때 두 사람의 심리적 거리를 최대한 단축한다. 가까워진다. 적대감과 긴장감을 순시간에 해소한다.

## | 웃어야 웃을 일 생긴다 |

아기들은 어머니 뱃속에서 태어나 생후 2개월부터 웃기 시작하고, 여섯 살쯤 되면 하루 300번 정도 웃는다고 합니다. 그러나 성인이 돼서는 각종 스트레스에 짓눌려 하루 평균 14번 정도밖에 웃지 않는다고 합니다. 아무 걱정 없이, 어깨가 들썩거릴 정도로 웃어 본 적이 언제입니까? 스트레스받는 일, 열 받는 일, 기가 막힐 일, 걱정스러운 일들을 겪으며, 웃음과는 전혀 상관없는 삶을 살고 있지는 않습니까?

웃는 데는 돈이 들지 않습니다. 힘도 들지 않습니다. 시간도 들지 않습니다. 그러나 노력이 필요합니다. 웃음을 잃지 않고 살아야겠다는 결심도 필요합니다. "이제부터 나도 웃으며 살아야지." 하며 결심하는 사람들은 많지만, 결심만 할 뿐 실제 행동으로 옮기는 사람은 많지 않습니다. 정말 웃으며 살고 싶다면 자주 볼 수 있는 곳에 '웃으며 삽시다.', '좋은 말할 때 웃지!', '아무리 어려워도 미소 한 번!' 등의 글을 써서 붙여 놓습니다. 그러면 아무래도 한 번 더 웃으려고 노력하게 되고, 노력이 쌓이고 쌓이면 웃는 습관이 붙게 됩니다.

웃음에는 강력한 전염성이 있습니다. 옆 사람이 웃으면 덩달아 나도 웃게 됩니다. 자주 웃다 보면 자연스레 표정이 밝아지고, 자녀와 가까워집니다. 또 직장을 환하게 하고, 교회를 행복하게 합니다. 웃는 인생이 됩시다.

– 최용도 / 2025. 2. 25. 화. 〈기독신문〉 제2472호 13면

## |웃음 효과 15가지|

512

① 떠오르는 태양을 보고 힘차게 웃어라. 활기찬 하루가 펼쳐진다.

② 세수할 때 거울을 보고 웃어라. 거울 속의 사람도 나를 보고 웃는다.

③ 밥을 그냥 먹지 말라. 웃으며 먹고 나면 피가 되고 살이 된다.

④ 모르는 사람에게 미소를 보여라. 마음이 열리고 기쁨이 넘친다.

⑤ 웃으며 출근하고 웃으며 퇴근하라. 그 안에 천국이 들어 있다.

⑥ 만나는 사람마다 웃으며 대하라. 인기인 1위가 된다.

⑦ 꽃을 그냥 보지 말라. 꽃처럼 웃으며 감상하라.

⑧ 남을 웃겨라. 잘 웃기는 사람은 10배의 기쁨을 얻게 된다.

⑨ 결혼식에서 떠들지 말고 큰 소리로 웃어라. 그것이 축하의 표시이다.

⑩ 신랑 · 신부는 식이 끝날 때까지 웃어라. 새로운 출발로 기쁨이 충만해진다.

⑪ 집에 들어올 때 웃어라. 행복한 가정이 꽃피게 된다.

⑫ 사랑을 고백할 때 웃으면서 하라. 틀림없이 점수가 올라간다.

⑬ 화장실은 근심을 날려 보내는 곳이다. 인상을 쓰지 말고 웃으면서 일을 보라.

⑭ 웃으면서 물건을 팔아라. 하나 살 것 열 개를 사게 된다.

⑮ 물건을 살 때 웃으면서 사라. 그 자리에서 서비스가 달라진다.

– 제주사랑웃음치료연구소 / 하마웃음

## |웃음에 대한 십계명|

① 크게 웃어라. 크게 웃는 웃음은 최고의 운동법이다. 매일 1분을 웃으면 8일을 더 산다.

② 억지로라도 웃어라. 병은 무서워서도 도망간다.

③ 일어나자마자 웃어라. 아침에 웃는 웃음이 보약 중의 보약이다.

④ 시간을 정해 놓고 웃어라. 병원과는 영원히 바이(Bye) 바이(Bye)다.

⑤ 마음까지 웃어라. 얼굴 표정보다 마음 표정이 더 중요하다.

⑥ 즐거운 생각을 하며 웃어라. 즐거운 웃음은 즐거운 일을 창조한다.

⑦ 함께 웃어라. 혼자 웃는 것보다 33배 효과가 있다.

⑧ 힘들 때 더 웃어라. 진정한 웃음은 힘들 때 웃는 것이다.

⑨ 한 번 웃고 또 웃어라. 웃지 않고 하루를 보낸 사람은 그날을 낭비한 사람이다.

⑩ 꿈을 이뤘을 때를 상상하여 웃어라. 꿈과 웃음은 한집에 산다.

## |우리의 선택은?|

거울은 먼저 웃지 않는다. 내가 웃으면 거울도 웃는다. 내가 웃으면 세상도 웃는다. 여러분은 하루에 몇 번 웃는가? 웃겨야 웃는가? 만들어서 웃는가? 어떻게 웃는가? 하하하, 호호호, 히히히, 허허허, 후후후……

주위에 가장 자주, 많이 웃는 사람이 누구인가? 그 사람은 왜 웃는가? 웃음의 맞은편에 분노가 있다. 웃으며 살 것인가, 쉽게 분노하면서 살 것인가? 세상이 웃기를 원하고, 상대가 웃기를 원하니 먼저 나 자신부터 웃어야 한다.

더구나 웃음의 효과가 그리 탁월하니 하루에 몇 번 이상 웃겠다는 목표를 세워 놓고 실행하면 좋을 듯하다. 원래부터 웃고, 화가 나도 웃고, 수틀려도 웃고, 목 아파도 웃고, 금방 웃고 또 웃고, 토라져도 웃고, 일 못 해도 웃자. 팍팍한 세상 에서 웃음 전도사가 되어 보자.

## 2. '웃음' 관련 명언

### 1) 토머스 칼라일
미소는 전 인류의 수수께끼를 푸는 열쇠다.

### 2) 상트뵈에브
미소는 정신이 훌륭한 상태에 있다는 사실을 가장 미묘하게,
그리고 명백하게 나타내는 증거이다.

### 3) 그레빌
사람은 웃을 수 있는 능력을 부여받은 유일한 동물이다.

### 4) 아베 피에르
미소는 전기보다 적은 양으로 더 많은 빛을 만들어낸다.

### 5) 마크 트웨인
찡그리는 데는 얼굴 근육이 72개나 필요하나
웃는 데는 단 14개가 필요하다.
철학이 가미되지 않은 웃음은 재채기 같은 유머에 불과하다.
참다운 유머에는 지혜가 가득 차 있다.

### 6) 지그 지글러
이 세상에서 가장 가난한 사람은 누구인가?
그는 미소와 웃음이 없는 사람이다.

## 7) 샹폴

인생에서 가장 헛된 날은 한 번도 웃지 않은 날이다.

## 8) 빅토르 보르게

웃음은 두 사람 사이를 이어 주는 가장 빠른 길이다.

## 9) 빅토르 위고

웃음은 인류로부터 겨울을 몰아내 주는 태양이다.

## 10) 틱낫한

지금 당장 거울을 보라.

당신의 얼굴에 미소가 있는가?

피곤과 화와 절망에 찌든 얼굴인가?

그렇다면 당신은 지금 당장 자신에게 돌아가야 한다.

절망을 돌보는 일은 어렵지 않다. 자신에게 웃어주자.

## 11) 윌리엄 제임스

우리는 행복하기 때문에 웃는 것이 아니고,

웃기 때문에 행복한 것이다.

## 12) J. M. 베리

첫 번째 아이가 처음으로 웃음을 터뜨렸을 때,

그 웃음이 천 개의 조각으로 부서져 요정들이 탄생했다.

## 13) 제임스 월스

웃는 사람은 실제적으로 웃지 않는 사람보다 더 오래 산다.

건강은 웃음의 양에 달려있다는 것을 아는 사람은 거의 없다.

## 14) 앤드류 매튜스

웃으면 몸과 마음을 이롭게 하는 온갖 경이로운 일들이 일어난다.

## 15) 어느 한 연구 발표

여자가 남자보다 평균 7.8년을 더 오래 사는
이유는 자주 웃기 때문이다.

## 16) 찰리 채플린

웃음은 강장제이고, 안정제이며, 진통제다.

## 17) 밀턴 에릭슨

삶을 즐겨라.
온전히 즐겨라. 삶에 유머를 더할수록 우리는 더 잘 산다.

## 18) 보브나르그

많이 웃어라.
때로는 무모한 희망이 이상한 성공의 원인이 되는 경우도 있다.

## 19) 미셸 몽테뉴

가장 명확한 지혜의 징표는 항상 유쾌하게 지내는 것이다.

## 20) 발타자르 그라시안

무장한 적은 굳센 악수와 웃는 얼굴로 무장 해제하라.

## 21) 작자 미상

1분 웃으면 인상이 변하고, 매일 웃으면 인생이 변한다.

## 22) 작자 미상

웃음은 혼자 웃기보다는 여럿이서 웃으면 33배 효과가 있다.

## 23) 윌리엄 셰익스피어

힘들 때 울면 삼류다. 힘들 때 참으면 이류다.
힘들 때 웃으면 일류다.

## 24) 남광식당(경북 경산시 자인면, 염소 전문 식당) 거울에 있는 글씨

거울은 먼저 웃지 않는다.

## 25) 찰스 디킨스

질병과 슬픔이 있는 이 세상에서 우리를 강하게 살도록
만드는 것은 웃음과 유머밖에 없다.

## 26) 일본 속담

웃는 얼굴은 화살도 피해 간다.

## 27) 고사성어

한 번 웃을 때마다 젊어지고, 한 번 성낼 때마다 늙는다.

## 28) 메릴린 먼로

미소는 당신의 얼굴에 있는 가장 좋은 화장품이다.

## 29) 봅 호프

나는 웃음의 능력을 보아 왔다.
웃음은 거의 참을 수 없는 슬픔을 참을 수 있는 어떤 것으로,
더 나아가 희망적인 것으로 바꿀 수 있다.

## 30) 볼테즈

치료의 비결은 자연스럽게 질병이 나아가는 동안
환자를 유쾌하게 만드는 데 있다.

## 31) W. R. 인지

웃음은 고통과 싸워 이기게 하는 놀라운 힘이 있다.

## 32) 조지 굿먼

하루에 열다섯 번 이상 웃는 사람은 의사를 멀리할 수 있다.

## 33) 존 반드로

마지막 웃는 자가 가장 잘 웃는 자이다.

## 34) 조엘 굿맨

웃음은 만국 공통의 언어다.

## 35) 임마누엘 칸트

선의(善意)로 웃는 웃음은 반갑고,
악의(惡意)로 웃는 웃음은 무섭다.
되는대로 웃는 웃음은 천박하다.
자유로운 웃음은 얼굴 모양이 밝아지고
부드럽고 정다운 성정(性情)이 여기서 우러나온다.

# 3. 추천 도서

1. 《호흡하세요 그리고 미소지으세요》 / 타라 브랙 / 불광출판사

2. 《웃음 수업》 / 로스 벤 – 모세 / 상상스퀘어

3. 《걱정하지 마세요, 언제든 웃을 수 있어요》 / 와타나베 가즈코 / 가톨릭출판사

4. 《이거 참 쑥스럽구만》 / 임하룡 / 이든하우스

5. 《우리가 몰랐던 웃음 치료의 놀라운 효과》 / 후나세 순스케 / 중앙생활사

6. 《웃음 박사 최규훈의 웃음치료》 / 최규훈 / 미다스북스

7. 《웃음치료의 마법을 만나다》 / 선주쌤TV / 작가와

8. 《사람을 살리는 웃음》 / 김영석 / 리즈맨북

9. 《웃음의 치유력》 / 노먼 커즌스 / 스마트비즈니스

10. 《유머의 심리》 / 방성욱 / 퍼스트클래스

11. 《유머니즘》 / 김찬오 / 문학과지성사

# 여행

# 1. 들어가며

주위에 미산숲이 있다. 마을에 인접한 오경천 개울 가 뚝길을 따라 100년 안팎의 나무들이 우뚝 서 있다. 봄에는 눈록색 나뭇잎으로 신비하고, 여름에는 진초록 나뭇잎이 시원하다. 뜨거운 햇볕이 폭포처럼 쏟아져도 나뭇잎이 일제히 뿜어내는 수증기는 주위의 더위를 식혀 주는데, 대형 에어컨 수백 대 이상의 온도 저하 효과가 있다. 다섯 개의 정자가 고요하게 자리하고 있다. 마주 보는 나무 테이블이 둘, 벤치가 둘, 돌 원탁과 돌의자도 여럿 있다. 마사토 맨발 걷기 길도 200여 m 정도 조성되어 있다.

정자에 올라앉으면 끝없이 달려가는 짙푸른 나무들로 가득한 산, 한없이 이어질 듯하다 문득 사라지는 자동차 길, 고요하게 높이 선 집들이 보인다. 정자에서 책을 읽어도 좋다. 더운 여름날 한숨 자기에도 안성맞춤이다. 술판을 벌이는 사람들도 있다. 차분하게 지나온 생을 점검해 보고 새로운 계획을 세워도 좋다. 숲 바로 앞에는 '카페 글로리아'가 있어 맛있고 품위 있는 다양한 차를 맛볼 수 있다. 같은 공간에 '미산숲동네도서관'도 있다. 마을 가까이 있어 접근성이 좋다. 이런 숲은 전국에서 매우 드물다. 여름이면 나는 자주 미산숲으로 간다.

여행이라 해서 굳이 멀리 가지 않아도 된다. 처음 가보는 곳이라는 조건을 충족하면 가까운 곳이든 먼 곳이든, 외국이든 모두 여행이 아닐까? 미산숲에 처음 오는 것도 여행이다. 살펴보면 가까운 곳에도 가보지 못한 곳이 많다. 가까운 곳에서 먼 곳으로 여행하는 것도 여행의 한 방법일 것 같다.

지금 몇백만 원의 공돈이 생겼다면 무엇을 할 것인가? 가장 많은 사람들이 첫 번째로 하고 싶은 일이 여행이라고 답했다고 한다. 요한 하위징아는 인간의 행위 양식의 본질을 놀이로 규정했다. 이 견해에 동의하는 사회학자들은 놀이의 최상위 위치에 '여행'을 두는 데 주저하지 않는다. 인간의 DNA에는 여행에 대한 깊은 갈망이 있는 듯하다. 여행을 즐기는 일이 인생을 즐기는 일이다.

여행은 직업, 학업 등 일상의 과제를 잠시 내려놓고 낯선 곳으로 가서 그 세계를 향수하는 행위이다. 여행의 두 가지 조건 중 하나는, 낯선 곳이다. 익숙한 곳을 벗어나야 한다. 거기서는 모든 게 새롭다. 또, 하나는 일상의 과제에서 자유로워야 한다. 여행 중에 일이나 사업 걱정을 하는 건 바람직하지 못하다. 여행의 재미와 가치를 반감시킨다.

> "여행은 동기를 필요로 하지 않는다. 여행은 그 자체로서 충분하다는 것을 곧 증명해주리라. 여행자는 여행을 하고 있다고 믿지만, 얼마 지나지 않아서 여행이 여행자를 만들고 여행자를 해체한다."
>
> – 니콜라 부비에

여행을 하는 이유가 뭘까? 익숙한 것으로부터 변화를 주기 위한 것인데 궁극적으로는 자신을 변화시키기 위해서라고 니콜라 부비에는 말한다. 여행은 인식과 그 한계를 확장한다. 사유의 재료가 여행하는 만큼 기존의 세계보다 많아진다. 더 크게 생각하게 해준다. 작은 것에 연연하지 않게 하는 힘이 있다. 여행 중에 만나는 이런저런 일을 극복하면서 일상에서 회복 탄력성이 강화된다. 타인의 삶을 통해 자신의 존재가 보인다.

인간 의식을 고양하는 가장 좋은 두 가지 방법은 여행과 독서다. 여행 중 만나는 사람들의 온갖 유형의 삶을 보면서 인간 이해의 폭을 넓히며 공감과 배려를 배우게 된다. 그때 대화 중 그분이 들려준 이야기다. 브라질리아 초입 고자니아(고이아스)에서 본 한 남자는 맥주 1병을 들고 온 천하를 얻은 것처럼 즐거워했다. 마치 왕처럼 황제처럼 만족해하며. 동시대를 살아도 브라질 해안가 주택의 풍족함에 비해 내륙으로 들어갈수록 신발을 못 신는 아이들이 많아지고 있다. 왜 이다지도 가난하게 살아가야 하는지, 이 빈부격차는 해소될 수 없을까?

여행은 스승이다. 자기 자신이 자기 자신을 가르치는 과정이 계속된다. 광활한 대지. 수많은 사람들을 보며 자신이 아무것도 아니라는 겸손을 배우게 된다. 여행은 여행을 바라보는 새로운 시각을 열어 준다. 낯선 곳에서의 경험은 사고방식을 확장시킨다. 스스로를 다시 돌아보게 한다. 처음 가보는 새로운 지방을 여행하면서 세상의 지혜를 보고 배우며 내면화한다.

한비야의 세계 여행기 4권을 읽은 적이 있다. 연약한 여인 혼자서 그 험악한 세상을 그렇게 다녔다니 신기했다.

이상문 씨는 목발로 데칸고원을 넘고 인도 여행을 다녀 왔다. 그걸 책으로 내었으니 《인도에 관한 열일곱 가지 루머》다. 그는 인도를 최소한 10차례 이상 여행했다고 한다. 총 체류 일수로 따지자면 약 2년은 될 듯하다고 말한다. 티베트, 중국, 베트남, 이란, 체코, 러시아도 다녀 왔다. 그는 틈만 나면 보따리를 싸고 뛰쳐나간다. 그래서 떠돈 나라가 50개국이 넘었다. 1년에 반은 떠돌았다. 책이 많이 팔려 돈이 생기면 또 인도 여행을 떠날 예정이라고 한다. 이상문 씨 역시 얼마나 신기한 사람인가?

여행에서 얻는 것은 사람마다 다르다. 이 둘은 초절정 고수다. 그리고 누구나 아는 만큼 보이고, 보이는 만큼 자기 것이 된다.

세상은 넓고 가고 싶은 곳이 세상에 널려 있다. 여러분의 인생 여행지는 어디인가? 두 발로 걸을 수 있을 때, 시간이 당신을 삼키기 전에 무작정 떠나고 볼 일이다. "가슴이 떨릴 때 떠나라. 다리가 떨릴 때는 이미 늦었다."(김혜정)는 말 그대로. 우선순위 여행지를 정해 두고 순차적으로 하나하나 순례하면 어떨까?

## 2. '여행' 관련 명언

### | 여행이란? |

1) **윌리엄 해즐릿**
   여행은 혼의 자유, 제 좋은 대로 생각하고 느끼고 행동하는
   완전한 자유인 것이다.

2) **에릭 제이미슨**
   여행은 갑자기 다른 사람의 삶으로 떨어지는 것이다.

3) **센카**
   여행은 마음을 교육하는 최고의 대학이다.

### | 어떻게 여행해야 하는가? |

4) **앤드류 매튜스**
   우리는 목적지에 닿아야 행복해지는 것이 아니라
   여행하는 과정에서 행복을 느낀다.

5) **마르셀 프루스트**
   단 하나의 진정한 여행은 낯선 땅을 방문하는 것이 아니라
   다른 눈을 갖는 것, 다른 사람의 눈으로,
   그것도 백 명이나 되는 다른 사람의 눈으로 우주를 보는 것,
   그들이 저마다 보고 있으며

그들 자신이기도 한 백 가지 우주를 보는 것이리라.

### 6) 이석연
역사를 공부하지 않고 떠나는 것은 여행이 아닌 관광이다.

### 7) 김혜정
가슴이 떨릴 때 떠나라. 다리가 떨릴 때는 이미 늦었다.

### 8) 달라이 라마
1년 중 하루는 당신이 단 한 번도 가보지 못한 곳으로 가보아라.

### 9) 프리드리히 니체
진정 위대한 모든 생각은 걷기로부터 나온다.

526

### 10) 새뮤얼 존슨
여행에서 지식을 얻어오고자 한다면,
떠나기 전 지식을 지니고 출발해야 한다.

### 11) 샤를 보들레르
진정한 여행자는 홀로 여행을 떠나는 사람이다.

### 12) 랄프 왈도 에머슨
최고의 여행은 언제나 내 안에서 시작된다.

### 13) 토마스 풀러
바보는 방황하고, 현명한 사람은 여행을 한다.

### 14) 카렌 살만손

순간들을 모아라. 물건들이 아니라.

### 15) 알랭 드 보통

여행할 장소에 대한 조언은 어디에나 널려 있지만,
우리가 가야 하는 이유와 방법에 대한 이야기는 듣기 힘들다.

### 16) 로버트 루이스 스티븐슨

낯선 땅이란 없다. 단지 여행자가 낯설 뿐이다.

## | 여행의 가치 |

### 17) 마크 트웨인

미래와 꿈에 대해 말하는 최고의 방법은
짐을 싸고 여행을 떠나는 것이다.

### 18) 귀스타브 플로베르

여행은 사람을 겸손하게 만든다.
자신이 세상에서 얼마나 작은 존재인지 깨닫게 된다.

### 19) 대니얼 도레이크

여행은 모든 세계를 통틀어 가장 잘 알려진
예방약이자 치료제이며 동시에 회복제이다.

### 20) 이븐 바투타

여행은 당신의 말문을 막히게 만든다.
그다음, 당신을 이야기꾼으로 만든다.

**21) 아나톨 프랑스**

여행이란 우리가 사는 장소를 바꾸어 주는 것이 아니라
우리 생각과 편견을 바꾸어 주는 것이다.

**22) 서양 속담**

자식을 성공시키려면 일찍부터 여행을 많이 보내라.

**23) 마크 트웨인**

세계를 탐험하는 것은 마음을 열어주는 가장 좋은 방법이다.

**24) 한비야**

여행은 다른 문화, 다른 사람을 만나고
결국에는 자기 자신과 만나는 것이다.

**25) 다카하시 아유무**

늘 소중한 것을 깨닫는 장소는 컴퓨터 앞이 아니라,
파란 하늘 아래였었다.

**26) 알퐁스 드 라마르틴**

여행을 많이 해서 자신의 생각과 삶의 형태를
여러 번 바꿔 본 사람보다 더 완전한 사람은 없다.

**27) 마크 트웨인**

여행은 죽기 전에 죽는 것이다.
다른 나라를 방문할 때마다 당신의 편견이 하나씩 죽는다.

**28) 앤서니 버제스**

내 평생에 해본 가장 좋은 투자는 여행이었다.

## 29) 피코 아이어

우리는 처음 자기 자신을 잃기 위해 여행을 한다.

그리고 나서 우린 자기 자신을 찾기 위해 여행을 한다.

## 30) 이노우에 히로유키

익숙한 삶에서 벗어나 현지인들과 만나는 여행은

생각의 근육을 단련시키는 비법이다.

## 31) 에밀 졸라

여행만큼 지능을 발달시키는 것은 없다.

## 32) 카를로 골도니

고국을 떠나지 않은 사람은 편견으로 가득 차 있다.

## 33) 알랭 드 보통

가장 깊은 곳에 있는 나 자신을 발견하는 방법은

낯선 곳으로 떠나는 것이다.

## 34) 브하그완

여행은 그대에게 3가지 유익함을 준다.

첫째는 타향에 대한 지식

둘째는 고향에 대한 애착

세 번째는 자신에 대한 발견이다.

## 35) 헤르만 헤세

여행을 떠날 각오가 되어 있는 사람만이 속박에서 벗어날 수 있다.

## 36) 테리 프라쳇

어떤 여행도 돌아오면 전과 같지 않다.

## 37) 서양 속담

친구를 알고자 하거든 사흘만 같이 여행을 하라.

## 38) 류시화

여행을 통해 홀로 있음을 알게 되고,
홀로 있음을 통해 세상과 연결되는 법을 배운다.
여행은 자신이 살아 있음을 가장 잘 증명해주는 것.
여행 중일 때 나는 그 어느 때보다 나 자신일 수가 있다.

# 3. 추천 도서

1. 《여행의 이유》 / 김영하 / 복복서가

2. 《여행의 기술》 / 알랭 드 보통 / 청미래

3. 《다만 여행자가 될 수 있다면》 / 박완서 / 문학동네

4. 《나의 문화 유적 답사기 1~10》 / 유홍준 / 창작과비평사

5. 《걷는 이의 축복 코리아 둘레길》 / 이화규 / 나무발전소

6. 《네가 다시 제주였으면 좋겠어》 / 김현길 / 상상출판

7. 《서울 이런 곳 와보셨나요?》 / 박상준 / 한길사

8. 《산티아고 순례길 완벽 가이드》 / 전재욱 / 디스커버리미디어

9. 《하늘 호수로 떠난 여행》 / 류시화 / 열림원

10. 《지도 밖으로 행군하라》 / 한비야 / 푸른숲

11. 《혜초의 왕오천축국전》 / 정수일 / 학고재

12. 《마르코 폴로의 동빙견문록》 / 마르코 폴로 / 사계절

13. 《이븐 바투타 여행기 1, 2》 / 정수일 / 창작과 비평사

14. 《인도에 관한 열일곱 가지 루머》 / 이상문 / 사람들

15. 《히말라야에서 차 한잔》 / 브리타 다스 / 문학의 숲

16. 《잊지 못할 30일간의 유럽 예술 기행》 / 최상운 / 소울메이트

17. 《오기사, 행복을 찾아 바르셀로나로 떠나다》 / 오영욱 / 예담

18. 《캠핑 서바이벌》 / 필립 라보르, 자크 반 긴 / 이숲

19. 《우리는 이미 여행자다》 / 섬북동 / 좋은습관연구소

20. 《여행은 끝났는데 길은 시작됐다》 / 제이림 / 이타북스

21. 《어느 날 여행이 속삭였다》 / 황인선 / 여행마인드

22. 《삶의 쉼표가 필요할 때》 / 고맹이 여행자 / 행복우물

# 28장

# 과거, 후회, 걱정

# 1. 들어가며

## |과거|

사람은 누구나 시간의 지배를 받으면서 살아간다. 과거는 이미 지나갔고, 우리는 모두 오늘을 살고 있다. 불투명한 미래는 아직 오지 않았다. 과거를 자기 자신의 자유 의지(Free Will)대로 소환할 수 있는 사람이 있을까? 없다. 단 한 명도 없다. 어제로 돌아가서 어제를 살 수 있는 인간은 그 어디에도 없다. 이처럼 과거는 내가 어떻게 할 수 없는 시간이다. 과거는 나의 '영향력의 원' 밖에 있는 시간이다. 과거는 나의 의지로 선택할 수 없는 '한계 상황'이다. 그 누구도 과거를 현재로 불러올 수 없다.

그러면 우리는 과거에 대해 아무것도 할 수 없는가? 그렇지 않다. 여러 가지 할 수 있다. 과거는 기억으로, 추억으로 존재한다. 시간이 지나가면서 기억으로 켜켜이 쌓인다. 어떤 기억은 장기 기억으로 남아 시퍼렇게 살아 있다. 또 어떤 기억은 퇴색되고 휘발되어 어느 순간 사라져 버린다. 기억되는 사건은 추억으로 자리한다. 한편으로는, 기억은 과거를 저장하는 능력이 아니라 미래를 그리는 능력이다.

모든 역사는 기록된 과거다. 한 개인도 역사를 가지고 있다. 이걸 담으면 자서전이 된다. 우리는 자신의 과거를 분석하고 해석하며 설명할 수 있다. 과거에서 무언가를 배울 수도 있다. 과거에서 얻은 지혜와 경험을 활용할 수도 있다. 과거를 해석하고 활용하는 방법은 사람마다 다르다.

누구나 자신만의 가치관(세계관)을 가지고 있다. 가치관은 그가 세계를 해석하는 도구다. '세상을 보는 안경'이다. 프레임이다. 가치관은 그의 인생관이요 인생 철학이다. 이러하기에 세상을 해석하고 받아들이는 '관점'을 형성하는 수단이 된다. 한 개인에게 가치관(인생 철학)만큼 자주, 빈번하게, 많이 사용되는 게 있을까? 크고 작은, 이러 저러한 모든 일에 간섭하며 해석하고 재해석하며 판정을 내리고 선택 여부를 결정한다. 나는 '과거, 후회, 걱정'에 대해 어떤 관점을 가지고 있나? 그 관점은 건강하고 미래지향적이며 스스로를 동기부여하고 있는가? 아니면 부정적이고 무기력한 것인가? 자신의 과거를 어떻게 해석하며 받아들여야 하는가? 여러분은 어떻게 하고 있는가?

## |후회|

시간은 언제나 상황을 만들어 내고, 삶은 선택의 연속이다. 후회는 선택의 과정에서 발생하는 감정이다. 과연 이 선택은 옳은 것일까? 이게 최선의 선택일까? 나중에 후회하지는 않을까? 후회는 내 몸이 만들어 내는 그림자와 같다. 누구나 후회를 피해갈 수 없다. 각 개인이 소유하고 있는 지식과 선행 경험이 가지는 인식과 그 한계로 인해 모든 선택에서 완벽할 수 없기 때문이다.

그리고 후회와 회개(회심)는 다르다. 후회는 결과에 대한 반성적 감정이다. 이후 후회하는 일을 계속 반복할 수도 있다. 그러나 회개는 다시는 그 잘못을 반복하지 않는 결단이요 실천이다. 회개는 후회를 포함하는 더 높은 차원의 정신세계다. 후회를 넘어 회개해야 인생에서 의미 있는 결과를 만들어 낼 수 있다.

후회는 지나온 길을 다시 보게 만드는 거울이다. 후회에는 죄책감과 수치심이 들어 있다. 이 둘의 늪에서 빠져나오지 못하는 사람들이 생각보다 매우 많다. 특히 인간관계에서, 직업 선택 시, 결혼에서, 자녀 양육에서, 경제적 독립에서 잘못의 강도가 셀수록 충격이 크며 그 후유증이 오래간다. 이들은 여기에 갇혀 소중한 현재를 놓치며 살아간다. '후회 사용'에서 실패하고 있는 사람들이다.

그녀는 하나뿐인 아들을 교통사고로 잃었다. 곧이어 중대 뇌물죄로 구속된 남편과도 이혼했다. 그 충격으로 매일 음주를 했고, 알코올 중독자로 전락한 그녀는 3년 뒤 마지막 한 잔의 술을 마시고 세상을 떠났다. 세상에는 이와 유사한 사례가 지나치게 많다. 후회는 역사 해석과 유사한 면이 많다. 역사에서 배우듯 후회에서 새로운 기회를 창출해낼 수 있다. 확증 편향에 빠지지 않는다면! 역사에서와 마찬가지로 인생에서도 성공은 중요한가?

## |걱정|

가끔 유튜브를 본다. 신우인 목사의 설교를 찾아 시청하곤 한다. 포에미아교회의 신우인 목사는 교회가 없다. 서울의 한 고등학교 강당을 빌려 일주일 중 일요일만 예배를 드린다. 말씀이 깊이 있고 명쾌하다. 쉽다. 단순하다. 현학적이지 않다. 그러면서도 교인과 시청자의 인식을 성큼 뛰어넘는 해석과 재해석을 들려주고 있다. 단연 태산북두다. '아, 한국의 모든 목사님이 이 정도로 일가를 이룬다면 한국 교회의 부흥이 속히 이루어질 텐데……' 하는 생각이 들곤 한다. 매우 독특하고 창발적이면서도 성경 말씀에 부합된다. 교회에서 상처 입은 사람들이 소문 듣고 이 교회로 계속 찾아오고 있다.

아래는 2021년 11월 21일 포에미아교회 주일 설교 중 일부이다.

아도에 렝크(영국)는 대기업 CEO입니다. 그는 사업에 대한 고민과 걱정으로 항상 마음이 불안했습니다. 많은 염려 가운데 살던 그는 염려에서 어떻게 벗어날 수 있을까 고민하던 중에 한 가지 결정을 했습니다. 매주 수요일을 '걱정의 날'로 정해 놓고, 걱정거리가 생길 때마다 날짜와 요일을 적어 상자에 넣어 두었습니다. 수요일 한꺼번에 상자를 열어 내용을 읽으면서 큰 깨달음을 얻었습니다. 상자에 넣을 당시에는 큰 고민이요 걱정거리였으나 지금은 별로 중요한 문제가 아니라는 것을. 근심 걱정의 무가치성을 깨달은 것입니다.

**"너희 중에 누가 염려함으로 그 키를 한 자라도 더할 수 있겠느냐"**

– 마태복음 6 : 27

근심 걱정은 언제나 과거에 얽매이게 한다. 한 발자국도 앞으로 못 나가게 발을 붙잡아 버린다. 근심 걱정에서 자유로워야 평강을 누릴 수 있다. 평강은 히브리어로는 '샬롬(שָׁלוֹם)', 헬라어로는 '에이렌(Aren)'이다. 베풀어도 남도록 부자가 되고, 전쟁 걱정 없이 사는 것이 샬롬이다. 가만히 있어도 행복감이 밀려오는 것이 샬롬이다.

한 작가는 '쓸데없는 걱정'이라는 글에서 다음과 같이 걱정을 분석하고 있다.

- 절대로 발생하지 않는 사건에 대한 걱정이 40%
- 이미 일어난 사건에 대한 걱정이 30%
- 별로 신경 쓸 것이 아닌 작은 것에 대한 걱정이 22%
- 우리가 바꿀 수 없는 사건에 대한 걱정이 4%
- 우리들이 해결해야 할 진짜 사건에 대한 걱정이 4%

이처럼 많은 사람들이 일어나지도 않을 일을 미리 걱정하다 미리 에너지를 낭비해버리곤 한다.

왜 인간은 끊임없는 걱정 속에 살아가는 것일까? 이것은 인간의 예측능력 때문이라고 한다. 살아가면서 경험을 축적하고 그 속에서 패턴을 찾아내어 미래를 예측하는 능력을 가지고 있다. 하지만 인간은 모든 것을 예측할 수 없고, 이 예측의 불명확성 때문에 끊임없이 미래를 걱정하는 것이라고 한다. 다음의 명언들이 여러분에게 새롭고 특별한 통찰을 선물하기를 기대한다.

## 2. '과거, 후회, 걱정' 관련 명언

## |과거|

### 1) 헨리 워즈워스 롱펠로

과거를 애절하게 들여다보지 마라. 다시 오지 않는다.

현재를 현명하게 개선하라. 어렴풋한 미래를 나아가 맞으라. 두려움 없이.

### 2) 니콜라스 스파크

만약 무언가 끝났다면 그냥 내버려 두어라.

그리고 절대 그 과거가 당신의 남은 인생을 망치지 못하게 하라.

### 3) 사이먼 사인크

과거는 미래에 대한 거울이지만,

우리가 그것으로부터 배울 때에만 그렇다.

### 4) 조지 산타야나

역사로부터 배우지 않는 사람들은 그것을 반복하게 될 것이다.

### 5) 클라이브 루이스

과거로 돌아가서 시작을 바꿀 수는 없다.

그러나 지금부터 시작하여 미래의 결과를 바꿀 수는 있다.

### 6) 앤 랜더스

아무도 삶을 거꾸로 되돌리며 살 수는 없다. 앞을 보아라.

내 미래가 있을 곳은 다가올 앞날이다.

## 7) 카를 바르트

어느 누구도 과거로 돌아가서 새롭게 시작할 순 없지만,

지금부터 시작해 새로운 결말을 맺을 순 있다.

## 8) 스티븐 앰브로즈

과거는 지식의 원천이며, 미래는 희망의 원천이다.

과거에 대한 사랑에는 미래에 대한 희망이 담겨 있다.

## 9) 작자 미상

과거의 성공은 미래의 자신을 믿게 만든다.

## 10) 지그 지글러

나의 과거로 나를 판단하지 말라.

왜냐하면, 나는 더 이상 거기서 살고 있지 않으니까 말이다.

## 11) 수잔 위스

과거는 결코 진정으로 사라지지 않는다.

그것은 항상 우리의 기억 속에 살아 있고

우리의 미래를 계속 형성할 것이다.

## 12) 영화 '액트 오브 밸러' 중에서

감정과 과거를 다스릴 줄 아는 자가 진정 강한 사람이다.

## | 후회 |

## 13) 아들러

살아오면서 가장 큰 후회는

내가 원하는 삶을 살지 않고 다른 사람이 원하는 삶을 산 것이다.

### 14) 존 베리 모어
사람은 꿈이 후회로 바뀔 때 비로소 늙는 법이다.

### 15) 논어
군자는 모든 것을 반성해서 허물을 자기에게 구한다.

### 16) 러시아 속담
과거를 후회하는 것은 바람을 쫓아가는 것과 같다.

### 17) 앙드레 지드
우리를 피로하게 하는 것은 사랑이나 죄악 때문이 아니라
지나간 일을 돌이켜 보고 탄식하는 데서 온다.

### 18) 론 허버드
절대 어제를 후회하지 마라.
인생은 오늘의 나 안에 있고, 내일은 스스로 만드는 것이다.

### 19) 루이스 E. 분
인생에서 가장 슬픈 세 가지.
할 수 있었는데, 해야 했는데, 해야만 했는데.

### 20) 레프 톨스토이
과거를 후회하지 말라. 후회가 무슨 소용이 있겠는가?
거짓은 당신에게 후회하라고 말한다.
진실은 당신에게 사랑으로 채워야 한다고 말한다.
슬픈 기억들은 모두 멀리 밀어버려라.

지나간 일은 이야기하지 말라. 사랑의 빛 속에서 살아라.

그러면 모든 것이 당신에게로 올 것이다.

용기란 죽을 만큼 두려워도 일단 한번 해보는 것이다.


## 21) 루쉰

회의에 빠지는 것은 나쁘지 않다.

단 회의에 빠지되 아무런 결론에 이르지 못하는 것은 잘못된 것이다.


## 22) 탈무드

반성하는 자가 서 있는 땅은

가장 훌륭한 성자가 서 있는 땅보다 거룩하다.


## 23) 로빈 시거

인생의 막바지에는 실패한 것들을 후회하지 않는다.

간절히 원했으나 한 번도 시도하지 않았던 것들을 후회한다.


## 24) T. 베네트

분노, 후회, 걱정, 원한에 시간을 낭비하지 마세요.

인생은 불행하게 살기에는 너무 짧습니다.


## 25) 헨리 데이비드 소로

후회를 지혜롭게 이용하라.

깊이 후회한다는 건 새로운 삶을 산다는 것이다.

# |걱정|

### 26) 어니 젤린스키

걱정의 4%는 실제로 일어나지 않는다.

걱정의 30%는 이미 일어난 일이다.

걱정의 22%는 우리 힘으로 어쩔 도리가 없는 일이다.

걱정의 4%는 바꿔 놓을 수 없는 일이다.

### 27) 찰스 스윈돌

걱정은 10%의 사건과 90%의 반응으로 이루어진다.

### 28) 단 자드라

걱정이란 당신의 상상력을 잘못 사용하는 방법 중의 하나인 것이다.

### 29) 마크 트웨인

걱정은 빚지지 않은 빚을 갚는 것과 같다.

### 30) 에픽테투스

인간은 일어난 사건에 의해서가 아니라

그 사건에 대한 자신의 의견 때문에 고통을 느끼게 되는 것이다.

### 31) 에픽테토스

이미 지나간 시간, 이미 써버린 돈, 이미 헤어진 연인에 대한

미련을 버리지 못하는 건

적진에 쏜 화살을 다시 주우러 가는 것과 같다.

내 손을 이미 떠난 건 이제 더 이상 나의 것이 아니다.

## 32) 공자

군자는 마음이 평안하고 차분하나,
소인은 항상 근심하고 걱정한다.

## 33) 리 스미스

걱정은 내일의 슬픔을 줄여주지 않는다.
다만 오늘의 기쁨을 빼앗을 뿐이다.

## 34) 존 러벅

하루의 근심은 하루의 일보다 더 피곤하다.

## 35) 루이자 메이 올컷

우리의 인생은 우리가 걱정하는 것보다 훨씬 더 강하고 단단하다.

## 36) 마태복음 6 : 34

그러므로 내일 일을 위하여 염려하지 말라
내일 일은 내일 염려할 것이요 한 날의 괴로움은 그날로 족하니라

## 37) 달라이 라마

해결될 일이라면 걱정할 필요가 없고,
해결되지 않을 일이라면 걱정해도 아무 소용이 없다.

## 38) 티베트 속담

걱정을 해서 걱정이 없어지면 걱정이 없겠네.

## 39) 윌 로저스

걱정은 흔들리는 의자와 같다.
계속 움직이지만 아무 데도 가지 않는다.

## 40) 세네카

인생의 대부분은 걱정한 일들이 실제로 일어나지 않으면서 흘러간다.

## 41) 마하트마 간디

오늘 할 수 있는 일에 최선을 다하라. 내일은 저절로 풀린다.

## 42) 파울로 코엘료

걱정할 시간에 한 걸음이라도 내디뎌라. 행동이 걱정을 이긴다.

## 43) H. 잭슨 브라운 주니어

내일에 대한 최선의 준비는 오늘을 최선을 다해 사는 것이다.

## 3. 추천 도서

### |과거|

1. 《감사 요법》 / 돈 데이커 / 바울서신

2. 《과거에 붙잡힌 사람을 위한 책》 / 아리엘 / 슈와츠

3. 《과거가 남긴 우울 미래가 보낸 불안》 / 김아라 / 유노북스

4. 《브레이킹, 당신이라는 습관을 깨라》 / 조 디스펜자 / 샨티

5. 《과거 말고 미래를 자랑해》 / 백효선 / 퍼플

6. 《어떤 사람이 최고의 아웃풋을 내는가》 / 김동기 / 토네이도

7. 《결국, 멘탈》 / 박세니 / 차선책

### |후회|

8. 《후회의 심리학》 / 레스 페로 / SFC

9. 《적당히 잊으며 살아간다》 / 후지이 히데코 / 쌤앤파커스

10. 《후회 없음》 / 칩 히스 외 / 부키

11. 《후회의 재발견》 / 다니엘 핑크 / 한국경제신문

12. 《법의학자 유성호의 유언노트》 / 유성호 / 21세기북스

13. 《생각 중독》 / 닉 트랜턴 / 갤리온

# 29장

# 분노, 시기, 질투, 미움

# 1. 들어가며

"화를 품는 것은 다른 사람에게 던지려고 뜨거운 석탄을 집는 것과 같다.
당신 손만 델 뿐이다."

— 고타마 싯다르타

분노, 시기, 질투는 모두 부정적이고 파괴적인 감정 상태다. 데이비드 호킨스는 《의식 혁명》에서 이렇게 일러 주고 있다. 의식 수준 200을 기준으로 200 이상은 바람직한 수준이고, 200 미만은 우려스러운 수준이라고 한다. 의식 세계를 수치화하는 데 있어서 '용기'의 수준인 200이 일종의 분기점이 되고 있다. 분노는 150, 두려움이 100, 죄의식은 30이다.

반면에 600부터 1,000까지의 수준은 깨달음이나 성인(聖人)의 수준, 고도로 영적(靈的)인 정신세계다. 타인을 치유하는 영향력을 발휘하는 경지이다. 인도를 통치하던 대영제국의 말기, 그 당시의 영국은 자국의 이익만을 추구하고 타국을 착취하는 나라로서 200 이하였다(175). 폭압적으로 한반도를 착취하고 2차 세계대전을 일으킨 일본 제국주의는 그 이하였다.

《소설 칭기즈칸》에는 몽골군의 끔찍한 만행이 도처에서 묘사되고 있다. 하나의 성(城)을 정복한 후 그곳 사람들을 모두 죽여 버리는 일도 비일비재했다. 주위에 공포심을 심어주어 저항하지 말고 미리 항복하라는 심리전을 전개하고 있는 것이다. 몽골군의 살육과 약탈은 상식으로는 도저히 설명할 수 없는 것이었다. 이걸 묵인하고, 방조하고, 조장한 인간이 있으니 바로 칭기즈칸이다. 세계 정복으로 무얼 얻겠다는 것인가? 세계 정복, 이게 가능하기나 한가? 정복한 땅을 얼마나 오래 다스리고 지켰는가? 현재 내몽골은 중국에 합병당했고(중국 영토) 외몽골이 현재의 몽골이다.

그리고 후진국을 면치 못하고 있다. 칭기즈칸 자신의 목숨값과 몽골 병사에게 죽임당한 한 사람의 생명 값은 서로 다른가? 아니다. 모두 같다. 그 많은 생명을 학살하고 살해한 칭기즈칸이 죽은 후 그 영혼이 어디로 갔을까? 천국일까, 지옥일까? 아랫글은 2025년 8월 25일 Sven Kramer님이 축구 카페 'I love soccer'에 '몽골 제국의 잔인함 수준'이라는 제목으로 올려준 글을 부분 발췌했다.

몽골이 라잔 대공국을 공격할 때 붙잡은 여자는 병사들이 돌려 가며 윤간했고 채찍보다 키가 큰 남자는 모두 목을 베었다. 세계 최대 도서관이 있으며 돈이 넘쳐났던 압바스 왕국은 몽골에 의해 잿더미로 변했다. 당시 압바스 시내를 걸으면 발목까지 피가 차올랐다.

고려 귀주 전투에서 성을 함락한 몽골군은 성안의 고려 민간인을 토막을 내고 산산조각내서 탑을 쌓았다. 시신의 조각이 모두 섞여서 자기 부모의 시신도 못 찾는 사람도 있었다. 몽골 병사들이 여자를 윤간하고 똑같이 토막을 내서 산산조각 냈다. 고려인의 시체를 짠 기름으로 불을 질렀다.

시기는 자신에게 없는 것을 가진 자에 대한 감정이다. 질투는 다른 사람을 인정하지 못하는 상태이다. 질투를 계속 붙잡으면 상대방을 파괴하고 이어 자신도 자멸한다. 분노는 상처나 모욕을 당했다고 느껴 가지는 강한 불쾌감과 적대감이다. 사람들은 언제 분노하는가? 부당한 대우(공정하지 않은)를 받고 있다고 여기거나 여러 사람 앞에서 창피당할 때, 인격이 무시될 때, 상대방이 속이거나 거짓말을 할 때, 폭언 폭행을 행사할 때, 자신의 뜻에 반하는 행동을 할 때 주로 나타난다.

히틀러는 일찍 아버지를 여의었고, 어머니는 유대인 집의 가정부로 일했다. 무시당하고 그 집 남자에게 겁탈당하기도 했다. 귀가하여 우울한 얼굴로 눈물을 흘리는 걸 여러 번 보곤 했다. 초등생 히틀러는 이걸 알고 있었다. 그림에 솜씨가 있었기에 어려운 집안 살림에 보태려고 애지중지 그린 50여 점의 그림을 팔러 마침 부자 유대인 집에 들어서자 사나운 개가 히틀러를 물었고, 히틀러는 그 개를 때렸다. 그 소리를 듣고 나온 집 주인이 히틀러의 그림을 갈기갈기 찢어버렸다. 그 순간 히틀러는 유대인 학살을 다짐했다고 한다. 의식 수준이 높은 사람은 남에게 불친절할 필요성을 전혀 느끼지 못한다. 반면에 익명의 댓글에 얼마나 저열하고 날카롭고 사나운 내용이 올라오고 있는가?

그 뒤 권력을 쥔 히틀러의 인종주의적 세계관과 반유대 사상이 결합, 1942년 바르샤바회의 결정 사항으로 유대인 집단 학살을 실행하기 시작했다. 인류 역사상 가장 끔찍한 대량 학살로 기록되고 있다. '홀로코스트(Holocaust)'다. 이후 유대인은 히틀러의 나치 독일에 600만 명 이상이 학살되는 비극을 맞았다. 히틀러는 자살 직전에 "뜻을 이루었다."고 말했다고 전해진다.

분노, 시기, 질투에 사로잡혀 있는 영혼은 무기력하다. 의존적이다. 공격적이다. 쉽게 외부 세계에 흔들린다. 자연스럽게 중독에 취약하다. 더러운 곳에 세균이 번식하는 것과 같은 원리다. 중독은 본래의 목적에 벗어나 잘못 사용하거나 남용할 때 생긴다. 모르핀은 본래 마취를 목적으로 만들어졌다. 하지만 처음의 목적에서 벗어나거나 남용하면 중독이 된다. 우리나라의 5대 중독은 도박, 알코올, 마약, 게임, 성 중독이다. 요즘에는 마약 중독이 빠르게 확산되고 있다. 5대 중독에 빠져있는 한국인이 약 900만 명에 이르는 것으로 추산된다. 이에 따른 사회·경제적 비용은 연간 109조 원을 넘어선다.

분노에 대해 좀 더 자세히 살펴보자. 노여움이나 분노는 때때로 엄청난 폭발력으로 주변을 초토화시키곤 한다. 두 사람의 분노와 분노가 부딪히면 강력 범죄로 이어지곤 한다. 뉴스거리가 되기도 한다. 분노 조절 장애자는 끊임없이 문제를 일으킨다. 정도의 차이가 있을 뿐 우리는 상황이 되면 충동적인 분노 폭발자나 습관적인 분노 폭발자로 돌변한다. 성인이 자기 분을 못 이겨 상식에 벗어난 행동을 하면 그것처럼 위험한 것도 없다. 남 이야기가 아닌 나 자신에 대입해 보자. 지금까지 살아오면서 나는 분노를 다스리지 못해 얼마나 많은 사람들에게 상처를 주었던가!

분노는 두뇌의 평정과 고요함을 일거에 무너뜨린다. 분노에 사로잡히면 판단력이 흐려진다. 시야가 좁아지고 성급해진다. 분노는 두 사람의 오랜 인간관계도 순식간에 망가뜨린다. 분노는 의사소통의 미숙함을 나타낸다. 인간에 대한 이해 부족을 스스로 증명하고 있는 모양새가 된다. 분노의 유익함은 거의 없다시피 하지만 그 폐해는 이루 말할 수 없을 정도다. 분노의 시간이 지나가면 사소한 일에 분노한 자신이 한심해질 때도 있다.

우월한 지위(대통령, 고위 공직자, 법조인, 부모, 직장 상사 등)에 있는 사람이 분노를 표출하면 아랫사람은 극심한 스트레스에 쌓인다. 분노가 스트레스를 옮기는 통로가 되는 것이다. 펜실베이니아주립대에서 수행한 연구에 따르면, 수십 년 전에 스트레스를 받았던 상황을 단순히 떠올리기만 해도 혈압이 치솟는다고 한다. 스트레스가 우리 몸에 얼마나 큰 영향을 미치는지 보여주는 증거다.

그러면 분노를 일으키는 주체는 화를 내는 당사자인가? 얼핏 보면 그런 것 같다. 하지만 아니다. 분노는 그가 내지만, 그가 그런 말과 행동을 하지만 실제로는 거의 대부분 그가 하는 게 아니다. 사람들은 이걸 모른다. 누구인가? 사탄·마귀다. 분노에 사로잡혔을 때, 분노 이면의 사탄·마귀에게 사로잡힌 것임을 기억하라. 분노는 사탄·마귀가 매우 즐겨 사용하는 수법이다. 분노보다 효과가 즉각 나타나고 파괴력이 큰 감정이 어디 있는가? 즉, 그가 분노하도록 부추기고, 분노하도록 분위기를 만들고 영향력을 행사하며, 속히 분노하게 사로잡는다.

> "분을 내어도 죄를 짓지 말며 해가 지도록 분을 품지 말고 마귀에게 틈을 주지 말라"
>
> — 에베소서 4 : 26~27

> "죄를 짓는 자는 마귀에게 속하나니 마귀는 처음부터 범죄함이라 하나님의 일들이 나타나신 것은 마귀의 일을 멸하려 하심이라"
>
> — 요한일서 3 : 8

분노가 없는 삶은 불가능하다. 문제는 분노를 어떻게 다스리느냐 하는 것이다. 여러분은 분노를 효과적으로 통제하고 있는가? 심리학에는 '15초의 법칙'이 있다. 하나의 감정이 치솟아 정점을 찍는 데 15초가 걸린다는 법칙이다. 화가 나면 화의 갈래로, 기쁨이 일어나면 기쁨의 갈래로 접어드는 데 3초가 걸리고, 그 감정의 정점은 15초면 도달한다. 그리고 나면 이내 다른 감정으로 변한다. '아, 이런! 고작해야 15초짜리 수명이라니.' 문제는 그다음이다.

**"분노할 때는 천천히, 시간은 충분하니까."**

– 랄프 왈도 에머슨

분노가 불같이 일어나고 화를 참을 수 없는 상황이 수시로 일어난다. 이때 어떻게 해야 하는가? 관련 전문가들은 '6초의 침묵'을 권장하고 있다. 이런 상황에서 즉각적으로 대응하지 않고 6초간 침묵하는 것이다. 그러면 끓어 올랐던 화가 가라앉는다. 이른바 '대응 지연'이다. 이때 정말이지 '침묵이 금'이다. 이어 '관점 전환'으로 연결한다. 즉 화를 유발한 그 사람과 그 상황을 제3자의 입장이 되어 고요하게 지켜보고 관조하는 것이다.

그리고 이렇게 생각하면 상대의 분노에도 평정을 잃지 않게 된다. '원래 그는 그런 사람이다. 그런 수준의 사람이니 그렇게 말하는 건 자연스러운 일이다. 반응하지도 불쾌해하지도 말고 차분하게 이 자리를 피하자.', '그는 오해하고 있다. 사실을 알면 분노가 저절로 풀릴 것이다. 기다리자.', '똥이 무서워서 피하나, 더러워서 피하지!', '미운 놈 떡 하나 더 주자. 그는 불쌍한 사람이다.', '그는 평소 불평불만이 가득한 사람이다. 신호가 오면 분노가 자동화되어 폭발한다.', '그녀는 분노를 표출하면 그 자신이 상황을 통제하고 있다고 생각한다. 하여 먼저 분노를 드러내곤 한다. 혼돈 속에 살고 있는 사람이다.'

드물게 거룩한 분노가 있다. 불의에 대해 분노하는 분노는 정의로운 행위다. 우리는 작은 일에는 쉽게 분노하면서 공정, 정의, 인권, 환경에는 눈을 감았고 비겁했지 않았는가? 때론 동조하기까지 하지 않았는가? 거룩한 분노는 인간 양심의 소리이다. 예를 들어, 일제 식민지의 폭압적인 통치, 히틀러의 유대인 학살, 다국적 기업의 아동 노동 착취, 노예무역 등에 분노하는 행위는 부정적 대상에 대한 저항을 표출하는 것이므로 거룩한 의지의 표현이다. 이런 분노가 모여 집단화한 힘으로 조직하면 그 불의를 해체할 수도 있다.

결국 분노, 시기, 질투에 대해 밝게 알아야 한다. 알면 어둡지 않고, 밝게 알면 지혜로운 방법을 찾을 수 있다. 그 방법을 실행할 수 있다. 분노, 시기, 질투를 통제할 수 있고 나아가 활용할 수 있는 것이다. 분노 시기 질투는 한 번뿐인 인생을 황폐화시킨다. 거듭거듭 강조하지만, 인생에서 영적 무지가 가장 위험하다. 여기서 스스로에게 질문을 던져 보자. '나는 분노, 시기, 질투를 통제할 수 있을 만큼 충분히 지혜로운가?' 자문자답해 보자.

## 2. '분노, 시기, 질투' 관련 명언

### |분노|

#### 1) 토머스 제퍼슨
화가 났다면 입을 열기 전에 10까지 세어라.
머리끝까지 화가 났다면 100까지 세어라.

#### 2) 스포크
어떤 상황에서도, 절대로, 결코, 아이를 때려서는 안 된다.

#### 3) 이동원
분노에 사로잡혔을 때
분노 이면의 사탄에게 사로잡힌 것임을 기억하라.

#### 4) 《논어》 '자로편'
君子 和而不同, 小人 同而不和
어진 이는 같지 않음도 같게 화목하는데,
속이 좁은 이는 같음도 같지 않음인 양 불화한다.

#### 5) 간디
내가 옳았다면 화낼 이유가 없고
내가 틀렸다면 화낼 자격이 없다.

#### 6) T. 풀러
역경을 참아내는 사람은 많지만,

경멸을 참아내는 사람은 드물다.

## 7) 알베르트 아인슈타인

분노는 바보들의 가슴속에서만 살아간다.

## 8) 호프

분노한다는 것은 타인의 죄과에 대한 보복을 자신의 몸에 하는 것이다.

## 9) 은파 김유비

화가 나거나, 굶주리거나, 우울할 땐
어떤 선택이나 행동도 해서는 안 된다.

## 10) 테니스 경기에서 진 후 메켄로

나는 화를 내는 데 내가 가진 에너지를 모조리 써버리고 말았습니다.
그래서 지고 말았지요.

## 11) 작자 미상

우리 행복의 가장 큰 위협은 분노와 죄책감이다.
분노와 죄책감이 우리 영혼을 내부로부터 파먹는다.
이 순간(그 무엇과도 바꿀 수 없으며,
한 번 지나가면 두 번 다시 돌아오지 않는 지금)을 지옥으로 만든다.
다른 이들에게 분노의 화살을 돌리려고 하지만,
그 화살에 맞는 것은 언제나 우리들 자신이다.

## 12) 랄프 왈도 에머슨

화를 내는 1분마다 60초의 행복을 잃는다.

### 13) 레프 톨스토이

깊은 강물은 돌을 던져도 흐리지 않는다.
모욕을 받고 이내 발칵 하는 인간은
강도 아닌 조그만 웅덩이에 불과하다.

### 14) 발타자르 그라시안

화났을 때에는 아무 말도 하지 마라.
하는 말마다 잘못될 것이다.

### 15) 마르쿠스 아우렐리우스

원인보다 그 원인에 대한 분노의 결과로
우리는 더 많은 비통함을 겪는다.

### 16) 마르쿠스 아우렐리우스

지독히 화가 날 때에는
떠나간 사람을 떠올리며 삶이 얼마나 덧없는가를 생각해보라.

### 17) 발타자르 그라시안

감정 폭발은 곧 이성의 결함이다.
어리석은 자가 격분하고 있을 때
냉정을 잃지 않는 사람은 성숙한 인간의 징표이다.

### 18) 발타자르 그라시안

기분 나쁜 일을 당해도 쉽게 잊을 수 있는 훈련을 하라.

### 19) 세네카

분노에 의해서 자기 자신을 잃지 않으려면,
다른 사람이 화를 내는 모습을 조용히 관찰해보는 것이 좋다.

## 20) 비드 자렛

세상에는 분노가 필요하다.

세상이 계속 악을 빈번하게 허용하는 이유는

세상이 충분히 분노하고 있지 않기 때문이다.

## 21) 랄프 왈도 에머슨

좋은 분노는 어떤 사람의 모든 능력을 드러낸다.

## 22) 세네카

최고의 분노 치료법은 분노를 늦추는 것이다.

## 23) 체코 속담

내일로 미뤄야 할 유일한 것은 분노다.

## 24) 우종민

화가 날 때는 순간적으로 욱하면서 분노 호르몬이 급상승한다.

분노 호르몬은 15초면 정점을 찍고 분해되기 시작한다.

15분이 지나면 거의 사라진다.

분노 관리에서 15라는 숫자는 중요하다.

한 번 기분 나쁘게 한 것은 열다섯 번 기분 좋게 해야 만회할 수 있다.

## 25) 문인식

'칼날 인(刃)과 마음 심(心).' 두 한자가 합쳐진 '참을 인(忍)'을 해석하면

'가슴에 칼을 얹고 있다.'는 뜻으로

결국 칼날은 참지 못하는 자를 먼저 찌른다는 뜻이다.

분노한 대로 말하고 행동한다면 그 책임은 나에게 돌아올 것이다.

### 26) 강태공

남을 판단하고자 하면 먼저 자기부터 헤아려 봐라.

남을 해치는 말은 도리어 자신을 해치게 되니,

피를 머금었다가 남에게 뿜으면 먼저 자신의 입부터 더러워진다.


### 27) 김종원

분노한 지점이 너의 지적 수준이고

반박한 지점에 너의 결핍이 있다.


### 28) 랄프 왈도 에머슨

분노할 때는 천천히, 시간은 충분하니까.


## |시기|

### 29) 아르투에 쇼펜하우어

인간의 시기심은 그들이 얼마나 불행한 사람인지를 보여준다.

타인의 말과 행동에 끊임없이 관심을 기울인다는 사실은

그 인간이 얼마나 지루한지를 나타낸다.


### 30) 아르투어 쇼펜하우어

시기심은 인간의 자연스러운 감정인 동시에 죄악이고 불행이다.

인간은 시기심을

행복의 적이자 우리의 숨통을 막으려는 사악한 악마로 봐야 한다.


### 31) 맹자

시기와 질투는 항상 타인을 쏘려다가 자신을 쏜다.

### 32) 프랑수아 드 라 로슈푸코

현명하지 못한 사람은
자기가 이해할 수 없는 일에 대해서는 무엇이든 헐뜯는다.


## |질투|

### 33) 데카르트

질투만큼 행복을 해치는 감정은 없다.

### 34) 유대 격언

질투는 1천 개의 눈을 가지고 있다.
하지만 한 가지도 올바르게 보지 않는다.

### 35) 칼 힐티

인간의 모든 성질 중에서
질투는 가장 추악한 것, 허영심은 가장 위험한 것이나.


## |증오·미움|

### 36) 루트비히 판 베토벤

증오는 그 마음을 품는 자에게 다시 돌아간다.

### 37) 채근담

자기를 반성하는 사람은 부딪치는 일마다 모두 약이 될 것이오,
남을 원망하는 사람은 움직이는 생각이 모두 창칼이 될 것이다.

## 38) 발타자르 그라시안

약점을 비방하는 자는
자기 몸에서 악취가 풍긴다는 사실을 모른다.

## 39) 존스

악행은 언제나 미덕보다 쉽다.
왜냐하면, 악행은 모든 일에 지름길을 택하기 때문이다.

# 3. 추천 도서

1. 《자아 폭발》 / 스티브 테일러 / 서스테인

2. 《어른의 감정력》 / 티보 뫼리스 / 오픈도어북스

3. 《감사 요법》 / 돈 데이크 / 바울서신

4. 《화를 이기는 불편한 심리학》 / 다카시나 다카유키 / 밀리언서재

5. 《심리학이 분노에 답하다》 / 충페이충 / 미디어숲

6. 《분노 죄책감 수치심》 / 리브 라르손 / 한국NVC출판사

7. 《당신이 옳다》 / 정혜신 / 해냄

8. 《분노의 시대》 / 판카지 미슈라 / 열린책들

9. 《분노하는 사람들을 상대하는 법》 / 라이언 마틴 / 예문 아카이브

10. 《불평하라》 / 가이 윈치 / 문학동네

11. 《내면 소통》 / 김주환 / 인플루엔셜

12. 《감정은 어떻게 인간을 지배하는가》 / 닐 버튼 / 북플라자

13. 《내면 해독》 / 대니얼 골먼 외 / 한국경제신문

14. 《내 감정에 서툰 나에게》 / 최헌 / 무한

15. 《관점을 바꾸면 인생이 달라진다》 / 조경애 / 시너지북

16. 《유연함의 힘》 / 수잔 애쉬포드 / 상상스퀘어

17. 《걱정 해방》 / 폴커 부슈 / 비즈니스북스

18. 《걱정 다루기 연습》 / 벤 엑슈타인 / 센시오

19. 《불안 해방 일지》 / 팀 클레어 / 월북

20. 《우울과 불안을 이기는 작은 습관들》 / 임아영 / 초록북스

21. 《질투라는 감옥》 / 야마모토 케이 / 북모먼트

22. 《공명하는 자아》 / 세라 페이턴 / 한국NVC출판사

23. 《고민이 고민입니다》 / 하지현 / 인플루엔셜

24. 《인생에서 가장 후회하는 게 뭐냐고 묻는다면》 / 노우티 / 제이북스

25. 《폭력의 유산》 / 캐럴라인 엘킨스 / 상상스퀘어

26. 《중독은 뇌를 어떻게 바꾸는가》 / 저드슨 브루어 / 알에이치코리아

27. 《감정의 과학》 / 이선 크로스 / 웅진지식하우스

# 30장

# 지옥, 자살, 죽음, 천국

# 1. 들어가며

이 주제에 대한 근거는 《성경, Bible》에 의존하고 있음을 미리 밝혀둔다. 성경 말씀을 믿는 사람에게 불신자는 기적이고, 불신자에게는 성경 말씀을 믿는 사람이 기적이다. 서로 평행선을 달리고 있다. 그러나 그때에는 누구의 선택이 진리인지 선명하게 알게 될 것이다. 인생에서(인간에게) 가장 위험한 것은 무엇인가? 앞의 글에서 수차례 강조했듯이 영적인 무지다.

영적인 무지가 지옥과 천국을 결정하기 때문이다. 모든 잘못과 범죄는 무지에서 생겨난다. 밝게 아는 사람은 깨어 있기에 잘못을 저지르지 않는다. 진리와 거짓을 선명하게 알고 있기에 범죄하지 않는다. 부정적인 언행을 하지 않는다. 아니, 할 수가 없다. 그렇게 할 필요성을 전혀 느끼지 못하기 때문이다.

## |지옥(地獄)|

지옥에 대한 두 가지 입장이 극명하게 충돌하고 있다.

### (1) 지옥이 있는가, 없는가?

지옥에 대한 두 가지 입장이 극명하게 충돌하고 있다. 지옥은 없다. 이렇게 생각하는 사람들이 훨씬 더 많다. 이런 사람들의 공통된 특징이 있다. 지옥에 대해 알아보려고 한 적이 없다는 것이다. 책이나 자료를 찾아보지도, 동영상을 검색하거나 타인의 지옥 간증을 시청한 적이 없다. 지옥에 대해 애써 외면하고 있다. 지옥에 대해 전혀 생각조차 하지 않고 지옥을 잊고 살아간다. 세상 떠난 후 자신의 영혼이 지옥 갈지, 천국 갈지에 대해 한 번도 생각해본 적이 없는 사람들이다. 그러면서 상대방을 설득하거나 이해시킬 어떠한 논리도 없이 무작정 지옥은 없다고 우기고 있다. '무식하면 용감해진다.'는 말이 떠오르지 않는가?

지옥은 현실이며 실존이다. 성경에는 지옥이 54회 이상 언급되고 있다. 그것도 아주 구체적으로. 예수님은 성경에서 지옥 가는 인간들에 대해 지옥이 어떤 곳인지 선명하게 말씀하셨다. 그러면 지옥(地獄)은 어디에 있는가? 여러 사람들이 지구의 중심(지구 핵)에 있다고 한다. 이런 주장을 터무니없다고 비웃는 사람도 있을 것이다. 하지만 이들이 좀 더 자세히 알아보기를 권유드린다.

지구 핵의 온도는 약 6,000도에 달한다고 과학자들은 추정한다. 이는 태양의 표면 온도(5,500도)보다 높은 수치다. 이런 온도를 만들어 내는 원인은 중력 증가(20%)와 방사성 동위원소의 붕괴(80%)라고 한다. 성경에서 지옥을 '불못, 불호수(Lake of Fine)', '영원한 불(Everlasting Fire)', '무저갱(Bottomless Pit)'으로 지칭한다.

하나님은 찬양받고 또 심부름시키기 위해 수많은 천사들을 만들었다. 그리고 천사들을 삼등분 하여 3명의 천사장이 통솔하게 하셨다. 3명의 천사장 중 시기심에 불탄 루시퍼가 수하 천사들 중 많은 천사들을 꾀어 하나님을 배반하고 루시퍼를 추종하게 했다. 사람들은 흔히 귀신을 사람의 죽은 혼령이라 여기는데, 이는 아주 잘못된 생각이다. 귀신은 천사 중 루시퍼의 꾐에 넘어가 하나님을 배신한 천사들이다. 귀신은 사람에게 해로운 일만 끼치는 존재들이다. 하나님은 루시퍼와 귀신들을 심판 날에 영원히 벌하기 위해 지옥을 만들었다. 지옥이 만들어신 이유다.

지금 당신은 '자유 의지(Free Will)'를 하나님의 뜻대로 사용하는가, 악령의 도구로 사용되고 있는가? 악령을 추종하는 영혼은 세상 떠난 후 악령이 가는 곳인 지옥으로 가서 영원히 극한의 고통을 받게 된다. 마치 데모 군중이 촛불 부대와 태극기 부대로 나뉘듯…….

## (2) 지옥은 어떤 곳인가?

지옥은 거대하다. 뜨겁기 그지없는 '불못'이다. 지구의 중심부 온도가 섭씨 6,000도 정도라고 한다. 태양 표면보다 더 뜨거운 온도다. 가스레인지나 화장장의 불길은 비교조차 되지 않는다. 극한의 뜨거움으로 고통받는다. 사람의 몸이 느끼는 고통지수 1위인 '작렬통'은 지옥의 고통에 비하면 그저 한가할 뿐이다. 이러하기에 인간은 지옥의 고통을 설명할 수도, 말로 표현할 수도 없다. 그런 고통의 경험은 지구에서는 불가능하기에.

> "거기에서는 구더기도 죽지 않고 불도 꺼지지 아니하느니라
> 사람도 불로써 소금 치듯 함을 받으리라"
>
> – 마가복음 9 : 48~49

> "만일 네 손이 너를 범죄하게 하면 찍어버리라 장애인으로 영생에 들어
> 가는 것이 두 손을 가지고 지옥 곧 꺼지지 않는 불로 들어가는 거보다 나
> 으니라 만일 네 눈이 범죄하게 하거든 빼버리라 한 눈으로 하나님 나라에
> 들어가는 것이 두 눈을 가지고 지옥에 던져지는 것보다 나으니라"
>
> – 마가복음 9 : 43~47

> "누구든지 나를 믿는 이 작은 자 중 하나를 실족하게 하면 차라리
> 연자 멧돌이 그 목에 달려서 깊은 바다에 빠뜨려지는 것이 나으니라"
>
> – 마태복음 18 : 6

지옥에서는 단 1초의 쉼도 없다. 그 뜨거움 속에서 쉴 수 있는가? 뭇 영혼들의 처절한 비명으로 가득하다. "으아~ 악, 세상에 이런 곳이 있다니. 지옥이 없다고 믿었는데……."라고 절규하며 고통으로 몸부림친다. 이를 갈며 태어난 걸 저주한다. 태어나지 않았으면 지옥 갈 일이 없기에. 생일축하? 세상엔 천국 가는 영혼은 적고 지옥 갈 영혼들이 즐비하다. 그 숫자는 상대가 되지 않는다.

> "사람이 지옥의 실상을 알면
> 예수 믿지 않을 사람이 단 한 명도 없을 것이다."
>
> – 조나단 에드워드

지옥에서는 단 하나의 희망도, 그 어떤 희망도 없다. 그 고통이 100억 년 후에 끝난다면 '100억 년 후'라는 희망을 가질 수 있지만, 영혼 불멸(영혼은 죽지 않는

다. 죽지 않기에 지옥에서 자살도 불가능하다)이고 지옥의 고통은 영원히 지속되기에 그 어떤 희망도 가질 수 없다. 완벽한 절망뿐이다. 이러하기에 지옥에 빠진 영혼은 2가지를 간절히 바라고 또 바란다. 하나는, 지옥의 고통에서 벗어나고자 예수님을 믿을 기회를 단 한 번이라도 달라고 간청한다. 그러나 이는 불가능하다. 지구에 살면서 몸이 살아 있을 때만 예수님을 믿을 기회가 있다. 죽은 후에는 바로 예수님의 심판대 앞에 서게 된다.

> "지옥에 떨어진 영혼에게 지옥은 너무 늦게 본 진실이다.
> 제때에 할 일을 경홀히 여기고 영원히 후회하는 곳이다."
>
> – 트라이언 에드워드

또 하나는, 지구에 살고 있는 소중한 사람(가족, 일가 친척, 친구 등)에게 지옥의 실상을 알려 예수 믿고 지옥 오지 않도록 해달라고 간청한다. 그러나 현실은 어떠한가? 예수님을 믿지 않는다는 것은 '자유 의지(Free Will)'를 악령의 부추김대로 사용하고 있다는, 악령의 영향 아래 살고 있다는 걸 증거한다. 영적 무지로 자기 자신이 모르고 있지만 세상 떠난 후에 지옥 가겠다는 의사 표시에 불과하다. 예수님을 전하면 한사코 거부한다. 욕히는 사림, 싸우겠다는 기세로 공격적인 사람들도 적지 않다. 아~아, 너무나 걱정되지 않는가?

### (3) 그 사람과의 대화, 영적 무지와 교만이 너무 안타까웠다!
2025년 3월 22일, 그 사람과 대화를 나누었다. 나는 예수님을 전하고, 그 사람은 자신의 입장을 말했다. 그 사람은 이렇게 말했다.

> "천국 가고 싶지 않아요. 구원 안 받고 싶어요."

지옥의 실상을 모르기에 이처럼 한가하다. 지옥에 대해 알아보려는 그 어떤 노력도, 시도도 한 번도 없었던 것 같다. 관련 서적도, 유튜브도, 지옥 간증도 시청하지 않은 것 같다. 사탄 · 마귀는 불신자가 지옥에 대해 아는 걸 극히 싫어한다. 불신자가 지옥의 그 극한의 고통을 알면 천국 가기 위해 예수님을 찾고 믿을 가능성이 아주 높기 때문이다.

"나는 지금까지 예수 없이도 잘살고 있습니다."
이 사람에게 도저히 잊을 수 없는 큰 아픔도 있었고, 이런저런 풍파도 덮쳐 왔지만 대체로 무난하게 살아온 것 같다. 특히 지금은 평온한 나날이다. 지금까지? 60세도 되지 않았다. 100년도 못 사는 인생……. 이분은 그 후에 영원히 기다리고 있다는 걸 모르는 '하루살이' 같은 얄팍한 시간 개념을 가지고 있다. 122년(기네스북 최장수 기록, 잔 루이즈 칼망)을 살아도 영원 앞에서는 찰나, 순간도 되지 않는다. 아, 그날 그때에 이 사람이 그곳으로 가지 않아야 할 텐데…….

"성령도, 예수도, 구원도 받고 싶지 않아요."
영적 무지의 극치를 보여주는 말이다. 거듭거듭 말하지만 세상의 모든 잘못과 범죄는 무지에서 비롯된다. 그중에서도 가장 위험한 무지는 영적 무지이다. 왜 그런가? 삶이 다한 후 그곳으로 가는 확실한 티켓이기 때문이다.

**"진리에 대한 무지는 결백이 아니라 죄악이다."**

– 로버트 브라우닝

**"누구도 악의적으로 잘못을 저지르지 않는다.**
**무지 때문에 잘못을 저지른다."**

– 소크라테스

**"최대의 교만이나 최대의 낙담은 스스로에 대한 최대의 무지이다."**

– 스피노자

"그 장로 부인은 지금 천국, 지옥 중 어디에 가 있습니까? 아는 사람 없지 않나요?"

나는 그 장로 부인(이하 권사)을 생전에 알고 있었다. 권사님은 신실한 그리스도인이셨다. 예수님의 거룩함을 닮아가려고 노력하는 삶을 살아왔고 전도에도 열심이셨다. 막 임종을 앞둔 그 몸으로, 90도로 굽은 몸으로 부축받으면서 겨우겨우 걸음을 옮겨 예배에 출석하는 모습을 지켜보곤 했다. 죽기 직전까지 예배에 참석했다. 성경에 이르기를, 믿음(예수님을 믿음)으로 구원받고 행함으로 상급을 받는다고 선명하게 기록되어 있다. 성경은 하나님이 선지자와 사도에게 영감과 감동을 주어 쓰게 한 책이다. 선지자와 사도는 하나님이 주시는 마음을 받아 적는 필사자에 지나지 않았다.

오직 성경만이 이러하며, 다른 모든 책은 사람이 지식과 경험 그리고 떠오르는 자신의 상상력으로 썼다. 인류가 지금까지 낸 모든 책을 합해도 성경 한 권에 비교조차 되지 않는다. 이 사람은 천국 지옥을 눈으로 볼 수 없으니 그 권사가 천국 갔는지, 지옥 갔는지 어떻게 알 수 있느냐고 비웃고 있다. 보이는 세계만, 볼 수 있어야 증명이 되고 확인할 수 있다는 자기 확신에 갇혀 있다. 눈으로 보이지 않는 세계가 더 크고 넓다. 답해 드린다. 그 권사님은 천국에 갔다. 그리고 거기서 영원한 복락을 누리고 계신다.

"예수 영접 권해도 내 마음이 동해야 합니다. 제일 중요한 것은 내가 교회 가고 싶어야 하는 것인데, 지금까지는 마음에 감흥이 없어요. 아직까지 전혀!"

전도를 하면 대부분의 사람들이 자기에게 부탁하고 사정하는 것이라고 생각한다. 그들은 왜 전도하는지 이야기해줘도 귀에 들어오지 않는다. 그 이유도 모른다. 사탄·마귀가 전도의 말을 빼앗아 가버리기 때문이다. 즉 듣고 싶지 않은 마음을 불어 넣어 주고 사람은 거기에 넘어가 버린다. 간혹 "이리 열심인데 한 번 교회에 가 주지." 하며 선심 쓰듯 말하기도 한다. 그러나 알아야 한다. 예수 믿는 것은 본인의 선택이 아니라 예수님의 결정에 의해 정해진다는 것을. 즉 예수님이 그 사람에게 은혜와 긍휼을 베풀지 않으면 절대로 예수를 믿을 수 없다는 것을! 당신이 예수님을 선택하는 게 아니라 전지전능하고 무소 부재하시며 온 우주를 창조하고 다스리시는 예수님이 모든 걸 결정하신다는 걸 영적 무지로 그 사람은 모르고 있다.

"죽은 다음에는 나는 관심이 없어요."

죽은 후 천국과 지옥이 없고 모든 것이 깨끗하게 끝난다면? 예수 믿는 사람, 예수 믿으라고 전도하는 사람은 사기꾼이다. 매주 교회에서 설교하는 목사, 예배 올리는 장로, 집사, 권사, 성도들은 헛것에 그 많은 시간과 마음과 돈과 봉사를 하고 있는 아주 어리석은 사람들일 것이다. 하지만 이들은 바보가 아니다. 상식적인 사람이다. 링컨 대통령, 이어령 교수, 장기려 박사, 당대 세계 1위 부자 록펠러, 탤런트 신애라, 최수종, 권정생, 장영희 서강대 교수, 백화점 왕 존 워너메이커, 영화 '벤허' 제작자 루이스 월리스 등등……. 이들은 바보라서 그리스도인인가?

몸과 혼(마음, 생각, 관념 등 뇌에서 생기는 모든 정신 활동)은 죽으면 흙으로 돌아가 끝이 나지만(소멸) 불멸하는 영(靈)은 천국과 지옥, 둘 중 한 곳에 가게 된다. 죽은 후의 세계에 관심이 없는 건 개인의 생각, 습관이지만 영계의 질서는 엄격하고 정해진대로 적용하며 작동한다.

### (4) 지옥 가지 않고 천국 가는 방법이 있는가?

두 가지 방법이 있다. 하나는, 자기 자신이 완벽하게 의롭고 선해야 한다. 그런데 이런 인간은 단 한 명도 없다. 최초의 인간 아담 이후 지금까지. 인간은 마음속으로 온갖 죄를 짓고(시기, 질투, 미움, 음란, 증오 등) 말과 행동으로도 쉼 없이 죄를 만들고 있다. 여러분은 온전하게 의인인가? 완벽하게 거룩하신 하나님 앞에서 인간의 의는 더러운 누더기에 지나지 않는다.

또 하나는, 예수님을 영접하여 예수님의 은혜로 천국 가는 것이다. 무능하여 아무 공로 없는 나는 오직 예수님의 은혜로, 긍휼로 천국 가는 것이다. 예수님의 은혜로? 비유하면, 음식점에서 우연히 만난 그가 나의 음식값을 계산해주었기에 나는 돈 내지 않고 그냥 먹은 것이다(테텔레스타이). 모두가 죄 많고 더러운 인간이기에 100% 깨끗한 천국에 갈 수 없다. 그러므로 죄 많은(원죄와 자범죄) 인간이 천국에 갈 수 있는 방법은 예수님을 믿어 천국과 지옥을 다스리는 예수님의 은혜로 가는 길 하나뿐이다(이신칭의).

"예수께서 이르시되 내가 곧 길이요 진리요 생명이니

나로 말미암지 않고는 아버지께로 올 자가 없느니라"

– 요한복음 14 : 6

도끼 살인마(일가족 6명 살해) 고재봉은 교도소에서 예수님을 만나 회심하고, 감옥에서 그 많은 죄수들에게 예수님을 전해 그들의 영혼 구원의 심부름꾼이 되었다. 그리고 천국 확신으로 죽음의 공포 없이 고요하고 담담하게 교수형을 받았다.

일제 식민지시대 주기철 목사는 신사 참배(우상 숭배) 거부로 수차례 투옥과 혹독한 고문 그리고 집요한 회유에도 한 점도 타협하지 않았다. 그리고 감옥에서 순교했다. 주기철 목사가 굴복하여 영원한 우주 시간 속에서 50년 더 살다가 지옥 가서 영원히 고통당하는 게 지혜로운가? 50년 일찍 죽어 영원한 천국 복락을 누리는 게 지혜로운가? 그 의사 장기려는 왜 그런 한결같은 삶을 살았는가?

죽음 후의 영혼 불멸은 이 세상을 살아가는 인간에게 가장 큰 과제다. 이보다 크고 중대하며 가치 있는 과제는 그 어디에도 없다. 우리가 사는 짧은 인생 시간은 정말 정말 소중하다. 왜냐? 이 기간에 영원한 천국과 지옥이 결정되기 때문이다. 천국과 지옥, 각 개인이 삶 속에서 스스로 선택하고 있다. 천국과 지옥 앞에서 사람들이 미친 듯이 추구했던 돈, 권력, 명예, 쾌락, 성공 등은 아무것도 아니라는 걸 알게 된다. 천국과 지옥은 지구에서 살면서 '자유 의지'로 자기 스스로 선택하는 것이다. 여러분은 자신의 영혼을 사랑하는가? 그렇다면 지금 여기에서 무엇을 해야 하는가?

## |천국|

천국은 어떤 곳이기에 무슨 일이 있어도 죽은 후에 지옥 가지 않고 천국 가야 하는가? 천국의 복락은 어떤 글과 말로 표현할 수 없다. 그 어떤 인간도 세상에서는 그런 복락을 누릴 수 없기 때문이다. 세상의 그 어떤 절경도 천국의 아름다움에 아예 비교조차 되지 않는다.

"모든 눈물을 그 눈에서 닦아주시니
다시는 사망이 없고 애통하는 것이나 곡하는 것이나 아픈 것이
다시 있지 아니하리니 처음 것들이 다 지나갔음이라"

- 요한계시록 21 : 4

돈, 권력, 명예, 성공을 누리고 취해 살다가, 또 누구는 이런 것을 얻기 위해 미친 듯이 달려가다 지옥 가는 인생이 너무나 불쌍하다. 그가(그녀가) 불쌍하다. 생각하면 너무나 불쌍하고 안타까워 가슴이 미어진다. 마음이 먹먹하다. 그는 한때 세계 최고의 부자로 살다 갔다. 그러나 부질없는 인생이었다. 그는 세계 최강대국 미국 대통령이었으나 온갖 음행(간음)과 권모술수로 세상을 호령하다 이슬처럼 세상을 떠났다. 그 축구 선수는 그때 월드컵 우승과 최우수 선수로 세계 어디서나 엄청난 환대를 받았다. 그러나 사생아가 2명 있었고, 간음과 자기의에 취해 살다 저세상으로 갔다. 그는 노벨문학상의 명예로 빛났으나 권총 자살로 생을 마감했다.

안동 일직면 조탑리 빌뱅이 언덕의 두 칸짜리 흙벽 오두막, 낡은 함석과 슬레이트 지붕.《몽실언니》등 환하게 빛나는 동화를 쓴 권정생 선생님이 사셨던 집이다. 한평생 결핵으로 고통받으면서 숨을 고르면서 천천히 천천히 걸을 수밖에 없었다. 가까스로 겨우겨우 연명해간 삶이었다. 방에서 글을 쓰다 몸에서 결핵균이 요동치고 갑자기 열이 오르면 아무것도 못 하고 방바닥에 가만히 누워 숨만 쉬곤 했다고 한다. 사치와는 거리가 멀었다. 통장의 10억 원과 책 인세는 모두 북한 어린이들을 위해 써달라는 유언을 남겼고, 그분을 존경하는 사람들이 '권정생 재단'을 설립하여 그렇게 하고 있다. 지금 한국에는 진정한 어른들을 찾기 쉽지 않다. 장기려, 권정생, 장일순. 이런 분들이 별세 후 좀처럼 후학들이 나타나지 않고 있다. 모두가 돈에 혈안이 되어 정신이 허기지고 허약해졌는가?

계절은 오고 가며, 인생도 그렇다. 빌뱅이 언덕도 그렇다. 봄이면 민들레, 개나리, 개망초, 이런 꽃들이, 가을이면 구절초, 코스모스가 고요히 피었다 이운

다. 빌뱅이 언덕! 생각만 하고 한 번도 가보지 못했는데, 가서 권정생 선생님의 생가를 보고, 느끼고, 생각하며 배우고 싶다. 누가 천국 가는 복된 삶을 살았는가? 이 글 읽는 모두가 세상 떠난 후에 천국에서 사랑하는 사람들과 만나기를 축원드린다.

## | 자살(극단적인 선택) |

시흥경찰서에 따르면 2019년 10월 7일 오후 4시 45분쯤 시흥시 정왕동의 한 주택 안방에서 A씨와 부인 그리고 아들(15), 딸(12) 등 일가족 4명이 숨진 채 발견됐다. 현장에서 발견된 유서에는 '어린 자녀에게 미안하다.'는 내용 등이 적혀 있는 것으로 전해졌다. 이같이 부모가 자녀를 살해한 후 스스로 목숨을 끊는 '살해 자살(Murder-suicide)'이 잇따라 발생하고 있다. 자녀의 삶을 자신이 결정할 수 있다는 부모의 잘못된 전능감과 사회보장제도의 영향력 미비 때문이다. 1년(2019) 새 70여 명이 '일가족 극단 선택'을 했다. 대부분 '극심한 생활고'에 내몰려 그런 선택을 했다고 한다.

한국이 자살률 세계 1위다. 자살한 모든 사람은 '영적 무지 상태'에 있었다. 그들은 하나 같이 생명이 자기 자신의 것이라고 생각했다. 자기 자신의 것이니 자기 자신 마음대로 해도 된다고 생각했다. 그러나 이런 생각은 사탄·마귀(악령)가 심어준 것이다. 사탄·마귀는 '자살하여 죽으면 이 고통 끝난다. 자살해버려.'라고 분위기를 만들고 은은하게 속삭인다(그런 마음을 계속 불어 넣는다). 자살은 사탄·마귀의 속임수에, 유혹에, 궤계에, 속삭임에, 충돌질에, 부추김에 넘어간 사람들이 하는 최악의 선택이다. 이걸 알았다면 자살자는 극단적인 선택을 하지 않았을 것이다.

"창피당하지 않겠다."는 유서를 남기고 2019년 4월 11일 알란 가르시아 전 페루 대통령이 '극단적인 선택'을 했다. 뇌물수수 혐의로 수사 압박을 받던 중이었다. 거듭거듭 말하건대 세상에서 '영적 무지'가 가장 위험하다. 자살은 공격 대상이 자신보다 강해 어쩔 수 없을 때 자기 자신을 공격해 파괴해버리는 행위다. 이

역시 사탄·마귀가 주는 마음이요, 유혹이다. 자살은 자기 자신을 죽이는 살인 행위다. 남의 물건을 파손하거나 훔치면 그에 상당하는 책임을 져야 한다. 물건에 비할 바 없이 소중한 하나뿐인, 가장 중요한 생명을 파괴한 영혼이 용서받을 수 있는가?

> **"불신자에게 하나님이 허락한 은혜의 시간은, 그가 죽는 순간 끝난다."**
>
> – 필립 헨리

생명은 자기 자신의 것이 아니다. 생명은 철저하게 하나님의 것이다. 생명은 남녀의 동침으로 태어나는 게 아니라 성 삼위일체(성부 여호와 하나님, 성자 예수 그리스도, 성령 보혜사 하나님)의 뜻에 따라 하나님이 태어나게 하셨기에 아이가 탄생하는 것이다. 한국 노인 자살 원인 1, 2위는 가난과 질병이다. 한국 청소년 사망 원인 1위가 자살이다. 외국에 가서 '안락사' 받는 것도 자살이다. 절대로 절대로 자살해서는 안 된다. 아무리 심신이 고통스러워도 힘써 참고, 애써 견디고, 끝까지 인내해야 한다. 고통을 줄일 수 있는 방법을 적용하되, 말기 상태에서 인위적인 연명 치료도 하지 않아야 한다. 자연사가 답이다. 별다른 고통 없이 평온하게 죽는 '고종명(考終命)'이 복이지만, 그렇지 않을지라도 기도하며 숨이 다하는 그 순간까지 견디고 인내해야 한다. 또 자살은 정신과 상담을 받고 치료를 해야 할 정도로 유족들에게 엄청난 충격을 준다. 그 트라우마로 극단적인 선택을 하는 유족도 있다.

## |죽음|

사람은 3가지 요소로 구성되어 있다. 영, 혼, 육이다.

육(肉) : 몸
혼(魂) : 뇌에서 만들어지는 감정, 정서, 생각, 사상, 철학 등

영(靈) : 육체 속에 깃들어 생명을 부여하고, 몸이 죽으면 몸과 분리되어 지옥 중
　　　한 곳에 거한다. 영혼은 불멸이라, 영원히 죽지 않는다. 영이 있는 존재
　　　는 오직 사람뿐이다. 동물과 식물은 혼은 있으나 영은 없다.

　죽음이란 영과 육이 분리되는 상태를 말한다. 의학계에선 '심장의 정지'를 몸의 죽음으로 규정한다. 사람의 몸이 죽는 것은 정해진 이치이기에 몸은 주어진 시간 속에서 한시적으로 존재한다. 몸은 죽어서 흙으로 돌아간다. 끝이 난 것이다. 그러나 영혼은 결코 죽지 않는다. 너무나 많은 사람들이 "죽으면 끝이다."라고 말하는데 전혀 그렇지 않다. 죽음은 영원한 세계의 시작이다. 죽음은 영원의 출발점이다. 죽음이라는 과정을 거쳐 각각의 영혼에게 천국과 지옥이 시작되는 것이다. 가장 두려운 공포는 '죽음에 대한 공포'다. 임종 직전 지옥 가게 될 영혼은 본능적으로 극도의 공포감을 느끼는 경우가 많다고 한다. 반면에 천국 백성이 될 영혼은 평온하게 임종을 맞는다.

## |통찰|

　거듭 말하건대 세상에서 가장 무섭고 두려운 것이 '영적 무지'다. 인생은 더없이 소중하다. 당신은 '영원'을 어디에서(천국과 지옥 중) 보내려고 하는가? 천국인가, 지옥인가?

　인생은 더없이 소중하고 가치 있다. 살려고 태어났기에 우리는 삶이 다하는 그 날까지 살아가야 한다. 비관주의는 정신병의 하나이다. 노란색 안경을 끼고 세상을 보면 사물이 온통 노란색으로 보인다. 우리 모두는 자유 의지(Free Will)를 가지고 있다. 그래서 선택할 수 있다. 부정적이고 비관하는 마음을 긍정과 희망의 관점으로 바꿀 수 있다. 진리의 말씀으로 무장하여 깨어 있어 사탄·마귀의 유혹을 이겨낼 수 있다. 자살이 아닌 자연사로, 그리고 이 땅에서 지옥이 아닌 천국을 만들고 살아가야 한다. 비가 오거나 흐린 날에도 그 위에서 항상 태양이 빛나고 있다. 우주는 언제나 우리를 응원하고 있다. 자고 나면 날마다 값없

이, 무료로 24시간을 선물한다. 삶은 더없이 역동적이고 희망으로 가득하며, 인생은 살아볼 만한 것이다.

# 2. '지옥, 자살, 죽음, 천국' 관련 명언

## |지옥|

1) **단테(《신곡》 중에서)**

　여기 들어오는 너희는 모든 희망을 버려라.

2) **마태복음 13 : 41〜42**

　인자가 그 천사들을 보내리니

　그들이 그 나라에서 모든 넘어지게 하는 것과

　또 불법을 행하는 자들을 거두어 내어

　풀무 불에 던져 넣으려니 거기서 울며 이를 갈게 되리라

3) **마가복음 14 : 21**

　인자는 자기에 대하여 기록된 대로 가거니와

　인자를 파는 그 사람에게는 화가 있으리로다

　그 사람은 차라리 나지 아니하였더라면 자기에게 좋을 뻔하였느니라

4) **누가복음 16 : 23〜24**

　그가 음부에서 고통 중에 눈을 들어

　멀리 아브라함과 그의 품에 있는 나사로를 보고

　불러 이르되 아버지 아브라함이여

　나를 긍휼히 여기사 나사로를 보내사

　그 손가락 끝에 물을 찍어 내 혀를 서늘하게 하소서

　내가 불꽃 가운데에서 괴로워하나이다

5) **갈라디아서 5 : 19~21**

육체의 일은 분명하니

곧 음행과 더러운 것과 호색과 우상 숭배와 원수 맺는 것과

분쟁과 시기와 분냄과 당 짓는 것과 분열함과 이단과 투기와

술 취함과 방탕함과 또 그와 같은 것들이라

전에 너희에게 경계한 것 같이 경계하노니

이런 일을 하는 자들은

하나님 나라를 유업으로 받지 못할 것이요

6) **요한계시록 14 : 11**

그 고난의 연기가 세세토록 올라가리로다

짐승과 그의 우상에게 경배하고 그의 이름표를 받는 자는

누구든지 밤낮 쉼을 얻지 못하리라 하더라

7) **마키아벨리**

천국에 가는 가장 확실한 방법은

지옥에 가는 방법을 아는 것이다.

8) **칼 F. H. 헨리**

성경 복음은 모든 사람이 되돌릴 수 없는 단 한 번의 결정으로

자신의 영원한 운명을 좌우하게 된다는 사실을 깨닫게 해준다.

9) **마르틴 루터**

나는 대학이 지옥에 이르는 큰 문이 되지 않을까 걱정한다.

대학이 학생들에게 성경을 가르쳐 그들의 마음에 말씀을

새기려고 부단히 노력하지 않는다면 말이다.

그 누구도 자기 자녀를 말씀이 없는 곳에 있게 하지 말라.

하나님의 말씀을 중요하게 여기지 않는 기관은 분명히 부패한다.

## |자살(살인)|

**10) 레프 톨스토이**

살인 행위는 어떤 경우든 정당화될 수 없다.
살인이야말로 모든 종교적 가르침이나 인간의 양심에 드러나듯이
신의 법칙이 지배하는 이 세상에서 가장 못된 범죄이다.

**11) 작자 미상**

주위 사람들에게 치명적인 트라우마를 남기는 자살은
자기 자신을 살인하는 최악의 범죄다.
그 영혼은 지옥에서 영원히 말과 글로 표현할 수 없는
극한의 고통으로 몸부림치게 된다.

**12) 세르반테스**

이 세상에서 가장 비겁한 짓은 자살하는 것이다.

**13) 작자 미상**

자살은 살인에 있어 가장 나쁜 형식이다.
왜냐하면, 그것은 회개할 기회를 전혀 남겨 놓지 않기 때문이다.

**14) 스피노자**

자살하는 사람들은 무력한 정신의 소유자로서 자신의 본성과 모순되는
외부의 여러 원인에 완전히 정복된 사람이라고 할 수 있다.

**15) 키케로**

우리의 내부를 시배하는 신성(神性)은
우리가 자기의 통치를 무시하고 현세를 떠나는 것을 금지하고 있다.

16) 알베르 카뮈

자살한다는 것은 어떤 의미에서는 멜로 드라마에서 볼 수 있는 것처럼
일종의 고백하는 것이라 하겠다.
그것은 인생에서 패배했다는 것,
혹은 인생을 이해하지 못했다는 것을 고백하는 것이다.

17) 제이메이

참된 삶을 맛보지 못한 자만이 죽음을 두려워하는 것이다.


## |죽음|

18) 프란츠 카프카

인생이 의미 있는 이유는 곧 멈추기 때문이다.

19) 실즈

죽음에 대한 공포는 죽음 그 자체보다도 무섭다.

20) 레프 톨스토이

이 세상에서 죽음만큼 확실한 것은 없다.
그런데 사람들은 겨우살이는 준비하면서도 죽음은 준비하지 않는다.

21) 레프 톨스토이

죽음을 망각한 생활과 죽음이 시시각각으로 다가옴을 의식한 생활은
완전히 다른 상태이다.
전자는 동물의 상태에 가깝고, 후자는 신의 상태에 가깝다.

## 22) 키케로

지혜로운 사람에겐 삶 전체가 죽음에 대한 준비이다.

## 23) 어느 가톨릭 사제들을 위한 묘지에 쓰여 있는 글

오늘은 내 차례, 내일은 네 차례

## 24) 튀르키예의 어느 공동묘지에 쓰여 있는 글

나 어제 너와 같았으나 너 내일 나와 같으리!

## 25) T. 풀러

훌륭하게 죽는 법을 모르는 사람은 살았을 때도 사는 법이 나빴다.

## 26) 시편 103 : 15~17

인생이 그날이 풀과 같으며 그 영화가 들의 꽃과 같도다
그것은 바람이 지나가면 없어지나니
그 있던 자리도 다시 알지 못하거니와
여호와의 인자하심은 자기를 경외하는 자에게
영원부터 영원까지 이르며 그의 의는 자손의 자손에게 미치리니

## 27) 볼테르(불신자)의 임종어

나는 하나님과 인간에게 버림을 받았다.
나는 지옥에 떨어진다. 오! 그리스도시여, 예수 그리스도시여!

## 28) 미라보(불신자)의 임종어

영원에 대한 생각을 잊을 수 있도록 나에게 아편을 다오.

## 29) 조지 워싱턴(기독교인)의 임종어

좋다! 저세상은 참 아름답군.

30) **요한복음 15 : 13**

사람이 친구를 위하여 자기 목숨을 버리면 이보다 큰 사랑이 없나니

31) **퓨처 셀프**

죽음을 기억하라.

항상 죽음을 생각해야 지금 이 순간을 소중히 여기고 감사하게 된다.

32) **T. 캠벨**

남아 있는 사람들의 마음속에 살면 결코 죽는 것이 아니다.

33) **마르쿠스 아우렐리우스**

사람이 두려워해야 할 것은 죽음이 아니다.

그는 한 번도 진짜 살아본 적이 없음을 두려워해야 한다.

34) **헨리 반 다이크**

죽음은 우리가 인생을 소중히 여길 수 있는 이유다.

35) **스티브 잡스**

오늘 당장 죽는다면 이 일을 할 가치가 있는가?

36) **윌리엄 셰익스피어**

사느냐, 죽느냐 그것이 문제로다.

37) **모랑**

인간의 일생은 구두쇠라도 양보하는 순간이 있다.

그것은 유언을 쓸 때이다.

**38) 디오게네스**

항상 죽음을 각오하고 있는 사람만이 참으로 자유로운 인간이다.

**39) 엘리자베스 퀴블로 로스**

죽음은 마지막 성장의 기회다.

## |천국|

**40) 요한복음 14 : 6**

예수께서 이르시되 내가 곧 길이요 진리요 생명이니
나로 말미암지 않고는 아버지께로 올 자가 없느니라

**41) 아담스**

하늘나라를 갈 수만 있다면
무엇을 지불하던지 그 가격은 비할 데 없이 싼 것이다.

**42) 훼버**

예수가 어디에 있든지 그곳이 곧 천국이다.

**43) 윌리엄 거널**

이 세상에서 가질 수 있는 마음 중
천국에 대한 소망과 비견할 수 있는 것은 아무것도 없다.

**44) 벤저민 프랭클린**

하늘나라란 극에 달한 행복이요, 그 시간대는 영원하다.

### 45) 영국 속담

비단옷을 입고 지옥에 가느니 누더기를 걸치고 천국에 가라.

### 46) 헨리 스미스

천국은 엄청나게 크지만, 천국에 이르는 길은 너무나 좁다.

### 47) 심상우

천국을 살고, 천국을 만들고, 죽어서 천국 가는 인생!

### 48) 하워드

낙원에 이르는 자는 하나님의 뜻을 행한 자들이나,
지옥에 가는 사람은 자기의 뜻을 행한 자들이다.

# 3. 추천 도서

## |지옥|

1. 《지옥은 정말 있습니다》 / 메어리 K. 벡스터 / 은혜출판사

2. 《천국과 지옥은 반드시 있습니다》 / 유혜은 / 카리스

3. 《내가 본 천국과 지옥》 / 신성종 / 한글

4. 《나는 지옥에 갔다 왔습니다》 / 케네스 헤긴 / 믿음의말씀사

5. 《지옥에서의 23분》 / 빌 와이즈 / 베다니출판사

6. 《천국과 지옥의 이혼》 / C. S. 루이스 / 홍성사

7. 《도스토옙스키, 지옥으로 추락하는 이들을 위한 신학》 / 에두아르트 투르나이젠 / 포이에마

8. 《지옥론》 / 크리스토퍼 모간 / 은혜출판사

9. 《회개하지 않는 자들에게 보내는 경고》 / 조셉 얼라인 / 박엉스토리

10. 《지옥을 다녀온 사람들》 / 모리스 S. 롤링스 / 요단출판사

## |자살|

11. 《다시 쓰는 자살론》 / 김명희 / 그린비

12. 《에밀 뒤르켐의 자살론》 / 에밀 뒤르켐 / 청아출판사

13. 《자살의 연구》 / 앨 앨버레즈 / 을유문화사

14. 《자살에 관한 모든 것》 / 마르탱 모네스티에 / 새움

15. 《자살하는 대한민국》 / 김현성 / 사이드웨이

**31장**

# 믿음

# 1. 들어가며

지금은 다원주의 문화 시대다. 포스트 모더니즘 시대다. 절대적 규범, 절대적 진리를 거부하는 시대다. 모든 가치는 상대적인 것이라고 규정한다. 인생의 목적, 정의, 진리 같은 거대 담론을 부정한다. 순간적인 즐거움과 쾌락을 인생의 목적보다 중시한다. 그리고 탈종교화 시대다.

이 주제 '믿음'은 그리스도를 믿는 믿음에 대해 말하고 있다. 이 주제는 독특하다. 불신자들은 평소 이런 대화를 하지 않는다. 아마 평생 동안 그러할 것이다. 서로 다른 견해는 세계를 바라보는 또 하나의 프레임을 선물해줄 수도 있다. 사고의 폭과 깊이를 심화, 확장해주기도 한다. 새로운 세계로 발을 들여놓는 첫 발걸음이 되기를 기대한다.

이 주제는 너무나 중요하고 가치 있다. 인생에서 가장 소중한 것을 다루고 있기 때문이다. 독자 여러분은 자신의 종교와 신념에 맞지 않아도 성숙한 인격으로 읽어주기를 부탁드린다. 군대에 갔다 왔는가, 아이를 낳아 어머니가 되었는가? 이런 지난한 일에 비하면 이 글을 읽는 건 아무것도 아니다.

오늘날 한국 기독교는 위기에 처해 있다. 밖으로는 기독교가 점점 포위되어 가고 있는 듯한 형국이다. 그리스도교를 조롱하는 세력들이 점점 커지고 있는 듯하다. 영화, 연극, 뮤지컬, 뉴스, 소설, 각종 SNS 그리고 사람들의 대화에서 교회 목사와 교인을 우스꽝스럽고 비이성적이며 위선적인 인물로 묘사하고 통쾌해하는 경우가 아주 많다. 아니 거의 단골로 등장할 정도가 아닌가? 목사를 '먹사'라고 비꼬기도 한다. 목사들의 일탈과 비행이 자주 언론에 보도된다.

한국 기독교가 반성하고 고쳐야 할 점도 적지 않다. 예수님의 교회에서 예수님은 뒷전이고 자신을 내세우는 목사가 적지 않다. 금품 비리, 성폭행과 성추행, 교회 세습 등으로 지탄받고 형사처벌되는 경우도 더러 있다. 희생과 헌신이 고갈된 목사들도 여기저기에 있다. 한국 교회의 위기는 목사의 책임이 가장 크다. 결정적이다. 목사는 이 세상에서 가장 중요하고 고귀한 직업이다. 한 영혼이 온 우주보다 귀하다. 이 영혼을 살리고 구원하는 통로를 만드는 게 목사의 임무이기 때문이다. 결과적으로 적지 않은 교인들도 방조자가 되어버렸다. 세상에 살면서 세상 사람이 되어버리는 교인들이 점점 많아지고 있다. 세상 사람들의 삶과 구별되지 않는 교인들은 맛을 잃어버린 소금과 같다. 길가에 버려져 밟힐 뿐이다. 향기 없는 꽃이다. 무슨 가치가 있나? 하지만 주위를 살펴보면 성경 말씀대로 살려고 힘써 노력하는 목사와 교인들이 훨씬 더 많지 않은가?.

　사회는 성경 말씀과는 점점 반대로 가는 경우가 많아지고 있다. 간통제, 차별금지법 등이 대표적이다. 간통죄는 2015년 2월 26일 헌법재판소의 결정에 따라 그 효력을 상실하였다. 그 이전에는 2년 이하의 징역에 처하도록 법률로 규정되어 있었다. 이처럼 인간은 힘이 센 쪽이 헌법과 법률을 만들고 개정하거나 폐지한다. 동성애와 동성 결혼이 공인된 나라가 점점 많아지고 있는 추세다. 미국, 캐나다, 호주, 네덜란드, 잉글랜드 등 너무 많다. 그러나 거룩하시고 한결같으며 변치 않는 하나님은 십계명 중 제7계명에서 이렇게 말씀하셨다.

　　제칠은, 간음하지 말라

　하나님은 남녀의 동침을 오직 부부 사이에서만 허락하셨다. 그러나 온갖 쾌락을 탐닉하는 인간은 이걸 불편해한다. 그래서 뒤집어 버리려고 해왔다. 간통제 폐지로 나타났다. 대학가 원룸촌은 거대한 동거촌이 된지 오래다. 정신이 허기진 시대에 음란, 각종 중독, 온갖 쾌락이 뭇 영혼을 실족시키고 있다. 차별금지법 중 동성애, 동성 결혼, 성전환도 그러하다.

　찬성론자들과 반대론자들은 서로 온갖 논리를 들어 자기들이 옳다고 주장한다. 인간들의 이런 다툼과 달리 하나님의 가르침은 처음부터 지금까지 그리고 앞으로도 확고하며 변치 않았고 변치 않는다. 차별금지법은 하나님을 진노하게 하는 법이다. 차별금지법의 핵심은 동성애와 동성 결혼이다. 이걸 빼고 통과시키자는 쪽과 이걸 포함해서 통과시키자는 쪽 중 후자가 더 많은 지지를 받고 있는 듯하다.

　세상이 점점 풍요로워지면서 사람들은 하나님을 떠나가고 있다. '하나님 없이도 돈으로 잘 먹고 잘사는데 고리타분하게 예수 믿는 건 속박이요 구속이 아닌가?', 이리 생각하는 사람들이 너무나 많다. 2024년 한국 1인당 GNP는 3만 6,624달러(4,995만 원)로 발표되었다. 1인당 GNP가 2만 달러를 넘어서면 예수님을 찾는 사람들이 급격하게 줄어든다는 연구 발표가 있다. 생활은 이전과 비교할 수 없을 정도로 편리해졌지만 영혼은 더없이 위험한 환경에서 살아 가고 있다.

> **"이 세상은 죽어가는 자들의 땅이며, 천국은 살아 있는 자들의 땅이다."**
>
> — 트리온 에드워즈

우리가 몇 살까지 살든, 어떠한 고난 속에서 어떠한 죽음을 맞이하든 이 땅에서의 삶은 잠시뿐이다. 우리에게 중요한 것은 영원이다. 영원의 관점으로 세상을 볼 때 진짜를 볼 수 있다. 영원의 관점에서는 우리에게 주어진 시련, 아픔, 고통이 티끌에 불과하다. 잠깐 있다가 사라질 영광을 원하는가, 아니면 이 땅에서 잠시 힘들지라도 그리스도와 함께 영원한 영광 누리기를 원하는가? 영원한 영광에 대한 간절한 소망이 가장 가치 있는 삶을 만든다.

— 《그리스도께서 내 안에 내가 그리스도 안에》 / 이재훈 / 두란노서원

## | 계획(설계)인가, 진화인가? |

사람의 심장은 1분에 평균 60~70회 정도 수축한다. 하루 평균 약 10만 번 수축하는 것이다. 사람이 평균 70년을 산다고 할 때, 심장은 자그마치 약 26억 번을 수축한다. 또한 심장이 한 시간 동안 내는 힘은 체중이 75kg인 사람을 3층짜리 건물 꼭대기로 올리는 힘과 같다고도 한다. 더욱 놀라운 것은 태어날 때부터 죽는 순간까지 심장이 단 한 번도 쉬지 않고 뛴다는 것이다. 심장의 고장률은 역사상 인간이 만든 그 어떤 초정밀 기계보다 낮다.

지구와 태양 사이의 거리가 1cm만 가까워져도 모든 생물이 타죽고, 1cm만 멀

어져도 얼어 죽는다고 한다. 또 지구가 똑바로 서 있지 않고 약간 기울어져 있기
에, 사계절이 존재할 수 있다고 한다. 만일 그렇게 기울지 않았더라면 적도 부근
에서는 모든 생물이 타 죽었을 것이고, 극지방에서는 너무 추워서 어떤 생물도
살지 못했을 것이다. 사람과 지구를 비롯해, 이 모든 것을 만들고 운행하는 분은
바로 우리 하나님이십니다.

- 《목마른 인생》 / 서정오 / 두란노서원

그리스도인이란 하나님이 온 우주를 창조하시고 다스리시는 분이라는 걸 한
치의 의심도 없이 온전하게 믿는 사람이다. 반면에 불신자는 이걸 인정하지 않
고 거부한다. 그들은 진화론을 믿는다. 진화론은 생물 집단이 여러 세대를 거
치며 유전적 특성이 변화하고, 그 결과 새로운 종이 탄생하는 과정을 설명하는
과학이론이다. 진화론은 찰스 다윈이 1859년 《종의 기원》을 통해 설명하고 있
다. 진화론은 인류 역사에서 나온 지 오래되지 않은, 166년 전에 나온 인식과 경
험의 한계를 가지고 있는 개인의 주장으로, 허점이 너무나 많은 이론이다.

사탄·마귀는 하나님을 대적하는 온갖 방법을 찾아내고 실행하는데, 그 중 효
과적인 방법 중 하나가 사회적으로 크게 성공했거나 인기 있는 사람을 이용하는
것이다. 사람들이 열광적으로 주목하고 폭발적인 인기를 누리는 그들을 도구로
쓰는 것이다. 이 얼마나 쉽고 효과적인가! 그러나 정작 이용당하고 있는 본인은
이런 영적 질서를 모르고 있다.

지금은 스마트폰 시대다. 애플의 스티브 잡스가 처음으로 만들었다. 마르크스
와 엥겔스는 공산주의 사상을 정립, 세계에 퍼뜨렸다. 찰스 다윈은 진화론을 전
파했다. 리처드 도킨스는 《만들어진 신》, 《이기적인 유전자》 등을 내어 하나님
을 대적하고 있다. 세상 사람들은 그를 세계적인 석학으로 우러러보고 있다. 한
국의 그 철학자가 강연하면 사람들이 모여 열광하고 있다. 그 역시 인문학에 갇
혀 그 이상의 세계에 대해서는 무지한 것 같았다. 거듭 말하지만 세상에서 가장
위험하고 슬픈 것은 영적 무지이다. 인문학에는 영혼 구원이 없다. 무식하고 아
는 게 적은 저자가 그 철학자의 강연을 유튜브로 시청하니, 현학적이었다. 쪼개
고 분석하나 그 주제는 이미 명료하게 판정된 것이었다. 스스로 창의적인 주장

을 펴는 것처럼 안간힘을 쓰지만, 찻잔 속의 태풍처럼 생명과 구원과는 거리가
먼 내용이었다.

그때 문득 '저 강연자는 왜 저렇게 무식하고 무지한가?'라는 생각이 저절로 들
었다. 무식한 나도 그 강연의 한계를 바로 간파하는데, 저 강연에 그토록 열광하
는 청중들의 영적 무지에 깊은 한숨을 쉬게 된다. 찰스 다윈, 마르크스, 엥겔스
의 영혼은 지금 어디에 있는가? 그곳에서 비로소 사탄 · 마귀에게 악용당하고 버
려졌다는 걸 알고 이를 갈며 후회하고 있을까? 거듭거듭, 다시 말하건대 영적 무
지만큼 위험한 건 이 우주 어디에도 없다.

## | 무엇을 믿는가? |

사람들의 욕망 중 돈에 대한 욕망이 가장 강하다. 권력욕이나 명예욕은 돈 욕
심에 비하면 아무것도 아니다. 심지어 돈으로 권력이나, 명예나, 그 밖의 모든
것을 살 수 있다고 생각하는 사람들이 너무나 많다. 돈이면 귀신도, 상어도 부릴
수 있다고 말하는 이들도 있다. 영계의 질서를 몰라서 하는 헛소리다. 틀린 말이
다. 귀신은 돈을 악용하나 돈에 휘둘리지 않는다. 돈이 교환의 수단이니 무엇이
나 살 수 있다고 생각하는가? 그렇지 않다. 돈으로 구입할 수 없는 게 많다. 보이
는 세계보다 보이지 않는 세계가 더 크고, 더 중요하다.

많은 사람들이 돈의 힘을 믿는다. 여기에서 자유로운 사람이 얼마나 될까? 돈
이 많으면 든든하다. 안심이 된다. 어떤 문제가 생겨도 돈으로 해결할 수 있을
것 같다. 돈은 어떤 상황이나 사건에서 무척이나 힘이 세다. 무소불위의 권력이
라고 느껴질 때도 있다. 돈이 많으니 노후 준비도 잘해 놓은 것 같다.

그러나 돈의 한계는 분명하다. 돈으로 할 수 없는 것도 수두룩하다. 아니 돈으
로 할 수 없는 게 훨씬 더 많다. 세계 최고의 그 부자는 죽기 전 왜 그렇게 극심
한 두려움에 공포로 떨며 세상을 떠났는가? 지진, 홍수, 가뭄 등 자연재해 앞에
서도 돈은 무력하다. 아무리 돈이 많아도 인간은 생로병사의 과정에서 벗어나지
못한다. 돈은 전지전능하지 못하다. 지혜로운 사람은 돈에 의존하지 않는다. 무

작정 돈을 믿는 건 무지의 소치다.

권력을 끝없이 추구하는 사람들도 있다. 권력은 매력적이고 통쾌하다. 내 맘대로 상대방이 움직이니 얼마나 통쾌한가! 지배욕이라는 죄성을 맘껏 충족시킬 수 있다. 안 되는 일도 되게 할 수 있다. 그러나 권력도 한때다. 산을 옮기고 나는 새도 떨어뜨리는 권력자도 때가 되면 그 자리에서 내려와야 했다. 지나온 역사에서 절대 권력자의 비참한 말로는 너무나 많아 기록하려면 몇 권의 책으로도 부족하다.

현대 한국의 정치 권력은 어떠했는가? 여러분이 아는 그대로다. 이승만 전 대통령은 3 · 15 부정 선거에 궐기한 국민의 힘에 의해 하야해야 했고, 박정희 전 대통령은 총에 맞아 사망했다. 박근혜, 윤석열 전 대통령은 탄핵당해 대통령의 자리에서 내려왔다. 노무현 전 대통령은 자살로 생을 마감해 버렸다. 전두환, 노태우 전 대통령은 교도소에 수감되었다 풀려났다. 이명박 전 대통령도 교도소를 피하지 못했다.

어떤 이들은 큰 나무에, 바위에, 북극성 등 자연물과 별에 소원을 빌기도 한다. 새해 첫날 떠오르는 해를 보며, 정월 대보름달을 보며 기도하는 사람들도 많다. 한밤중에 정화수를 떠놓고 비는 이들도 있다. 얼마나 우스꽝스러운 일인가? 이들은 말도 못 하고, 듣지도 못하며, 스스로 그 어떤 것을 할 수 있는 능력이 전혀 없는 이런 것들에 소원을 빈다. 블랙 코미디가 따로 없다. 나무와 바위는 그냥 그 자리에 있고, 해, 달, 별은 창조 질서에 의해 운행할 뿐이다. 이런 것들은 모두 창조주에 의해 만들어진, 어떤 능력도 없는, 하나님이 만든 피조물일 뿐이다. 불을 숭배하는 종교도 있다. 불도 그렇다. 스스로 연소될 수 없다. 3가지 조건(가연물, 산소, 점화원)이 갖추어 져야 연소가 일어난다. 인간은 인식과 그 한계로 인해, 영적 세계에 대한 무지로 인해 엉뚱한 걸 믿는다. 이걸 믿었다가 저걸 믿었다가 갈팡질팡하는 사람도 부지기수다.

## |자기 자신을 믿는 사람들|

"세상에 믿을 게 없다. 확실하게 실존하며 스스로 결정하고 선택하는 자기 자신을 믿으며 살아가야 한다."고 주장하는 사람들도 매우 많다. 사람은 자기 자신이든 남이든 믿을 만한 존재인가? 전혀 아니다. 사람은 누구나 연약하기 그지없다. 피조물의 한계를 가지고 살아간다. 먼저, 신체적으로 그렇다. 3~5분만 숨을 쉬지 못하면 뇌가 죽어가기 시작하고 위태로워진다. 3일간 수분을 섭취하지 않으면 사망한다. 뇌의 실핏줄이 조금이라도 터지면 뇌경색이나 뇌졸중으로 일순간에 건강을 잃어버린다. 심장에 혈액 공급이 부족해지면 심근경색 등 심장병으로 생명이 위협받는다. 심장에 혈액이 공급되지 않으면 5분이 못 되어 사망한다. 한 끼만 굶어도 배고픔을 이기지 못한다. 이처럼 몸은 허약하다.

정신적으로는 어떤가? 정도의 차이는 있지만, 모두가 정신병 환자의 요소를 가지고 있다. 어릴 때 부모로부터 받은 상처, 살아오면서 타인에게 받은 트라우마가 수시로 나타나곤 한다. 갈수록 도처에 정신병자들이 즐비하다. ADHD, 우울증, 조울증(양극성 장애), 공황장애, 불안 장애, 자살 충동, 스트레스 장애, 강박 장애, PTSD(외상 후 스트레스 장애), 정신 분열증(조현병), 인터넷 중독을 비롯한 5대 중독 등 병의 종류는 4만 가지가 넘는다고 한다. 온갖 정신병이 여기저기에서 날뛰며 증폭 확산하고 있는 시대다. 자신이 얼마나 연약한지를 알지 못하는 사람은 자신이 붙들고 있는 연줄을 끊고 더 멀리 날아가려 하는 어리석음을 범한다. 어리석은 사람들은 시간이 지나면 사라질 것들에 열광하며 그것들을 경배한다. 한국에는 스스로를 '신(神)'이라고 주장하는 사람들이 최소 40명이 넘는다고 한다. 정말이지 말도 안 되는, 어처구니없는 헛소리다. 스스로를 신의 대리자로 자처하며 교주로 군림하기도 한다. 이들은 결국 하나 같이 비참하고 부질없었다. 앞으로도 그러할 것이다. 그들은 "그러나 우리나 혹은 하늘로부터 온 천사라도 우리가 너희에게 전한 복음 외에 다른 복음을 전하면 저주를 받을 지어다"(갈라디아서 1 : 8)라고 경고한 성경 말씀을 정면으로 거스르고 있다. 이들의 실체는 탐욕 덩어리, 그 자체일 뿐이다. 지배욕, 권력욕으로 가득했던(가득한) 추악한 영혼이다. 여기에다 그들을 추종하는 사람들이 지나치게 많다. 이러고도 인간이 만물의 영장인가? 소경이 소경을 인도하니 둘 다 구렁텅이에 빠지더라, 이렇게 될 것이다.

그들은 왜 그렇게 되었는가? 하나 같이 유혹에 넘어가 사탄·마귀의 도구로 사용되다 구겨진 휴지처럼 버려졌다(버려질 것이다). 그리고 그곳으로 가서 영원히 극한의 고통을 받고 있다(현재 생존자는 사후에 그 고통을 받게 될 것이다). 그때서야 사탄·마귀에게 속았다는 걸 알게 되나 이미 늦어 어떠한 길도, 방법도 없다. 거듭거듭 말하지만, 이 세상에서 가장 위험한 것은 총, 칼이 아니다. 영적 무지다. 왜냐? 그 영혼이 지옥으로 가서 영원히 고통받기 때문이다.

## | 내 인생은 나의 것? |

세상에는 오직 두 부류의 사람들이 있다. 하나는, 자기 자신의 힘으로 살아가려는 사람들이다. 돈, 세상의 기술 등 자기 자신이 가진 능력으로 살아 가려는 사람들이다. 예수님을 믿지 않는 사람들의 가치관이며 생활 방식이다. 생각해보자. 사람의 능력이 어느 정도인가? 극히 조그마하고 나약하다. 누구도 생로병사의 과정을 벗어날 수 없다. 사소한 인간관계에도 힘들어하고 죽음과 그 후의 문제를 해결할 수 없다.

하나님 없이 살 수 있다고 생각하는 것, 곧 하나님 이외의 것으로도 충분하다고 믿는 것, 자기 필요를 하나님 이외의 것으로 채울 수 있다고 믿는 것에 대하여 하나님은 진노하신다. 자아의 욕구는 자기 마음대로 살고 싶어 한다. 여러분은 어떻게 살아가고 있는가? 각자의 세계관, 가치관에 따라 다를 것이다.

또 하나의 부류는, 예수님의 은혜로 살아가려는 사람들이다. 진정한 그리스도인은 자신은 하나님의 피조물이고, 하나님을 자신의 주인으로 인정하며, 자기 생각대로가 아닌 성경 말씀대로 살아가려고 힘써 노력한다. 자신을 기꺼이 하나님의 청지기로, 종으로 인정한다.

그리스도인이 지켜야 할 계명은 크게 두 가지이다. 하나님 사랑과 이웃 사랑이다. 좀 더 펼쳐보면 10계명이다. 내 인생의 주인은? 불신자는 자기 자신이고, 그리스도인에게는 하나님이다. 천국과 지옥이 있다면 세상 떠난 후에 극명하게 이 두 가치관의 차이가 증명될 것이다. 그리고 인간은 너무나 연약한 존재이기에 모든 걸 책임질 수 있기는커녕 퇴행성 관절염조차 치유할 수 없는 게 인간 능력의 현주소다.

## | 누구를 믿어야 하니? |

무엇을 위해 무엇을 믿어야 하나? 스펜서는 이렇게 말했다.

> "인간은 삶이 두려워 사회를 만들었고, 죽음이 두려워 종교를 만들었다."

영혼 불멸을 인정하는 사람들은 자신의 영혼 구원을 위해 종교 생활을 하기도 한다. 돈과 몸은 중요하다. 생명과 같다. 그러나 영원하지 않은 한시적인 생명이다. 영원하지 않기에 진정한 생명이 아니다. 언젠가는 몸은 죽으며, 저세상은 돈이 없는 세상이다.

반면에 영혼은 불멸한다. 영원하기에 영혼만이 진정한 생명이다. 몸이 죽은 후 영혼은 천국과 지옥 중 어느 한 곳에 거하게 된다. 지옥은 현실이고 실존이다. 지옥, 천국 간증에 의하면 지옥은 극한의 고통이 영원히 계속되는 끔찍하고 처절한 곳이다. 반면에 천국에서 누리는 복락은 말과 글로 표현할 수 없을 정도라고 한다.

우리는 무엇을, 누구를 믿어야 하는가? 허약하고 무능한 존재를 믿는 사람은 없다. 그 어떤 일도 가능하며 모든 걸 아시는 전지전능한 분을 믿어야 한다. 언제, 어디에도 계시는 무소 부재한 분을 믿어야 한다. 몸을 죽일 수 있을 뿐만 아니라 영혼도 벌할 수 있는 분을 믿어야 한다. 천국과 지옥을 다스리는 분을 믿어야 한다. 온 우주를 창조하고 다스리는 분을 믿어야 한다. 그분은 누구신가? 예수님이시다. 예수님을 만나면 인생의 모든 문제가 해결된다. 그러나 예수님을 만나지 못하면 영원히 후회하게 될 것이다. 우리가 믿음 갖지 않는 것은 하나님을 거짓말쟁이로 여기는 것과 같아서 결과적으로 하나님을 진노하게 한다.

## | 천국에 가는 방법이 있는가? |

오직 두 가지 방법이 있다. 하나는, 완벽하게 선(善)하고 의(義)로운 삶을 살면 된다. 그런데 온갖 죄성을 가지고 태어난 인간은 그 누구도 이런 삶을 살 수 없다. 어려운 이야기할 것 없다. 자기 자신을 생각해보면 바로 알 수 있다.

또 하나는, 예수님을 나의 구주로 영접하여 믿는 것이다. 그 원리는 이러하다. 예를 들면, 병태와 재곤이가 소머리곰탕집에서 식사를 하고 있는데, 영기가 다른 좌석에서 식사를 마치고 나가면서 병태와 재곤이의 음식값도 계산했다. 병태와 재곤이는 아무것도 하지 않았지만, 공짜로 그 맛있는 소머리곰탕을 먹은 셈이다. 셋이 서로 알고 친하기 때문이다. 마찬가지로 예수님은 예수님을 믿는 사람에게 천국 가는 은혜를 베푸신다. 아무 한 일도 없지만(아무 공로가 없지만), 예수님을 믿는 그 자체를 의롭게 여겨(이신칭의, 以信稱義) 천국 백성 삼아 주시는 것이다. 신자는 아무 한 일도, 공로도 없지만……

팽팽한 평행선이다. 우리의 오른쪽에는 예수님이, 왼쪽에는 사단·마귀가 있다. 자기 자신의 자유 의지(Free Will)를 어느 쪽에 사용하느냐에 따라 세상 떠난 후 어디에서 영원을 보낼지가 결정된다. 오직 살아 있을 때만 예수님을 믿을 기회가 있다. 죽으면 바로 예수님의 심판대 앞에 서게 된다. 이때 불신자는 본능적으로 극도의 공포를 느낀다고 한다. 천국으로 인도하는 전도는 이웃 사랑의 최고 표현이다. 부모님 전도는 최고 최선의 효도다. 이제 여기까지 읽은 당신은 지금처럼 예수 없이 살아갈 것인가, 하루속히 예수님을 영접할 것인가? 세상 떠난 후 당신은 어디서 영원히 살 것인가? 결단을 내리기를 축원드린다.

"내일 일을 너희가 알지 못하는도다
너희 생명이 무엇이냐 너희는 잠깐 보이다가 없어지는 안개니라"

– 야고보서 4 : 14

## 2. '믿음' 관련 명언

1) ⟨생명의 삶⟩ 2018년 6월호 중에서

지구에서 태양까지의 거리인 1억 5천만 km가 종이 한 장의 두께라면
은하수의 지름은 이 종이를 480km쯤 쌓아 놓은 거리입니다.
우주에 이런 은하수는 헤아릴 수 없이 많습니다.
공중의 먼지나 바닷가 모래알보다 더 많을 것입니다.
그런데 예수님이 능력의 말씀만으로 이 모두를 붙잡고 계신다면,
그분이 당신 삶의 조수로나 삼아야 할 분입니까?

2) 토마스 아 켐피스

성찰의 대상은 언제나 나 자신과 나의 죄악이어야 한다.

3) 제레미 테일러

하나님은 우리에게 이 땅에서의 짧은 시간을 주셨다.
그 짧은 시간에 영원이 좌우된다.

4) 고대 로마의 경구

그대도 죽을 것이라는 사실을 잊지 마라.
MEMENTO MORI.

5) 작자 미상

참호 속에선 무신론자가 나올 수 없다.

6) 레프 톨스토이

하나님의 존재를 믿는다는 것, 인간의 행복은 이 한 마디에 있다.

7) **자끄 엘륄**

　하나님이냐, 돈이냐?


8) **갈라디아서 1 : 7~8**

　다른 복음은 없나니 다만 어떤 사람들이

　너희를 교란하여 그리스도의 복음을 변하게 하려 함이라

　그러나 우리나 혹은 하늘로부터 온 천사라도

　우리가 너희에게 전한 복음 외에

　다른 복음을 전하면 저주를 받으리라


9) **갈라디아서 5 : 22~23**

　오직 성령의 열매는

　사랑과 희락과 화평과 오래 참음과 자비와 양선과 충성과

　온유와 절제니 이 같은 것을 금지할 법이 없느니라

10) **매카나키**

　하나님이 미움 이파하시는 깃은

　우리가 기도를 하지 않기 때문이 아니라

　기도를 실천하지 않기 때문이다.


11) **블레즈 파스칼**

　만약 신이 존재하지 않는다면

　우리가 경건한 삶을 살든 죄악의 삶을 살든

　사후(死後) 결과는 달라지지 않는다.

　그러나 신이 있다면 죄악의 삶은 영원한 저주를,

　경건한 삶은 영원한 구원을 받게 될 것이다.

　신의 존재에 베팅을 한 사람은 조금 불편한 삶이 되겠지만

　신의 부재(不在)에 베팅한 사람은 영원한 저주를 안고 사는 것이다.

12) **마태복음 25 : 23**

그 주인이 이르되 잘하였도다 착하고 충성된 종아

네가 적은 일에 충성하였으매 내가 많은 것을 네게 맡기리니

네 주인의 즐거움에 참여할지어다

13) **윈스턴 처칠**

대영제국이 도덕적으로 이렇게 타락된 것은

이 나라에서 천국과 지옥이 더 이상 선포되지 않기 때문이다.

14) **존 워너메이커(前 미국의 '백화점 왕')**

사업이나 공직은 부업이지만,

주일 학교 교장과 교회 일은 주업이다.

15) **찰스 스펄전**

우리는 우리가 생각하는 것보다 훨씬 악한 죄인이다.

16) **나부열**

사탄은 어떤 범죄를 일으키기 위하여 한가한 사람을 찾는다.

17) **윌리엄 메이**

죽음은 인생의 의미를 변화시키고,

삶에 새로운 방향성을 제시하는 결정적인 가치다.

18) **체스터턴**

세상에서 가장 불행한 일은

아름다운 광경을 볼 때 감사할 대상이 없는 것이다.

19) **괴테**

신앙은 모든 지식의 처음이 아니라 끝이다.

20) **성 아우구스티누스**

하나님 없는 교육은 약삭빠른 악마를 생산하는 것과 같다.

21) **한나 아렌트**

악이란 뿔 달린 악마처럼 괴기한 존재가 아니며
사랑과 마찬가지로 언제나 우리 가운데에 있다.

22) **토마스 베리**

우주는 신의 최고의 계시이자, 최고의 작품이며,
신과 인간이 교감하는 최고의 장소이다.

23) **어거스틴**

나는 옛날의 내가 아닙니다.
옛사람이 죽고 나서야
비로소 옛 생활을 모두 청산할 수 있었습니다.

24) **리처드 바흐**

이 세상에서 내가 해야 할 사명이
마무리되었는지 판단할 수 있는 방법이 있으니,
아직 살아 있다면 그 사명이 끝나지 않은 것이다.

25) **쇼펜하우어**

당신을 인간으로 만드는 데는
훌륭한 임사체험만큼 유익한 것은 없다.

### 26) 김태국

노후 대책은 되어 있는데, 사후 대책은 되어 있습니까?

### 27) 매튜 헨리

고난과 불행 가운데서 우리를 지탱하는 것은
영원한 나라에 대한 확신과 소망이다.

### 28) C. B. 몰

인생에서 가장 위험한 순간은 스스로 지혜롭다고 여기며
자신의 지혜와 의를 의지할 때입니다.

### 29) 루이 기글리오

성경의 진리가 우리 앞의 그 무엇보다 위대함을 믿을 때
우리 안에는 놀라운 변화가 일어난다.

### 30) 사도행전 16 : 31

주 예수를 믿어라 그리하면 너와 네 집이 구원을 받으리라

### 31) 밀라노 성당의 첫 번째 문에 새겨진 글귀

모든 즐거움은 잠깐이다.

### 32) 마틴 로이드 존스

세상 소망이 아무것도 아님을 깨닫기 전까지
사람들은 복음을 들으려 하지 않는다.

### 33) 조나단 에드워즈

죄가 주는 즐거움이 금방 사라지는 유성과 같다면
주님이 주시는 기쁨은 태양보다 더 영속적이다.

## 34) A. W. 토저

그리스도의 재림 날은
영원하신 하나님의 끝없는 권능이 나타나는 날이다.

## 35) 칩 잉그램

이 땅에서 아무리 좋은 것을 누려도
하나님이 예비하신 그날의 영광에 비하면 맛보기에 불과하다.

## 36) 프랜시스 챈

모든 역사는 하나님이 계획하신
영광스러운 마지막을 향해 정확히 움직인다.

## 37) 데이비드 E. 홀베르다

하나님이 없다고 말하는 것은
눈을 꼭 감고 빛이 없다고 하는 것만큼이나 어리석다.

## 38) 조정민

두 아이가 서로 묻습니다.
"너 어디로 가는 거야?"
"몰라, 나도……."

## 39) 루이 기글리오

인생의 목적이 하나님의 영광임을 분명히 기억할 때
우리는 안일함에서 벗어날 수 있다.

## 40) 아더 핑크

빛 되신 하나님은 암흑 속에서도
그분이 택하신 백성을 반드시 찾아 구원하신다.

## 41) 웨슬리 뉴비긴

믿어서 하나님의 영광을 볼 것인가, 거부함으로써 죽음에 이를 것인가?
선택은 하나다.

## 42) A. T. 피어슨

죄의 치명성은 악에 대한 사랑이며,
거룩함의 핵심 요소는 말씀에 대한 사랑이다.

## 43) 데이비드 베너

진정으로 자아를 실현하는 삶은
나 자신을 하나님께 완전히 의탁하는 삶이다.

# 3. 추천 도서

1. 《나는 왜 그리스도인인가》 / 존 스토트 / IVP

2. 《세상 속의 그리스도인 1, 2》 / 자끄 엘륄 / 대장간

3. 《내게 있는 것》 / 이재철 / 홍성사

4. 《하나님을 영화롭게 하는 비즈니스》 / 웨인 그루델 / 도서출판 CUP

5. 《비전의 사람》 / 이재철 / 홍성사

6. 《진노한 하나님의 손에 붙들린 죄인들》 / 조나단 에드워즈 / 생명의말씀사

7. 《믿음의 본질》 / 박영선 / 낮은울타리

8. 《하나님의 열심》 / 박영선 / 무근검

9. 《본질이 이긴다》 / 김관성 / 더드림

10. 《바울이 세상에게》 / 권호 / 생명의말씀사

11. 《예수의 양 주기철》 / 김인수 / 홍성사

12. 《그 의사 장기려》 / 지강유철 / 홍성사

13. 《백악관을 기도실로 만든 대통령 링컨》 / 전광 / 생명의말씀사

14. 《존 웨슬리의 일기》 / 존 웨슬리 / 크리스천다이제스트

15. 《정말 지옥은 있습니다》 / 메어리 K. 백스터 / 은혜출판사

16. 《신성종의 내가 본 지옥과 천국》 / 신성종 / 크리스챤서적

17. 《천국과 지옥, 반드시 있습니다》 / 유혜은 / 카리스

18. 《C. S. 루이스가 말하는 천국과 지옥》 / 웨인 마틴데일 / 국제제자훈련원

19. 《깡통을 차고 빌어먹어도 지옥만은 가지 마라》 / 김상호 / 책나무

20. 《지옥에서의 23분》 / 빌 와이즈 / 베다니출판사

21. 《지옥을 다녀온 사람들》 / 모리스 S. 롤링스 / 요단출판사

22. 《전도는 어명이다》 / 김두식 / 생명의말씀사

23. 《전도 여왕의 전도 레시피》 / 박인숙 / 두란노서원

24. 《멈출 수 없는 사명, 전도》 / 이현식 / 교회성장연구소

25. 《세상의 선물이 되는 교회》 / 백광훈 / 크리쿰북스

26. 《그래도 교회가 희망이다》 / 박은조 / 생명의말씀사

27. 《거짓의 사람들》 / 스캇 펙 / 비전과리더십

28. 《하나님을 추방하는 10가지 플랜》 / 엘리스 베일리

29. 《죽도록 즐기기》 / 닐 포스트먼트 / 굿인포메이션

30. 《직설》 / 박영선 · 김관성 / 두란노서원

31. 《일상의 성화》 / 데이비드 폴리슨 / 토기장이

32. 《경외심》 / 대커 켈트너 / 위즈덤하우스

33. 《예수와 함께 한 저녁 식사》 / 데이비드 그레고리 / 포이에마

34. 《기독교를 알기 쉽게》 / 임택진 / 한국문서선교회

35. 《성부 하나님과 성자 하나님》 / 마틴 로이드 존스 / 부흥과개혁사

36. 《성령 하나님과 놀라운 구원》 / 마틴 로이드 존스 / 부흥과개혁사

37. 《영광스러운 교회와 아름다운 종말》 / 마틴 로이드 존스 / 부흥과개혁사

38. 《거룩한 구원》 / 노병기 / 예영커뮤니케이션

39. 《죽음을 연습하라》 / 노치준 / 동연

40. 《우리는 왜 죽는가》 / 벤키 라마크리슈난 / 김영사

41. 《죽을 때 후회하는 스물다섯 가지》 / 오츠 슈이치 / 21세기북스

42. 《종말을 준비하는 사람들》 / 마크 오크널 / 열린책들

43. 《삶을 바로 잡을 용기》 / 존 오트버그 / 두란노서원

44. 《단 한 번의 삶》 / 김영하 / 복복서가

45. 《내가 죽기 일주일 전》 / 서은채 / 황금가지

46. 《창백한 푸른 점》 / 칼 세이건 / 사이언스북스

47. 《나는 왜 승복을 벗고 목사가 되었는가》 / 김진규 / 중생감리교회

48. 《새신자반》 / 이재철 / 홍성사

**32장**

# 성경과 성경 말씀

# 1. 들어가며

루이스 월리스는 소설 《벤허》의 저자다. 영화로 만들어져 세계인들이 보았다. 무신론자인 월리스는 원래 예수님의 부활을 믿지 못해 도서관을 뒤지며 반박할 근거를 찾아다녔다. 그런데 성경을 부정하기 위해 반복해서 읽다가 결국 무릎을 꿇고 말았다. 월리스는 완전히 변화 받아 하나님 앞에 새사람이 되었다. 그런 다음 쓰게 된 소설이 바로 《벤허》다.

진정으로 예수 그리스도를 만난 사람들은 삶의 목표가 바뀐다. 예수님을 전하는 것이 인생의 목적이 된다. 살아 계신 예수님을 만나고 변화되어 그분께 평생을 바친 사람들만큼 부활을 강력하게 증명하는 것이 또 어디 있겠는가?

무엇보다 예수님의 부활이 거짓이라면 지난 2,000여 년 동안 기독교가 널리 보급될 수 없었을 것이다. 빈부귀천을 막론하고 국경과 인종을 초월해 복음이 쇠하지 않고 전해진 이유는 단 하나이다. 그것이 분명한 진리이기 때문이다.

- 《옥한흠 목사의 다시 복음으로》 / 옥한흠 / 은보

## |성경은 하나님 말씀이다|

'성경이 얼마나 놀라운 책인가.'라는 질문에 답하기 위한 자료는 얼마든지 있다. 그런데도 많은 사람들이 성경책이 지닌 초자연적인 능력을 과소평가하는데, 그것은 성경을 잘 모르기 때문이다. 일반적으로 보면 성경을 많이 비판하는 사람일수록 성경을 거의 모른다. 성경을 모르는 만큼 당연히 성경은 그에게 작아 보일 것이다.

성경은 하나님께서 인간에게 주신 가장 참되고 유일한 진리이다. 하나님께서 그 성경을 인간에게 주시기 위해 1,600여 년 동안 40여 명의 사람들을 동원하셔서 기록하게 하셨다. 그리고 지난 2,500여 년 동안 기적적으로 보존해 주셨

다. 얼마나 많은 황제들과 폭군들이 성경을 영원히 매장시키려고 했는지 모른다.

그렇듯 성경을 장사지내는 영구차의 종소리가 수없이 울렸지만, 성경은 항상 무덤을 열고 다시 살아났다. 이 놀라운 능력을 가진 성경이 어떤 책인지 살펴보자.

### (1) 성경의 저자는 누구입니까?

"모든 성경은 하나님의 감동으로 된 것으로"

- 디모데후서 3 : 16

### (2) 성경의 해석

"먼저 알 것은 성경의 모든 예언은 사사로이 풀 것이 아니니

예언은 언제든지 사람의 뜻으로 풀어낸 것이 아니요

오직 성령의 감동하심을 받은 사람들이 하나님께 받아 말한 것임이라"

- 베드로후서 1 : 20~21

### (3) 하나님께서 성경을 주신 목적은 무엇입니까?

① 구원 : 예수 믿게 함, 생명 얻게 함.

"오직 이것을 기록함은 너희로 예수께서 하나님의 아들 그리스도이심을

믿게 하려 함이요 또 너희로 믿고 그 이름을 힘입어 생명을 얻게 하려

함이니라"

- 요한복음 20 : 31

② 신앙생활의 지침 : 교훈, 책망, 바르게 함, 의로 교육

"모든 성경은 하나님의 감동으로 된 것으로 교훈과 책망과 바르게 함과

의로 교육하기에 유익하니 이는 하나님의 사람으로 온전하게 하며

모든 선한 일을 행할 능력을 갖추게 하려 함이라"

- 디모데후서 3 : 16 ~ 17

**(4) 성경에 대한 신자의 태도는 어떠해야 합니까?**

"이 예언의 말씀을 읽는 자와 듣는 자와 그 가운데에
기록한 것을 지키는 자는 복이 있나니 때가 가까움이라"

– 요한계시록 1 : 3

※ 심상우 목사가 작성한 '새신자 교육 자료' 시리즈(4회) 중 '제4과 성경은 하나님의 말씀이다' 중 일
부 발췌, 인용

## | 성경은 이러합니다! |

### (1) 성경은 하나님의 자서전이다.

성경은 하나님의 말씀이다. 성경이 하나님의 말씀이라 불리는 이유는 기록된
내용이 모두 하나님의 계시이기 때문이다. 비록 실제로는 40여 명이 1,600여 년
에 걸쳐 썼지만, 성경의 1차적인 저자는 하나님이다. 성경에 기록된 내용은 성경
기자들이 상상하거나 연구해서 쓴 내용들이 아니다.

하나님이 기록할 내용을 성경 기자들에게 직접 보여 주시고, 세미한 음성으로
들려주시고, 가르쳐 주셨다. 성경은 하나님으로부터 보고, 듣고, 배운 하나님의
계시를 내용으로 하고 있다. 그러므로 성경은 하나님의 말씀, 하나님이 하신 행
동을 담고 있다. 그러므로 성경의 주인공은 하나님이다. 성경에는 하나님의 계
시가 담겨 있기 때문에 하나님의 자서전이라고 부를 수 있다. 만약에 하나님이
하나님에 대해 우리에게 말씀해 주시지 않았다면 우리는 오리무중 헤매다가 오
류에 빠졌을 것이다. 성경이라는 하나님의 자서전이 있기 때문에 우리는 하나님
을 바르게 알 수 있다.

### (2) 성경은 예수 그리스도의 초상화이다.

성경을 열심히 읽다 보면 그 속에서 예수님의 모습이 선명하게 떠오른다. 당연
히 성경의 주제는 예수 그리스도다. 구약은 구원자로 오실 예수 그리스도, 신약
은 오신 그리스도에 대한 기록이다. 40여 명의 기자들이 예수 그리스도가 우리

의 구원자이심을 다양한 각도에서 말하고 있다.

성경의 기자들이 다양한 색채와 여러 모습으로 예수 그리스도를 그려 주고 있기 때문에 성경을 예수 그리스도의 초상화라고 부르는 것이다. 성경을 읽는 사람들은 누구든지 성경 속에서 구원자 예수 그리스도를 발견할 수 있어야 한다.

### (3) 성경은 도서관이다.

성경에는 66권의 책이 들어 있다. 그중에는 법률책도 있고, 이스라엘 역사책도 있으며, 명언과 격언과 속담도 들어 있다. 기쁨과 슬픔과 탄식을 노래하는 기도 시가 있고 인생의 고난과 허무를 다루는 철학책도 있다. 이스라엘 민족의 시작과 성장, 멸망을 보여 주는 이스라엘 역사책이 있는가 하면, 교회의 탄생과 성장을 보여 주는 초대 교회사에 관한 책도 있다.

성경은 과거의 역사만 다루는 것이 아니라 오늘의 역사를 해석해 주고 인류의 최후 역사를 예고해 주는 예언도 담고 있다. 또한 인생이 지켜야 할 헌법이 있으며, 인류를 죄에서부터 구원하러 오신 구세주에 대한 위대한 전기들도 있다. 성경 66권은 BC 1500년경부터 AD 100년까지 약 1,600년 동안에 하나님의 계시를 기록한 방대한 도서관이다.

### (4) 성경은 광산이다.

성경 속에는 온갖 종류의 진리가 보물처럼 담겨 있다. 성경에는 하나님, 우주 만물, 천사와 악마, 인간에 대한 진리들이 보석과 같이 촘촘히 박혀 있다. 그리스도, 구원, 교회와 세상, 종말에 대한 진리들이 보화처럼 담겨 있다. 우리는 진리의 보석과 보화를 캐내기 위해 광부와 같은 자세로 임해야 한다. 성경에서 발견되는 보석들은 인생을 변화시키는 힘이 있다. 성경이라는 진리 광산의 매장량은 무궁무진하다.

수천 년간 수많은 사람들이 성경의 광산에서 진리의 보석을 캐내어 인생 횡재를 했다. 성경의 광산은 캐내고 캐내어도 바닥이 나지 않는다. 성경은 인류 전체가 함께 캐내야 할 진리의 광산이며 한평생 캐내어도 부족함이 없는 광산이다.

## (5) 성경은 양식이다.

성경은 신자들의 밥이며 생수다. 우리의 몸은 밥을 먹고 살지만, 우리의 영혼은 성경을 먹고 산다. 밥심으로 우리 몸이 사는 것처럼 성경의 힘으로 우리 영혼이 산다. 성경을 먹고 소화시킴으로 인해 우리 영혼은 자라게 된다. 밥을 매일 먹어야 하는 것처럼 성경도 매일 읽어야 한다. 밥을 매일 규칙적으로 먹는 것처럼 성경도 매일 규칙적으로 읽어야 한다. 성경은 우리에게 고기가 되고, 때로는 생수가 되고, 때로는 달콤한 꿀이 된다. 성경은 우리에게 젖이 되고 밥이 된다. 성경을 사랑한다는 것은 하나님을 사랑한다는 것이며, 하나님을 사랑한다는 것은 성경을 사랑한다는 것이다.

– 《만화 성경론》/ 백금산 글 · 김종두 그림 / 부흥과개혁사 / pp.9-19


## | 성서(Bible, 聖書)의 구성 역사와 과정 |

그리스어로 '책'이라는 뜻의 Biblia(Biblos의 복수형)에서 유래했다. 독일어로는 Bibel, 프랑스어로는 Bible다. 그리스도교의 경전이다. 성서는 《구약성서》, 《신약성서》 그리고 《외경(제2 경전)》으로 구성된다. 《구약성서》는 원래 유대교의 경전이었고, 《구약성서》와 《신약성서》를 합친 《성경전서》는 개신교의 경전이며, 여기에 《외경》을 합친 것이 가톨릭교회의 《경전》이다. 그리스도교의 《경전》을 한국에서는 《성서》 또는 《성경(聖經)》이라고 부르며, 중국에서는 《성경》, 일본에서는 《성서》라고 한다.

《성서》는 여러 권의 책을 한데 모아 놓은 작은 문집과도 같다. 그래서 그리스도교의 경전 전부를 포함하여 부를 때 《성서》라고 한다. 《구약성서》에는 낱권 39권이 들어 있으며, 《신약성서》에는 낱권 27권이 들어 있고, 《외경》에는 한국 가톨릭에서 사용하는 낱권 7권과 《구약성서》에 속하는 '에스겔', '다니엘'의 내용을 첨가한 별권 2권이 들어 있다. 한국어 《성서》라고 하는 것은 영어로는 'The Holy Scripture', 독일어로는 'Die Helige Schrift', 프랑스어로는 'La Sainte Ecriture', 라틴어로는 'Sacra (Divina) Scriptura'라고 한다. 유대교에서도 그들의 경전을 《성서(Shepharim Kithbe Haqqodesh)》라고 부르기는 하지만 거기에는 그리스도교에서 《구약성서》라고 부르는 부분만 들어 있다. 그 책을 그들은 《율법서, 예언서, 성문서(Torah, Nebhim)》라고도 부르고, 머리글자를 따서 《타나크(TaNaKh)》라고 부르기도 한다.

《구약성서》는 주로 히브리어로 쓰여 있으며, 일부가 아람어로 쓰여 있다. 《신약성서》는 그리스어가 원어이고, 외경은 그리스어로 전해져 오고 있다. 한국에서는 《구약성서》, 《신약성서》, 《외경》이 1882년부터 현재까지 번역, 개정, 새 번역의 과정을 모두 거쳐 모두 한국어로 번역되었다.

– 《브리태니커 한국어 대백과사전》 12권 / 한국브리태니커회사 / P.131

## | 성경이 나를 변화시킬 수 있는가? |

성경은 하나님이 주신 영감으로 쓰인 책이다. 세상 사람들이 자기 자신의 지식과 경험으로 쓴 책과는 완전히 다르다. 성경은 과학으로 설명할 수 없는 온갖 이적의 원천이다. 성경은 능력 그 자체이다. 무엇보다 성경을 전심으로 계속 읽으며 놀라운 변화가 일어난다. 자신의 죄를 회개한다. 다시는 그 일을 반복하지 않는다. 그리고 사람이 바뀌기 시작한다. 이때 하나님이 은혜 주시면 알코올 중독자가 술 취하지 않는 맑은 정신의 건강한 몸으로 살아가기 시작한다. 세 달도 못 산다고 의사가 진단 내린 말기암 환자가 씻은 듯이 치유된 사례도 비일비재하다. 자기만 아는 이기주의자가, 사기꾼이, 도둑놈이, 매춘하던 여인이, 자녀를 학대하는 아버지가 자신의 과거와 결별한다. 그리고 온유하고 사려 깊은 사람으로 이웃 사랑을 실천하며 살아간다. 세상에서 누가, 무엇이 이렇게 사람을 변화시킬 수 있는가?

'나도 새 사람으로 바뀔 수 있을까?' 예수님 안에서 얼마든지 가능하다. 성경 속의 사건은 모두 사실로 증명되었다. 고고학, 문화 인류학계가 발표했다. 노아의 방주? 지금도 터키 아라라트산 정상에 있다. 세계의 여러 TV에서 방영했다. 유튜브에도 여럿 있다. 그랜드 캐니언의 물고기 화석은 한 방향으로만 향하고 있다. 노아의 대홍수 때 거센 물결대로 떠내려갔기 때문이다. 모세의 홍해 가름? 그 바다 밑에 당시 이집트 기병의 투구, 칼, 마차 등이 발견되었다. 소돔과 고모라도 그러하다. 이 외에도 너무나 많다. 그 어느 종교에서 이런 생생한 이적이 있었는가? 증명되었는가?

예수님은 제자들에게 미리 말한 대로 3일 후에 다시 살아났고, 40일 동안 제자들과 여러 사람들과 교제했다. 그리고 제자들과 500여 명이 보는 가운데 구름 타고 승천하셨다. 예수님의 부활은 예수님이 삶과 죽음을, 천국과 지옥을 다스리는 분이라는 생생한 증거다. 전지전능하고 무소 부재하신 분이라는 걸 보여주신 것이다. 이 글 읽는 모두가 예수님을 영접하여 믿음 생활 잘하고, 후에 천국 가는 복을 누리기를 축원드린다.

## | 지구와 태양 그리고 은하계외의 크기 비교 |

618

400년 전쯤, 평범한 땅 위에 해와 달이 뜨고 진다는 생각을 해왔던 인류에게 이렇게 끝없이 큰 지구가 공중에 떠서 태양을 돌고 있다는 사실이 발표되자 세상은 큰 충격에 빠졌다. 그 사이 세월이 흘렀고, 망원경 성능도 획기적으로 향상되었다.

허블 망원경과 제임스웹 망원경 등의 첨단 장비의 관측 결과 지구는 태양의 약 130만 분의 1, 태양계는 은하계의 약 50억 분의 1, 우주 전체에는 은하계가 약 2조 개 있다고 한다. 그러나 지구와 비슷한 별은 아직 발견되지 않았다고 한다.

– 유경롱 / '인생을 바꾸는 명언' 중에서 / 2024. 12. 4 / 페이스북

## | 지구에서 태양까지의 거리 |

지구에서 태양까지의 거리인 1억 5천만 km가 종이 한 장의 두께라면 은하수의

지름은 이 종이를 480km쯤 쌓아 놓은 거리이다. 우주에 이런 은하수는 헤아릴 수 없이 많다. 현대 과학으로 알 수 있을 듯한 우주의 별은 10의 22승(10을 22번 곱한 숫자) 정도라고 한다. 이는 지구의 바닷가의 모래알보다 더 많은 숫자다. 놀라운 것은 현대 과학자들은 우주에 별이 얼마나 많은지 짐작조차 못 한다고 실토하고 있다는 것이다.

그런데 예수님이 능력의 말씀만으로 이 모두를 붙들고 운행하도록 하고 계신다면, 그분을 당신이 당신 삶의 조수로나 삼아야 할 분입니까?

– 〈생명의 삶〉 / 2018년 6월호 / P.65 중에서

## | 성경, 영원한 생명의 책 |

한국은 해마다 최소 6만 5천여 종의 신간을 내는 세계 7위의 출판 대국이다. 세계에서 한 해 출판되는 책은 얼마일까? 지금까지 나온 책은 얼마나 될까? 그러나 이 모든 책은 인간이 쓴 책이다. 저자의 경험과 지식으로 낸 책이다. 하지만 성경은 다르다.

인간이 쓰지 않은 단 하나의 책이 성경이다. 하나님의 영감을 사람이 받아 쓴 것이다. 사람은 필경사의 역할을 했을 뿐이다. 저자는 하나님이시다. 하나님은 영원하시기에 성경 말씀도 영원히 없어지지 않는다. 성경은 진리 그 자체다. 인류 역사 이래 인간의 힘으로 쓴 책을 다 합쳐도 성경 한 권에 비하면 아무것도 아니다.

소설 《벤허》의 저자 루이스 월리스의 사례에서 보듯이 성경은 인간을 변화시키는 책이다. 성경을 자세히, 전심으로, 지속적으로 읽으면 변화되지 않는 사람이 단 한 명도 없다. 이 얼마나 특별한 정보인가? 자녀가 마약 중독에서 고통받고 있는가? 성경을 읽게 하라. 부모와 자녀가 함께 성경을 읽어라. 말기 암 4기인가? 성경을 읽어라! 몸과 세상의 일이 원만하게 해결된 사례는 많고도 많다. 온 우주를 창조하고 다스리시는 하나님이 전지전능하시기에 성경에도 이런 능력이 고스란히 담겨 있다.

성경은 생활 지침이다. 어떤 마음으로 어떻게 살아야 하는지를 친절하게 가르쳐 주고 있다. 이처럼 살면 평강하다. 더없이 안전하다. 근심 걱정이 없게 된다. 삼킬 자를 찾아 굶주려 우는 사자처럼 두루 돌아다니는 사탄·마귀는 성경 읽는 사람을 건드릴 수 없다. 매일 성경 읽는 사람은 복이 있다. 매일 성경 읽고 성경 말씀대로 사는 사람은 더욱 복이 있다. 매일 성경 읽고, 그 말씀대로 살고, 이웃에 성경 말씀을 전하는 사람은 가장 큰 복이 있다. 지금 당신의 인생에서 이런 저런 걱정이 있는가? 오늘부터 성경을 읽기를 권면드린다.

## 2. '성경과 성경 말씀' 관련 명언

### | 성경이란 어떤 책? |

**1) 마르틴 루터**

성경은 하나님의 말씀이다.

**2) 마하트마 간디**

성경은 인류의 영적 지침서다.

**3) 드와이트 D. 아이젠하워**(미국 34대 대통령)

가장 정확한 의미에서 성경은 우리에게 있어서
영원한 영적 진리를 보관하고 있는 유일한 보고이다.

**4) 장개석**

성경은 성령의 음성이다.

**5) 찰스 스펄전**

성경은 모든 인간의 행위, 신조, 종교적 의견이 재판되어야 하는
궁극적인 진리의 원천이며 최고의 기준이다.

**6) 맥스 루카도**

성경은 인류에게 보내는 신의 사랑의 편지이다.

**7) 토마스 왓슨**

성경은 성령의 도서관이다.

그것은 하나님께 관한 지식의 총론서로
종교에 관한 세밀한 규범과 강령을 담고 있다.
또 그것은 그 안에 '우리가 믿어야 할 것들'과
'우리가 실천해야 할 일들'을 수록하고 있다.

### 8) 베드로후서 1 : 20~21

먼저 알 것은 성경의 모든 예언은 사사로이 풀 것이 아니니
예언은 언제든지 사람의 뜻으로 낸 것이 아니요
오직 성령의 감동하심을 받은 사람들이 하나님께 받아 말한 것임이라

### 9) 히브리서 4 : 12

하나님의 말씀은 살아 있고 활력이 있어
좌우에 날 선 어떤 검보다도 예리하여
혼과 영과 및 관절과 골수를 찔러 쪼개기까지 하며
또 마음의 생각과 뜻을 판단하나니

### 10) J. 드와이트

성경은 희망의 창문이다.
그 창문을 통하여 우리는 영원한 세계를 바라본다.

### 11) D. L. 무디

세상에는 여러 가지 책들이 많지만,
우리의 침륜하는 영생을 만회하고
우리를 하나님의 형상으로 변화시키는 것은 오직 성경뿐이다.

### 12) 찰스 스펄전

성경은 인류가 가진 가장 위대한 보물이다.

### 13) 아이작 뉴턴

성경의 가르침보다 더 확실히 검증된 과학은 없다.

### 14) 휘스턴

오늘날의 천문학과 수학은
모두 성경의 기록이 정확함을 증명하고 있다.
가장 오래되고 믿을 만한 역사적인 기록 역시
성경이 믿을 만한 확실한 것임을 증거한다.

### 15) 아이작 뉴턴

우리는 하나님의 성경이야말로 가장 고상한 철학이라고 생각한다.
이 세상에서 아무리 심오한 역사를 보아도
성경에 나오는 역사 기록만큼 정확성을 가진 것은 없다.

### 16) J. 로크

성경의 저자는 하나님이요, 목적은 인류의 구원이다.
그 내용은 불순물이 섞이지 않은 순수한 진리이다.

### 17) 알베르트 아인슈타인

성경은 인류의 가장 위대한 책이다.

### 18) 존 애덤스 (미국 2대 대통령)

성경은 세계에서 가장 훌륭한 책이다.
거기에는 온 세계의 도서관보다도 더 많은 내용이 담겨 있다.

### 19) 패트릭 헨리

성경은 세상에서 출판된 모든 책들보다 더 가치 있는 책이다.

20) **W. L. 펠프스**

대학 교육 없이 성경을 아는 지식이,

성경 없이 대학 교육을 받는 것보다 훨씬 더 가치 있다.


21) **D. 웹스터**

한 나라의 흥망은 성경을 많이 읽느냐, 읽지 않느냐에 달려 있다.


22) **빌리 그래햄**

우리들의 모든 번민의 95%는

성경을 읽지 않는 데서 생기는 것이다.


23) **벤저민 프랭클린**

내가 여러분에게 주고자 하는 권고는 여러분이 성경에 익숙하여

확고한 믿음을 갖도록 개발하라는 것이다.

24) **윌리엄 셰익스피어**

목적을 달성하기 위해서는 악마도 성경을 인용한다.


**|성경 말씀|**


25) **창세기 1 : 1~4**

태초에 하나님이 천지를 창조하시니라

땅이 혼돈하고 공허하며 흑암이 깊음 위에 있고

하나님의 영은 수면 위에 운행하시니라

하나님이 이르시되 빛이 있으라 하시니 빛이 있었고

빛이 하나님 보기에 좋았더라 하나님이 빛과 어둠을 나누사

26) **창세기** 2 : 7∼8

여호와 하나님이 땅의 흙으로 사람을 지으시고

생기를 그 코에 불어 넣으시니 사람이 생령이 되니라

여호와 하나님이 동방의 에덴에 동산을 창설하시고

그 지으신 사람을 거기에 두시니라

27) **이사야** 43 : 11∼13

나 곧 나는 여호와라 나 외에 구원자가 없느니라

내가 알려 주었으며 구원하였으며 보였고

너희 중에 다른 신이 없었나니 그러므로 너희는 나의 증인이요

나는 하나님이니라 여호와의 말씀이니라

과연 태초로부터 나는 그이니 내 손에서 건질 자가 없도다

내가 행하리니 누가 막으리요

28) **이사야** 44 : 6

이스라엘의 왕인 여호와 이스라엘의 구원자인 만군의

여호와가 이같이 말하노라

나는 처음이요 마지막이라 나 외에 다른 신이 없느니라

29) **창세기** 14 : 21∼23

모세가 바다 위로 손을 내밀매 여호와께서 큰 동풍이 밤새도록

바닷물을 물러가게 하시니 물이 갈라져 바다가 마른 땅이 된 지라

이스라엘 자손이 바다 가운데를 육지로 걸어가고 물은 그들의 좌우에

벽이 되니 애굽 사람들과 바로의 말들, 병거들과 그 마병들이

다 그들의 뒤를 추격하여 바다 가운데로 들어오는지라

30) **창세기** 14 : 27∼31

모세가 곧 손을 바다 위로 내밀매 새벽이 되어 바다의 힘이 회복된 지라

애굽 사람들이 물을 거슬러 도망하나 여호와께서 애굽 사람들을
바다 가운데 엎으시니 물이 다시 흘러 병거들과 기병들을 덮되
그들의 뒤를 따라 바다에 들어간 바로의 군대를 다 덮으니
하나도 남지 아니하였더라 그러나 이스라엘 자손은 바다 가운데를
육지로 행하였고 물이 좌우에 벽이 되었더라 그날에 여호와께서
이같이 이스라엘을 애굽 사람의 손에서 구원하시매 이스라엘이 바닷가에서
애굽 사람들이 죽어 있는 것을 보았더라
이스라엘이 여호와께서 애굽 사람들에게 행하신 그 큰 능력을 보았으므로
백성들이 여호와를 경외하며 그의 종 모세를 믿었더라

31) **창세기** 19 : 24~25
여호와께서 하늘 곧 여호와께로부터 유황과 불을
소돔과 고모라에 비같이 내리사 그 성들과 온 들과 성에 거주하는
모든 백성과 땅에 난 것을 다 엎어 멸하셨더라

32) **출애굽기** 16 : 13~16
저녁에는 메추라기가 와서 진에 덮이고 아침에는 이슬이 진 주위에 있더니
그 이슬이 마른 후에 광야 지면에 작고 둥글며 서리 같이 가는 것이
있는지라 이스라엘 자손이 보고 그것이 무엇인지 알지 못하여 서로 이르되
이것이 무엇이냐 하니 모세가 그들에게 이르되
이는 여호와께서 너희에게 주어 먹게 하신 양식이라

33) **신명기** 24 : 14~15
곤궁하고 빈한한 품꾼은 너희 형제든지
네 땅 성문 안에 우거하는 객이든지 그를 학대하지 말며
그 품삯을 당일에 주고 해 진 후까지 미루지 말라
이는 그가 가난하므로 그 품삯을 간절히 바람이라
그가 너를 여호와께 호소하지 않게 하라

그렇지 않으면 그것이 네게 죄가 될 것임이라

34) **여호수아** 1 : 9

강하고 담대하라 두려워하지 말며 놀라지 말라
네가 어디로 가든지 네 하나님 여호와가 너와 함께 하느니라

35) **사도행전** 4 : 12

다른 이로써는 구원을 받을 수 없나니 천하 사람 중에
구원을 받을 만한 다른 이름을
우리에게 주신 일이 없음이라 하였더라

36) **로마서** 12 : 20~21

원수가 주리거든 먹이고 목마르거든 마시게 하라
그리함으로 네가 숯불을 그 머리에 쌓아 놓으리라
악에게 지지 말고 선으로 악을 이기라

37) **누가복음** 15 : 7

내가 너희에게 이르노니 이와 같이 죄인 한 사람이 회개하면
하늘에서는 회개할 것 없는 의인 아흔아홉으로 말미암아
기뻐하는 것보다 더 하리라

38) **요한복음** 17 : 3

영생은 곧 유일하신 참 하나님과
그가 보내신 자 예수 그리스도를 아는 것이니이다

39) **로마서** 1 : 17

복음에는 하나님의 의가 나타나서 믿음으로 믿음에 이르게 하나니
기록된바 오직 의인은 믿음으로 살리라 함과 같으니라

## 40) 고린도후서 5 : 10

이는 우리가 다 반드시 그리스도의 심판대 앞에 나타나게 되어
각각 선악 간에 그 몸으로 행한 것을 따라 받으려 함이라

## 41) 십계명

하나님이 이 모든 말씀으로 이르시되
나는 너를 애굽땅, 종 되었던 집에서 인도하여 낸
네 하나님 여호와니라

제일은, 너는 나 외에는 다른 신들을 두지 말라
제이는, 너를 위하여 새긴 우상을 만들지 말고
또 위로 하늘에 있는 것이나 아래로 땅에 있는 것이나
땅 아래 물속에 있는 것의 어떤 형상도 만들지 말며
그것들에게 절하지 말며 그것들을 섬기지 말라
나 네 하나님 여호와는 질투하는 하나님인즉
나를 미워하는 자의 죄를 갚되 아버지로부터 아들에게로
삼사 대까지 이르게 하거니와 나를 사랑하고
내 계명을 지키는 자에게는 천 대까지 은혜를 베푸느니라
제삼은, 너는 네 하나님 여호와의 이름을 망령되이 부르지 말라
여호와는 그의 이름을 망령되게 부르는 자를
죄 없다 하지 아니하리라
제사는, 안식일을 기억하여 거룩히 지키라
엿새 동안은 힘써 네 모든 일을 행할 것이나
일곱째 날은 네 하나님 여호와의 안식일인즉
너나 네 아들이나 네 딸이나 네 남종이나 네 여종이나
네 가축이나 네 문안에 머무는 객이라도 아무 일도 하지 말라
이는 엿새 동안에 나 여호와가 하늘과 땅과 바다와
그 가운데 모든 것을 만들고 일곱째 날에 쉬었음이라

그러므로 나 여호와가 안식일을 복되게 하여

그날을 거룩하게 하였느니라

제오는, 네 부모를 공경하라

그리하면 네 하나님 여호와가 네게 준 땅에서 네 생명이 길리라

제육은, 살인하지 말라

제칠은, 간음하지 말라

제팔은, 도둑질하지 말라

제구는, 네 이웃에 대하여 거짓 증거하지 말라

제십은, 네 이웃의 집을 탐내지 말라

네 이웃의 아내나 그의 남종이나 그의 여종이나 그의 소나

그의 나귀나 무릇 네 이웃의 소유를 탐내지 말라


42) **마태복음** 11 : 28

수고하고 무거운 짐진 자들아

다 내게 오라 내가 너희를 쉬게 하리라

43) **마태복음** 24 : 35

천지는 없어질지언정 내 말은 없어지지 아니하리라

44) **요한복음** 3 : 16

하나님이 세상을 이처럼 사랑하사 독생자를 주셨으니

이는 그를 믿는 자마다 멸망하지 않고 영생을 얻게 하려 하심이라

45) **야고보서** 1 : 14

욕심이 잉태한즉 죄를 낳고 죄가 장성한즉 사망을 낳느니라

46) **사도행전** 1 : 9~11

이 말씀을 마치시고 그들이 보는데

올려져 가시니 구름이 그를 가리어 보이지 않게 하더라
올라가실 때에 제자들이 자세히 하늘을 쳐다보고 있는데
흰옷 입은 두 사람이 그들 곁에 서서 이르되
갈릴리 사람들아 어찌하여 서서 하늘을 쳐다보느냐
너희 가운데서 하늘로 올려지신 이 예수는
하늘로 가심을 본 그대로 오시리라 하였느니라

47) **누가복음 6 : 27~31**
그러나 너희 듣는 자에게 내가 이르노니
너희 원수를 사랑하며 너희를 미워하는 자를 선대하며
너희를 저주하는 자를 위하여 축복하며
너희를 모욕하는 자를 위하여 기도하라
너의 이 뺨을 치는 자에게 저 뺨도 돌려대며
네 겉옷을 빼앗는 자에게 속옷도 거절하지 말라
네게 구하는 자에게 주며 네 것을 가져가는 자에게 다시 달라 하지 말며
남에게 대접을 받고자 하는 대로 너희도 남을 대접하라

48) **마가복음 6 : 41~44**
예수께서 떡 다섯 개와 물고기 두 마리를 가지사
하늘을 우러러 축사하시고
떡을 떼어 제자들에게 주어 사람들에게 나누어 주게 하시고
또 물고기 두 마리도 모든 사람에게 나누시매
다 배불리 먹고 남은 떡 조각과 물고기 열두 바구니에 차게 거두었으며
떡을 먹은 남자는 오천 명이었더라

49) **요한복음 13 : 4~5**
저녁 잡수시던 자리에서 일어나
겉옷을 벗고 수건을 가져다가 허리에 두르시고

이에 대야에 물을 떠서 제자들의 발을 씻기시고

그 두르신 수건으로 닦기를 시작하여

## 50) 로마서 8 : 5~9

육신을 따르는 자는 육신의 일을,

영을 따르는 자는 영의 일을 생각하나니

육신의 생각은 사망이요 영의 생각은 생명과 평안이니라

육신의 생각은 하나님과 원수가 되나니

이는 하나님의 법에 굴복하지 아니할 뿐 아니라 할 수도 없음이라

육신에 있는 자들은 하나님을 기쁘게 할 수 없느니라

만일 너희 속에 하나님의 영이 거하시면

너희가 육신에 있지 아니하고 영에 있나니

누구든지 그리스도의 영이 없으면 그리스도의 사람이 아니라

## 51) 고린도전서 10 : 20

무릇 이방인이 제사하는 것은 귀신에게 하는 것이요

하나님께 제사하는 것이 아니니

나는 너희가 귀신과 교제하는 자가 되기를 원하지 아니하노라

## 52) 로마서 10 : 13

누구든지 주의 이름을 부르는 자는 구원을 받으리라

## 53) 고린도전서 3 : 16~17

너희는 너희가 하나님의 성전인 것과

하나님의 성령이 너희 안에 계시는 것을 알지 못하느냐

누구든지 하나님의 성전을 더럽히면 하나님이 그 사람을 멸하시리라

하나님의 성전은 거룩하니 너희도 그러하니라

54) **히브리서 8 : 12**

내가 그들의 불의를 긍휼히 여기고

그들의 죄를 다시 기억하지 아니하리라

55) **신명기 5 : 11**

너는 네 하나님 여호와의 이름을 망령되이 일컫지 말라

나 여호와는 내 이름을 망령되이 일컫는 자를

죄 없는 줄로 인증하지 아니하리라

56) **시편 119 : 71**

고난 당한 것이 내게 유익이라

이로 말미암아 내가 주의 율례들을 배우게 되었나이다

57) **잠언 9 : 10**

여호와를 경외하는 것이 지혜의 근본이요

거룩하신 자를 아는 것이 명철이니라

58) **잠언 16 : 9**

사람이 마음으로 자기의 길을 계획할지라도

그의 걸음을 인도하시는 이는 여호와시니라

59) **잠언 19 : 17**

가난한 자를 불쌍히 여기는 것은

여호와께 꾸어 드리는 것이니

그의 선행을 그에게 갚아 주시리라

60) **이사야 43 : 21**

이 백성은 내가 나를 위해 지었나니 나를 찬송하게 하려 함이라

61) **고린도전서 15 : 3~8**

내가 받은 것을 먼저 너희에게 전하였노니

이는 성경대로 그리스도께서 우리 죄를 위하여 죽으시고

장사 지낸 바 되셨다가 성경대로 사흘 만에 다시 살아나사

게바에게 보이시고 후에 열두 제자에게와

그 후에 오백여 형제에게 일시에 보이셨나니

그중에 지금까지 대다수는 살아 있고 어떤 사람은 잠들었으며

그 후에 야고보에게 보이셨으며 그 후에 모든 사도에게와

맨 나중에 만삭되지 못하여 난 자 같은 내게도 보이셨느니라

# 3. 추천 도서

1. 《한눈에 보는 만화 성경 개관 구약편 · 신약편》 / 백금산 / 부흥과개혁사

2. 《포토 성경지명사전》 / 이원희 / 하늘기획

3. 《통성경 길라잡이》 / 조병호 / 통독원

4. 《성경 길라잡이》 / 변종길 외 / 생명의양식

5. 《어? 성경이 읽어지네! 구약편 · 신약편》 / 이애실 / 생명의말씀사

6. 《구약의 세계로 오십쇼》 / 조혜련 / 두란노서원

7. 《신약의 세계로 오십쇼》 / 조혜련 / 두란노서원

8. 《하나님 나라 성경 관통 : 신약편 · 구약편》 / 이종필 / 넥서스

9. 《성경으로 세상 바라보기》 / 조평세 / 홀리원코리아

10. 《성경(개혁 개정판)》

11. 《초등학생을 위한 성경 이야기》 / 김홍래 / 웅진주니어

12. 《신약 읽기 내비게이션》 / 이애실 / 성경방

13. 《신약 수업》 / 김호경 / 뜰힘

14. 《한 달에 한 번 신약 일독 NT 30》 / 호산나출판사

15. 《성경의 탄생》 / 존 드레인 / 옥당

16. 《바울의 생애 위대한 여정》 / 엘렌 G. 화잇 / KPH

17. 《정신의학의 눈으로 본 성경의 인물들》 / 유덕진 / 세움북스

18. 《만화 사도신경》 / 백금산 / 부흥과개혁사

19. 《한눈에 보고 단숨에 읽는 만화 성경 구약 · 신약》 / 유니스 조 / 제자마을

20. 《성경 익스프레스》 / 배응준 / 규장

# 33장

# 자기 혁신과 자아 극복

# 1. 들어가며


"싸워야 할 가장 큰 적은 바로 우리들 자신 속에 있다."

– 세르반테스


## | 그런 일이 있었네요! |

### (1) 뷔퐁의 공부

40년간에 걸쳐 뷔퐁은 아침 9시부터 오후 2시까지 연구하고, 저녁때에는 5시부터 9시까지 책상 앞에 앉는 생활을 계속했다.

### (2) 일신우일신

#### ① 일신우일신의 유래와 의미

일신우일신(日新又日新), 이 말은 중국 두 번째 왕조인 은나라의 시조 탕왕이 세숫대야에 '구일신 일일신 우일신(苟日新 日日新 又日新)', 즉 '진실로 나날이 새로워지고 하루하루 새로워지며, 또 날로 새로워지라.'라고 새겨서 개국할 때의 첫 마음을 일깨우던 문구라고 한다. 탕왕은 세숫대야에 '구일신 일일신 우일신(苟日新 日日新 又日新)'이라고 적어놓고 매일 세수를 하면서 보고 또 보고 다짐했던 것이다.

일신우일신(日新又日新)에서 나아진다는 '新(신)'의 의미도 중요하겠지만, 문장을 관통하는 깊은 뜻은 매일매일, 한결같이, 열심히 노력하는 성실성(誠實性)이다. 누구나 기분이 내키면 결심을 하고 며칠 노력은 할 수 있지만, 작심삼일(作心三日)이라고 하듯이 그것을 지속적으로 해내기란 여간 어려운 일이 아니다. 큰일을 이룬 사람들이라고 별다르지 않다. 아무리 의지가 강한 사람일지라도 작심삼일(作心三日)의 법칙에는 예외가 없다. 결심에 따라서, 단지 3일이 될 수도 있고, 석 달이 될 수도 있고, 3년이 될 수도 있을 뿐, 초심(初心)을 끝까지 유지하기란 거의 불가능에 가까운 것이 사람의 습성이다. 이런 습성을 다시 다 그쳐 주는 것이 바로 일신우일신(日新又日新)의 마음이다. 큰일을 이루어 낼 수 있었던 사람들의 성공비결이 바로 일신우일신(日新又日新)인 것이다.

일신우일신(日新又日新)을 한다면 작심삼일(作心三日)까지도 필요 없다. 작심일일(作心一日)만 되어도 충분하다. 또 다른 하루를 시작하면서 다시 작심(作心)하면 되니 말이다. 큰 결심을 한번 하고 마는 것은 별 의미 없는 노릇이다. 그저 매일매일 열심히 노력하면서 흩어지는 마음을 부단히 바로잡아 나가는 그 과정이 중요한 것이다. 허황된 몇 년 계획보다는 매일매일을 부단히 노력해가는 것이 성공의 정도일 것이다.

### ② 일신우일신 하기 위한 방법

일신우일신(日新又日新)을 하기 위해서는 스스로를 돌아보고, 현재에 필요한 일과 중요한 일을 파악하는 것이 필요하다. 이걸 실천하기 위한 방법으로 다음과 같은 덕목이 중시되고 있다. 자기반성, 목표 설정, 독서와 학습, 건강 관리, 자기 계발, 피드백 수용, 긍정적인 마음가짐 등이다.

– '일신우일신 하자' 중에서 / 강화순 〈축산경제신문〉 / 2025. 1. 17

## | 무엇을, 어떻게 혁신할 것인가? |

변화의 시대에 앞서 나가기 위한 혁신의 본질과 방향은 무엇인가? 혁신의 대상은 새로운 시대에 성공적으로 적응하기 위한 개개인의 자기 혁신의 필요성과 또 그 방향은, 여기서는 기업이나 조직, 국가가 아닌 개인의 혁신을 주로 알아보기로 한다. 이 주제 역시 방대하고 깊다. 필자의 조그마한 역량으로는 가늠하기조차 어렵지만 함께 생각해보는 기회를 가지고자 극히 일부분만 살펴보자.

왜 수시로 자기 자신을 혁신해야 하는가? 지속적으로 가치 있는 삶을 살기 위해서다. 기업에서도 100년 기업을 이어 갈 수 있는 기업은 혁신에 성공한 기업뿐이었다. 개인의 혁신 대상은 크게 4개 분야다. 자기 자신, 환경, 지역 사회, 소속한 조직이다.

자기 자신은 혁신의 주체다. 최우선 순위는 사명이다. 시간, 돈, 에너지를 투입하고자 하는 방향이요 목표가 된다. 이 바탕 위에서 습관, 의식 수준, 정신세계, 언행, 추진력, 건강, 재정 등을 끊임없이 점검하고 성장시키는 게 중요하다. 환경도 중요한 혁신 대상이다. 환경 중에서도 인간관계가 핵심 요소다. 인생에서는 누구와 함께하느냐가 가장 중요하다. 정리 정돈을 잘해두면 시간과 에너지를 효과적으로 활용할 수 있다. 물건을 계속 모으고, 여기저기 흩어놓거나 쌓아 두는 건 '저장 강박증' 환자들이 하는 짓이다. 1년 동안 한 번도 사용하지 않는 물건은 필요 없는 물건으로 판정하여 과감하게 버리라고 정리의 고수들이 조언하고 있다. 자신이 살아가고 있는 지역 사회의 건강한 단체에 가입하는 게 지역 사회 혁신의 출발점이 된다.

## |혁신의 주체, 자기 자신|

세상에는 두 개의 중력이 있다. 하나는 지구의 중력이고, 다른 하나는 자기 자신이다. 정도의 차이는 있지만, 누구나 자신의 판단, 선택, 언행이 올바르다고 생각하고 믿는 '확증 편향적 요소'를 가지고 있다. 자기 자신을 객관화하는 능력이 뛰어날수록 신뢰도, 타당도가 높은 사람이다. 주위 사람들로부터 믿을 수 있는 사람으로 인정받게 된다.

혁신할 필요성이 있는가? 사회생태학자이며 현대 경영학의 창시자인 피터 드러커는 명쾌하게 알려준다. 그 일을 하지 않아도 아무 문제가 없다면 혁신할 필요가 없다고 한다. 혁신 대상이 아닌 것이다. 오히려 폐기해야 할 대상이 아닌지 살펴보아야 한다. 그리고 사람도, 조직도, 국가도 혁신을 싫어한다고 한다. 그 결과 혁신에 저항하게 된다고 일러 준다. 조직도, 국가도 구성원은 결국 사람이다. 인간의 뇌는 본질적으로 새로운 걸 배우거나 기존의 것을 바꾸는 걸 거부하려고 한다. 왜냐? 학습하고 바꾸는 게 불편하기 때문이다. 습관이 되어 지금처럼 자동적으로 하는 게 편하기 때문이다.

그러나 성장하고 성숙하려면 혁신해야 한다. 이때 혁신의 주체는 언제나 자기 자신이다. 현재 가지고 있는 자기만의 고정 관념과 편견과 아집을 깨뜨리는 데서 혁신이 시작된다. 직위가 높을수록, 경험이 많을수록, 나이가 많을수록 그 벽이 두텁다. 남이 깨줄 수 없다. 자기 자신이 해야 한다. 스스로 알을 깨고 나오는 부화 과정이 '자성반성(自性反省)'이다. 온전하고도 철저한 '자성반성(自性反省)' 없이 자기 혁신은 불가능하다.

뷔퐁, 은나라 탕왕의 사례에서 보듯이 모든 것은 나로부터 출발한다. 문제의 원인도, 해결 방법도 내게 있다. 내 안에 세계가 있고, 내 안에 문제가 있고, 내 안에 해결 방안이 있다. 혁신을 시도하고, 혁신을 이루어낼 때 우리는 깊은 충만감을 향수한다. 날마다 내가 나를 이기는 혁신을 이루어 가는 기쁨을 누리자.

## 2. '자기 혁신과 자아 극복' 관련 명언

### 1) 마리안 윌리엄슨

진보는 적응이 아닌 창조의 과정이다.

자신의 최근 모습을 답습하며 살 것이 아니라,

자신이 되고 싶은 모습을 창조하는 삶을 살아야 한다.

### 2) 앤디 워홀

시간이 해결해준다는 말이 있긴 하지만,

실제로 일을 변화시켜야 하는 것은 바로 당신이다.

### 3) 플루타르크

우리가 내면에서 성취하는 것이

우리 외면의 현실을 바꾸어 놓는다.

### 4) 잠언 16 : 32

노하기를 더디하는 자는 용사보다 낫고

자기의 마음을 다스리는 자는 성을 빼앗는 자보다 나으니라

### 5) W. 로저스

위인이 되는 것은 위대한 일이나,

더 위대한 일은 진정한 인간이 되는 것이다.

### 6) 에릭 프롬

외계로부터 매어져 있는 탯줄을

완전히 끊어버리지 못한 사람에게 자유는 없다.

## 7) 루빈스타인

하루만 연습하지 않으면 자기가 알고,

이틀을 연습하지 않으면 동료가 알고,

사흘 연습하지 않으면 청중이 안다.

## 8) 에드먼드 힐러리(에베레스트 최초 정복자, 1953년 5월)

내가 정복한 것은 산이 아니라 나 자신이다.

## 9) 김병완

변혁의 시기에 자기 혁명은 선택이 아니라 필수이다.

## 10) F. 루스벨트

인간은 운명의 포로가 아니라 자기 마음의 포로다.

## 11) 에드워드 기번

우리는 자신을 이김으로써 자신을 향상시킨다.

자신과의 싸움은 반드시 존재하고, 거기에서 이겨야 한다.

## 12) 마하트마 간디

인간으로서 우리의 위대함은 세상을 변화시키는 능력에

있는 것이 아니라 우리 자신을 변화시키는 능력에 있다.

## 13) 한국 속담

물이 깊을수록 소리가 없다.

## 14) 어느 신부의 일기

내가 아직 어리고 자유로웠을 때,

나의 상상력이 끝이 없었을 때,

나는 세상을 변화시키겠다는 꿈을 꾸었다.

나이가 들고 뭔가를 알아가면서 나는

세상이 변하지 않으리라는 것을 알게 되었다.

나는 시야를 약간 좁히기로 하고,

우리나라를 변화시키겠다고 결심했다.

하지만 그것 또한 미동도 하지 않았다.

황혼기에 접어든 지금, 이제는 마지막으로,

절박한 기분으로, 나와 가장 가까운 사람들,

내 가족을 변화시킬 방법을 찾는다.

하지만 이럴 수가. 그것도 되지 않는다.

이제 죽어가는 침대에 누운 나는

깨달았다(처음으로 깨달은 것 같다).

그저 나 자신을 먼저 변화시켰더라면,

그러면 내 가족이 영향을 받았을 것이고, 가족의 응원과

지지를 통해 내 나라를 변화시킬 수 있었을 테고,

누가 아는가?

세상을 변화시킬 수도 있었는지.

### 15) 아널드 슈워제네거

한계는 마음이 정한다.

100% 자신을 믿고 나는 뭐든 할 수 있다는 사실을

마음속에 그리는 한, 나는 정말로 할 수 있다.

### 16) 샤를 드골

이 세상의 그 어떠한 위대한 것도

사람이 없이는 이루어질 수 없고,

사람은 스스로 위대해지기로 작정했을 때만 위대해진다.

## 17) 브라이언 애덤스

외부 환경을 아무리 바꾸려 해봐야 소용없다.

먼저 자신의 내적 신념이 바뀌어야

외부 환경도 자연스레 바뀔 것이다.

## 18) 조지 워싱턴

잘못을 저지르는 것보다 변명하는 것이 더 나쁘다.

## 19) 정철

남을 이기면 일등이 되고, 나를 이기면 일류가 된다.

## 20) 김이율

우리는 혼자여서 외로운 것이 아니라

홀로 서지 못해 외로운 것이다.

## 21) 맹자

힘으로써 사람을 복종시키지 말고, 덕으로써 사람을 복종시켜라.

## 22) 올더스 헉슬리

우주에서 우리가 고칠 수 있는 유일한 것은 바로 우리 자신이다.

## 23) 윌리엄 포크너

동료나 선배들보다 더 잘하려고 너무 애쓰지 말라.

대신, 더 나은 자신이 되도록 노력하라.

## 24) 롱펠로

너의 최대의 적은 너 외에는 없다.

### 25) 중국 속담

너 자신을 다스려라. 그러면 당신은 세계를 다스릴 것이다.

### 26) 루쉰

길은 따로 없다. 내가 가는 곳이 길이다.

### 27) 아르케시우스

술은 인격을 비춰주는 거울이다.

### 28) 장 바니에

성장은 우리 자신의 약점을 받아들이기 시작할 때 시작된다.

### 29) 어니스트 헤밍웨이

가장 강한 사람은 가장 혼자 있을 줄 아는 사람이다.

644

### 30) 고타마 싯다르타

내 마음을 다스리지 못하면 그 마음이 너를 휘두를 것이다.

### 31) 고타마 싯다르타

단단한 바위가 바람에 흔들리지 않는 것처럼
현명한 사람은 찬사와 비난에 흔들리지 않는다.

### 32) 피너츠

자신에게 이렇게 말해줘.
넌 할 수 있다! 해낼 능력이 있다.

### 33) 헤르만 헤세(《데미안》 중에서)

새는 알 속에서 빠져나오려고 싸운다.

알은 세계이다.

태어나기를 원하는 자는 하나의 세계를 파괴하지 않으면 안 된다.

## 34) 《수타니파타》 중에서

홀로 행하고 게으르지 말며, 비난과 칭찬에도 흔들리지 말라.

소리에 놀라지 않는 사자처럼, 그물에 걸리지 않는 바람처럼,

흙탕물에 더럽히지 않는 연꽃처럼 무소의 뿔처럼 혼자서 가라.

## 35) 박용남

근육을 만드는 것은 어렵다. 그래서 대부분은 체력이 약하다.

사업을 시작하는 건 어렵다. 그래서 대부분은 싫어하는 일을 한다.

돈을 모으는 건 어렵다. 그래서 대부분은 항상 빈털터리다.

배고픔을 참는 건 어렵다. 그래서 대부분은 과체중이다.

책을 읽는 건 어렵다. 그래서 대부분 화면에만 몰두해 있다.

어려운 일을 하라.

## 36) 공자

자신에게는 엄격하고, 남에게는 관대한 자세를 가져라.

## 37) 해리 S. 트루먼

위대한 인물들의 전기를 읽으며

나는 그들이 쟁취한 첫 번째 승리가

자기 자신을 대상으로 한 것이었음을 발견했다.

## 38) 존 D. 록펠러

어떤 종류의 성공이든 인내보다 더 필수적인 자질은 없다.

인내는 거의 모든 것, 심지어 천성까지 극복한다.

## 39) 레이 노다

변화를 야기하면 리더가 되고,

변화를 받아들이면 생존자가 되지만,

변화를 거부하면 죽음을 맞이하게 될 뿐이다.

## 40) 토머스 J. 빌로드

탁월한 인간이 되는 유일한 길은

날마다 끊임없이 자신을 개선해나가는 것이다.

# 3. 추천 도서

1. 《단순하게 살아라》 / 베르너 티키 / 김영사

2. 《행복의 경고》 / 엘리자베스 파엘리 / 베이직북스

3. 《인생의 마지막 순간에서》 / 샐리 티스데일 / 비잉(Being)

4. 《천 개의 공감》 / 김형경 / 한겨레출판

5. 《위대한 선수들은 어떻게 슬럼프를 극복했을까》 / 지미 로버츠 / 미래를소유한 사람들

6. 《하루 15분 정리의 힘》 / 윤선현 / 위즈덤하우스

7. 《무조건 달라진다》 / 션 영 / 21세기북스

8. 《사람은 무엇으로 성장하는가》 / 존 맥스웰 / 비즈니스북스

9. 《자기 사랑》 / 로렌스 크레인 / 가디언

10. 《원씽》 / 게리 켈러 외 / 비즈니스북스

11. 《드라이브》 / 다니엘 핑크 / 청림출판

12. 《역전하는 힘》 / 빌 퍼킨스 / 마인드빌딩

13. 《이카루스 이야기》 / 세스 고딘 / 한국경제신문사

14. 《더 시스템》 / 스콧 애덤스 / 베리북

15. 《학교에서 가르치지 않는 7가지 무기》 / 가비사와 시온 / 다산에듀

16. 《돌파력》 / 라이언 홀리데이 / 심플라이프

17. 《다시 시작한 공부》 / 이동찬 / 휴앤스토리

18. 《그레이트 마인드셋》 / 루이스 하우즈 / 포레스트북스

19. 《미루는 습관 극복하기》 / 리스창 / 정민미디어

20. 《시작의 기술》 / 개리 비숍 / 웅진지식하우스

21. 《나는 나를 다시 설계하기로 했다》 / 마르틴 베를레 / 메이븐

648

46. 《현미와 백미》 / 김화정 / 아트하우스

47. 《기적을 낳는 현미》 / 정사영 / 시조사

48. 《말기 암 진단 10년, 건강하게 잘 살고 있습니다》 / 주마니아 / 에디터

49. 《수술도 없이, 약물도 없이 사라진 암》 / 한상도 / 사이몬북스

50. 《암이 내게 행복을 주었다》 / 가와다케 후미오 / 정신세계사

51. 《항암제로 살해당하다》 / 후나세 순스케 / 중앙생활사

52. 《암에 걸리지 않고 장수하는 30가지 습관》 / 곤도 마코트 / 더난출판사

53. 《당신이 병드는 이유》 / 콜린 캠벨 외 / 열린과학

54. 《나는 질병 없이 살기로 했다》 / 하비 다이어몬드 / 사이몬북스

55. 《운동화 신은 뇌》 / 존 J. 레이티 / 북섬

56. 《당뇨병이 낫는다》 / 황성수 / 페가수스

57. 《1형 당뇨병 완치》 / 이삼구 / 행복에너지

58. 《이명과 난청 리셋법》 / 기무라 시노부 / 청홍

59. 《폐의 기적》 / 시효석 / 편강

60. 《심장병 제대로 알면 건강이 보인다》 / 이종구 / 중앙생활사

61. 《잘 보이는 성경 이야기》 / 조혜련 / 오제이엔터스컴

# 34장

# 또 하나의 통찰

# 1. 들어가며

"이 세상에서 경쟁자는 오직 한 사람, 자기 자신뿐이다."

- 강태선

## | 스티브 잡스가 마지막 병실에서 쓴 글 |

'혁신의 아이콘'으로 불리며 전 세계 청년들의 열광을 한몸에 받았던 스티브 잡스. 그가 췌장암 말기로 병실에서 죽어가면서 쓴 글이다.

스티브 잡스(1955. 2. 24~2011. 10. 5)가 누구였던가? 2025년 8월 현재 세계 주식 시가 총액 1위는 '엔비디아'다. 직전에는 '테슬라'였고, 그 이전에는 '애플'이었다. 그는 애플의 CEO로 여러분이 신(神)처럼 모시며 하루 4시간 이상 경배하는 스마트폰을 만든 주인공이다. 스마트폰의 등장은 "인류 역사는 스마트폰 전과 후로 나뉜다."는 말이 있을 정도로 역사에 큰 획을 그은 사건이었다. 스마트폰의 가공할 위력은 수많은 지구인들을 '미디어 중독'이라는 질병으로 몰아넣고, 중독의 대가를 톡톡히 치르게 하고 있다. 여러분과 여러분 자녀는 안녕하신가?

필자는 다음의 글을 읽으면서 많이 안타까웠고, 깊이 걱정되었다. 스티브 잡스는 보이는 세계, 즉 눈으로 볼 수 있는 세계만 본 사람이 아니었을까? 현실 세계만 천착했던 게 아니었을까? 삶이 다하는 그 순간까지 무엇이 가장 소중한지 알고 있었을까? 죽기 직전에 쓴 다음의 글 어디에도 죽음 이후에 대한 그 어떤 언급도, 그 어떤 인식도, 그 어떤 통찰이 있는가? 스티브 잡스가 만난 신(神)은 기괴하다는 생각이 든다.

태어나 살다 어느 순간 몸이 죽는 건 정해진 이치다. 세계 기네스북에 '세계에서 가장 오래 산 사람'으로 기록돼 있는 사람은 프랑스의 잔 루이즈 칼망

(1875~1997)이다. 사망 당시 나이는 122살이었다. 122번째 생일을 보내고 5개월 14일을 더 살았다. 지금도 이 기록은 깨지지 않고 있다.

## 영원 vs 122년

비교조차 되지 않는다. '영원'이라는 우주 시간에 비해 122년은 순간에도, 찰나에도 미치지 못하는 극히 짧은 시간이다. 이렇다 할 대책도 없이 사람들은 오래 살고 싶어 한다. 오복(五福) 중 '수(壽)'를 첫째로 내세우고 있다. 그러나 100년도 못 사는 인생이다. 100년은 우주에서 얼마나 짧은 시간인가!

또 공간은 어떠한가? 경상북도는 23개의 시, 군으로 이루어져 있다. 하나하나의 시, 군이 무척 크다고 여겨진다. 걸어서 갈 엄두조차 내지 못한다. 그러면 대한민국은? 가도 가도 끝이 없을 듯 옥수수밭이 펼쳐져 있는 미국(세계 국토 면적 3위, 9억 8,315만 ha)은 어떠한가? 세계 영토 면적 1위 러시아(17억 982만 ha)는 어떠한가?

지금으로부터 35년 전인 1990년 2월 14일, 성간 비행하는 보이저 1호가 촬영한 지구 사진을 전송했다. 바로 '창백한 푸른 점(Pale Blue Dot)'이다. 인류의 모든 것이 담겨 있는 지구가 먼 우주에서 보면 그저 한 점 티끌에 불과하기 때문이다. 칼 세이건 박사는 "지구가 우주에 떠 있는 보잘것없는 존재에 불과함을 사람들에게 가르쳐 주고 싶었다."는 명언을 남겼다.

다음은 스티브 잡스가 마지막 병실에서 쓴 글이다. 누구는 이 글을 읽고 나면 한동안 숙연해질지도 모른다. 그의 몸은 흙으로 돌아갔다. 그러면 영혼은 지금 어디에 있을까?

나는 비즈니스 세상에서 성공의 끝을 보았다. 타인의 눈에 내 인생은 성공의 상징이다. 하지만, 일터를 떠나면 내 삶에 즐거움은 많지 않다(없다). 결국 부는 내 삶의 일부가 되어버린 하나의 익숙한 '사실'일 뿐이었다.

지금 병들어 누워 과거 삶을 회상하는 이 순간, 나는 깨닫는다. 정말 자부심 가졌던 사회적 인정과 부는 결국 닥쳐올 죽음 앞에 희미해지고 의미 없어져 간다는 것을.

어둠 속 나는 생명 연장 장치의 녹색 빛과 윙윙거리는 기계음을 보고 들으며 죽음의 신의 숨결이 다가오는 것을 느낄 수 있다.

이제야 나는 깨달았다. 생을 유지할 적당한 부를 쌓았다면 그 이후 우리는 부와 무관한 것을 추구해야 한다는 것을…….

그 무엇이 부보다 더 중요하다면, 예를 들어 관계, 아니면 예술, 또는 젊었을 때의 꿈을…….

끝없이 부를 추구하는 것은 결국 나 같은 비틀린 개인만을 남긴다.

신은 우리에게 부가 가져오는 환상이 아닌 만인이 가진 사랑을 느낄 수 있도록 감각(Senses)을 선사하였다. 내 인생을 통해 얻는 부를 나는 가져갈 수 없다. 내가 가져갈 수 있는 것은 사랑이 넘쳐나는 기억들뿐이다. 그 기억들이야말로 너를 따라다니고, 너와 함께 하고, 지속할 힘과 빛을 주는 진정한 부이다.

사랑은 수천 마일을 넘어설 수 있다. 생에 한계는 없다. 가고 싶은 곳을 가라. 성취하고 싶은 높이를 성취해라. 이 모든 것이 너의 심장과 손에 달려 있다.

이 세상에서 제일 비싼 침대가 무슨 침대일까?

'병들어 누워있는 침대이다…….'

너는 네 차를 운전해줄 사람을 고용할 수 있고, 돈을 벌어줄 사람을 구할 수도 있다. 하지만 너 대신 아파줄 사람을 구할 수 없을 것이다. 잃어버린 물질적인 것들은 다시 찾을 수 있다. 하지만 '인생'은 한번 잃어버리면 절대 되찾을 수 없는 유일한 것이다.

한 사람이 수술대에 들어가며 본인이 끝까지 읽지 않은 유일한 책을 깨닫는데 그 책은 바로 '건강한 삶'에 대한 책이다. 우리가 현재 삶의 어느 순간에 있던, 결국 시간이 지나면 우리는 삶이란 극의 커튼이 내려오는 순간을 맞이할 것이다.

가족 간의 사랑을 소중히 하라.

배우자를 사랑하라.

친구들을 사랑하라.

너 자신에게 잘 대해 줘라.

타인에게 잘 대해 줘라.

– Jobs

# |디에고 마리도나?|

1960년 10월 30일, 마라도나는 가난한 집안의 8남매 중 맏아들로 태어났다. 어린 시절 어머니가 사준 축구공을 끼고 잤던 마라도나는 새벽 3시에도 일어나 볼과 씨름했다.

9살 때 마라도나를 테스트한 아르헨티나 유소년 대표팀을 지휘하고 있던 코로네요는 믿기 어려운 재주에 감탄하고 가족을 찾아가 "당신네 가정의 가난은 끝났소. 이 아이가 먹여 살릴 것이요."라고 말한 뒤 수제자로 삼았다.

1979년 세계 청소년 축구대회 우승, 1982년 스페인 월드컵에서의 좌절을 거쳐 1986년 멕시코 월드컵에서 마라도나가 세계 최고의 선수라는 걸 만천하에 알렸다. 당시 그 어떤 수비수도 절정의 기량을 지닌 마라도나의 방어에 실패했다. 조국에 두 번째 월드컵을 바친 마라도나는 이미 아르헨티나 축구의 상징이며 자타가 공인하는 세계 축구의 일인자로 군림하고 있었다.

세리에 A 리그 우승을 열망하는 나폴리 팬들이 성금을 모아 이적료 부족분을 충당했고, 다시 한번 성금을 모아 전용기로 부에노스아이레스로부터 마라도나를 모셔 왔다. 나폴리팀? 우승이라고는 단 한 번도 해본 적이 없는 시골의 약체팀을 마라노나는 유럽 최성상으로 올려놓았다. 클럽 창설 60년째인 1987년 처음으로 이탈리아 리그에서 우승을 차지하는 기적이 연출된 것이다.

사람들은 나폴리팀의 마스코트인 노새를 길에 풀어 놓은 채 축제를 벌였고, 그 열기는 자그마치 3일 밤낮이 넘도록 계속됐다. 어린이들과 강아지들은 마라도나의 가발을 쓰고 다녔다. 이후 마라도나가 이끄는 나폴리는 다시 한 차례 리그 우승을 거머쥐었고, 1989년에는 UEFA컵을 차지하는 등 최고의 전성기를 누렸다.

- 《킥 오프》 / 김기호 / 삼보출판사 / 2005. 8. 8 / PP.77-79

655<br>·<br>34장<br>·<br>또<br>하<br>나<br>의<br>통<br>찰

며칠 전 유튜브에서 마라도나의 동영상을 보았다. 테니스장에서 웃통을 벗은 마라도나의 몸은 처참했다. 보기에 딱할 정도로 초초고도비만이었다. 배는 혹부리 할아버지 코처럼 불쑥 튀어 나왔고, 심하게 살찐 턱과 볼은 호박덩이를 연상시켰다. 그는 테니스공을 두 번 리프팅하더니 몸을 가누지 못하고 비틀거리다

이내 주저앉았다. 지구의 중력에 잠시도 버티지 못하는 몹시 허약한 체중과 체력이었다. 이어서 나오는 동영상, 마라도나가 축구공처럼 부푼 모습의 초초고도 비만의 몸을 지팡이에 의존한 채 가까스로 걸어가고 있었다. '저래서야 언제까지 생명이 보존될 수 있을까.' 하는 생각이 저절로 들었다.

디에고 마라도나는 2020년 11월 25일 심정지로 인해 자택에서 사망했다. 그는 축구에서 온갖 명예와 부를 거머쥐었고 한편으로는 갖가지 기행으로 구설에 시달렸다. 술과 코카인 같은 마약에 탐닉했고 부상 치료를 위해 스테로이드제를 점점 더 늘려 가는 등 몸이 점점 망가져 가고 있었다. 여성 편력도 심했다. 여러 명의 자녀를 두었는데, 사생아나 혼외자가 최소 5명 이상이었다. 공의로운 창조주는 이 같은 문란한 음행을 용서하실까?

죽음으로 그는 세계 축구계에서 영원히 은퇴했다. 경기장에서는 신(神)처럼 뛰어야 한다는 팬들의 끝없는 요구와 항상 그를 짓누르고 있던 자신에 대한 중압감에서 비로소 해방되었다. 마라도나는 인생에서는 그리 성공적이지 못했다. 마라도나 역시 잡스와 마찬가지로 보이는 세계에만 천착한 건 아닐까?

## | 스티브 잡스와 디에고 마라도나 |

이제 지구인은 이 두 사람을 만날 수 없다. 그곳에도 혁신이 필요할까? 전용 경기장이나 술과 마약이 있을까? 죽음을 앞두고 두 사람은 무엇을 해야 했을까? 우선순위 1위가 자신의 영혼 구원이 아닐까? 어떻게 하면 자신의 영혼이 지옥이 아닌 천국에 갈 수 있는 방법을 찾아야 했다. 그리고 전력투구해야 했다. 하지만 그렇게 하지 못한 것 같다. 온전히 회개를 했는가? 궁금하다. 오직 몸이 살아 있을 때만 예수님을 영접하고 믿을 수 있다. 죽은 후에는 더 이상 기회가 없다. 오직 심판만 있을 뿐이다. 그곳에서는 인간이 이 세상에서 그토록 갖기를 원하는 돈도, 영예도, 권력도, 혁신도, 경영도, 월드컵도 없다.

"너희의 죄가 주홍 같을지라도 눈과 같이 희어질 것이요
진홍같이 붉을지라도 양털같이 희게 되리라"

- 이사야 1 : 18

세상에는 단 두 종류의 사람들이 있다. 예수 믿는 사람들과 예수 믿지 않는 불신자들이다. 불신자들은 예수를 모르고 있고, 알려고도 하지 않는다. 그리스도인은 예수의 말씀을 생활 지침으로 삼는다. 불신자들은 사탄 · 마귀의 영향을 깊이 받으면서 살아가고 있다. 95세라면 95년 동안 악령의 영향 아래에서, 악령의 부추김에 흔들리면서 살아왔는가? 불신자는 마음(자유 의지, Free Will)이 악령에게 공격당해 사로잡힌다. 사탄 · 마귀가 좋아하는 걸 추구하고 온갖 세상적인 것을 탐한다. 수시로 사탄 · 마귀의 도구로 이용당하기도 한다. 결국 사탄 · 마귀의 편에 서서 생각하고 선택하며 행동하는 영혼이 된다. 그 결과로 죽은 후에는 장차 사탄 · 마귀와 귀신이 가는 곳으로 가게 된다. 사탄 · 마귀는 불신자들이 예수와 지옥을 아는 걸 극도로 싫어한다. 이 둘을 알면 예수님을 영접하기 때문이다. 불신자에서 예수 믿는 사람으로 바뀌기 때문이다. 불신자들이 예수와 지옥을 알려고 하는 마음을 처음부터 방해하고 가로막으며 맹렬하게 작용하여 적극적으로 뺏어버린다. 스티브 잡스와 마라도나가 죽음 직전에서도 예수님에 대해 관심도 가지지 못했고 영접하지도 못한 원인이다.

## |통찰|

사람의 삶은 지구에서 이루어진다. 그 후에는 영계(천국과 지옥)에서 영원히 진행된다. 그러므로 인간의 궁극적인 통찰은 두 곳(지구와 영계)을 대상으로 일어나야 한다. 올바르게 알아야 적확하게 선택할 수 있고 올바르게 행동할 수 있다. 그러면 이 글 읽고 있는 여러분은 어떠한가? 이 책에서 거듭거듭 강조하는 말이 있다. 이 세상에서 가장 위험한 건 영적 무지라고 노래를 부르고 있다. 영적 무지, 이게 가장 슬프고 위험한 일이다. 죽은 후 영원을 천국과 지옥 중 어디

서 보낼 것인지를 결정하기 때문이다.

사람들은 문학, 역사, 철학이 중심인 인문학에 열광한다. 인문학은 필요하다. 그가 인문학을 모르면 사람들은 그를 무식하다고 낙인찍는다. 그러나 인문학은 한계가 뚜렷하다. 인문학에는 영혼을 구원할 수 있는 능력이 없다. 인문학에 갇혀 있으면 그 결국이 어떠하겠는가? 인기 인문학 연사에게 환호하는 군중들을 보면 웃음이 난다. 그리고 그 인기 강사와 열광하는 청중들이 심히 걱정된다. 그들은 이 같은 영적 세계의 질서를 모르고 있는 듯하다. 믿음의 바탕 위에서 인문학을 해야 하는 것이다. 하지만 이런 내용은 불신자들의 공격 대상이 될 것이다. 그러나 진리는 오직 하나이다. 다수결로 결정할 수 없다. 유한한 개인의 지식과 경험이기에 그의 지혜에는 한계가 뚜렷하다.

통찰의 종류와 수준은 여러 가지다. 그중에서도 최고의 통찰이 무엇인가? '영원한 생명'에 대한 통찰이다. 인생과 죽음 그 후의 세계를 밝게, 올바르게 아는 통찰이다. 우리는 삶 속에서는 자기 자신의 의식 수준을 응시해야 한다.

나의 의식 수준은 얼마인가? 의식 수준을 계속 높여 가려면 나는 무엇을 어떻게 해야 하나? 인생에서 끝까지 추구해야 할 가치가 무엇인가? 나의 최우선 순위가 무엇인가? 이 글을 읽는 독자 모두가 가치 있는 통찰에서 일가를 이루기를 축원드린다. 알에서 깨어나 세상을 보고, 이윽고 진리를 알고, 진리와 함께 세상을 걸어가기를 기원드린다.

## 2. '또 하나의 통찰' 관련 명언

### 1) 조지 버나드쇼
더 깔끔하고 밝은 사람이 되도록 노력하라.
자기 자신이 바로 세상을 보는 창이다.

### 2) 블레즈 파스칼
모두가 중요한 존재이다.
어느 누구보다 더 중요한 사람은 존재하지 않는다.

### 3) 레오나르도 다 빈치
단순함은 고도의 정교함이다.

### 4) 나카무라 미츠루
인생은 곱셈이다.
어떤 찬스가 와도 내가 제로(Zero)면 아무런 의미가 없다.

### 5) 무타구치 렌야
무능한 리더는 적보다 더 무섭다.

### 6) 오쇼 라즈니쉬
모든 사람은 다른 사람을 통해 자신을 본다.

### 7) 에드워드 W. 스미스
기업은 지속적으로 '새롭고 개선된 제품'을 출시한다.
우리도 그와 같아야 한다.

### 8) 토머스 에디슨

기회는 작업복을 입고 찾아온 일감처럼 보여서
사람들 대부분이 이를 놓치고 만다.

### 9) 유대 속담

태양은 당신이 없어도 떠오르고 진다.

### 10) 그리스 속담

어리석은 자에게 있어서의 노년은 겨울이나,
지혜로운 자에게 있어서의 노년은 황금기다.

### 11) 카이사르 시저

대부분의 사람들은 자기가 보고 싶어 하는 것밖에 보지 않는다.

### 12) 존 아사라프

물리적인 세상에 존재하는 모든 것은 원자로 만들어졌다.
원자는 에너지로 만들어졌다. 그리고 에너지는 의식으로 만들어졌다.

### 13) 네크라소프

슬픔도 분노도 없이 살아가는 자는 더 이상 조국을 사랑하고 있지 않다.

### 14) 도산 안창호

이 세상에 인물 없다고 한탄하지 말라. 당신 스스로 인물이 되면 된다.

### 15) 김태준 님이 올린 페이스북에서

나이로 살지 말고 생각으로 살자.
젊고 젊게 살자. 사랑하며 살자.

## 16) 켄 레플러

감독의 종류는 두 가지이다.

하나는 해고된 감독이고, 또 하나는 앞으로 해고될 감독이다.

## 17) 중국 속담

기적은 하늘을 날거나 물 위를 걷는 것이 아니라,

땅에서 걸어 다니는 것이다.

## 18) 빅터 프랭클

인간이 의미를 찾는 것은 그 사람의 삶에서 가장 기본적인 동기부여이다.

## 19) 프랭클린 존스

유혹을 쉽게 뿌리치지 못하는 것은

유혹에서 완전히 벗어나고 싶지 않기 때문이다.

## 20) 테렌스 디콘

기원을 아는 것이 사물의 이치를 이해하는 최상의 방법이다.

## 21) 플라톤

정치를 외면한 대가는 가장 저질스러운 인간들에게 지배당한다는 것이다.

## 22) 강준만

네가 그러니까 이 나라가 이 모양이지.

## 23) 은파 김유비 님의 '카카오스토리' 중에서

어리석은 쥐는 고양이를 지도자로 뽑는다.

## 24) 알렉스 드 토크빌

모든 국민들은 자신의 수준에 맞는 정부를 가진다.

## 25) 미국 NBA 격언

공격을 잘하면 승리하지만, 수비를 잘하면 우승한다.

## 26) 빈스 롬바르디

완벽의 경지에는 도달할 수 없다.
그러나 완벽을 추구한다면 탁월함을 얻을 수 있다.

## 27) 아놀드 베너트

아마추어는 상대와 싸우지만, 프로는 자신을 상대로 싸운다.

## 28) 주디 갈랜드

다른 사람을 좇아 2인자가 되지 말고, 자기 자신에 충실한 1인자가 되어라.

## 29) 세르반테스

로마는 하루아침에 이루어지지 않았다.
Rome Was Not Built in a Day.

## 30) 작자 미상

대부분의 인간은 자기 자신의 능력을 1%도 제대로 활용하지 못하고 있다.

## 31) 히포크라테스

음식으로 다스릴 수 없는 병은 고칠 수 없다.

## 32) 김용규

생각의 도구들은 자신이 하나의 생각이면서

동시에 다른 생각들을 만드는 도구이다.

그것은 하나의 패턴이고 더 큰 패턴을 만들어간다.


## 33) 유베날리스

건강한 신체에 건전한 정신이 깃든다.


## 34) 키케로

지혜의 기능은 선과 악을 구별하는 것이다.


## 35) 스트라본

모든 길은 로마로 통한다.

All Roads Lead to Rome.


## 36) W. C. 브라이언트

숲은 신의 최초의 신전이다.

## 37) F. V. 레나투스

평화를 원하면 전쟁을 준비하라.


## 38) 윌리엄 쿠퍼

다양성이야말로 바로 인생의 향료이다.


## 39) O. W. 홈스

순간의 판단이 때로 평생의 경험과 맞먹는다.


## 40) 윌리엄 제임스

운동에서 구원을 찾으라.

운동을 통해 다른 실제적인 일들이

베풀어 주지 못하는 가르침을 얻을 것이다.

### 41) 피터 드러커

내가 무슨 말을 했느냐가 중요한 게 아니고,
상대방이 무슨 말을 들었느냐가 중요하다.

### 42) 프로타고라스

인간은 만물의 척도다.

### 43) 박용후

긍정적인 사람은 한계가 없고, 부정적인 사람은 한 게 없다.

### 44) 지아드 압델루어

소문은 미워하는 자들이 만들어 전하고,
바보들이 퍼뜨리며, 멍청이들이 믿는다.

### 45) 쇼펜하우어

물체의 진실을 확인하는 과정에 가장 방해가 되는 요소는
눈에 보이는 겉모습도 부족한 지성도 아니다.
그건 다름 아닌 선입견과 편견이다.

### 46) 아프리카 속담

한 아이를 키우려면 온 마을이 필요하다.

### 47) 쿠퍼

신은 자연을 만들었고, 인간은 도시를 만들었다.

### 48) 바이런

자고 일어나니 유명해졌다.

### 49) 로버트 엘리엇

피할 수 없으면 즐겨라.

### 50) 에릭 클링거

인간의 뇌는 목적 없는 삶을 견딜 수 없다.

### 51) 레오나르도 다 빈치

배움에는 끝이 없다.

### 52) 루쉰

실은 혁명이란 아무도 죽이지 않고 살리는 일이다.

### 53) 한비자

넓은 바다는 삭은 시냇물노 버리지 않았기 때문에
그토록 넉넉해진 것이다.

### 54) 손자(孫子)

그런 까닭에 백 번 싸워 백 번 이기는 것은 최상의 선(善)이 아니다.
싸우지 않고 남의 군사를 굴복시키는 것이 최상의 선(善)인 것이다.

### 55) 어느 나라의 격언

지식이란 당신이 무엇을 할 수 있는지 아는 것이다.
지혜란 하지 않아야 할 때를 아는 것이다.

### 56) 홍현태

좋은 사람을 놓치는 것보다 좋지 못한 사람을 놓지 못하는 것이
더 정신 건강에 해롭습니다.

### 57) 히포크라테스

기분이 우울하면 걸어라. 그래도 여전히 우울하면 다시 걸어라.

### 58) 장 드 라브뤼에르

높은 지위는 위대한 사람을 더욱 위대하게 하고,
작은 인물은 더욱 작게 한다.

### 59) 알베르트 아인슈타인

모든 것은 그 이상 단순화할 수 없을 때까지 단순화해야 한다.

### 60) 가이우스 율리우스 카이사르

주사위는 던져졌다.

### 61) 버지니아 울프

기록되기 전에는 이미 일어난 일도 일어난 게 아니다.

### 62) 모리 슈워츠

죽음으로 삶은 끝나지만, 관계는 끝나지 않는다.

### 63) 고타마 싯다르타

건강은 최고의 선물, 만족은 최고의 재산, 충실함은 최고의 관계다.

### 64) 소크라테스

삶이 목적을 가지지 않는다면, 존재하는 것은 의미가 없다.

### 65) 탈무드

악마가 바빠서 사람을 찾아다닐 수 없을 때 술을 대신 보낸다.

### 66) 탈무드

너의 하루가 너의 인생이다.

### 67) 탈무드

지혜의 가장 높은 형태는 친절이다.

### 68) 스와미 비베카난다

세상의 역사는 자기 자신에 대한 신념을 잃지 않은 몇몇 사람들의 역사다.
그러한 신념이 내부의 신성을 불러내며, 그 어떤 일이든 할 수 있게 한다.

### 69) 파울 클레

우리를 조금 크게 만드는 데 걸리는 시간은 단 하루면 충분하다.

### 70) 오스카 와일드

스스로를 사랑하는 것이 평생 지속될 로맨스의 시작이다.

### 71) 조지 버나드 쇼

자유란 책임을 의미한다. 그래서 대부분의 사람들이 자유를 두려워한다.

### 72) 토마스 아담스

사탄 · 마귀는 물고기의 취향에 따라 미끼를 던진다.

### 73) 윌리엄 거널

모든 사람의 마음속에는 죄를 범할 수 있는 기질이 있다.
기억하라!

사탄·마귀는 유혹하지만, 죄는 우리 스스로 범한다는 것을…….

### 74) 아브라함 허셸

내가 젊었을 때는 똑똑한 사람에게 감탄했는데,
이제 늙어서는 친절한 사람에게 감탄한다.

### 75) 아프리카 원주민 속담

지구를 잘 다루어라.
그것은 너희 부모가 너희에게 준 것이 아니라,
너희가 너희 자녀로부터 빌려 쓴 것이다.
우리는 지구를 조상으로부터 물려받은 것이 아니라,
우리의 자녀들로부터 빌려 쓰고 있는 것이다

### 76) 하일레 셀라시에

역사상 악이 승리를 거둘 수 있었던 것은
행동할 수 있었던 이들이 행동하지 않고,
알 만한 사람들이 모른 척 외면하고,
가장 필요할 때 정의의 목소리가 침묵했기 때문이다.

### 77) 루쉰

잉크로 쓴 거짓이 피로 쓴 진실을 덮을 수 없다.

### 78) 발타자르 그라시안

뛰어난 인물이 되려면 누구와 교제해야 할 것인가를 깊이 숙고해야 한다.

### 79) 허준

좋은 약을 먹는 것보다는 좋은 음식이 낫고,
좋은 음식을 먹는 것보다는 걷기가 더 낫다.

# 3. 추천 도서

1. 《통찰의 시대》 / 에릭 캔델 / 알에이치코리아

2. 《스위트 스팟》 / 샘 리처드 / 북플레저

3. 《내 생애 단 한 번》 / 장영희 / 샘터

4. 《잠깐 멈춤》 / 고도원 / 해냄

5. 《좁쌀 한 알》 / 최성현 / 도솔

6. 《팩트풀니스》 / 한스 로슬링 / 김영사

7. 《역사의 쓸모》 / 최태성 / 프런트페이지

8. 《살아남는 생각들의 비밀》 / 샘 테이텀 / 더퀘스트

9. 《창조적 영감에 관하여》 / 머리나 벤줄렌 / 다산초당

10. 《세계를 바꾼 17가지 방정식》 / 이언 스튜어트 / 사이언스북스

11. 《사이즈, 세상은 크기로 만들어졌다》 / 바츨라프 스밀 / 김영사

12. 《순수한 앎의 빛》 / 루퍼드 스파이라 / 침묵의향기

13. 《하류지향》 / 우치다 타츠루 / 민들레

14. 《더 리프레임》 / 스콧 애덤스 / 베리북

15. 《역설》 / 파커 J. 파머 / 템북

16. 《관계의 불안은 우리를 어떻게 성장시키는가》 / 에드 트로닉 외 / 북하우스

17. 《불평 없이 살아보기》 / 윌 보웬 / 세종서적

18. 《무조건 행복할 것》 / 그레첸 루빈 / 21세기북스

19. 《어떻게 인생을 살 것인가》 / 수린 / 다연

20. 《지금 사랑하지 않는 자, 모두 유죄》 / 노희경 / 헤르메스미디어

21. 《그림책으로 배우는 삶과 죽음》 / 임경희 / 학교도서관저널

22. 《1등의 통찰》 / 히라이 다카시 / 다산 3.0

23. 《부의 통찰》 / 부아c / 황금부엉이

24. 《동기와 성격》 / 에이브러햄 매슬로 / 연암서가

25. 《적정한 삶》 / 김경일 / 진성북스

26. 《카인드, 친절한 것이 살아 남는다》 / 그레이엄 올컷 / 비즈니스북스

27. 《솔로프리너의 시대》 / 고승원 / 더그레잇

670

**35장**

# 자아 응시하기

# 1. 들어가며

'자아'와 '응시하기'라는 두 단어가 만나 이루어진 '자아 응시하기'란 무엇인 가? 사전을 찾아본다. '자아(自我, Ego)'는 생각, 감정 등을 통해 외부와 접촉하 는 행동의 주체로서의 '나 자신'을 말한다. 철학에서의 자아는 우리 일상의 모든 경험(감각, 사고, 행동 등)의 밑바닥에 있는 모든 경험을 통일하여 모든 경험을 하고 있는 바로 그 당사자라고 생각되는, 의심할 수 없는 자신을 말한다.

'응시(凝視)'란 눈길을 한곳에 모아 똑바로 바라본다는 의미를 갖고 있다. 결 국 '자아 응시하기'란 '자기 자신에 대한 의식, 관념, 생활 전반을 반성하고 살핀 다.'는 뜻이라고 한다.

## | 두 사람의 대화 |

고대 그리스에서 활동했던 아리스토텔레스는 마케도니아 왕국 출신의 철학자 였다. 아래는 두 사람의 대화다. 나는 나 자신을 얼마나 알고 있을까?

상운산 구절초 : 이 세상에서 가장 어려운 일이 무엇입니까?
아리스토텔레스 : 자신을 아는 일입니다.
상운산 구절초 : 그러면 가장 쉬운 일은 무엇입니까?
아리스토텔레스 : 남 이야기를 하는 것입니다.

## | 모두가 '시한부'인가? |

우리는 무엇을 응시하면서 살아가야 하나? 아니, 너무나 바빠 성찰할 틈도 없는 게 아닐까? 현대인은 스마트폰을 사용하면서 생각할 수 있는 시간을 박탈당하고 있다. 현대인은 스마트폰을 경배한다. 스마트폰은 심심할 틈을 주지 않는다. 생각하지 않는 사람들로 넘쳐난다. 내 생각은 어디에 있는가? 이들은 집중력을 잃어버린 지 이미 오래다. 디지털 치매가 횡행하며 도처에 날뛰고 있다. 지금은 욕망의 시대다. 틈만 나면, 아니 일부러 틈을 내어 스마트폰을 본다. 취미 생활하는 사람들이 줄어들고 있다. 한가한 시간에 취미 활동보다 스마트폰을 보기 때문이다. 사람과의 교제도 줄어들고 있다. 스마트폰이 더 재미있다고 여겨 사람보다 스마트폰에 열중하고 있다. 생활하는 게 아니라 동물처럼 생존하는 사람들이 부지기수다. 현대인은 스스로 생각하고, 스스로 걸어가고, 스스로 해결하는 힘이 약하다. 대한민국은 인터넷 보급률이 세계 1위다. 뉴스(현실)는 소설보다 더 역동적이고 기괴하다. 소설이 현실을 미처 따라가지 못하고 있다.

> **"모든 인간의 불행은 한 가지에서 온다.**
> **즉 방에서 휴식을 취하지 않는 데서 온다."**
>
> – 블레즈 파스칼

우리는 모두 '시한부'인가? 그렇다. 어떤 의미에서 인간은 사형수와 다름이 없다. 차이는 사형수는 교도소에 수감되어 있고, 그렇지 않은 사람은 세상에 갇혀 살아가지만 한 번 죽는다는 점에서는 다르지 않다. 죽음은 본질이다. 누구도 피할 수 없다. 인생의 마지막 길을 누구나 떠나야 한다. 우리는 모두 죽는다. 한 번 죽는 것은 정한 이치다. 우리는 태어나자마자 죽는 게 결정되어 있다. 산다는 건 죽음을 향해 가고 있다는 의미이다. 우리는 다 시한부다. 여기서부터 모든 게 시작되어야 한다. 그러면 죽음 이후에 대해 생각해본 적이 있는가? 죽음 이후의 세계에 대하여 알고 있는가?

> **"인생과 죽음에 대해 생각하지 않으려고 우리는 오락 활동에 머문다."**
>
> – 장 폴 주아리

## |무엇을 응시해야 하는가?|

최우선 응시 대상은 사람마다 다를 것이며 여러 가지가 있을 것이다. 지금 여기에서 무엇을 반성하고 살펴야 하는가? 단연 '죽음과 죽음 그 이후'가 아닐까? 왜냐하면, 이걸 알면 어떻게 살아야 할지 답이 저절로 나오기 때문이다. 한시적인 것보다 불멸하는 게 더 소중하다. 영원하지 않으면 진정한 생명이 아니다. 사람들이 그렇게 중시하는 돈과 몸이 여기에 해당한다. 이런 건 영원하지 않다. 핵심적이고 결정적인 성찰 대상이 불멸하는 영혼이다. 자신의 영혼이 영원히 어디에서 살기를 원하는가? 모든 인간은 끊임없이 선택을 강요당한다.

지옥이냐? vs 천국이냐?
영벌(永罰)이냐? vs 영생(永生)이냐?
영원한 고통인가? vs 영원한 복락인가?

674

## |현실 응시하기|

우리는 지금 여기에서 두 발을 딛고 살아간다. 그러면 현실 성찰은 무의미하고 무가치한가? 아니다. 현실은 중요하다. 현실이 미래를 만들고, 미래의 미래가 죽음 이후다. 우리 모두는 현재를 살고 있다. 현재가 미래를 결정한다. 한 번뿐인 인생을 최고 최선으로 살아야 한다.

아래는 《탈무드》의 통찰이다. 현실 응시에 영감을 줄 것 같기에 제시했다. 참고가 되기를 희망한다.

**[마음의 양식을 얻는 10가지 방법]**
① 이보다 더한 불행은 얼마든지 있다고 생각하라.
② 일생동안 울고 허송해서도 안 되고, 웃고만 보내서도 안 된다.
③ 이미 끝나버린 일을 후회하기보다는 하고 싶었던 일을 하지 못한 것을 후회

해라.

④ 행복을 얻으려면 만족에서 멀어져야 한다.

⑤ 어차피 같은 햄을 먹으려면 즐거운 마음으로 먹어라.

⑥ 가장 훌륭한 지혜는 친절함과 겸허함이다.

⑦ 모르는 사람에게 베푸는 친절은 천사에게 베푸는 친절과 같다.

⑧ 마음이 가는 것은 두뇌가 가는 것보다 더 소중하다.

⑨ 사람들은 길에서 넘어지면 먼저 돌을 탓한다.

⑩ 신은 바르게 사는 자를 시험해 본다.

– 《탈무드》 중에서

## | '보배' 같은 혼자만의 시간 |

우리 뇌는 동시에 두 가지 일을 하는 걸 힘들어한다. 하나씩 해나갈 때 가장 효과적이다. 성찰에서도 그렇다. 혼자 있어 한갓지고, 고요하면 성찰하기에 절호의 기회다. 이때는 스마트폰은 무음으로 하거나 꺼 두자. TV도 보지 않는다. 처음에는 심심할 수도, 삽삽할 수도 있을 것이다. 하지만 이걸 이겨 내면 우뚝 솟은 내공을 소유한 초절정 고수가 될 수 있다. 혼자라는 시간은 견뎌야 할 외로움이 아니라 우주와 교신할 수 있는 시간이다. 혼자일 때 진짜 나를 보게 된다.

혼자 잘 놀면 어느 누구와도 화합할 수 있다. 누구와도 함께 할 수 있다. 스스로 서지 못하는 사람은 남에게 기대어 상대방을 힘들게 한다. 혼자를 힘들어하는 사람은 덜 성숙한 사람이다. 스스로 행복을 만들어 내지 못한다. 정말 행복한 사람은 혼자일 때도 충만하고, 함께 할 때는 자유롭다.

사람은 가고 온다. 인생은 흐른다. 삶은 늘 변한다. 혼자를 만들고, 혼자를 즐기는 사람은 외부 세계의 변화에 흔들리지 않는다. 고요한 그 시간은 자신을 사랑하는 시간이다. 자신의 시간을 보석처럼 아끼는 방법이기도 하다. 고수는 혼자일 때 평온하고, 함께 할 때 온유하다. 가끔가끔 하루를 '종일 본가(從日本家)' 해 보자.

## 2. '자아 응시하기' 관련 명언

### 1) 레프 톨스토이
모든 사람에게 가장 필요하고 중요한 연구 대상은,
그것은 바로 자기 자신이다.

### 2) 잠언 4 : 23
모든 지킬 만한 것 중에 더욱 네 마음을 지키라
생명의 근원이 이에서 남이니라

### 3) 찰스 핸디
우리 자신의 발견은 세상의 발견보다 중요하다.

### 4) 데이비드 리빙스턴
사람은 자기가 해야 할 사명이 있는 한, 결코 죽지 않는다.

### 5) 카를 힐티
인간 생애의 최고의 날은, 자신의 사명을 자각한 날이다.

### 6) 존 우든
하나님은 우리가 그분께 최고의 선물을 드리는 마음으로
모든 일에 최선을 다하길 원하신다.

### 7) 오스카 와일드
신은 누군가를 벌 주고 싶을 때 그가 원하는 바를 다 들어준다.

8) **윌리엄 셰익스피어**

우리가 가장 쉽게 잊는 사실은 우리가 죽는다는 것이다.

9) **폴 발레리**

그대가 용기를 다해서 생각한 대로 살지 않으면
머지않아 그대는 사는 대로 생각할 것이다.

10) **강숙경 님의 페이스북에서**(2019. 5. 23. 목)

사람들이 시간이 지나면서 변하는 게 아니라,
시간이 진정 그들이 누구인지 보여 주는 것이다.

11) **모리스 메를로 퐁티**

몸은 세상을 소유할 수 있는 보편적인 수단이다.

12) **크리슈나무르티**

무식한 사람이란,
자기 자신을 알지 못하는 사람을 가리키는 밀이다.
결코 배우지 못한 사람을 이야기하는 것이 아니다.

13) **구본형**

서민은 자잘한 일상에 매여 평생을 살아간다.

14) **라로슈푸코**

어떻게 늙어야 하는지를 알고 있는 사람은 드물다.

15) **찰스 칼렙 콜트**

자신을 아는 사람은 다른 사람을 안다.

**16) 북송 시인 소동파의 '인간도처유청산'을 바꾼 글귀**

인생도처유상수(人生到處有上手),

인생 곳곳에 나를 넘어선 인물이 있다.

**17) 엘리너 루스벨트**

위대한 정신을 가진 사람들은 생각을 논한다.

평범한 사람들은 사건을 논한다.

마음이 좁은 사람들은 사람들을 논한다.

**18) 나가모리 시게노부**

능력의 차이는 고작 다섯 배 정도이지만,

의식의 차이는 100배의 차이를 낳는다.

**19) 독일 속담**

이웃을 사랑하되, 그렇다고 울타리는 제거하지 마라.

**20) 하이데거**

낯선 것과 만날 때 사고와 의식이 향상된다.

**21) 데스몬드 투투**

당신만이 느끼고 있지 못할 뿐 당신은 매우 특별한 사람이다.

**22) 로버트 기요사키**

거만함은 자기중심적인 무지이다.

**23) 배리 마셜**

지식의 최대 장애는 무지가 아니다.

자신에게 지식이 있다는 환상이다.

## 24) 칼 베커

각 개인은 모두 자신의 역사가이다.

## 25) 프리드리히 니체

자신에게 명령하지 못하는 사람은
남의 명령을 들을 수밖에 없다.

## 26) 칼릴 지브란

함께 있되 거리를 두라.
그래서 하늘의 바람이 너희 사이에서 춤추게 하라.

## 27) 헨리 데이비드 소로

우리의 삶은 자잘한 일로 조금씩 소모된다.
삶을 더욱 단순하게 만들라.

## 28) 랄프 왈도 에머슨

우리 뒤에 있는 것과 우리 잎에 있는 것은
우리 안에 있는 것에 비해서는 하찮은 것이다.

## 29) 레이첼 나오미 레멘

삶에서 소중한 것이 무엇인지 알게 되면,
완벽함이 아니라 인간적인 것을 추구하게 된다.

## 30) 바이런

자신의 무식을 아는 것은 지식에로의 첫걸음이다.

## 31) V. 알피에리

용기를 시험당하는 때는

대개 죽으려 하는 때가 아니라 살려고 하는 때이다.

## 32) 웨버

명성이란
자기의 사상을 안고 자기 때문에 걸리고 마는 일종의 병이다.

## 33) 로버트 엘리엇 스피어

규칙 1, 사소한 일에 신경 쓰지 말아라.
규칙 2, 모든 것은 사소한 것이다.

## 34) 몰리에르

다른 사람을 비난하려고 생각하기 전에
자기 자신을 충분히 살펴보아야 한다.

## 35) 노자

부드러운 것이 강함을 이긴다.

## 36) 공자

좋은 사람을 보면 그를 본보기 삼아 모방하려 노력하고,
나쁜 사람을 보면 내게도 그런 흠이 있나 찾아보라.

## 37) 요시다 쇼잉

함부로 사람의 스승이 되지 말고,
또 함부로 사람을 스승으로 삼지 말라.

## 38) 몰리에르

자신의 행동이 빗나간 사람일수록 맨 먼저 남을 모략한다.

**39) 슈바이처**

사색을 포기하는 것은 정신적 파산 선고와 같다.

**40) 마태복음 18 : 4**

그러므로 누구든지 이 어린아이와 같이
자기를 낮추는 사람이 천국에서 큰 자니라

**41) 마태복음 23 : 12**

누구든지 자기를 높이는 자는 낮아지고
누구든지 자기를 낮추는 자는 높아지리라

**42) 마르쿠스 아우렐리우스**

삶은 생각하는 대로 이루어진다.

**43) 에릭 호퍼**

지금의 나와 다른 내가 되고 싶다면,
지금의 나에 대해 알아야 한다.

**44) 다그 함마슐드**

내면에서 울리는 소리에
좀 더 귀를 기울이면 외부의 소리도 더 잘 들을 수 있다.

**45) 버트런드 러셀**

사람들은 대부분 생각하느니 차라리 죽음을 택하곤 했다.
지금도 많은 이들이 그렇게 한다.

**46) 묵자**

기초가 튼튼하지 못하면

반드시 위태로운 지경을 당하게 된다.

### 47) 랄프 왈도 에머슨
정직은 가장 확실한 자본이다.

### 48) 마가복음 8 : 36
사람이 만일 온 천하를 얻고도
제 목숨을 잃으면 무엇이 유익하리요

### 49) 요한복음 8 : 32
진리를 알지니 진리가 너희를 자유롭게 하리라

### 50) 장 자크 루소
나는 걸을 때만 명상에 잠길 수 있다.
걸음을 멈추면 생각도 멈춘다.
내 마음은 언제나 다리와 함께 작동한다.

### 51) 공자
맑은 거울을 보는 것은 모양을 살피는 것이요,
지나간 일을 돌이켜 보는 것은 지금을 알기 위해서다.

### 52) 스피노자
최대의 교만이나 최대의 낙담은 스스로에 대한 최대의 무지다.

### 53) 한나 아렌트
과거와 미래 사이의 틈은 성찰할 때에만 열린다.

## 54) 맹자

마음을 기르는 데는 욕심을 줄이는 것보다 좋은 것이 없다.

## 55) 권귀현

지금 이 일은 어떤 의미가 있을까?

## 56) 제니퍼 로런스

혼자인 것을 두려워하지 마라.

일생 동안 우리가 가질 수 있는 가장 깊은 관계는

자신과의 관계다.

## 57) 프리드리히 니체

너는 안이하게 살려고 하는가?

그렇다면 항상 군중 속에 머물러 있으라.

그리고 군중에 섞여 너 자신을 잃어버려라.

## 58) 벤지민 프랭클린

어리석은 행위의 제1단계는

자기 자신의 현명함에 자기도취 하는 것이고,

제2단계는 그것을 고백하는 것이고,

제3단계는 충고를 경멸하는 것이다.

## 59) 파블로 피카소

고독 없이는 아무것도 달성할 수 없다.

나는 예전의 나를 위해서 하나의 고독을 만들었다.

## 60) 김태관

하루를 천 일처럼 살 것인가,

천 일을 빈 하루로 흘려버릴 것인가?

인생의 길이로 잴 것인가, 의미로 잴 것인가?

그대의 척도가 그대의 인생을 결정한다.

### 61) 버트런드 러셀

내가 틀릴 수도 있으므로 신념을 위해 목숨을 바치지 않을 것이다.

### 62) 조지 버나드 쇼

인생은 자신을 찾는 것이 아니라 자신을 만드는 것이다.

### 63) 제이 골돈

잘못된 사람에게 권한을 부여하면

작은 문제를 큰 문제로 키워서 당신에게 되돌려준다.

### 64) 키케로

때로는 아무 일도 아니할 자유가 없는 사람은

정말 자유를 모르는 사람이다.

### 65) 공자

일생의 계획은 젊은 시절에 달려 있고,

일 년의 계획은 봄에 있고,

하루의 계획은 아침에 달려 있다.

젊어서 배우지 않으면 늙어서 아는 것이 없고,

봄에 밭을 갈지 않으면 가을에 바랄 것이 없으며,

아침에 일어나지 않으면 아무 한 일이 없게 된다.

### 66) 세스 고딘

우리는 자신이 천재가 아니라고 지금까지 세뇌당한 것이 분명하다.

적당한 수준에서 일을 하고,

적당한 수준만큼 돈을 벌고,

꼭 해야 할 일만 한다.

우리가 이렇게 세뇌당한 것은 우리가 동의했기 때문이다.


67) **엘리자베스 퀴블러 로스**

사람들은 스테인드글라스와 같다.

햇빛이 밝을 때는 반짝이며 빛나지만,

어둠이 찾아 왔을 때는 내면의 빛이 있어야

그 진정한 아름다움이 드러난다.

## 3. 추천 도서

1. 《퍼플 스완》 / 허두영 / 데이비드스톤

2. 《성공을 가로막는 13가지 거짓말》 / 스티브 챈들러 / 넥서스

3. 《신독, 혼자 있는 시간의 힘》 / 조윤제 / 비즈니스북스

4. 《침묵을 배우는 시간》 / 코르넬리아 토프 / 서교책방

5. 《고요하고 깊게 나를 완성하는 혼자 있는 시간의 힘》 / 사이토 다카시 / 위즈덤
   하우스

6. 《용서 치료》 / 로버트 D. 앤라이트 / 유원북스

7. 《예수의 생애》 / 찰스 디킨스 / 민음사

8. 《하루 5분! 감사 명언 필사 100일의 기적》 / 김유니 / 부크크

9. 《돈 소유 영원》 / 랜디 알콘 / 토기장이

10. 《나를 잃어버린 사람들》 / 아닐 아난타스와미 / 더퀘스트

11. 《이제는 나부터 챙기기로 했다》 / 노윤호 / 풀빛

12. 《행복》 / 래리 크랩 / IVP

13. 《겸손의 힘》 / 데릴 반 통게넨 / 상상스퀘어

14. 《내가 알아야 할 모든 것은 유치원에서 배웠다》 / 로버트 풀검 / 알에이치코
    리아

15. 《서른 살이 심리학에게 묻다》 / 김혜남 / 갤리온

16. 《피터의 원리》 / 로렌스 피터 / 21세기북스

17. 《세월 1, 2》 / 김형경 / 사람풍경

18. 《연결되었지만 외로운 사람들》 / 다니가와 요시히로 / 알에이치코리아

19. 《사춘기》 / 베티 스텔리 / 푸른씨앗

20. 《당신에게는 몇 번의 월요일이 남아 있는가》 / 조디 웰먼 / 토네이도